인터넷, 신화를 넘어 공공성으로

컬처룩 미디어 총서 010

인터넷, 신화를 넘어 공공성으로

제임스 커런, 내털리 펜튼, 데스 프리드먼 지음
김예란, 박성우 옮김

culture look

컬처룩 미디어 총서 010

인터넷, 신화를 넘어 공공성으로

지은이 제임스 커런, 내털리 펜튼, 데스 프리드먼
옮긴이 김예란, 박성우
펴낸이 이리라

책임 편집 이여진
편집 에디토리얼 렌즈
디자인 엄혜리

2017년 10월 25일 1판 1쇄 펴냄

펴낸곳 컬처룩
등록 2010. 2. 26 제2011 - 000149호
주소 03993 서울시 마포구 동교로 27길 12 씨티빌딩 302호
전화 070.7019.2468 | 팩스 070.8257.7019 | culturelook@daum.net
www.culturelook.net

Misunderstanding the Internet 2nd edition
by James Curran, Natalie Fenton and Des Freedman

ISBN 979 - 11 - 85521 - 53 - 4 94300
ISBN 979 - 11 - 85521 - 06 - 0 94300 (세트)

* 이 도서의 국립중앙도서관 출판예정도서목록(CIP)은 서지정보유통지원시스템 홈페이지(http://seoji.nl.go.kr)와 국가자료공동목록시스템(http://www.nl.go.kr/kolisnet)에서 이용하실 수 있습니다. (CIP제어번호: CIP2017024274)

culturelook

차례

일러두기

- 한글 전용을 원칙으로 하되, 필요한 경우 원어나 한자를 병기하였다.
- 한글 맞춤법은 '한글 맞춤법' 및 '표준어 규정'(1988), '표준어 모음'(1990)을 적용하였다.
- 외국의 인명, 지명 등은 국립국어원의 외래어 표기법을 따랐으며, 관례로 굳어진 경우는 예외를 두었다.
- 사용된 기호는 다음과 같다.
  신문 및 잡지 등 정기 간행물, 논문, 영화, TV 프로그램 등 : 〈 〉
  책(단행본):《 》

옮긴이의 말

새삼스레 웬 인터넷? 이렇게 궁금해하실지도 모르겠다. 이 물음이 전혀 터무니없지만은 않다. 왜냐하면 인터넷은 더 이상 '별것'이 아니기 때문이다. SNS나 빅데이터도 그다지 새롭지 않은 마당에 적어도 IoT, IoE, AI 같은, 미지의 신비로움을 후광으로 둘러싼 알파벳 조합어의 모양새 정도는 갖추어야 그럴 듯한 폼이 나지 않겠는가. 새로운 미디어 기술 상품의 물결은 끊임없이 몰려오고 있으며 그 신생어들을 접하고 뜻을 급하게 습득하는 것만으로도 우리는 이미 너무나 분주하지 않은가.

하지만 《인터넷, 신화를 넘어 공공성으로》의 발언은 바로 이렇듯 성급한 혁신으로의 강압이 진중한 관찰과 사유를 추월하려는 오류와 위험의 지점에서 시작한다. 신생 기술들의 무차별한 습격에 압사하기 전에, 신생어의 홍수에 익사하기 전에, (밀란 쿤데라의 말뜻을 조금 비틀어 인용하여) 화려하게 표현하자면, 이 모든 것이 "무의미의 축제"가 되어 버리기 전에, 우리가 지금 어디에 서 있는지, 어디로 향해 가는지, 그리고 무엇을 열망하고 의지를 가지면서 추구해야 하는지 묻지 않을 수 없다. 단지 기쁘게 말하고 일하고 공통적인 삶을 기획하며 함께 애쓰면서 즐기고자 하는 소박한, 하지만 영원히 유예되는, 희망을 가지고 있다면. 이런 환상과 혼란 — 이 책의 원제 그대로 "인터넷에 대한 '오해'Misunderstanding the Internet" — 의 한가운데에서 미디어의 사회적 진실을 고찰하고 탐색하며 실행하고자 하는, 아름답고 정당한 희원과 의지가 응축된 단어가 '인터넷'이다.

따라서 인터넷이란 규명되어야 할 동시대적 역사일 뿐 아니라, 디지털 네트워크 문명을 본격적으로 등장시킨 기술적 환경이고, 정보와 소통으로 이익을 창출하는 획기적인 경제 체제이자, 신생의 질서와 규칙을 파생하는 제도이기도 하며 끊임없는 권력관계들을 역동화하는 정치 활동이다. 더불어 나와 친구들이 끊임없이 만나는 일상이기도 하다. 이 모든 것을 포괄하는 광범하고도 특수한 개념이 인터넷이기에, 인터넷을 꿈, 역사, 자본, 규제, 사회관계, 정치 변동 속에서 통찰하고 궁극에는 미래의 인터넷을 자리매김하기 위한 투철한 노력이 필요하다. 저자인 제임스 커런, 내털리 펜튼, 데스 프리드먼이 역설하는 강력한 주장은 미래의 인터넷은 응당, 여느 미디어에 대해 가해져 온 노력에 관한 인간 역사 전체가 증언하듯이, 공공성 가치에 따라 새롭게 변혁되어야 한다는 절대성에 있다.

인터넷을 이처럼 사회 구조와 인간 실천에 맥락화하는 관점에서 본다면, 한국 사회에 관한 반성과 희망이 새로운 방향에서 가능할 수 있다. 인터넷은 한국 사회의 기록이자 현재적 실체이며 아직 정해지지 않은 미래적 불/가능성 자체이기 때문이다. 인터넷에 얼룩진, 미처 해결되지 않은 여전한 사안들은 인터넷에 대한 사유가 현 한국 사회에 얼마나 중요한 의미를 지니는지 명백히 보여 준다. 한국 사회는 부패 권력과 자본의 공모하에 반복적으로 유발되는 정치, 사회, 경제, 문화적 병폐와 고통을 뼈아프게 겪고 있다. 권력 기구의 선거 개입이나 감찰 같은 오래된 장치들이 인터넷 환경에서 훨씬 더 강력하고 세련된 감시 기술로 환생하고 있다. 첨단 미디어 기술을 둘러싼 자본과 법의 권력은 독점적인 질서로 강화되며 다수의 평범한 사람들이 풍요롭게 가꾸는 공동적인 삶의 기반을 변형하고 있다. 소셜 네트워크를 근간으로 하는 사회적 소통망의 급증은 인간관계의 친밀성을 북돋워 주지만 동시에 야만적이고 폭력적인 언어들의 증식을 낳는다. 사이버라는 거대한 공간은 애초의 문화 정치적 잠재력을 상실하면서 오히려 기득 권력이 또다시 장악하고 가짜 뉴스가 횡행하는, 황폐하고 추악한 공간으로 변질되고 있다. 아울러 언론과 공영 방송을 포함한 매스미디어 전체가 위기에 빠져 있다는 말도 더 이상 새롭지 않다. 이처럼 미디어는 사회적 소통과 민주화라는 본연의 가치에는 무심한 채, 통치의 효율성과 상업성의 극대화를 추구하는 첨단의 장치들로 환원된 채, 속도 경쟁에 무차별적으로 내던져지고 있다.

그러나 주지하듯이 '위기crisis'라는 말은 이미 그 안에 변화와 재생의 의미를 담고 있다. 추락을 멈추고 전환을 시도해야 하는 지금 새로운 생각과 실천이 절대적으로 요구된다. 이 점에서 이 책은 급진적인 정치 변혁과 인간다운 삶을 꿈꾸는 우리에게 신선한 생각과 대화를 열어나갈 수 있는 풍부한 자양분과 활기찬 전망을 제공한다. 특히 '창조 경제'나 '4차 산업 혁명' 같은 신화가 무성하게, 그리고 허황되게 득세하는 오늘날, 인터넷을 비롯한 '뉴' 미디어 기술에 기생하는 신화와 오해에서 벗어나 공정하고 자유로운 공공 미디어를 추구하려는 우리의 기획에 강건하고 사려 깊은 통찰을 전해 준다.

…

이 책은 2007년부터 2013년까지 진행된 골드스미스 레버훔 미디어 리서치 팀The Goldsmiths Leverhulme Media Research Team의 주요 연구 성과물 가운데 하나다. 2012년에 초판이 발간된 이래 연구자들은 급격하게 진행된 인터넷의 변화를 놀라울 정도로 광범하게 재추적하고 심층적으로 재해석하면서, 문자 그대로의 의미에서 '새로운' 개정판을 2016년 출간했다. 이 책은 최신 내용을 더욱 풍부하게 담은 개정판을 번역했다. 역자들은 각자 서로 다른 시기에 런던대학교의 골드스미스 칼리지에 머물면서 저자들이 키워 가는 연구 과정을 세심히 살펴보며 배울 수 있는 큰 행운을 누렸다. 이들은 언제나 열정적이며 온화하고 날카로우며 유쾌했다. 이 프로젝트는 그 진행 과정부터 결과물에 이르기까지, 역자들에게 매우 깊은 인상과 교훈을 안겨주었다.

첫째, 이 프로젝트가 다루던 미디어 연구의 영역과 그 범주화 방식은 매우 흥미로울 뿐 아니라 독창적이다. 이 프로젝트는 다음과 같이 다섯 가지 세부 영역으로 구성되었다. (1) 저널리즘 영역에서 인터넷 영향력을 분석하는 '뉴스의 공간들,' (2) 디지털 미디어 환경에서 급증하는 메타 데이터를 탐구하는 '유비쿼터스 데이터 시대의 메타 데이터,' (3) 공익 지향적인 인터넷의 창조적 활용과 자기 조직화 방식을 탐색하는 '공간 매개,' (4) 유럽의 미디어 지리학 및 정체성 변화를 해석하는 '역동하는 유럽,' (5) 카이로, 상하이, 런던 등지에서 이미지 기술이 추동한 공적 공간 재구성의 양상을 분석하는 '모션 이미지 추적.' 흔히 전통적인 문화 연구의 본령으로 간주되는 골드스미스 칼리지의 원로 및 중견 학자들이 이처럼 디지털 미디어 관련 최신 현상에 대해 주목하고 적극적으로 연구에 착수하게 된 사실은 매우 고

무적이다. 왜냐하면 연구진들은 한편으로는 비판 커뮤니케이션과 문화 연구의 전통에 보다 단단하게, 원칙적인 뿌리를 내리고 있다. 그러나 한걸음 더 나아가 근본적인 변화 과정 안에 있는 미디어 체제와의 연동 속에서 복잡하게 전개되고 있는 정치, 사회, 경제, 문화 현상을 깊고도 열린 눈으로 이해하는 신선한 이론적 시야와 분석의 방법론을 자유롭고 활기차게 발전시키고 있기 때문이다.

둘째, 이 프로젝트가 학계 및 사회와 소통하고 교류한 방식과 함의를 생각해 본다. 프로젝트 연구진들은 국내외 주요 사건의 심각한 국면마다 순발력 있게 대응하여, 시의적인 중요성을 담은 출판물, 대중 강연, 학술 대회들을 기획하고 추진했다. 이러한 담론 실천의 노력들은 언제나 영국 사회에 유의미한 반향을 불러일으켰다. 이 모든 과정을 효과적으로 이끈 동력은 사회가 적확하고 다양한 해석과 진단을 요구하는 급박하고 위중한 사안들에 대해, 민첩하게 호응하고 충실하게 탐구하며 책임 있게 발언하는 연구자들의 미덕과 노력에서 찾을 수 있다. 예컨대 우리가 이 책을 번역하여 한국에 소개하고자 결심하도록 만든 계기이기도 했던, 런던의 웨스트민스터대학교에서 열렸던 한 학술 대회에서는 2013년 당시 국제적으로 뜨거운 이슈였던 아랍 민주화 시위와 뉴스 코퍼레이션의 휴대전화 도청 스캔들 사건이 중점적으로 다뤄졌다. 이 사안은 레버흄 연구 프로젝트의 장기적인 연구 주제라는 점에서 — 그리고 장차 이 책의 핵심 내용 일부를 구성하게 된다 — 저자들의 작업은 자연스럽게 큰 주목을 받았다. 이처럼 현실 사회에 직접적이고 적극적으로 개입하는 탁월한 연구 기획을 진행하면서, 이 연구 프로젝트의 대표 학자인 커런 교수는 뉴스 코퍼레이션의 도청 스캔들 이후 구성된 의회조사위원회의 요청을 받아 영국의 왜곡된 미디어 현실을 엄중하게 진단하고 비판하는 중역을 수행하기도 했다.

마지막으로, 각자 다양한 연구 방식을 키워 온 연구자들이 하나의 목표 아래 모여 서로의 연구 방식과 성과를 존중하며 협동적인 결과물을 만들어 내는 우정의 연구 문화는 역자들뿐 아니라 독자들에게도 커다란 경이와 감동으로 전해지리라 믿는다. 참여 연구자들은 각자 지닌 장점을 자유롭고 자율적으로 발휘했고, 그러한 역량들이 자연스럽게 모이고 섞이면서 다양한 성격의 우수한 연구물들을 탄생시켰다. 이처럼 오랜 시간 동안 인내하며 침착하게 진행된 연구 과정을 통해서 그 어떤 즉각적인 보고서들보다 현실을 더욱 민첩하게 감각하고 정밀하게 분석하는 연구 결실이 맺어질 수 있었다. 이 사례는 협력적이면서 건설적인, 또 그러기 위해서 현재와는 분명히 달라져야 할 대안적인 연구 환경과 연구 문화를 절박하게 원하는 우리들에게 중요한 교훈을 안겨준다.

…

미처 예상하지 못했던 개정판이 빠르게 출간되었는데 저자들의 탁월한 연구력 덕분에 그 내용이 초판에 비해 대폭 보완되었다. 이러한 긍정적 요인들 때문에 초판에서 시작된 번역 작업은 예정보다 많이 길어졌다. 번역 작업은 1, 3, 4장을 박성우가, 2, 5, 6, 7장을 김예란이 맡았다. 번역 과정에서 저자들이 의도한 바가 훼손되지 않으면서 우리말의 맥락에서 정확히 이해될 수 있도록 최선의 노력을 했지만, 만약 오류가 있다면 그것은 오롯이 역자들의 책임이다.

이 책이 출간되기까지 거친 모든 과정을 따뜻하게 이해하고 두터운 지원과 세심한 배려를 아끼지 않으신 컬처룩의 이리라 대표님과 이여진 선생님께 진심으로 감사드린다. 공동 역자들 중 한 명에게는 이 책이 만들어지는 동안 새로운 가족이 생겼고 그 안에서 민서라는 이름의 아름다운 생명이 태어났다. 책도, 마치 삶처럼, 탄생, 성장, 변화와 새로운 탄생으로 이어지는 축복어린 과정을 살아간다. 한 노랫말처럼 안개 속에서 제일 좋은 건, 내 눈이 그댈 찾기 위해 빛나고 내 손이 그댈 잡기 위해 존재한다[•]는 깨달음이다. 매혹과 미혹이 안개처럼 자옥한 혼돈의 세계에서 이 책이 그런 눈과 손이 될 수 있길 바란다. 이 책이 나와서 읽혀지는 모든 기쁜 시간을 함께하는 사랑하는 친구와 선후배 동료들, 그리고 독자들께 깊은 고마움을 전한다.

김예란, 박성우

● 이 구절은 '짙은'의 노래 '안개'에서 빌어 왔다.

한국어판 머리말

이 책은 현재 유럽과 아시아 네 곳의 언어로 번역되고 있는데, 한국어판도 그중 하나다.* 우리 책이 더 많은 독자들에게 읽히게 되리란 생각에 매우 기쁘다. 이는 저자 중 한 명이 한국을 수차례 방문하면서, 그 다양한 음식들의 훌륭한 풍미에 감탄하고 아름다운 도자기의 전통을 배우고 진보적 민주주의를 향한 결단을 깊이 존경하며 한국을 사랑하게 된 점에서 특히 그러하다.

이 책 전반부의 주제는 인터넷의 효과를 오로지 기술만으로 추론할 수 없다는 점이다. 이는 사람들이 인터넷의 새로운 특성을 정의할 때 기술적 특성이 세계를 변화시키리라 전제하면서 빚어진 핵심적 오류다. 그들은 인터넷의 영향력이 언제나 사회적 구조와 과정에서 여과된다는 사실을 간과했다.

따라서 인터넷의 전 지구화는 국제적인 수준에서 대화를 촉진했

---

* 이 책의 한국어 번역을 맡아 준 김예란과 박성우에게 감사한다. 우리는 이들이 영어로 쓴 학문적 작업들에 진심 어린 존경심을 지니고 있다. 아울러 이 책의 한국어판에서 나타날 수 있는 미흡한 부분에 대한 모든 책임은 오로지 저자들에게 있음을 밝힌다.

지만 그럼에도 이 대화를 왜곡시키고 제한하는 언어적 구분, 경제적 배제, 국가주의적 문화 그리고 무수한 혐오의 감정들을 제거하지는 못했다. 이와 유사하게 인터넷은 우리의 상품 구매 방식을 변화시켰지만 자원의 집중과 규모의 경제를 기반으로 하는 대기업의 독점까지 종식시키지는 못하였다. 마찬가지로 인터넷의 연결 능력이 정치 활동가들의 (설득하는) 효율성을 증가시킨 반면에, 힘 있는 자를 강화하면서 약한 자를 약화시키는 경향을 지니는, 정치 질서에 뿌리 깊게 내재한 절차와 과정을 불식시키지는 못했다. 또한 인터넷의 저비용성은 시민 저널리스트들을 위한 플랫폼 생성 및 새로운 방식의 저널리즘을 촉발시켰지만 다양한 기술을 관통하며 기존의 영향력을 더욱 확장하려는 거대 뉴스 기업들을 제압하지는 못했다.

간단히 말해 인터넷은 세상을 변화시켰지만 많은 사람들이 바라던 만큼은 아니었다. 그 변화의 정도는 인터넷이 작동하는 사회적 맥락에 따라 다양하다. 이 사실은 사례를 통해서 잘 설명된다.

언론 집중도가 높고 엘리트 및 국가 뉴스원에 대한 미디어의 의존도가 매우 강한 한국도 예외적이지는 않다(Curran et al., 2013; Tiffen et al., 2014). 독재 정권의 기억이 있지만 강력한 시민 사회와 진보적 전통을 가졌다는 점도 한국만의 특성은 아니다. 권위주의에 대항하는 세대적 변혁의 역사를 지닌다는 점도 마찬가지다. 그러나 이렇듯 서로 다른 특징들이 한데 어우러지면서 한국은 특이하게도 저널리즘 혁신이 추동되는 비옥한 토양이 되었다. 이 책에서 논의되는 오마이뉴스는 인터넷을 활용하는 대중 수용자 집단을 형성한 전문가-아마추어 저널리즘 실험의 좋은 사례다. 오마이뉴스의 시도는 진보적인 순풍을 탈 때에는 번성했지만 그 기운이 약화되고 경쟁이 치열해지면서 점차 침체되었다. 그러나 그 웹사이트의 엄청난 성과에 힘입어 오마이뉴스는 협력적 시민 저널리즘의 세계적으로도 가장 성공적인 모델이 되었다.

한국 저널리즘의 역사는 또 다른 혁신을 시도하고 있다. 비영리기구인 한국탐사저널리즘센터(Korean Center for Investigative Journalism: KCIJ)/뉴스타파를 설립한 것이다. 이 센터는 이명박 정부 시기 해직언론인과 탐사 보도 전문 언론인들이 2012년 서울의 한 사무실 구석에서 단출하게 출발했다. 애플의 랩톱 컴퓨터를 모니터 스크린으로, 맥북에어를 텔레프롬프터(Cha, 2012)로 영상물을 제작하는 등 열악한 환경에서 시작하였으나, 2014년에는 약 30명의 기자, 연구자, 제작 및 행정 담당 직원들을 갖출 정도로 성장했다. KCIJ의 영상물은 서너 개의 주요 스토리로 구성된 격주 간격의 비디오 보도물 형태로 제작되어 자체 온라인 사이트, 유튜브, 팟캐스트, 주요 포털을 통해 배포된다.

KCIJ의 획기적인 탐사 보도는 한국의 주류 미디어와 대중에게 영향을 미쳤다. 이는 KCIJ가 권력자들이 해외 조세 피난처에 페이퍼컴퍼니를 설립하는 방식으로 세금을 탈루해 온 사건을 보도했던 사례에서 잘 나타난다. 이 사건의 피고발자들 중에는 한국경영자총연합회 회장을 역임했던 한국의 거대 화학 기업인 OCI 회장과 아내, 대한항공 부회장의 아내, 효성그룹 회장의 막내 동생이 포함되었다. KCIJ가 공개한 '245명의 이름'은 이어 주요 언론들을 통해 보도되었고(예를 들어 Song & Lee, 2013), 정치권은 이에 민감하게 반응했다. 정부와 야당의 대변인들은 즉각적인 조치를 요구했고 국세청장은 해외 도피 세금 탈루 문제가 가장 중대한 사안임을 밝혔다. OCI는 회장이 이전에 영국령 버진아일랜드에 위치한 한 유령 회사와 관련된 은행 계좌를 소유했었음을 신속하게 시인했고 미지급된 세금 항목이 있다면 즉시 납부하겠다고 공언했다(Lee, 2013).

KCIJ는 비영리 탐사 저널리즘 센터들이 전개하는 국제적 운동의 일원이다. 이들을 조직화하는 역할을 담당하는 글로벌 탐사 저널리즘 네트워크(Global Investigative Journalism Network)는 2014년 현재 44개국의 90개 이상의 회원 단체들로 구성되어 있다(오픈소사이어티재단Open Society Foundation과 구글 아이디어Google Ideas와 같은 공적 트러스트로부터 경제적 지원을 받고 있다). 하지만 KCIJ가 이 국제적 운동에서도 예외적인 사례가 될 수 있었던 것은, [보수 정권의 언론 탄압으로 인해 해고된] 뛰어난 자질을 지닌 언론인들이 핵심적인 자료에 접근하기 위해 발휘한 끈질긴 취재 능력에 있다. 글로벌 탐사 저널리즘 운동은 한국 이외의 지역에서는 크게 성공하지 못했다. 한국에서 KCIJ가 영향력을 유지할 수 있을지는 그들의 불확실한 재원을 확보하는 데 달려 있다.

이 책의 두 번째 주제는 인터넷에 대한 표준화된 역사 서술들이 인터넷을 구성했던 초창기의 선한 힘들에 집중하는 경향에 대한 문제 제기다. 이러한 전통적 설명들은 지구적 맥락에서 진행된 일련의 인터넷 발전 과정이 국가 및 상업적 권력의 점증하는 침탈에 의해 왜곡되었던 사실에는 관심을 두지 않는다. 한국에서 일어난 최근의 사건들은 우선 인터넷과 국가의 관련성을 보여 준다. 국가정보원(NIS)이 2012년 대선 당시 박근혜 후보의 당선을 지원하기 위해 그녀의 비판자와 경쟁자들을 직간접적으로 '친북좌파'로 비방하며 선거에 개입했던 정황이 드러나고 있다. 조사 초기에 발표된 보고서들은 120만 개의 트위터 메시지와 수천 개의 온라인 댓글이 국가정보원에서 생성되었음을 확인했다. 이후 일련의 조사들에서 2010년에 설립된 국방부의 사이버사령부가 2012년 대선에서 박근혜 후보의 경쟁자들을 공격하는 작업에 광범하게 개입했음이 밝혀졌다(Choe, 2013; Economist, 2014). 이 정치 스캔들을 고발하는 측에서는 한국의 국가 안보 기관이 박근혜 후보의 당선을 위해 선거 캠페인이 진행되기 2년 전부터 교묘하게 작동해 왔으며 이전에 알려진 것보다 훨씬 큰 범위에서, 즉 선거에 연관된 트윗 콘텐츠 전체의 약 30% 정도에 이르는 광범한 수준으로 온라인 공작이 이루어졌다고 주장했다(Doucette & Koo, 2014: 1).

보다 일반적으로 인터넷 경제는, 이 책의 출판 이후에도 계속되고 있듯이, 축적과 합병이라는 전통적 기업 전략에 의해 구축되고 있다. 우리는 검색, 전자책, 음악과 심지어 신종 영역인 앱과 같은 온라인 시장의 핵심 영역에서 소수의 기업에 집중되는 현상을 목도하고 있다. 뿐만 아니라 몇몇 거대 온라인 행위자들이 입증하고 있는 기업 구매 기세는 줄어들 징조를 보이지 않고 있다. 지난 3년의 기간만 보더라도 마이크로소프트는 85억 달러에 스카이프, 구글은 115억 달러에 모토롤라 모빌리티를 사들였고, 페이스북은 10억 달러에 인스타그램을 인수한 데 이어 2014년 왓츠앱을 190억 달러에 인수하면서 전체 메시지 세계의 지반을 흔들어 놓았다. 2012년에는 2357개의 기술 기반 회사들이 업계를 주도하는 기업들(페이스북, 구글, 그룹온, 트위터, 시스코)에게 총 구매액 840억 달러로 인수되었다(Koetsier, 2013).

한국 또한 이러한 경영 트렌드와 결코 무관하지 않다. 한국의 인터넷 문화는 전 세계에서 가장 성숙하고 역동적이며 창조적으로 꼽힌다. 온라인 침투율 역시 84%에 이르러 싱가포르, 일본, 호주, 미국, 프랑스를 제치고 독일, 영국, 캐나다와 유사한 수준을 보인다(We Are Social, 2014). 한국인터넷진흥원의 최근 조사 결과에 의하면 한국의

20대 99.999%가 인터넷 이용자인 것으로 나타났는데, 이는 세계 어느 곳과도 비교할 수 없는 수치다. 이처럼 한국은 오마이뉴스에서 모바일 메신저 플랫폼 라인에 이르는 혁신적인 서비스들을 성공적으로 발전시켜 왔지만 우리가 이 책에서 규명하는 많은 압력과 힘들에 여전히 종속되어 있다. 한국은 구글이 검색 시장을 지배하지 못하는 극소수 국가들 중 하나다. 하지만 이는 〈이코노미스트〉의 기사에 따르면, 전적으로, 검색량의 80%를 점유하는 자국의 거대 포털인 네이버가 존재하기 때문이다. 그렇다면 마치 온라인 창업 정신의 증거라도 되는 듯, 네이버가 서울의 한 작은 창고에서 소박하게 성장했는가? 전혀 그렇지 않다. 네이버는 한국의 가장 큰 재벌 기업인 삼성의 사내 벤처로 출발했고, 오래지 않아 성장 중인 시장에서 경쟁하기 위해 분투하는 모든 기업들에게서 공통적으로 나타나는 특성을 드러내게 된다. 한국의 한 논평가를 인용하자면, 네이버의 성공은 "상대적으로 약한 경쟁자들을 인수 합병하고, 자신의 시장 지배력을 이용하여 다른 포털이 콘텐츠에 접근하지 못하도록 차단하는 방식을 통해 달성되었다"(Economist, 2014에서 인용). 이렇듯 공격적인 확장주의는 공정거래위원회가 네이버가 시장 지배적 지위 남용 여부를 조사하는 상황에까지 이르렀다. 하지만 네이버가 중소규모 인터넷 사업자 지원 및 소비자 후생 등을 위해 1000억 원을 출연하기로 결정하면서 조사 종결을 동의하는 시점에서도 그러한 경향이 완전히 사라진 것은 아니다.

최고의 인터넷 침투율을 나타내는 국가들에서 온라인 규제는 미디어 다양성, 정보 권리, 민주적 시민의식에 대한 책무의 관점에서보다는, 경쟁 당국과 반독점 정책의 영역을 포함한 경제적인 수준에서 주로 작동해 왔다. 인터넷 거버넌스 포럼의 후원 아래 활동가들은 지속적으로 조직화되었고, 그중 일부는 훌륭한 인권 조항과 온라인 원칙들을 창안했다(Internet Rights & Principles Coalition, 2013). 그러나 이는 디지털 세계를 감시하는 국가들에서는 대체로 채택되지 않는 원칙들일 뿐이다. 데이비드 카메론 전 영국 수상이 제안한 인터넷 포르노 규제안에서 보듯이 국가가 온라인 콘텐츠 문제에 간섭하는 일은 대체로 조잡하거나 오류에 찬 시도로서, 검열을 강화하고 공익 콘텐츠를 차단하는 결과를 낳는다(Penny, 2014). 혹은 미국과 영국 정부가 각각 구축한 감청 시스템인 프리즘과 템포라에 관한 에드워드 스노든의 폭로에서 드러났듯이, 그것은 전 인구의 디지털 생활을 가장 정밀한 감시 장치에 종속시키는 보안 기술로 기능했다(Greenwald, 2014)

따라서 자유로운 인터넷에 대한 주요 위협은 기업적 권위주의 형태를 취하며 우리의 디지털 권리를 공동 관장하는 국가와 시장의 위험한 동거에 기인한다. 반면 이 책에서 역설되는 공익 규제는 혁신의 장애나 성공을 처벌하기 위한 도구로 간주되거나, 혹은 망 중립성을 쉽사리 폐기하고 인터넷을 이중의 방식으로 활성화하도록 한 미국 규제 기구의 최근 결정에서 나타나듯이 그저 반민주적인 방식으로 집행되는 정도에 그쳤다(BBC, 2014).

저자들이 생각하는 핵심적인 문제는 미디어와 민주주의의 관계다. 물론 이 모든 것이 디지털 영역에 한정되지는 않는다. 영국에서 휴대전화 도청 스캔들로 촉발된 언론 규제 개혁의 요구는 이탈리아, 헝가리, 호주, 한국 등의 나라들에서도 전통적 미디어의 소유 집중이 심화하는 상황과 더불어 공적 논쟁의 주요 쟁점으로 등장하고 있다. 특히 다원적인 정보에 대한 접근을 높이고 비주류 콘텐츠에 관한 시민의 생산 및 유통 활동을 촉진시킬 수 있는 소셜 미디어의 능력에 관련하여, 인터넷이 자유를 확대하고 참여 민주주의에 대한 전망을 향상시킬 수 있는 방법을 모색하기 위한 논의들이 활발하게 개진되고 있다.

그러나 보통 대중적인 어휘로 표현되곤 하는 이러한 논쟁은 줄곧 그 문제에 함축된 복잡성을 왜곡시킨다. 우리는 미디어가 민주주의로 인도한다는, 즉 '자유로운' 미디어는 민주주의 번영을 위한 전제 조건이라는 이야기를 자주 듣는다. 하지만 '미디어의 자유' 담론은 종종 규제의 공익적 형태에 대한 필요를 부인하면서, '자유롭게' 생산하고 소비하는 개인들을 전시하기 위한 증거로서 남용된다. 이 조건에서 미디어의 자유는 모든 종류의 행위를, 그것이 얼마나 침해적, 비윤리적, 선정적이든지 간에, 정당화하기 위한 수단으로 사용될 수 있다. 소통, 대화 그리고 더 일반적으로 제약 없는 정보 흐름에 대한 접근의 가능성이 건강한 민주주의에 결정적으로 연관된다고 한다면, 그 누가 감히 자유(인터넷 자유건 미디어 자유건 간에)에 반대할 수 있겠는가? 하지만 이렇게 관습화된 반응이란 (상업적 미디어를 부흥시킬 뿐 아니라) 발전된 민주화의 보증자로 여겨지는 자유 시장 자본주의의 천박한 가면 논리일 뿐이다. 게다가 완전히 상업적이며 갈수록 무책임해져 가는 정보 환경에서 불가피하게 파생되는 최악의 상황을 조정하기 위한 모든 노력이 국가나 기업의 권력에 대한 감시 활동으로 이해되지 않고 대신 음험한 권위주의로 오해받는 일까지 벌어지는 것이다.

자유 아니면 권위주의라는 담론적 대립 안에 자리 잡은 잘못된 이분법을 극복하기 위해서는 권력이라는 개념을 투입할 필요가 있다. 온라인 공론장에서 대부분의 사람들은 말할 수 있지만, 우리 모두가 같은 크기로 말하거나 동일한 방식으로 들려질 수는 없다. '자유'는 결코 무제약적이거나 비구조적이지 않다. 따라서 누가 혹은 무엇이 이러한 비규제적인 무한 세계에서 권력을 손에 쥐고 있는지 질문할 가치가 있다. 그는 분명히 보통의 블로거나 평범한 저널리스트는 아니며, 이 미디어 공간을 지배하는 자원을 확보한 유명인 트위터와 기업체들일 것이다. 일단 권력이라는 문제가 고려되기 시작하면 자유에 대한 비판은 우리 모두가 균등한 조건에서 출발하고 있다거나 각자가 생각하는 '인터넷 자유'가 동일한 지점을 향하고 있다는 식의 엉성한 전제와는 전혀 다른 차원의 책임을 짊어지게 된다.

개인이 자신의 표현의 자유에 대한 권리를 미디어 기업이나 거대 인터넷 포식자들과 같은 방식으로 주장할 수 없듯이 개인의 주체적인 온라인 활동이 해방적 주장들을 항상 구현할 수 있는 것은 아니다. 더욱이 미디어 자유라는 개념은 최근 인터넷의 정보 다원주의에 적용되며 하나의 민주적 성취로 주장된다. 이 입장에서는 우리가 이미 밝혔듯이, 소통적이고 민주적인 자유가 (생산자와 이용자로서) 단순히 인터넷의 자유로운 접근으로 설명되는데, 이는 실제 콘텐츠나 이것이 작동하는 폭넓은 맥락을 무시한 채 디지털 미디어가 본연적으로 지녔다고 맹신되는 해방적이고 민주적인 효과를 우선시하려는 기술 결정론식 사고에 불과하다. 달리 말하면, 인터넷 자유라는 개념은 역사적으로 형성된 복잡성으로부터 탈각되어, 규범성을 전제로 하면서 민주주의와 일상적이고 상식적인 관계를 맺는 단순한 기술적 배열로 변형된다. 그래서 응당 하나를 가지는 것(규제로부터의 자유와 네트워크 접근)이 다른 하나(민주적으로 행동하는 능력)를 가지는 것이라는 당연시된 논리 속에서 현재의 신자유주의적인 정치 및 경제적 배치에 대한 보다 비판적인 해석은 부인되고 마는 것이다.

이러한 접근들이 매우 자주 놓치는 핵심 사항이 있다. 바로 인터넷과 민주주의의 관계는 구체적인 맥락에서 특정한 정보 시장이 가지는 동학 그리고, 더 일반적으로는 실제로 존재하는 민주주의 상황에 의존한다는 사실이다. 그리고 이러한 맥락들은 여전히 국가 집중적인 성격을 지니는데, 그 이유는 전 지구화 및 기술을 탈중심화하는 초국적 요인들이 야기하는 효과에도 불구하고 국가 단위의 헤게모니가 여전히 강고하기 때문이다. 그래서 이러한 관계들은 다양한 특수 변인들, 예컨대 정치 문화, 경제적 흐름, 인구사회학적 특성, 인프라 구조의 발전, 미디어 정책의 특성, 리터러시 비율, 불평등 수준, 종교적 차이와 일상 의례들에 의존한다. 이러한 각각의 요소들은 온라인 세계에 대한 참여, 접근, 통제를 실체화하고, 민주주의가 디지털 환경에서 효율적으로 작동할 수 있는 방법과 정도에 영향을 미친다. 위험은 바로 강력한 거대 산업체들에 의해 고양된 소셜 미디어의 해방적 논리와 '자유'에 대한 욕망에 무비판적으로 굴복함으로써, 우리가 분석적으로 취약하고 정치적으로 타협적이며 그토록 갈망하는 민주적 인터넷을 추구할 태세를 여전히 갖추지 못하고 있다는 사실에 있다.

제임스 커런, 내털리 펜튼, 데스 프리드먼

머리말

이 책은 레버흄재단의 지원 아래 이뤄진 런던대학교 골드스미스 칼리지 연구진의 연구 프로젝트 결과물 가운데 하나다. 이 프로젝트로부터 많은 전문 서적, 논문, 컴퓨터 애플리케이션들이 산출되었다. 이 책은 특정한 분야를 다룬 전문서라기보다는 인터넷 전반에 대한 총론이라는 점에서 특별하다. 또한 실증적 연구로 시작되었지만, 인터넷 관련 문헌들을 검토하는 과정에서 회의적 반응이 커지면서 더 진전되었다.

여기 실린 글들은 우리가 참고할 요약 문서로 시작되었는데 결국엔 독립적이고 개성 강한 책이 되었다. 하지만 기술은 매우 빨리 발전한다. 이 책의 초판은 좋은 반응 덕분에 중국어로 번역되어 출판된 바 있다. 이 결과 우리는 3년 후 다시 이 책으로 돌아오게 되었고 인터넷의 발전과 그 연구에 대한 설명을 일부 수정할 수 있었다. 인터넷은 쇼핑, 친구와의 대화부터 정보 검색과 정치 참여까지 우리의 커뮤니케이션 경험을 지속적으로 변화시킨다. 소셜 미디어는 개인적 관계들과 비즈니스를 변모시키면서 연결의 폭을 대폭 확장한다. 월 스트리트의 '점령하라' 운동과 스페인의 인디그나도스, 이스탄불의 대중

공원 폐쇄 반대 운동 같은 사회 운동에서 알 수 있듯이 인터넷은 우리의 경험을 공유하고 전 세계에 걸쳐 유대를 강화하게 촉진했다. 모바일 기술의 발전은 우리가 항상 연결되고 더 귀 기울 수 있게 만들었다. 동시에 우리의 모든 디지털 일상은 추적되고 우리의 정보는 이를 상업적으로 이용하고자 하는 이들을 위해 수집되고 판매된다. 우리는 지금 디지털 감시가 우리의 생각보다 훨씬 더 일반화되었으며 프라이버시는 더욱 중요한 관심사가 되었음을 알고 있다. 그동안 멀티미디어 대기업들은 과거로부터 물려받은 유산 미디어의 지배 방식을 계속 모방하고 있다. 인터넷이 일상생활에 너무나 큰 부분을 차지하게 되면서 우리는 스스로의 정체성, 관계, 노동, 제도, 시민권, 민주주의의 의미가 무엇인지를 지속적으로 생각하지 않을 수 없게 되었다. 이 개정판을 통해서 독자들 역시 그 의미를 다시 생각해 보기를 희망한다.

이 책은 비록 완벽하게 개정하진 못했지만 새로운 발전 양상과 논쟁을 설명하는 부분을 충실하게 보완했다. 각 장은 한 저자가 썼지만 다른 두 저자와 함께 논의하고 편집했다. 이 책은 공동의 노력과 공유된 즐거움의 산물이다.

1장

꿈의 인터넷

제임스 커런

1990년대에 들어 많은 전문가, 정치인, 정부 관료, 기업의 리더, 기자들은 인터넷이 세상을 바꿀 것이라고 예측했다.[1] 인터넷으로 기업 조직의 혁신이 이루어지고, 큰 번영이 오리라고 생각했다(Gates, 1995).[2] 또한 주체적 이용자들이 인터넷을 직접 통제하는 새로운 문화 민주주의 시대의 문이 열리고, 전통적 미디어의 거물들은 점차 힘을 잃을 것으로 여겨졌다(Negroponte, 1996). 실제로 어떤 면에서는 (대중 투표를 통한 직접 전자 정부e-government를 가능하게 하는 등) 인터넷은 민주주의의 활기를 되찾게 할 수 있다(Grossman, 1995). 전 세계의 약하고 소외된 자들 역시 정당한 권한을 부여받고, 이를 통해 독재자들을 몰락시키거나 권력 관계를 재정비할 수 있다(Gilder, 1994). 일반적으로 국경을 초월하는 인터넷 미디어들이 세상을 축소시키면서 국가 간 대화를

1 1, 2장을 쓰는 데 도움을 준 뛰어난 연구 조교 조애너 레덴에게 감사한다. 또한 이 장의 초판과 개정판을 보고 통찰력 있는 조언을 해 준 닉 쿨드리와 콜린 러스크에게도 특별히 감사한다.

2 하버드 문헌 검색 시스템은 많은 인용문들을 불쾌할 정도로 차단해 버려 문장들 간의 의미 흐름을 방해한다. 이 글의 첫 단락은 주제에 맞는 출판물을 하나씩만 인용했는데, 이는 그런 접근성 때문이다. 내 주장을 뒷받침할 만한 많은 예들을 이 장에서 다시 만나게 될 것이다.

촉진하고, 전 지구적 이해를 더욱 확대시킬 수 있다고 말한다(Jipguep, 1995; Bulashova & Cole, 1995). 요약하면, 인터넷은 인쇄술과 화약의 발명이 그러했던 것처럼 사회를 영구적으로 돌이킬 수 없게 변화시키리라는 예상이었다.

그러한 주장은 인터넷의 기술 측면에서 주로 도출되었다. 인터넷의 명확한 기술적 속성, 즉 상호 작용성, 전 지구적 영향력, 저비용, 속도와 네트워킹 기능, 저장 능력, 통제 불가능성 등은 인간의 인식 수준을 초월해 세상을 새롭게 변화시킬 것으로 가정했다. 이러한 예측의 토대가 된 것은 무엇보다 인터넷 중심주의, 즉 인터넷이 모든 환경을 재설정할 수 있는 결정적 기술이라는 믿음이었다.

이 예측들은 현실에서 실현된 것처럼 보일 경우 더욱 높은 권위를 가졌다. 인터넷은 사람들이 정보를 찾고, 대화하고, 만나고, 쇼핑하고, 시간을 쓰는 방식을 변화시키면서 사회생활의 모든 영역에 들어왔다. 오프라인에서만으로 평생을 살 수 있다는 생각은 너무 어리석게 여겨져 풍자의 주제가 될 정도였다(Portlandia, n.d.). 실제, 2013년의 경우 부유한 국가에 사는 15세 청소년들은 보통 주중에 약 3시간을 온라인에서 보냈다(OECD, 2014: 13).

2000년대에도 많은 전문가들은 인터넷이 사회를 변화시키고 있다고 확신했다. 인터넷은 수동적 소비를 능동적 참여로 변하게 했고(Shirky, 2010), 시장을 분산시켰고(Anderson, 2006), 사회를 더 개방적이고 평등하게 변화시킨다(Leadbetter, 2009)고 가정했다. '트위터 혁명'으로 긴급하게 묘사되었던 2011년 중동 지역에서 일어난 대중 시위는 인터넷이 사회 변혁적 힘이라는 사실을 최종적으로 확인시켜 주는 것 같았다. 세계적인 사회학자 마누엘 카스텔Manuel Castells은 인터넷의 힘을 찬양하는 책에서 다음과 같이 말했다. "사람들의 두 손에 의해 독재 체제는 전복될 것이다"(Castells, 2012: 1).

인터넷이 우리 세계를 재창조한다는 사실은 너무나 분명하다. 이 점을 알지 못한다는 것은 마치 과거에 사로잡혀 있는 테크노포브technophobes(신기술을 두려워하는 사람)들처럼 모든 이들에게는 명확히 보이는 사실조차 보지 못하는 일같이 여겨졌다. 하지만 인터넷의 영향력을 확실히 인식할수록 그리고 그것이 더 이상 미래의 일이 아니라 현재의 일로 다가오면서 인터넷에 대한 반발 또한 생겨났다. 1995년만 하더라도 셰리 터클Sherry Turkle은 풍부한 상상력이 '타인'에 대한 통찰을 확장하고 더 자유로운 감성을 만들어 낼 수 있다는 점에 근거해 익명의 온라인 소통을 긍정적으로 평가했다(Turkle, 1995). 그러나 16년 후 터클은 입장을 바꾼다. 온라인 소통은 얄팍하며 중독되기 쉽기 때문에, 더 깊이 있고 성취감을 주는 실제 인간관계를 방해할 수 있다고 한탄했다(Turkle, 2011).[3] 또 다른 변절자로는 벨라루스의 활동가 예브게니 모로조프Evgeny Morozov가 있다. 그는 인터넷이 독재자의 힘을 약화시킬 것이라는 과거의 희망이 '환상'에 불과한 것이었다고 선언했다(Morozov, 2011). 처음에 가졌던 인터넷의 해방적 힘에 대한 깊은 믿음이 노골적인 회의로 바뀐 사람들도 있었다. 그 그룹의 대표 격인 존 포스터John Foster와 로버트 맥체스니Robert McChesney는 2011년에 결국 "인터넷의 엄청난 잠재력이 수십 년 만에 증발했다"고 실토한다(2011: 17).

이처럼 당혹스럽게도 지금은 전문가들이 각기 다른 의견을 내놓

3 터클은 자신이 쓴 낙관적이고 비관적인 글들에서 관점들을 적당히 얼버무렸다는 점에서 입장을 180도 바꾸진 않았다고 여겨진다.

는 상황에 있다. 대부분의 전문가는 인터넷을 변혁을 위한 중요한 기술로 바라보았다. 언뜻 보기에 이러한 예측은 여러 주요 사건들을 통해 확인되는 것 같다. 하지만 다수의 관점이 왜곡되었다고 확신하는 소수도 있다. 그렇다면 과연 누가 그리고 무엇이 옳은가?

이 도입부에서는 인터넷의 영향력에 관한 네 가지 주요한 예측을 파악하고 그 실현 여부를 검토함으로써 해답을 찾아본다.[4] 이로써 우리는 인터넷에 크거나 작은 영향을 미치는 여러 조건에 대한 간결한 고찰에 도달할 수 있을 것이다.

경제 변화

1990년대에는 인터넷이 모두를 위해 부와 번영을 창출할 것이라는 주장이 널리 퍼졌다. 이는 미국 인터넷 커뮤니티들의 바이블 격인 〈와이어드Wired〉의 편집장 케빈 켈리Kevin Kelly가 쓴 장문의 글의 핵심적 결론이었다(1999). 이 글의 제목과 도입 문단은 그러한 논조를 잘 보여 준다. "아우성치는 제로들Roaring Zeroes: 좋은 소식은 당신이 곧 백만장자가 되리라는 거다. 나쁜 소식은 모든 사람이 다 백만장자가 되리라는 거다."

이것은 주류 미디어를 장악한 사변적인 열풍을 나타내는 하나의 생생한 예에 불과하다. 대표적으로 〈시애틀 포스트인텔리젠서Seattle Post-Intelligencer〉(1995. 12. 6)는 "인터넷 골드러시가 진행 중"이라고 선

4 이 검토 작업은 인터넷 예언들을 그 추정과 맥락을 가지고 조망한 하나의 담론 형식으로 살펴 본 모스코(2005)나 인터넷 예측을 기술적 방식에서 서술한 앤더슨(2006)과는 다르다.

언했다. 이에 따르면 "수천 명의 사람과 기업이 새로운 권리를 주장하고 있다. 의심의 여지없이 인터넷은 매우 중요한 무언가의 시작이기 때문에 거기엔 엄청난 양의 금이 있다." 당시 대서양을 오가던 이런 종류의 기사는 공공연하게 기쁨을 드러내고 있었다. 〈인디펜던트 온 선데이Independent on Sunday〉(1999. 7. 25)에 따르면 "인터넷 천재의 재산이 복권 당첨마저 아주 시시한 것으로 격하시키고, 런던 금융가의 상여금을 식당의 팁 정도로 만들고 있다……." 주식 투자자들도 그 천재들의 기업 공개에 따라 투자하면 부자가 될 수 있다고 약속받았다. 개인이 부자가 될 수 있다는 이러한 대대적 유혹은 인터넷이 중대한 번영의 원천이라고 적시한 비즈니스 전문지가 권위 있는 보고서로 지지하기도 했다. 〈비즈니스 위크Business Week〉는 "우리가 드디어 인터넷 시대에 진입했다"고 선언했다(1999. 10). "그 결과 우선 미국에서 경제와 생산성이 폭발적으로 증가하고 이후 다른 국가들도 곧 미국의 전철을 밟게 될 것"이다.

역동적인 인터넷의 경제 효과에 대해 낙관한 견해들은 2001년 닷컴dotcom 거품이 꺼지면서 가라앉는 듯했으나, 2000년대 중반에 다시 등장한다. 이러한 예언의 2차 물결은 첫 번째만큼 대단하지 않았지만 일반적인 논조는 여전히 강력하고 낙관적이었다. 과거 예측들이 빗나갔던 것은 단지 미성숙했기 때문이고, 인터넷은 이제 (흔히 말하듯) 완전한 발달 단계에 진입했기에 그 진가를 발휘하기 시작한다는 것이다(Atkinson et al., 2010). 시간이 지나고 인터넷의 추락에 관한 기억이 희미해지자 예측은 더욱 낙관적으로 변해 갔다(예를 들어 OECD, 2014).

이와 같이 변화무쌍한 여러 예언의 중심에는 무엇보다 인터넷과 디지털 커뮤니케이션이 신경제New Economy를 낳았다는 관점이 자리

한다. 여기에서 신경제라는 개념은 비록 형태가 유동적이고 간혹 불분명하기는 하지만 특정한 어떤 주제와 꾸준히 관련된다. 인터넷이 공급자, 생산자, 소비자를 연결시키는 더욱 효율적인 수단을 제공한다는 것이다. 인터넷은 슘페터적인 혁신의 흐름[5]과 수반되는 생산성을 급등시키는 파괴적 기술이며 이는 또한 탈산업화된 서구 사회에서 제조업 쇠퇴를 보상할 정보 통신 경제의 성장에 기여한다는 것이다.

이 같은 이론화의 중심에는 신비스럽게 포장된 어떤 믿음이 자리 잡고 있다(특히 1990년대에 우세했다). 짐작컨대 인터넷이 거대 기업과 소기업 간 공평한 경쟁의 장을 마련함으로써 경쟁 조건을 바꾼다는 것이다. 1996년 스티브 잡스Steve Jobs는 인터넷은 "믿을 수 없을 정도로 대단한 민주주의 세력"인데, 무엇보다 "소기업이 대기업만큼 크게 보일 수 있으며…… 여기에다 그만큼 쉽게 접근도 가능하기 때문"이라고 하였다(Ryan, 2010: 179에서 재인용). 이 믿음에 따르면 궁극적으로 인터넷은 시장의 역동성을 새로이 불러일으키고 기업의 창의성과 성장에 선풍적 힘을 불러일으키게 된다. 여기에다 인터넷은 작은 신규 기업들이 이미 공고하게 자리 잡은 소매 중개업자들과 서비스 회사들을 우회할 수 있게 함으로써 새로운 시장 기회도 창출한다. 가격을 낮추고 수출을 확대하여 틈새시장에 부응함으로써 신규 생산자들도 번성할 수 있도록 한다. 일반적으로 인터넷은 변화에 더딘 하향식 구조를 가진 포드주의의 거대 기업과는 달리 소비자의 수요 변화에 재빠

5 경제학자 조지프 슘페터Joseph Schumpeter(1883~1950)가 제시한 '창조적 파괴' 개념을 가리킨다. 《자본주의, 사회주의, 민주주의》(1942)에서 창조적 파괴를 "경제 구조를 내부로부터 끊임없이 혁신하는 변혁 과정," 즉 "끊임없이 오래된 것을 파괴하고 새로운 것을 창출하는 과정"이라고 설명한다. — 옮긴이

르게 반응하는 수평적이고 유연한 기업을 선호한다고 한다. 인터넷 기반 신경제에서 '작음small'이란 이렇듯 민첩하면서도 중요한 권한과 재능이 된다.

이러한 주제들은 전문 용어에 주로 숨겨져 제시된다. 그 통찰을 이해하려면 우선 그들만의 새로운 용어를 배워야 한다. 포털portal과 보털vortal,[6] 그리고 인터넷, 인트라넷intranet, 엑스트라넷extranet[7]을 구분하고, 온라인/오프라인 겸업click-and-mortar, '데이터 웨어하우징data warehousing'[8] 같은 문구의 의미를 이해하거나 CRM(customer relationship management 고객 관계 관리), VAN(value added network 부가 가치 네트워크), ERP(enterprise resource planning 기업 자원 관리), OLTP(online transaction processing 온라인 거래 처리), ETL(extract, transform and load 추출, 변환, 로딩) 등 끝이 없어 보이는 이상한 약어들에 친숙해져야 한다. 미래를 이해하는 수련자가 되려면 우선 새로운 교리문답을 숙달하는 일이 필요해 보인다.

인터넷의 경제적 영향력은 진행 중이고 불완전하기 때문에 이러한 미래 비전이 실현되었는지 평가를 내리기는 쉽지 않다. 기업에서 과거 텔렉스나 팩스가 담당했던 초기 단계의 전자적 데이터 교환 시스템과 데이터 분석 작업을 대체하기 위하여 컴퓨터를 광범하게 사용

---

6 보털은 특정 이용자 집단에 전문적인 정보를 제공하는 수직형 포털 사이트다. 포털 사이트는 폭넓은 이용자 계층을 상대로 방대한 정보를 제공하기 때문에 네티즌 개개인의 욕구를 모두 충족시키기 어렵다. 이를 보완하고자 등장한 전문화되고 특화된 웹 서비스를 말한다. — 옮긴이

7 엑스트라넷은 인트라넷의 확장 개념으로 고객 및 협력 업체와의 관계 증진을 위해 기업의 내부 통신 시스템인 인트라넷에 이들을 포함시킨 새로운 통신 구조를 말한다. — 옮긴이

8 데이터 웨어하우징이란 개방형 시스템 도입으로 흩어져 있는 각종 기업 정보를 최종 이용자가 쉽게 활용하고, 신속한 의사 결정을 유도하도록 해 기업 내 흩어져 있는 방대한 양의 데이터에 쉽게 접근하고 이를 활용할 수 있게 하는 기술을 말한다. — 옮긴이

했던 때보다 인터넷은 시기적으로 늦기 때문에 얘기는 더 복잡해진다(Bar & Simard, 2002). 변화는 누적되었다.

그러나 예비적 평가는 가능하다. 첫 번째 결론은 인터넷이 공급자들, 생산자들, 소비자들 간 상호 작용과 시장의 배치, 전 세계적 재정 거래의 양과 속도, 사업 조직 내의 데이터 처리와 커뮤니케이션의 본질 등을 변화시킴으로써 경제의 신경 시스템을 바꿔 왔다는 점이다. 또한 인터넷은 구글 같은 주요 기업들을 탄생시켰고, 온라인 게임과 같이 수익성 좋은 산업들의 성장을 도왔다.

경제적 재구조화로 일상생활에 가장 큰 영향력을 미친 부문은 아마도 온라인 소매업의 등장일 것이다. 2013년 OECD 국가의 성인 인구 가운데 약 50%가 온라인에서 무엇인가를 구매했다. 그러나 이러한 평균값은 국가 간 존재하는 매우 큰 편차를 감춘다. 주로 부유한 국가들인 OECD 국가 중에서 영국인과 덴마크인이 가장 많이 온라인으로 쇼핑했다(2013년에는 4분의 3 이상이 온라인으로 쇼핑했다). 그러나 같은 해에 터키에서는 국민의 10%만이, 멕시코에서는 불과 2%만이 상품과 서비스를 온라인으로 주문했다(OECD, 2014: 42).

이제 많은 사람들이 온라인에서 쇼핑하지만, 그 실제 규모는 여전히 작다. 여기에는 두 가지 이유가 있다. 하나는 온라인 판매가 주로 국가 간보다 국가 내에서 일어나기 때문이고, 다른 하나는 소매, 서비스 분야는 전체적으로 불균등한 양상을 띠기 때문이다. 온라인 판매의 전자 상거래는 2014년 미국에서 총 판매량의 6.5%를 차지했다(Bucchioni et al., 2015). 그에 비해 2007년 유럽에서는 (그 비율은 이후 증가하겠지만) 총 판매량의 4%를 차지했다(European Commission, 2009).

상품과 서비스의 온라인 판매는 미래에도 계속 확대될 것이다. 운

전자와 승객을 직접 연결하는 방식을 취하며 비교적 최근에 등장한 우버Uber의 서비스와 집주인과 유료 숙박객을 바로 연결해 주는 에어비앤비Airbnb는 한창 진행 중인 변혁의 예들이다. 온라인 소매업의 증가를 저지하는 요소들은 시간이 지나면 점점 덜 중요해질 것이다. 그렇다고 해도 국제적인 온라인 혁명의 길에 놓인 장애물들(일부 국가에서의 낮은 인터넷 접근성, 언어적 어려움, 보안에 대한 두려움, 광대역 속도 차이와 우편 서비스 신뢰성의 차이, 관세 절차와 세금의 국가별 가변성, 지역적 부패, 개인 정보의 국가 간 이전에 관한 입법적 차이, 높은 보험 비용과 더 많은 그 밖의 것들)은 만만치 않은 일들로 남아 있다(스웨덴 국가무역이사회, 2012; Groot, 2011 참조). 더불어 오프라인 쇼핑을 즐기고, 구매 전에 시험적으로 사용해 보길 원하거나 미루지 않고 즉시 구매하길 바라는 사람들도 계속 존재할 것이다.

두 번째 결론은 인터넷이 모두에게 혜택을 뿌려 주는 부의 간헐천이 아니었다는 점이다. 1995~2000년에 인터넷 기업들의 주식 시장 가치는 엄청나게 상승했다. 이는 무지와 1990년대 중반에 있었던 금융 규제 완화가 불러온 신용 경제 호황credit boom으로 더욱 활성화됐다(Blodget, 2008; Cassidy, 2002). 그러한 거품은 투자 분석가들이 불확실한 인터넷 부문에 투자를 권고하도록 독려한 금전적 인센티브와(Wheale & Amin, 2003), 전통적 투자 기준이 인터넷 신경제에는 해당되지 않는다는 집단적 확신으로(Valliere & Peterson, 2004) 인해 더욱 심화되었다. 정작 대규모 투자를 끌어 모았던 대부분의 신규 닷컴 기업은 수익을 내보지도 못한 채 문을 닫았다(Cellan-Jones, 2001). 손실은 매우 심각해져서 2001년에는 미국 경제를 결국 불황에 빠지게 만들었다.

1990년대와 2000년대 초반 동안, 서구에서는 인터넷 사용이 빠르게 늘었지만 지속적인 경제 호황이 일어나지는 않았다. 정반대로 전 세계를 강타한 2007년 신용 위기와 2008년 금융 위기는 1930년대 이래 서구 경제 역사상 가장 긴 침체기의 시작이 되었다(Blinder, 2015; Bordo et al., 2013; Cattaneo et al., 2010). 인터넷 시대란 경제적 불평등이 심화하는 시대이기도 했다. 부자가 더 부유해지고 다른 대다수는 소득 변화가 없거나 오히려 감소했다(Piketty, 2014; Cingano, 2014; OECD, 2011; Stone et al., 2015). 3년이 지난 후에도 계속된 장기간의 금융 위기 여파로 주가는 다시 폭락했고, 서구 국가들에서는 실질 소득 수준과 경제 성장률마저 현저하게 하락했다. 이처럼 인터넷이 모두에게 미치는 번영의 원천은 분명 아니었다.

세 번째 결론은 인터넷이 경제에 기여할 것으로 기대된 측면은 분명히 과장되었다는 점이다. 세부적이고 권위 있는 측정 자료에 의하면 인터넷의 GDP에 대한 기여도는 0.8~7%에 불과하다(OECD, 2013: 19). 고용 소득을 분석 기준으로 삼은 하버드 경영대학원의 연구를 보면 미국에서 인터넷 광고는 미국 GDP의 대략 2% 정도에 그쳤고 국내 경제 활동에 미치는 인터넷의 간접적 기여도를 감안하더라도 3%에 불과했다(Deighton & Quelch, 2009). 다른 연구에서도 유럽에서의 기업-소비자 간 전자 상거래가 GDP의 1.35%에 그친 것으로 나타났으며(Eskelsen et al., 2009), 매킨지 보고서(du Rausas et al., 2011)는 인터넷의 직접적 경제 참여 정도가 G8 국가들과 5개 여타 주요 경제국들 기준 GDP의 평균 3.4%라고 결론지었다. 다른 측정 방법들은 (투자 가치를 사회 복지와 소비자 이익으로 돌릴 수 있는) 다른 결과를 내놓는다.[9] 그러나 어떤 측정 방법이든 전체 경제에 대한 인터넷의 기여도는 1990년대의 희망과 비교하면 낮은 수준이다.

네 번째 결론은 인터넷이 대기업과 소기업 간 공정한 경쟁의 장을 만들어 내지 않았다는 점이다. 인터넷이 공정한 기회를 제공할 것이라는 신념은 마치 복음과도 같은 '신경제'의 주요 논지였으며, 이로써 인터넷은 혁신과 성장을 창출하리라는 강력한 확신이 넘쳐나게 되었다.[10] 물론 이러한 신념은 여러 관점에서 오산이었음이 입증되었다.

무엇보다 규모의 이익을 과소평가했다.[11] 대기업은 소기업에 비해 더 많은 예산과 높은 수준의 자본 접근성을 갖고 있다. 그들은 가격을 낮추고 판촉을 강화함으로써 기존에 대기업이 갖고 있는 경쟁에서의 혜택을 계속 누린다. 일반적으로, 대기업은 기본적인 다른 이점들도 갖고 있다. 즉 생산 단가를 낮출 수 있는 대규모의 경제, 서비스 공유와 상호 판촉을 바탕으로 한 범위의 경제, 신규 제품과 서비스의 출시를 보조하는 전문성, 자원의 집중이 가능하다. 규모의 비경제성도 있을 수 있는 반면, 큰 기업들은 역동적인 신생 기업을 직접 인수함으로써 재생할 수도 있다.

이러한 이점들은 왜 인터넷 시대에도 대기업이 자동차 생산에서부터 식료품 슈퍼마켓까지 주요한 시장 부문들을 계속해서 장악하고 있는지 설명해 준다. 1997~2007년에 세계 주요 경제 시장(대표적으로

---

9 인터넷이 경제에 미치는 기여를 측정하는 다른 방식에 대한 도움이 되는 평가는 OECD(2013)를 참조하라.

10 경제론의 부수적 주제는 인터넷에 그 구조와 작동 방식이 잘 적응된 기업들이 실제 어떻게 활동하는지에 대한 것이다. 예를 들면, 카스텔(2001: 68)은 시스코 시스템Cisco System을 "인터넷 경제를 특징짓는 네트워크 비즈니스 모델의 개척자"로 설명한다. 그러나 2000~2001년 시스코의 주가는 78%나 폭락했고 회사는 8500명의 노동자를 해고한다. 2011년 시스코는 재차 대규모 감원을 발표했다. 롤러코스터 같은 이 회사의 역사는 인터넷을 통한 네트워크 비즈니스의 활용이 지속적인 성공을 보장해 주지 않는다는 것을 입증한다.

11 광범위하고 적절한 문헌을 참조하려면 Porter(2008a, b), Dranove & Schaefer(2010), Ghoshal(1992)을 보라.

미국 시장)에서 주요 4대 대기업이 최소 50% 이상의 생산량을 차지했던 제조업 산업 부문들의 수는 꾸준히 증가했다(Foster et al., 2011: 표 1). 또 미국 소매 산업의 주요 부문에서 상위 4개사의 시장 점유율 역시 1997~2007년에 현저하게 증가했다. 두 가지 사례를 더 들어 보면, 이 기간 동안 컴퓨터, 소프트웨어 판매점 가운데 상위 4개사의 점유율이 35%에서 73%까지 치솟았으며 이 4개 거대 판매점이 차지한 점유율만 하더라도 56%에서 73%로 급상승했다(Foster et al., 2011: 표 1).

기업 우세 경향은 오프라인에만 한정되지 않았다. 2011년 1월에 전 세계 인터넷 이용자들의 73.5%는 구글이나 그 자회사인 유튜브를 방문했다(Naughton, 2012: 269). 같은 달에 아이튠스 스토어는 전 세계 온라인 디지털 음원 판매량의 71%(추정치)를 기록했다(Naughton, 2012: 277~278). 아마존은 (규모와 범위의 경제 원칙에 힘입어) 지배적인 온라인 소매업자가 되었고 페이스북은 네트워크 효과(서비스가 커질수록 더 유용해진다) 덕분에 선도적인 소셜 미디어가 되었다. 새로운 산업에서 이런 기업들이 그토록 짧은 시간에 지배적 지위까지 부상했다는 사실은, 자본주의 체제의 기저에 깔린 논리를 보여 준다. 경쟁의 자연적 과정은 경쟁을 줄이는 경향을 가진다는 것이다.

또한 큰 기업들이 작은 기업들보다 인터넷이 제공하는 기회에 더 잘 적응하며 이를 더 잘 활용한다는 분명한 증거들이 있다. 2012년 OECD 국가에서 대기업(직원 250명 이상)의 40%는 전자 상거래에 관여했고, 이는 소규모 사업장(직원 50명 이하)의 20%와 비교된다(OECD, 2014a: 42). 전자 상거래는 대기업의 총 판매량의 약 20%에 해당하지만, 소기업의 경우는 7%에 불과하다(OECD, 2014a: 139). 전자 상거래는 개발도상국에서의 취약한 기반 시설과 높은 대역폭 비용을 포함하는 수많은 이유들 때문에 특히 중소기업들에게 힘든 것으로 입증되었다(WTO, 2013).

요약하자면, 인터넷의 경제적 영향력은 시장에서의 불평등한 경쟁 관계를 통해 걸러졌다. 인터넷 시대에 작은 기업이 승리할 것이라는 예측은 결코 성취되지 못했다. 골리앗 같은 거대 기업들은 가상의 조약돌 정도밖에 되지 않는 다윗 같은 중소기업을 계속 짓눌렀던 것이다.

전 지구적 상호 이해

1990년대만 하더라도 인터넷이 더 나은 전 지구적 상호 이해를 촉진할 것이라는 공감대가 폭넓게 자리했다. 미국 공화당의 정치인 번 엘러스Vern Ehlers(1995)는 "인터넷이 지식을 습득하고 상호 교류와 포용력이 충만한 시민 사회를 만들 것"이라고 선언했다. 불라쇼바와 콜(Bulashova & Cole, 1995)은 "인터넷이 다른 민족, 국가, 문화에 대한 지식을 향상시키고 소통을 개선함으로써 엄청난 '평화 배당금peace dividend'을 가져 왔다"는 결론을 내렸다. 저술가 할리 한Harley Hahn(1993)에 따르면 이에 대한 핵심적 근거를 인터넷이 전 지구적인 미디어일 뿐만 아니라 전통적인 미디어에 비해 평범한 사람들이 소통할 수 있는 기회를 더 많이 제공하는 데서 찾았다. 그는 다음과 같이 결론을 내린다. "나는 우리 모두가 조화롭게 잘 지내고 마침내 전 세계가 하나의 지구촌이 되기 위해…… 인터넷을 최고의 희망으로 바라본다." 여러 비평가가 제시한 이러한 낭만주의에 대한 또 다른 근거로는 인터넷이 전통적 미디어에 비해 국가 검열을 덜 받으므로 평범한 시민들 간의 자유롭고 제약받지 않는 담론을 창출할 수 있도록 기여하리라는 관점이 존재한다. 프랜시스 캐언크로스Frances Cairncross(1997: xvi)에 따르면 "지구의 다른 편에 있는 사람들의 염원에 대해서도 더 자유롭게 소통하며, 더 많이 배우게 될 것이므로 전반적인 세계 이해를 증진시키고, 관용을 함양하며, 최종적으로는 세계 평화를 촉진하는 효과를 갖게" 될 것이다. 이러한 주제들, 즉 인터넷의 세계적 영향력과 범위, 인터넷 이용자의 자유와 참여는 2000년대에 이르면 인터넷이 전 세계를 하나의 우호적인 관계망으로 연결시킨다는 낭만적 사고의 핵심으로 자주 등장하게 된다.

심지어 비판적 문화 이론가들조차 이러한 주장에 뚜렷한 학문적 각인을 더했다. 예를 들어 존 스트라튼Jon Stratton(1997: 257)은 인터넷이 "문화의 세계화"와 국가와 거주지에 대한 느슨해진 유대를 의미하는 "높은 수준의 탈영토화"를 촉진한다고 주장했다. 이러한 주장은 미디어의 세계화가 코스모폴리타니즘 그리고 타인 및 다른 장소에 대한 개방을 촉진시킨다는, 잘 확립된 문화 연구 전통의 일부이기도 하다(예를 들어 Tomlinson, 1999를 보라).

비판 정치 이론가들도 이와 유사한 주장을 발전시켰다(특히 Fraser, 2007; Bohman. 2004; Ugarteche, 2007). 이 중 낸시 프레이저Nancy Fraser(2007: 18~19)는 "통신 기반 시설의 탈국가화"라고 불리는 것이나 "탈중심화한 인터넷 네트워크"의 등장이 상호 연결된 통신망을 통해 국제적 대화와 토론으로 이루어지는 공론장을 창출한다는 입장을 취한다. 이로부터 이른바 '초국가적 윤리,' '전 지구적 공공 규범,' '국제적 공공 여론'이 출현하기 시작한다는 것이다. 이 관점에서 보면 초국적,

경제적, 정치적 권력의 책임을 물을 수 있는, 능력을 갖춘 대중 권력의 새로운 기반이 제시되는 것이다. 이 같은 이론가들은 자신의 주장을 어느 정도 밀어붙이느냐에 따라 다소 상이하지만(예를 들어 Fraser, 2007은 눈에 띄게 신중하다) 대부분 전 지구적 이해의 산파로서, 표준적이며 인본주의적이라는 인터넷에 대한 일반적 이해 정도를 넘어서는 논지를 발전시키고 있다. 인터넷은 새롭고 진보적인 사회 질서의 형성에 중요한 디딤돌로 여겨진다.

이러한 낙관론이 지닌 근본적인 약점은 정확한 증거보다는 주로 인터넷 기술로부터 자라난 추론에 기대어 설명한다는 것이다. 하지만 이는 즉시, 쉽게 가용한 정보만으로도 아주 다른 이야기가 새롭게 제시될 수 있음을 의미하기도 한다. 인터넷의 영향력은 기술에 의해 규정된 단일한 방향성을 따르진 않는다. 대신 오히려 사회 구조와 과정에 의해 여과된다. 전 지구적인 상호 이해와 새로운 사회 질서를 촉진하기 위한 인터넷의 역할이 제한되는 방식을 최소 일곱 가지 조건에서 찾아볼 수 있다.

인터넷 역할을 제약하는 일곱 가지 조건

첫째, 세계는 불공평하고, 이것은 인터넷 기반의 전 지구적 대화 참여를 제한한다. 2014년 가장 부유한 상위 1%가 전 세계 부의 48%를 소유했다. 나머지 52%도 불평등하게 소유됐는데, 특히 상위 20%의 부유층이 그 상당 부분을 갖고 있다(Oxfam, 2015). 소득 분배 또한 매우 불평등하며 그 격차는 증가했다(Piketty, 2014). 사실상 대부분의 OECD 국가들은 지난 30년간 가장 높은 수준의 빈부 격차 정도를 보이고 있다(OECD, 2014a).

경제적 불평등은 인터넷 접근성의 작동 원리로 재생산된다. 전 세계에서 가장 부유한 세 지역인 북아메리카 사람들의 87%, 오세아니아/호주인의 72%, 유럽인의 70%는 인터넷 이용자이고, 가장 빈곤한 지역인 아프리카는 인구의 27.5%만이 인터넷 이용자다(Internet Worlds Stats(IWS), 2015). 이러한 불평등은 부유한 국가와 빈곤한 국가 간의 비교에서 더욱 두드러진다. 부유한 노르웨이와 스웨덴은 인구의 95%가 인터넷을 사용하지만, 저소득 국가인 파키스탄은 15%, 빈곤한 아프가니스탄은 6%만이 인터넷을 사용한다(IWS, 2015b).

불평등한 인터넷 사용은 지정학적으로 결정될 뿐만 아니라 국가 간 불평등에 의해서도 결정된다. 2013년 미국에서는 10만 달러 이상 소득 가구의 92%가 인터넷을 사용했다. 이는 2만 5000달러 미만 소득 가구의 48%와 비교된다(File & Ryan, 2014). 유사하게 더튼 등(Dutton et al., 2013)이 발견했다. 영국에서는 최고 소득 계층의 100%가 인터넷을 사용하지만 저소득 계층(1만 2500파운드 미만)은 58%만이 인터넷을 이용한다. 신흥 국가와 개발 도상 국가에서는 빈곤하고 교육 수준이 낮고 나이가 많은 계층의 인터넷 평균 사용량이 평균 계층이 그것보다 훨씬 적었다(Pew, 2015). 또한 개발 도상국에서 젠더는 인터넷 사용에서 중요한 결정 요소인데, 사하라 이남 아프리카 지역 및 중동 일부 지역의 여성은 인터넷 사용률이 특히 낮은 편이다(Antonio & Tuffley, 2014; Intel, 2013).

이러한 격차는 시간이 지나면서 새로운 경제가 성장함에 따라 줄어들 것이다. 그러나 세상은 매우 불평등하기 때문에 개발 도상국들이 경제적 선진 사회의 현재 인터넷 보급률에 접근하기까지는 긴 시간이 소요될 것이다. 한편 인터넷은 전 세계를 하나로 통합하고 있지도 않다. 주로 특권층을 그들만의 공동체로 묶고 있는 실정이다. 2014년 12월 전체 인구 중 인터넷 이용자 비율은 42%로 추정된다(IWS, 2015c). 그러므로 전 세계 인구의 대다수는 '상호 이해'를 말하는 인터넷 세상의 일부가 아닌 것이다.

둘째, 세계는 언어에 의해 분할되어 있다.[12] 대부분의 사람들은 한 가지 언어만 구사하며 서로 다른 모국어를 말하는 외국인들과 소통할 수 없다. 공유된 언어에 가장 근접한 것은 영어인데, 국제커뮤니케이션연합International Communication Union(2010)에 따르면, 세계 인구의 단지 15%만이 영어를 이해할 수 있을 뿐이다. 다음으로 가장 널리 공유된 언어는 중국어로, 이 언어도 중국과 그들의 집단 거주지 밖에서는 거의 이해되지 못한다. 전 세계인을 화합시킨다는 인터넷의 역할은 이러한 상호 이해 불가의 요소들에 의해 심각하게 방해받고 있다.

셋째, 언어는 권력의 미디어다. 온라인에서 영어로 소통하는 사람들의 수는 영국의 제국주의적 유산과 미국의 국제적 소프트 파워[13] 덕분에 상대적 관점에서 보자면 상당한 규모다. 중간 규모인 아랍어 — 한때 위대한 권력의 유산 — 로 이루어지는 대화로는 단지 인터넷 이용자의 5%만 의사소통이 가능하다(IWS, 2015d). 더 작은 규모로는 마라티어를 말하는 인구로서 서부 인도 밖의 지역에서는 이해될 기회가 매우 제한적일 뿐이다. 누가 인터넷, 즉 '전 지구적 커뮤니케이션 미디어'에서 주목을 받는지는 그들이 어떤 언어를 말하는지에 달려 있다.

---

12 언어 장벽은 인터넷 이용자들의 비전형적 특성에 의해 약간 낮아진다. 전 세계 인터넷 이용자의 28%가 영어로 의사소통하며 23%는 중국어를 사용한다(IWS, 2015d).

13 군사력, 경제력 등의 하드 파워가 아닌 정보 과학, 예술, 문화 등이 행사하는 영향력을 말한다. — 옮긴이

넷째, 사람들마다 문화적 자본의 정도가 다르다. 유창한 언어를 구사하고, 다양한 언어를 말하고, 적절한 전문성을 활용할 수 있고, 유연한 근무 시간에 따라 일하는 사람들이 있는 반면에 이러한 자산이 부족한 이들도 있다. 이것은 누구의 목소리를 듣게 되는지에 영향을 미칠 수 있다. 전 세계 대중을 위해 사회 문제들에 대하여 지적이고 박식한 논평을 생산하는 오픈데모크라시openDemocracy라는 전자 잡지를 예로 들어 보자. 이 잡지는 "지역적 경계선을 넘어 논쟁과 이해를 촉진"하는 일과 "소수의 시각과 목소리가 들리게 하도록 보장"하는 일에 헌신하고 있다(openDemocracy n.d.). 이렇게 고귀한 열망에도 불구하고, 그 필자들 중 81%는 엘리트 직종에 종사하고 있으며 71%는 북아메리카와 유럽에 살고 있다(Curran & Witschge, 2010, 표 6.2, 6.3: 110~11). 선도적인 블로거들은 보통 영국, 미국, 그 외의 지역의 엘리트 배경을 갖고 있다(Cammaerts, 2008).

다섯째, 전 세계는 가치, 신념, 이해관계의 갈등으로 분열되어 있다. 예를 들어 IS(Islamic State)는 폭풍과 같은 증오를 만들어 냈다. 종교법 아래 칼리프의 지배를 받는 영역을 만들겠다는 야망은 서구 사회에서 비난을 받았으며(예를 들어 Daily Telegraph, 2015. 4. 4), 중동의 많은 지역에서도 이웃 체제에 위협이 되었기에 더 큰 비난을 받았다(예를 들어 Al Jazeera Online, 2014. 9. 1). 이는 미국과 그 동맹국들의 전략적 목적에 대한 직접적인 도전이기도 하다. IS는 또한 무슬림 이단자, 배교자로 간주하는 사람들에게 보복을 가하는 편협하고 폭력적이고 억압적인 조직이기 때문에 더욱 배척받고 있다.

그중 일부는 IS가 이슬람 초기의 순수한 형태로 돌아갈 것이라고 주장한다. 또 어떤 이들은 IS가 적들 사이에서 테러를 일으키고 서구로부터 독립적인 운동을 펴나감으로써 부패하지 않은 이슬람교를 부활시키는 신호탄으로 보기도 한다. IS는 또한 기술적으로 개종시키고 동원하고 급진화시키며 기금을 조성하기 위해 트위터, 페이스북, 인스타그램을 사용한다(Farwell, 2014). 이용자들이 IS에 관한 최신 정보를 얻을 수 있는 트위터 앱을 개발하고 해시태그를 조작하여 인기 게시물들을 바꿔놓기까지 했다. 적어도 2014년 9월에서 12월 사이에 IS 지지자들은 4만 6000개의 트위터 계정을 사용했다(Berger & Morgan, 2015). 그렇지만 IS의 경우는 테러 집단이 인터넷으로 돈을 송금하고 세탁할 뿐만 아니라, 개종자들을 모으고 국제적 연결망을 확장하는 데 인터넷을 이용한 가장 최근의 두드러진 예일 뿐이다(Conway, 2006; Hunt, 2011; Freiburger & Crane, 2008).

이처럼 대부분이 이슬람의 호전성에 분노하지만, 온라인상의 증오 면에서 서구 기독교인들 역시 어처구니없는 전통을 갖고 있다는 점은 주목할 가치가 있다. 미국의 인종 증오 집단들은 인터넷 개척자들이었다. KKK(Ku Klux Klan)의 일원이었고, 훗날 백인 아리안 저항전선White Aryan Resistance의 리더였던 톰 메츠거Tom Metsger는 일찍이 1985년 커뮤니티 게시판을 개설한 바 있다(Gerstenfeld et al., 2003). 이러한 사이버 개척자의 기원으로 인해 인종주의적 웹사이트들은 만연해 있었다. 레이먼드 프랭클린Raymond Franklin이 작성한 증오 사이트 목록은 그 내용이 170페이지가 넘으며(Perry & Olsson, 2009), 사이먼 위센달센터Simon Wiesenthal Centre(2011)의 〈디지털 테러와 혐오Digital Terror and Hate〉라는 보고서에는 그러한 소셜 네트워크 웹사이트, 포럼, 블로그, 트위터, 기타 온라인 출처가 1만 4000개나 열거되어 있다. 이러한 웹사이트의 일부는 비교적 넓은 기반을 갖고 있기도 한데, 가장 초기에 만들어진 '백인만 참여 가능한' 웹사이트 중 하나인 스톰프론트Stormfront의 경우 2005년에도 5만 2566명의 이용자가 활동했다(Daniels, 2008: 134).

인종 증오 사이트에 대한 세부적인 연구들은 그 사이트들이 다양한 방식으로 인종적 증오를 유지하거나 촉진한다고 결론을 내린다(Back, 2001; Perry & Olsson, 2009; Gerstenfeld et al., 2003). 인종 증오 사이트는 집단 정체성을 강화하고 전투적인 인종주의자들이 혼자가 아님을 느끼게 해 준다. 일부 웹사이트의 경우 '아리안 데이팅 페이지Aryan Dating Page' 같은 즉석 만남 기능뿐만 아니라 건강, 가사 활동 등을 논의하는 포럼 같은 아주 일반적인 콘텐츠를 이용하기도 한다. 예를 들어 세련된 사이트들은 온라인 게임과 함께 실용적 지원들을 제공함으로써 어린이와 청소년을 참여 대상으로 삼는 데 능숙하다. 인종 증오 집단 가운데 몇몇은 인터넷을 이용해 점점 더 많은 아이디어와 정보 등을 공유하는 국제적인 지원 네트워크로 발전시키고 있다. 이들의 핵심에는 인종 증오 메시지가 있는데, 외국인 출산 문제를 다룬 '인구통계학적 시한폭탄' 같은 경고가 전형적 사례다. 이러한 사이버 공간에서 '백인의 요새화'는 불화를 촉진한다. 인종주의 담론과 인종주의 폭력은 연관성이 있다(Akdeniz, 2009).

이러한 사실은 한 가지 핵심 사항을 입증한다. 즉 인터넷은 증오를 분출시키고, 오해를 촉진하고, 익명성을 영속시킬 수 있다. 국제적이며 상호 교류적이라고 해서 인터넷이 자동적으로 '달콤함과 밝은 면'만 장려한다는 것을 의미하진 않는다.

여섯째, 대부분의 사회에는 국가주의적 문화가 강력하게 내재되어 있으며 이는 인터넷의 전 지구적인 확장에도 불구하고 국제주의의 실현을 제한한다. 국가 중심의 문화는 대체로 수세기에 걸쳐 형성되었고 주로 (대부분의 국가들에서 대체로 작은 규모의 청중만 이끌어 내는 CNN 같은 국제적 채널과 함께) 국가적 기반 위에 조직된 텔레비전에 의해 지지된다. 2007년 미국의 네트워크 TV 뉴스는 방송 시간 중 20%만 해외 뉴스에 할애했으며, 국제주의 노선을 표방하는 북유럽 2개국의 TV 뉴스조차도 방송 시간 중 단 30%만 국제 뉴스에 할애하는 데 그쳤다(Curran et al., 2009). 이와 유사하게, 알버그 등(Aalberg, 2013)이 조사한 11개 국가 중 8개 국가에서 2010년 주요 TV 채널의 뉴스 방송들이 국제 뉴스에 할애한 시간은 그들의 총 뉴스 시간의 4분의 1이 채 되지 못했다. 스테핀스카 등(Stepinska et al., 2013)도 2008년 17개국의 인기 있는 TV 채널들이 뉴스 목록 중 단 22%만을 순수하게 국제 뉴스에 할당했다고 보았다. 이러한 국가주의 성향은 국가주의적인 텔레비전의 지지 기반 위에서 인터넷의 내용에도 영향을 준다. 2010년 9개국의 선도적인 뉴스 웹사이트들은 단지 콘텐츠 중 23%만을 국제 뉴스에 할애했고, 그 비율은 자국의 신문과 TV 경쟁자보다 그리 높은 수치가 아니었다(Curran et al., 2013: 표 5, 889).

개별 국가의 문화 역시 이용자의 인터넷 상호 작용에 영향을 미친다. 예를 들어 중국은 강력한 국가주의 사회다. 이는 과거 동서양 제국주의 세력의 침략으로 인한 국가적 수모를 당한 결과이지만, 놀라운 경제 성장에 대한 자부심, 대중적 지지와 사회적 결속력을 유지하고자 공산당 정권이 의도적으로 국가주의 성향을 키워 낸 것이기도 하다. 강도 높은 국가주의는 중국 웹사이트와 온라인 채팅방 등에서 쉽게 찾아볼 수 있다. 이 공간에서는 타 국가에 대한 이해와 공감 등이 그다지 표현되지 않을 뿐만 아니라, 특히 일본인을 대상으로 한 적

개심으로 번지는 경우도 많다(Morozov, 2011).

일곱째, 권위주의 정부는 인터넷을 관리하며 잠재적 비판자들을 위협하는 새로운 방식들을 개발했다. 이것은 다음에 더 상세히 논의될 것이다.[14] 여기에선 세계 여러 곳에서 사람들이 온라인을 통해 두려움 없이 원하는 바를 교류하고 말할 수 있는 환경은 아직 구현되지 않았음을 언급하는 정도로 충분할 것이다. 이렇게 전 지구적 인터넷 담론은 국가의 협박과 검열에 의해 왜곡된다.

요약하면, 사이버 공간이 상이한 배경과 국적을 가진 이들이 서로 소통하고 깊이 생각하고 관용을 베푸는 그러한 세상을 만드는, 즉 자유롭고 개방된 공간이라는 발상은 여러 사실을 간과하고 있다. 우선 세상은 여전히 불공평하며 실제로 상호 이해가 불가능하다(문자 그대로의 의미에서). 그리고 세상은 상충하는 가치와 이해관계로 인해 찢겨져 있고, 뿌리 깊은 국가와 지역의 문화(그리고 종교와 민족성 같은 정체성의 다른 양식)에 따라서도 나뉘어져 있다. 더욱이 일부 지역은 권위주의 체제에 지배받고 있다. 현실 세계에 현존하는 이러한 차이가 다수의 언어로 무너진 바벨탑, 증오 웹사이트, 민족주의적 담론, 발언의 검열에다 상류층 위주의 재현 등으로 사이버 공간에 침투해 있다.

그럼에도 불구하고 더 위대한 코스모폴리타니즘으로 나아가는 상이한 종류의 세력들이 존재한다. 저렴한 여행, 단체 관광, 이주 증가, 전 세계적 시장 통합과 엔터테인먼트 산업의 세계화는 더 높은 수준의 초국가적 연결성을 촉진한다. 이러한 발전 중 일부는 인터넷에서 도움을 받았다. 유튜브의 경우 전 세계로부터 공유된 경험, 취향,

14 2장을 참조하라.

음악, 유머를 선보이며 '우리 의식'을 고취시킨다(예컨대 유튜브를 통해 중국어로 된 스탠드업 코미디를 볼 경우 자막에 의한 상쇄 효과에도 불구하고 매우 웃길 수 있음을 보여 준다).[15] 또한 인터넷은 먼 나라에서 발생한 지진 희생자나 억압에 맞서는 시위대 사면초가의 상황에 처한 집단과의 연대 의식을 강화하는 강력한 이미지를 전 세계로 신속하게 배포한다. 즉 인터넷은 보다 결속력 있고 소통적이며 공정한 세상을 건설하도록 기여할 수 있는 잠재력을 갖추고 있다. 하지만 그러한 변화의 원동력은 스마트폰이 아니라 바로 사회로부터 나오는 것이다.

변화를 가능케 하는 한 가지 핵심적인 방법은 민주주의 정치를 통해서다. 인터넷이 대중에게 권력을 부여하고 민주주의에 활기를 다시 불어넣으리라는 예측은 과연 얼마나 현실에 근거한 것일까?

힘 돋우기

세기의 전환기에 많은 학자들은 인터넷이 정보의 독점을 종결시킴으로써 독재 권력을 약화시킬 것이라 주장했다(예를 들어 Fukuyama, 2002). 인터넷은 또한 새로운 형태의 참여 민주주의를 만들 수도 있다고 하였다. 1995년 문화 연구의 권위자 로런스 그로스먼Lawrence Grossman은 "많은 미국인들이 컴퓨터 단말기, 마이크로프로세서, 컴퓨터 키패드를 이용해 국가 중요 사안들에서 정부가 무엇을 어떻게 실행해야 하는지를 가정 혹은 직장에서 버튼을 눌러 결정할 날이 멀

15 중국 스탠드업 코미디의 좋은 사례는 http//www.youtube.com/watch?v=iailMSUVenA (2015. 12. 12 액세스)를 보라.

지 않았다"고 말했다(Grossman, 1995). 전례가 없을 만큼 충분하게 대중이 정보에 접근하고 그래서 정부를 이끌 수도 있을 것이라는 점에서 인터넷은 민주주의에 다시 활력을 불러일으키리라 여겼다(Toffler & Toffler, 1995). 마크 포스터Mark Poster(2001: 175)는 인터넷이 "기존에 배제되었던 집단에게까지 권한을 부여하기 때문에" 정치 엘리트의 통제력을 약화시킬 것으로 보았다. 사회 집단 간의 수평적 교류 채널을 확대하고 이를 통해 엘리트와 일반 대중 사이의 하향식 커뮤니케이션 구조가 약화될 수 있다고 주장한다. 이러한 멋진 신세계에서, 대중은 권력을 되찾고 '민주주의의 르네상스'를 열게 되리라 기대했다(Agre, 1994). 그래서 선거 입후보자에 대하여 일반 시민들이 인터넷을 통해 모은 자금이 기업의 모금을 대체하며 자본의 정치 지배를 끝낼 것이라고 보았다.

힘 돋우기의 한계

인터넷이 독재의 종말을 알리는 사건이라는, 흔히 되풀이되는 주장은 다음 장에서 더 자세하게 살펴볼 것이다. 하지만 독재 체제가 인터넷으로 검열하는 방식을 찾는다는 사실을 예측하는 데 실패했다는 점은 여기에서 언급할 필요가 있다. 인터넷이 1994년부터 이용되기 시작했던 사우디아라비아의 예를 들어보자. 사우디아라비아에서 대중이 인터넷에 접속하는 일은 1999년까지 지연되었는데, 이는 사우디아라비아 정부가 인터넷 검열을 완벽하게 준비하기 위해 시간을 번 것이었다. 그사이 모든 국제적 연결은 국가가 통제하는 인터넷 서비스 유닛을 통해 하도록 하고, 금지된 웹사이트는 사전에 차단하거나 이후 추가적인 금지를 권고하기 위하여 자발적인 규제 집단을 조성하는 일

등을 진행했다(Boas, 2006). 비슷한 시기 중국에서는 정교한 관리 제도를 통해 훨씬 많은 양의 인터넷 트래픽을 처리했다. 핵심적으로, 3단계 규제에 의존했다(King et al., 2013; Qiang, 2012). 첫 번째, 이른바 '만리장성'으로 불리는 자국 내 특정 웹사이트를 차단하는 검열 프로그램을 두었다. 두 번째, 이용자들이 금지된 단어나 어구들을 담은 내용물을 게시하지 못하게 하는 '키워드' 차단(금칙어 규정)이 있다. 세 번째, 각 사이트들이 자기 콘텐츠를 감시, 검열하거나 폐쇄하도록 요구받는 면허 준수 제도가 생겼다. 또한 국가 인터넷 경찰력이 동원된 대규모 웹사이트 검열 지역도 만들었다. 게다가 국가는 엄청난 수의 유급 직원들과 자원 봉사자들을 배치하여 온라인에서 언제나 국가 공무적으로 사고하게끔 만든다(Hvistendahl, 2014). 정부에 대한 개인적 비판을 허용하나 조직적 저항과 집단행동은 막도록 의도된 이러한 검열 제도는 상황에 따라 규제가 가능한 제도로 발전했다. 즉 필요하다고 판단된다면, 인터넷의 지역적 차단을 비롯한 매우 엄격한 조치로도 이 규제는 이어질 수 있다(Mackinon, 2012).

일반적으로 이러한 권위주의 국가들의 인터넷 검열은 포괄적이지는 않았지만 효과적이었다. 실제로, 8개국을 대상으로 한 비교 연구에서 "많은 수의 권위주의 체제들은 국가의 이해관계에 도전하기보다는 그것을 충실히 따르는 방향으로 인터넷 발달을 적극 추진한다"고 드러났다(Kalathil & Boas, 2003: 3). 다음 장에서 보겠지만 독재자들이 조직적인 저항에 직면하면 검열이 약화되기도 한다. 하지만 이러한 상황에서도 인터넷은 독재 체제에 대한 저항을 '초래'하지 않았으며 단지 이를 강화했을 뿐이었다.

인터넷이 새로운 형태의 민주주의를 가능케 하리라는 희망 역시 잘못된 것이었다. 대의 민주주의 원리에 반한다는 점에서 온라인으로 국민 의사를 묻는 것에 대한 강력한 반대가 있었던 것이다. 그나마 출현한 '전자 정부'는 주로 대중이 공식 웹사이트에 의견을 제시하거나 청원할 수 있게 하고, 아니면 이미 준비된 사이트에 온라인으로 응답하는 형태 정도에 그쳤다. 유용한 것도 있었다. 예를 들어 1997년 영국의 한 신규 법안에 대한 온라인 응답 가운데 30%가 개인으로부터 온 것이었는데, 이는 온라인 협의 이전의 시대보다는 훨씬 더 높은 비율이었다(Coleman, 1999). 한편 그간 축적되어 온 증거들로부터 정부와 국민들 사이의 온라인 대화가 갖는 일반적인 한계점 세 가지가 드러났다(Slevin, 2000; Chadwick, 2006; Livingstone, 2010). 시민들의 의견은 때때로 실제 의사 결정 구조와 분리된다. 이 때문에 시민들은 간혹 온라인 협의에 제대로 참여하지 않는 경향을 보인다. 유럽연합 국가들에서 온라인 협의나 투표에 참여하는 정도는 10% 이내라고 보고된다(Seybert & Reinecke, 2013). '전자 민주주의e-democracy'는 종종 정부가 서비스에 관한 정보를 제공하며 이용을 장려하는 일방적 소통에 지나지 않는다. 요약하면, 온라인 협의는 기존의 민주주의 기능과 큰 차별성을 지니기보다는 아주 약간의 요소만 더한 것이다.

이러한 희망이 가장 빈번하게 피력되었던 국가에서도 온라인 자금 모금이 자본의 정치 지배를 끝내지는 못했다. 미국 정치는 효과적인 선거 운동 모금 제도 규제와 선거 운동 지출의 큰 부분을 차지하는 텔레비전 정치 광고의 제한에 실패했기 때문에 특히 기업과 금융 이익의 영향을 지속적으로 받았다(Curran, 2011). 인터넷의 결과로 세상이 바뀐다는 신념은 2008년 대선에서 버락 오바마Barack Obama라는 아웃사이더 후보에 의해 구체화되었다. 사실 인터넷은 오바마가 일반 시민들로부터 상당한 규모의 재정적 기금을 조성해 경선과 2008년 대선에서 승리하는 데 도움을 주었다. 그의 선거 운동 팀은 텔레비전 정치 광고에 2억 3590만 달러를 썼으며 높은 급여를 지급해야 하는 전문가들(올해의 마케터상 수상자들)을 고용해 선거를 치렀다. 필요한 자금을 조달하기 위해 오바마 캠프는 시민들의 후원금뿐 아니라 대기업의 기부금도 확보해야만 했다(Curran, 2011). 선거 운동의 스타일이 옛 방식에 새로운 것을 결합시키는 방식으로 수정되었음에도 불구하고, 정치의 자본 종속화는 여전히 본질적으로 변하지 않았다.[16]

2012년 미국 대선은 가장 많은 돈이 들었던 선거였다. 이전처럼 텔레비전 광고가 선거 캠페인 비용에서 가장 큰 부분을 차지했다. 오바마는 2012년 5억 8000만 달러를 지출한 반면 밋 롬니Mitt Romney는 4억 7000만 달러를 사용했다(Washington Post, 2012). 오바마 캠프는 작은 규모의 개인별 기부를 통해서 자금을 조달하면서도, 실질적으로는 부유한 개인들과 주요 기업체들에서 더 많은 금액을 조달했다(OpenSecrets, 2012). 2012년 오바마 캠프가 인터넷을 이용한 방식은 유권자들과 결합하기보다는 관리하는 쪽에 더 집중했다. 예를 들어, 유권자들이 다른 수용자들에게 다양하고 정교하게 커뮤니케이션할 수 있도록 데이터 분석과 행동 유형화에 많은 투자를 했다(Bimber, 2014).

인터넷이 소외되고 무시당하는 사람들에게 권한을 줄 것이라는 희망 역시 완전히 실현되지 못했다. 그 이유를 이해하기 위해서는 인터넷을 더 넓은 맥락에 놓고 보아야 한다.

---

16 콜먼과 블룸러(Coleman & Blumler, 2008: 169ff)는 정치적 의사 결정과 관계되는 '사이버 공간에서의 시민 공공재'가 공적으로 지원되어 만들어진다면 온라인 협의는 더 많은 차이를 만든다고 강조한다.

정치학에서 반복적으로 발견되는 사항으로 고소득자가 저소득자보다 공적인 사건에 더 많이 참여한다는 점이 있다. 이는 미국에서 오랫동안 사실이었다(Schlozman et al., 2012; Weeks, 2013). 영국에서도 마찬가지인데, 2010년 "가장 높은 소득을 올리는 이들이 가장 낮은 소득 집단의 사람들보다 43%나 더 많이 투표에 참여했다"(Birch et al., 2013: 8). 단지 투표와 관련해서가 아니라 다른 방식의 정치 참여에서도 그러하고 이는 유럽 국가들에서도 역시 일반적인 현상이다(Lancee & Van de Werfhorst, 2012). 또한 비교 연구의 결과 이것이 더욱 일반적이며 전 세계적인 현상으로 나타났다(Solt, 2008: Walker et al., 2013).

참여의 정도가 다르다는 것은 소득이 낮은 이들이 자존심도 더 낮고 정치적 효능감도 더 약한 경향이 있다는 점에서 찾을 수 있다. 이는 가난한 이들이 다른 사람들에게 어떤 취급을 받는지와 부분적으로 관련이 있다. 또한 공공의 빈곤 퇴치 정책 담론에 의해 강화될 수도 있다. 아울러 구조적 요인과 무관하게, 빈곤을 개인적 결함에서 기인하는 것으로 여기는 편견에서 발생하기도 한다(Sutton et al., 2014; Walker et al., 2013; Barry & Flint, 2010). 사회적 낙인은 무력감을 더할 수 있고, "장기적 빈곤은 사람들로 하여금 아무것도 변화시킬 수 없을 것이라고 느끼도록 만든다"(The UK Commission on Poverty, Participation and Power, 2000. 4). 개인적인 결함이 가난의 원인이라고 생각하게 되면 결국 빈곤층은 집단적이고 정치적인 해결 방법을 외면하게 된다(Lister, 2004). 여러 연구 결과들에서 영국의 빈곤 가정 어린이들 역시 조기 사회화를 통해 기대, 자존감과 권리 의식 등이 저하된다고 꾸준히 보고된다(Hirsch, 2007; Sutton et al., 2007; Horgan, 2007). 가장 대표적으로 미국을 비롯한 몇몇 국가들에서 사회 경제적으로 가장 하위 계층 사람들은 상위 계층 사람들보다 뉴스를 덜 소비하고 정치적 사건들에 대해서 덜 이야기한다. 정치는 빈곤층 사람들의 생활에서 훨씬 덜 중요하다(Smith, 2013). 22개국을 대상으로 한 비교 연구를 통해 프레더릭 솔트Frederick Solt(2008)는 부유층을 제외한 모든 집단에서 정치에 대한 관심이나, 정치적 논의와 투표 행위가 경제적 불평등으로 인해 위축된다고 밝혔다. 솔트는 그 이유를 다음과 같이 설명한다. 실제 매우 불평등한 사회에서는 경험적으로 특권층이 정치를 통해 더 많은 이득을 얻는 경향이 있기 때문에 정치에 참여해야 할 이유가 많은 반면, 소외 계층은 그렇게 생각할 이유가 훨씬 적다는 것이다.

사회 기저에는 정치적 참여도가 상이하게 나타나도록 만드는 사회적 요인들이 뿌리 깊게 존재한다. 그리고 이는 온라인 세상으로 전수되었다. 디 제나로와 더튼(Di Genarro & Dutton, 2006)은 영국에서 정치적으로 활발한 사람들은 높은 수준의 사회 경제 집단 출신이며 높은 수준의 교육을 받고 나이가 많은 편이라고 밝혔다. 온라인으로 정치에 참여하는 이들의 경우에도, 상대적으로 젊고 경제적으로 풍요롭고 교육 수준이 높은 집단에 주로 집중되었다.[17] 디 제나로와 더튼은 인터넷이 결국 정치적 포용보다는 정치적 배제를 더욱 촉진한다고 결론지었다. 이와 유사하게 오서 등(Oser et al., 2013: 99)은 2008년 미국 선거에서 "사회 경제적으로 혜택 받은 사람들이 온라인과 오프라인 참여에 더 적극적"이었다고 밝힌다. 이어진 2012년 미국 선거 역시 교육 수준이 높고 부유한 이들이 오프라인에서처럼 온라인 참여를 주도했다고 스미스(Smith, 2013)는 말한다. 정치적 저항을 다룬 몇몇 연

17 6장을 참조하라.

구들에서도 유사한 결론이 등장한다. 예를 들어, 2011년 보스턴의 '점령하라 운동Occupy Movement'을 다룬 민속지학 연구는 비록 시위자들 가운데 홈리스와 극빈자들이 있었지만 전체적인 사회 계층적 구성에 있어서는 "사회 경제적 힘과 특권의 범주가 상류층으로 쏠려 있었다"(Juris, 2012: 265)고 말한다.

역사는 집합적 행동이 빈곤에 의한 사회적 취약화를 완화할 수 있음을 알려 준다.[18] 하지만 이것이 구현되기 위해서는 일반적으로, 오랜 시간이 걸리는 집단적 조직화, 제도 설립, 문화적 개혁, 정치적 리더십, 투표 승리와 진보적 입법 프로그램에 대한 엄청난 노력을 필요로 했다. 이 역시 노력 없이 새로운 커뮤니케이션 기술의 결과로 적당히 일어난 것이 아니다.

인터넷은 또한 폭넓은 정치적 이탈로 인한 어려움 때문에 민주주의에 새로운 활력을 불어넣는 데도 실패했다. 4대륙 11개국을 대상으로 한 비교 연구를 보면 다른 조사들처럼, 응답자의 35%가 "사람들이 누구를 뽑든 상관없으며 어떤 일이 일어나든 달라지지 않을 것이다"라는 의견에 대체로 혹은 매우 동의했다. 응답자의 절반 가까이는 스스로를 정치와 비교적 분리된 것으로 이해한다고 응답했다. 응답자의 54%는 "정치가 너무 복잡하여 현재 벌어지고 있는 일을 사람들은 이해할 수 없다"고 했으며 역시 같은 정도의 응답자는 자신들이 다른 사람들에 비해 덜 알고 있다고 느낀다고 했다. 이 조사 역시 정치 지

18 많은 북유럽 국가에서 노동조합이 숙련 노동자의 노동 귀족에서 확대되어 반숙련, 미숙련 노동자를 포함하게 되었다. 이러한 대규모 노동조합 운동들은 노동 계급으로부터 자기 고유의 조직과 문화를 가지고 성장했다. 이들은 사회 동맹을 구성하고 선거에서 이기고 또한 복지 국가를 만들었던 사회 민주적 정당에 자금을 지원하여 이들이 권력을 유지할 수 있도록 도왔다.

식이 낮은 수준임을 알려 주는 것이다(Curran et al., 2014).

정치적 단절의 정도는 국가마다 다양해서 그 원인을 일반화하기는 힘들다. 부분적으로, 탈정치화란 특정 정치 형태가 지닌 결함에 대한 불만을 드러내는 응답일지도 모른다. 정치적 이탈은 또한 폭넓은 사회적 영향력의 결과다. 특히, 일반적인 정치 체제에서 덜 대의적인 특성(Gray & Caul, 2000), 더욱 증가된 개인성(Bauman, 2001), 더 커진 사회적 분열(Couldry, Livingston & Markham, 2007), 가부장제의 유산(Curran & Hayashi, 2013), 그리고 개인적 영향력 결핍의 인식(Schudson 1997) 등을 말할 수 있다.

많은 사람들이 정치에 관심이 없다는 사실은 주요한 인터넷 사용 유형을 설명하는 데 도움을 준다. 미국 인터넷 이용자에 대한 퓨리서치센터Pew Research Center의 조사에 따르면, 응답자의 38%가 일상적으로 '재미를 위해' 혹은 '시간을 보내기 위해' 온라인에 접속하며 정치 관련 뉴스나 정보를 얻으려고 온라인에 접속하는 비율은 25%에 머무른다(Pew, 2009a). 최근 실시한 미국 국민의 인터넷 사용 시간 조사에 따르면, 인터넷을 이용하는 주목적은 소셜 네트워킹, 이메일, 검색, 온라인 게임 순이었다(GFK & IAB, 2014: 18). 영국에서도 세 가지 중요한 이용 형태가 보고되는데, 그 빈도는 이메일, 상품과 서비스에 대한 정보 검색, 그리고 뉴스, 신문과 잡지를 읽거나 저장하는 순이었다(Office for National Statistics, 2014). 결국 정부의 설명을 듣고자 다양한 정보에 접근하는 것은 대부분의 인터넷 사용에서 최고의 관심사는 아니다.

민주적 르네상스를 차치하고서라도, 인터넷 사용이 전체적인 정치 참여를 늘린다는 점 역시 정확하지 않다. 이에 대한 학술적 증거는 모순적인데, 인터넷/소셜 미디어 이용과 정치 참여 확대 사이의 약한 관계성, 그리고 이 관계에서 인과관계의 방향이 불확실한 것임을 함께 주장하기 때문이다(더 유용한 요약은 Boulianne, 2015를 보라). 이 입장을 견지하는 조심스런 논조는 최근에 행해진 두 개의 연계 비교 연구의 요약문에서 뚜렷하게 나타난다.

> 페이스북 사용은 온라인 혹은 오프라인 정치 참여가 아니라 시민 사회 및 오락 지향적인 참여와 정적인 상관관계를 가진다. 구조 방정식 모델링을 사용한 추가 분석은 페이스북 이용이 사회 참여에 끼친 영향보다 과거에 이루어진 시민 참여 정도가 페이스북 이용 정도에 더 강력한 효과를 미쳤음을 보여 준다. 페이스북 이용은 분명히 오락 중심의 참여를 이끌었을 뿐이다(Theocharis & Quinteler, 2014: 1).

인터넷 민주주의 부흥론을 뒷받침했던 유일한 증거는 인터넷이 활동가들의 효율성을 높였다고 주장한 사례 연구다. 이 중 몇몇은 중요한 결과를 만들었기에 요약할 가치가 있다.

힘 돋우기와 활동가

2010년 10월, 약 10명의 활동가 그룹이 북부 런던의 한 술집에 모였다. 이들 중 몇몇은 거대 기업인 보다폰Vodafone(이동 통신 사업자)이 세무당국과의 '달콤한 거래'를 통해 어떻게 세금 납부를 회피했는지를 정치 풍자 잡지인 〈프라이빗 아이Private Eye〉를 통해 알고 있었다. 이 시기는 막 선출된 보수당과 자유민주당의 연립 정부가 주요 지출 항목 삭감을 발표했을 때였다. 이들은 이 두 가지 이슈가 함께 연관된 운동을 시작했다. 우선 UK 언컷UK Uncut이라는 블로그를 만들어, 공공 지출 삭감 정책 시행 당시 세금을 회피하던 대기업들에 맞서는 직접적 행동을 사람들에게 요청했다. 이들의 첫 번째 시위는 런던 시내의 보다폰 옥스퍼드 서커스 매장을 일시적으로 점거하는 것이었다. 그 후 기업들의 '탈세' 정황과 관련해 대중의 연좌 농성과 토론들이 이어졌으며, '보석bail-in'의 슬로건 아래, 대형 은행 임원들의 과도한 보너스액 공개와 함께 그것의 삭감을 요구하는 방향으로 확대되었다.

인터넷이 없었다면 이 작은 집단이 순간적으로 대중을 동원하거나 미디어 전쟁에서 승리할 수 없었음은 분명하다. 6개월도 안 되는 기간 동안 UK 언컷은 여러 TV 및 라디오 프로그램에 소개되었으며 적대적이었던 신문을 포함한 주요 언론에서 40개 기사로 다뤄졌다.[19] 이는 부분적으로, 이들의 시위가 잠재적인 대중적 분노와 연결되었다고 보았기 때문이다. 이와 관련한 언론 보도는 기업의 세금 회피 문제를 주요한 공적 의제로 만들었고, 이는 그 후 2년 동안 지속되었다.

UK 언컷은 당시 영국의 여론 환경으로부터 도움을 받았다. 한편 다음 사례는 인터넷이 국가적 분위기와 조금 어긋날 때조차 활동가들을 하나로 모이도록 하는, 즉 활동가들을 다른 방식에서 지원할 수 있었음을 보여 준다. 무브온MoveOn은 9 · 11 이후 정부의 군사 행위에 반대하기 위해 미국에서 조직되었다. 인터뷰 및 민속지학적 연구 결과에 따르면 이들의 온라인 활동은 부시 정부의 위협적인 애국주의 정책에 반대 의견을 가진 이들에게 익명의 피난처를 제공했다. 또한 온라인 캠페인은 이들과 지역 내의 비슷한 생각을 가진 사람들이

19 http://www.ukuncut.org.uk/press/coveragearticles_page=5(2011. 4. 4 액세스)를 참조하라.

서로 접촉할 수 있게 도왔고 탁상공론만 일삼던 사람들을 정치적으로 활발하게 만들기도 했다. 이처럼 무브온은 인터넷에 의해 촉진된 빠른 확장을 통해 미국에서 2001년 50만 명에서 2005년 12월 300만 명의 회원을 거느릴 정도로 성장했다(Rohlinger & Brown, 2008). 무브온의 캠페인 목표 기준으로 보았을 때는 상대적으로 실패한 것으로 여겨졌지만 그럼에도 불구하고 이 온라인 조직은 꾸준히 활동하며 자신들의 반대 의견을 지속시켰다.

인터넷은 또한 국제적 규모에서 활동가들의 조직 구성을 확대시키는 데 효과적이었다. 그러나 국제적 조직은 제한적인 커뮤니케이션 기술(인터넷의 대중화 초창기에 성공적인 선거 운동으로 설명된 지점)을 가지기 전에 이미 포괄적 기반 위에서 생겨났다고 할 수 있다. 조디 윌리엄스Jody Williams는 니카라과를 방문했을 당시 방치된 지뢰가 야기할 수 있었던 끔찍한 사고에 대하여 처음 알게 되었다. 그녀는 곧바로 미국에서 이와 관련된 교육 캠페인을 시작했으나 큰 진전이 없었다. 그녀는 전 세계에 지뢰 반대 단체들이 꽤 많이 존재한다는 사실을 알게 되었고, 이들을 하나로 연결하는 일이 자신이 나아가야 할 길이라는 결론을 내린다. 1992년 그녀와 동료들은 반랜드 광산Ban Land Mines에 대한 국제적인 캠페인을 조직했는데, 초기에는 우편, 전화, 팩스(마지막에서 인터넷)에 의존했다. 하지만 이들은 국제 조약 체결을 위한 합동 캠페인에서 전 세계 700개 이상의 단체를 하나로 뭉치도록 했다. 이러한 노력은 결국 1997년 (미국과 중국을 제외한) 120개국이 체결한 대인지뢰금지협약Anti-Personnel Mine Ban Convention을 이끌어냈으며, 이들은 노벨 평화상을 수상하게 된다(Klotz, 2004; Price, 1998).

인터넷은 활동가들이 서로 연계하고, 상호 작용하며, 변화되고 동원하는 것을 수월하게 만들었다. 이는 1997년 '다자간투자협정(Multilateral Agreement on Investment: MAI)'[20]에 반대하는 캠페인에서 알 수 있다. 비록 다자간투자협정을 체결하려는 이유는 국제적 투자를 권장하는 것이었지만, 그 결과 각 정부가 국제 투자자들을 규제하기가 더욱 힘들게 되었다. 이 점은 국제적인 시민 사회의 대중적 집결을 이끌었던 사건인, 합의문 초안이 유출되었을 때 분명히 드러났다. 전 세계 진보적인 활동가들에게는 "다자간투자협정이 노동, 인권, 환경 그리고 소비자 규제 영역을 최악으로 만들고 있다"고 경고하는 내용의 이메일이 쇄도했다. 곧이어 매우 짧은 시간 동안, 국제 시민 사회의 다른 진보적 단체들이 (개발도상국의 몇몇 정부들과 함께) 결연한 압력을 행사하기 위해서 모였다. 이들은 다자간투자협정의 채택을 반대했던 (또한 공적으로 인터넷 캠페인에 경의를 표했던) 프랑스 사회주의 정부 내에, 다자간투자협정에 반대하는 탁월한 전문가를 찾아냈다. 결국 이 사건은 OECD의 동의 절차에 힘입어, 1998년 다자간투자협정이 이를 채택하는 것을 효과적으로 막는 데 성공했다(Smith & Smythe, 2004).

시애틀 WTO 회의(WTO, 1999), 제노바 G8 정상회의(2001) 등 세계 정상들이 일련의 회동을 가질 때마다 전개된 세계 정의를 위한 대중 시위들 역시 인터넷의 도움을 크게 받았다(Juris, 2005). 이는 빈곤 국가들을 위한 공적 부채 탕감 정책이 발표된 2005년 스코틀랜드 글렌이글스에서 열린 G8 정상회의 당시 대규모 집회로 이어졌다.

---

20 다자간투자협정은 미국의 주도로 1995년 경제협력개발기구(OECD) 각료이사회에서 본격적으로 시작된 협상이다. 미국은 1994년 북미자유무역협정, 세계무역기구(World Trade Organisation: WTO) 출범과 더불어 전 세계에 이 협정을 별도로 제안하였고, OECD 국가 간에 수년간 협상이 진행됐지만 결국 결렬되었다. — 옮긴이

다자간투자협정 캠페인은 결국 유럽연합과 미국 사이에 합의된 범대서양 무역투자동반자협정(Transatlantic Trade and Investment Partnership: TTIP) 및 자유무역협정free trade agreement 초안에 반대하는 운동으로 연결되었다. 초안 협정서의 세부 사항은 협상이 막바지에 이를 때인 2014년 독일의 한 신문을 통해 드러났다. 협정서 초안은 투자자 규제를 더욱 어렵게 만드는 내용이었다. 이 사건은 온라인에서 적색경보를 울렸다. 뿐만 아니라 대기업들은 국제 중재 재판소에 각국 정부들을 고소하여 자신의 이익을 보호하려고도 했다. 환경, 소비자, 노동 운동 그룹들은 이에 반발했고 법적 청원과 시위를 조직화했다. 그러나 지금까지 그 운동은 아직 다자간투자협정을 없앨 만큼 저항의 물결을 만들진 못했다.[21]

인터넷은 또한 활동가들이 소비자 권력에 적극적으로 호소하는 것을 가능케 했다. 1990년대에, 값비싼 운동화로 유명했던 나이키가 열악한 환경에서 장시간 노동을 하는 노동자들에게 최저 생활비에 가까운 저임금을 지불한다는 사실이 알려지자 인터넷에서 나이키 반대 캠페인이 시작되었다. 이에 대해 나이키는 직접 소유하지 않은 공장의 근무 조건에 대해서 자신들은 책임이 없다고 주장했다. 이에 나이키 브랜드가 추잡하며 비정하게 보일 수 있다고 경고하는 대중의 압박도 거세졌다. 결국 2001년 나이키는 입장을 바꿔 하청업자들이 바람직하지 않은 고용주일 경우 직접 '영향력'을 행사하겠다는 공적인 약속을 하게 된다. 그 후 이 캠페인은 나이키를 더 높은 수준의 기업 책임 및 윤리를 기준으로 공적으로 평가하고 이에 대해 나이키 스스

21 6장을 참조하라.

로 소명토록 하는 데 집중했다(Bennett, 2003).

이와 유사하게, 파트타임으로 일하는 영국인 DJ 존 모터Jon Morter와 친구들은 대중 음악을 상업적으로 조작하는 데 반대하는 시위를 시작했다. 이들은 영국의 인기 TV 오디션 프로그램인 〈엑스 팩터X Factor〉의 우승자들이 해마다 연말 크리스마스 음악 차트를 점령하는 것은 언론이 이 프로그램을 지나치게 주목하기 때문이라고 말했다. 이들은 페이스북과 트위터를 통해서 '기계에 대한 분노Rage against the Machine'라는 반대 캠페인을 개시했고, 크리스마스 선곡으로 "꺼져, 나는 네가 하란 대로 하지 않아Fuck you, I won't do what you tell me"라는 음악을 선정했다.[22] 캠페인은 큰 성공을 거두었고, 연예인들의 지지와 폭넓은 언론의 관심을 받았다. 이 시위 음악은 상업적 통제에 대한 집단적 분노의 표현으로 받아들여지며 2009년 크리스마스 차트에서 1위를 차지했다.

인터넷은 또한 시민들이 언론에 책임과 설명을 요구하도록 이끈다. 2002년 트렌트 롯Trent Lott 상원의원(미국 여당 상원의 리더로 미 최고 정치 지도자 중 한 명)은 워싱턴 기자단이 주최한 생일 파티에서 연설을 하며 1940년대 인종 분리 정책에 찬성하는 발언을 했다. 당시에는 ABC 뉴스 사이트의 작은 뉴스 아이템으로 다루어졌을 뿐 그다지 관심을 끌지 못했다. 이에 대해 한 블로거가 분노에 찬 글을 올렸고 곧 〈뉴욕 타임스New York Times〉 칼럼니스트인 폴 크루그먼Paul Krugman의 지지를 받았다. 이 일로 TV 네트워크들과 〈워싱턴 포스트

22 이 캠페인은 미국의 4인조 랩메탈 밴드 '레이지 어게인스트 더 머신'의 이름에서 따왔으며, 크리스마스 차트에서 1위를 한 곡 또한 이 밴드의 곡 "Killing in the Name"으로 본문에 쓰인 가사는 이 노래의 후렴구다. — 옮긴이

The Washington Post〉는 후속 취재를 하게 되고, 롯 상원의원이 과거에도 유사한 발언을 했다는 사실이 속속 드러나게 된다. 이어지는 정치적 공방에서 부시 대통령은 주로 흑인 시청자들을 향해서 공개적으로 이 의원을 비난했다. 트렌트 롯은 결국 여당 상원 최고위원 자리에서 물러났다. 이는 주류 미디어가 원래 중요하지 않다고 판단했던 사안이지었만 인터넷에 게시된 주장에 따라 재설득되며 사실은 매우 중요한 사안이라는 결론이 내려졌다(Scott, 2004). 이는 유력 정치인의 퇴장을 이끌었으며, 합법적으로 동의하는 경계를 재설정하도록 이끌었다. 과거의 인종주의 정치에 향수를 표출한 정치 지도자는 더 이상 대중에게 받아들여질 수 없는 대상이 되었다.

인터넷은 경찰에게 특정한 설명을 요청할 수 있게도 한다. 경찰의 보고서는 뉴스 신용도의 순위에서 일반적으로 높은 순위를 차지한다. 런던 시경이 2009년 G20 정상회의 반대 시위에서 붙잡혔던, 거리의 신문 판매자 이언 톰린슨Ian Tomlinson이 자연사했다고 발표했을 때 사람들은 처음엔 이를 믿었다. 톰린슨과 경찰이 처음 마주쳤을 때 시위대의 투척물에 노출되었음에도 경찰이 그에게 응급조치를 시도했다는 시경의 주장도 똑같이 신뢰했다. 그런 점에서 런던에서 발행되는 〈이브닝 스탠더드Evening Standard〉(2009. 4. 2)는 의심의 여지없이 다음과 같이 보도했다. "경찰, 죽어 가는 남자를 돕기 위해 벽돌을 피해 질주하다." 이러한 경찰의 설명은 사건 지역 경찰의 진술에 의존하는 독립경찰민원심사위원회(Independent Police Complaints Commission: IPCC)의 승인을 받았다. 그 후, 이언 톰린슨이 자연사했다는 결론은 내무부 소속 병리학자인 프레디 파텔Freddy Patel의 부검 결과에 의해 확증되기까지 했다. 이것이 그 사건의 마무리였다.

그러나 진실은 이 사건의 공식 설명이 아닌 외부에서 드러났다. 그 사건을 우연히 촬영했던 뉴욕의 한 투자 전문가가 뒤늦게 〈가디언Guardian〉에 관련 영상 자료를 보냈다. 이로 인해 경찰이 톰린슨 사망에 대한 발표를 조작했다는 점이 명백히 드러났다. 이 자료에는 톰린슨이 한 경찰관에게 구타당하고 그 후 땅바닥으로 밀쳐지는 모습이 담겨 있었다.[23] 이 영상물은 〈가디언〉의 웹사이트에서 소개되었고 그 후 인터넷에서 흘러 다녔다. 경찰은 그 영상들을 웹사이트에서 삭제하고자 했지만 성공하지 못했다. 단지 실제 사건이 어떻게 발생했는지를 알아내도록 요구하는 공적인 압력을 증가시켰을 따름이다.

언론은 영상 증거가 온라인에서 확인 가능해진 2009년 4월 7일에 더욱 의미심장한 접근을 한다. 이전까지 경찰 발표를 잘 믿어 주었던 〈이브닝 스탠더드〉는 톰린슨이 사망했던 지역에 CCTV가 없었다는 IPCC의 주장을 반박하며 실제 그곳에 CCTV가 6대나 있었다고 보도한다. 결국 IPCC는 주장을 굽혔고, 〈이브닝 스탠더드〉는 'IPCC 실수 인정'으로 재차 보도했다(Evening Standard, 2009. 4. 14). 주류 방송 채널들(예를 들어 BBC 라디오 4, 2009. 4. 9)과 유력 보수 신문들(예를 들어 〈타임스Times〉, 2009. 4. 9; 〈선데이 텔레그래프Sunday Telegraph〉, 2009. 7. 5) 역시 더욱 비판적인 논조로 동조했다. 언론의 관심 대상은 애초의 시위대의 폭력에서 이후 경찰의 폭력으로 변경되었다.

이러한 과정에서 진실은 조금씩 드러났다. 두 번째와 세 번째 부검에서 부분적으로는 이언 톰린슨이 넘어졌을 때 입은 부상으로 사

---

23 그다음에 세 명의 경찰관이 상관에게 당시 자신들이 몰랐던 또 다른 경찰관이 한 사람을 구타하고 길바닥에 밀치는 것을 보았다고 진술했다는 사실이 있었다. 이 정보는 IPCC나 병리학자에게 보고되지 않았다.

망했다는 사실이 드러났다. 공식 사인 규명 과정을 통해 원래 건강이 좋지 않았던 이언 톰린슨이 불법적으로 살해당했다고 결론이 났다(Inquest, 2009). 뒤늦게 다시 조사하는 법석을 떤 IPCC는 경찰관 사이먼 하우드Simon Harwood가 G20 시위 당시 희생양을 찾아다니다가 이언 톰린슨을 구타해 땅바닥으로 밀어뜨렸다는 점을 발견했다. 경찰은 톰린슨이 바닥에 쓰러져 있을 때 그를 도우려 했던 주변인들마저 진압하였다. 이전에 보도된 내용처럼 경찰이 시위대 투척물에 고생하면서도 톰린슨을 도왔다는 주장 역시 사실이 아니었다. 하우드는 즉시 기소되었고 자신이 실수를 저질렀다고 인정했지만 심각한 해를 끼칠 정도는 아니었다고 진술했다. 그는 불과 4일 만에 열린 최종 재판에서 살인과 관련해서 무죄라는 판결을 받았다. 그러나 결국 하우드는 추후 열린 경찰 징계위원회에서 중대한 위법 행위에 대한 징계를 받았다. 이에 경찰은 강한 자기비판과 함께 공식적인 사과를 했으며 (동의에 기반을 둔 치안 활동에 지속적으로 헌신할 것을 다짐하며) 이언 톰린슨의 가족에게는 보상금을 지불했다. 자신의 진료 기록에 대해 면밀한 조사를 받은 파텔 박사는 의사 면허를 박탈당했다.

런던에서 벌어진 이 일은 여러 유형들 가운데 일부일 뿐이다. 또 다른 대중 시위 진압 방식인 이른바 '마이애미 모델'은, 봉쇄('케틀링kettling'이라고 불린다)[24]와 미리 목표물을 설정하는 식의 군사화된 작동 양식을 취하는데, 2003년 성공적인 시험 운영 이후 서구 국가들에 더욱 많이 보급되었다(Monaghan & Walby, 2012; Milberry & Clement, 2014). 이에 시위대들은 일명 반감시counter-surveilance 전략의 일환으로 휴대

24 경찰이 경찰 인력과 차량 등으로 방어선을 치고 제한된 지역 안에 시위대를 가두는 것을 말한다. — 옮긴이

전화를 사용해 경찰의 행위를 감시하며 강압적인 시위 관리 방식에 대응했다.

2010년 토론토에서 벌어진 대규모 G20 후속 시위에서도 시위대와 경찰의 격렬한 대치 상황이 지속되었고 1000명 이상이 연행되었다(이들 대부분은 무혐의로 풀려났다). 기소된 사람들 중에는 경찰과의 충돌 상황을 유튜브에 올렸던 애덤 노바디Adam Nobody(그의 실제 이름이다)가 있었다. 영상에는 경찰이 그의 얼굴을 숙이게 하고 등 뒤로 팔을 젖히게 한 채 가격하는 장면이 담겨 있었다. 한 유력 지역 일간지(Globe and Mail, 2011. 11. 30)는 애덤 노바디가 신상에 대한 질문을 받고 본명을 말하자 경찰이 의도적인 도발 행위라 여겨 다시 구타를 가했다는 내용을 보도했다. 노바디는 장시간 수술을 할 정도로 광대뼈와 코뼈가 내려앉았다.

지역 경찰 책임자였던 빌 블레어Bill Blair는 이 영상이 조작되었다고 주장했고, 곧바로 이는 공적 논쟁의 핵심 사안이 되었다. 이 사건은 정치적, 대중적 분노를 자극해 결국 독립 경찰 규제 기구의 공식 조사 약속을 이끌어 내었다. 보고서는 경찰의 부실한 교육 훈련, 불충분한 계획, 인권에 대한 과도한 침해와 폭력 행사를 상당히 비판적으로 지적하였다(McNeilly, 2012: vi~vii ff). 노바디에 대한 기소는 취하되었고 경찰관 바박 안달리브 고르타니Babak Andalib-Goortani는 폭행 혐의로 유죄를 선고받았다(CBC News, 2015. 1. 29).

미국에서도 휴대전화는 경찰에게 사실을 설명하도록 요구하는 좋은 수단이 되었다. 2014~2015년에 일어난 경찰 폭력(경찰이 모두 아프리카계 미국인들인 마이클 브라운Michael Brown, 에릭 가너Eric Garner, 월터 스콧Walter Scott을 죽이고 프레디 그레이Freddie Gray에게 치명상을 입힌 사건)을 담은 온라인 영상물들은 온라인상의 분노를 폭발시키며 미국 전역에서 시위를 불러일으켰다. 이 경우에서도 온라인 영상 증거가 네트워크 텔레비전 뉴스를 포함한 주류 뉴스 미디어들로 하여금 이 사건을 더욱 비판적으로 보도하게 이끌었다.

축적된 대중적 압력은 다양한 효과를 만들었다. 마이클 브라운의 살인에 대한 연방 정부의 조사는 그 지역의 치안 유지 활동에서 엄청난 인종 차별이 있었다는 사실을 밝혀냈고 더불어 지역 경찰에 대한 전면적 개혁까지 제안하게 된다. 시 의료 검시관은 에릭 가너가 경찰의 행위로 사망했다고 발표했지만 그의 죽음에 대해선 어떠한 조치도 취해지지 않았다. 대조적으로 월터 스콧에게 발포했던 마이클 슬래거Michael Slager는 2015년에 기소되었다. 프레디 그레이의 사망에 연관된 것으로 추정되던 여성 경찰관 6명은 형 집행이 유예되었고, 국무부가 개별적 조사를 시작했다.

온라인 시위에 대한 사례 연구들은 주로 진보적 원인에 중점을 두어 분석하는 듯하다. 이는 아마도 불평등을 심화시키고 정치적 정당성에 위기를 야기한 글로벌 경제 위기 속에서, 서구 사회에서 주로 좌파 계열의 정치 시위가 증가했기 때문으로 보인다(Castells, 2015). 아울러 연구자들의 관심이 쏠리면서 비전형적 사례들을 다룬 관련 연구들이 많이 발표되었다. 그러나 인터넷이 좌편향이라고 불릴 만한 이유는 없다. 미국에서는 애초부터 보수주의자들이 진보주의자들보다 인터넷에서 더 잘 조직화되었다(Hill & Hughes, 1998). 최근 티 파티 운동Tea Party Movement[25]의 등장에서 증명되듯이 인터넷은 미국 우파들

25 2009년 2월에 만들어진 티 파티는 증세와 정부 규제에 반대하며 작은 정부를 지향하는 미국의 강경 보수주의 시민 단체로, 납세 기일인 4월 15일 500여 개 도시에서 수십만 명의 시위대

에게 지속적으로 중요하였다(Thompson, 2010). 핵심은 아마도 많은 국가에서 언론이 우파에게 훨씬 우호적인 경향이 있기 때문에 잠재적으로 다른 견해들에 다가갈 수 있는 새로운 커뮤니케이션 공간이 좌파에게 중요했던 것이다.

서로 다른 신념을 가진 활동가들의 인터넷 이용 역시 민주주의의 토대를 강화해 왔다. 인터넷은 (각기 다양한 입장을 주장하는 모든) 활동가들을 더 효율적으로 움직이게 하고, 다른 네트워크들과 연계를 구축해 더 강력한 지위에서 자신들의 문제를 폭넓은 대중과 더욱 잘 소통하게 만들면서 시민 사회가 활력을 갖도록 도왔다.

영향력의 광범위한 위축

한편, 이러한 영향력 증가는 엄청난 권력의 집중을 초래한 다른 경향들에 의해 상쇄되어 왔다. 거대 비즈니스는 국제 교역에서 차지하는 비중이 상당히 증가했고 이전보다 이동성은 훨씬 강해졌다. 이 흐름은 거대 기업들이 보다 강력한 위치에서 각국 정부를 상대하게 했고 세금을 덜 내게끔 했으며 친시장적인 국가 정책이 보장되도록 했다. 글로벌 자본주의의 탈규제와 금융 시장의 성장은 자신들의 권한으로 경제를 운영하는 국가 정부들 — 국가 유권자들 — 의 능력을 더욱 감소시켰다(Panitch & Gindin, 2012; Crouch, 2012; Curran, 2002). 전 지구적 통치 체계governance의 불안정한 발전도 경제에 대한 국가

가 시위를 벌였다. 2007~2008년 세계 금융 위기를 타개하고자 증세와 정부의 역할을 강조한 오바마 정책에 반기를 들었으며, 여세를 몰아 2010년 중간 선거에서 공화당이 승리를 거뒀다. 티 파티는 1773년 당시 영국의 식민 지배하에 있던 미국인들이 가혹한 세금 징수에 반발해, 보스턴 항구에 정박한 배에 실린 차 상자를 바다에 내던진 '보스턴 차 사건Boston Tea Party'에서 따온 말이다. — 옮긴이

의 권한이 줄어드는 것을 막지 못한 원인이 됐다. 피터 달그런Peter Dahlgren(2005)이 언급한 바와 같이, "민주적 기반을 갖추고, 구속력 있는 '초국가적' 의사 결정을 위해 수립된 기구들은 거의 없다." 민족적 민주주의에서 정치적 힘은 더욱 집중되는 반면, 정치인들은 점점 더 대표성을 상실하고 있으며, 유권자와 정치인 사이의 상호 작용은 홍보 마케팅과 미디어 왜곡에 따라 쉽게 조작되고 있다(특히 Esser & Stromback, 2014; Davis, 2010; Marquand, 2008). 만약 인터넷이 정치 활동가들의 영향력을 향상시켰다면 — 그렇게 했다고 생각할 충분한 이유가 있다 — 이는 오로지 경제적, 정치적 엘리트들의 영향력이 더 강력해진 정치적 맥락 안에서 이루어진 것이다. 역설적이게도 인터넷에 기반을 둔 활동가들 힘의 강화란 오히려 더욱 심각한 약화 현상을 수반하는 정치적 맥락 안에서 발생하는 것이다.

요약하면 인터넷이 민주주의를 재생하고 대중의 힘을 강화하리라는 예측은 인터넷 기술로부터의 추론에 바탕을 둔 것이었다. 그러나 인터넷은 민주주의를 이끌어 내지도, 미국 정치에서 금권 정치를 줄이지도 못했고, 정부 입장만 주로 이야기하는 저급한 뉴스로 대중의 관심이 넘어가는 것을 막지 못했으며, 소외된 사람들에게 참여권을 주지도 못했고, 심지어 실질적인 정치 참여를 늘리지도 못했다. 이러한 예측들이 설명하지 못하는 바는 빈곤이 만드는 사기 저하 효과, 대중의 정치 소외 현상의 증가, 그리고 더 늘어나는 정치 경제적 엘리트들의 수적 우세에 따라 인터넷의 힘 돋우기라는 효과가 제한된다는 사실이다.

그러나 분명히, 폭넓은 커뮤니케이션 환경이 계속 변화하기 때문에 이 모든 것 또한 변하고 있다. 미디어의 하향식 지배가 약화되지 않고 있는가? 과거엔 불가능했지만 이제 평범한 사람들이 수백만 명에게 이야기하는 것이 가능하지 않은가? 이는 결국 이 분야를 잘 알 만한 사람들이 줄곧 이루어지리라고 말해 왔던 사항이기도 하다.

저널리즘의 르네상스

루퍼트 머독Rupert Murdoch에 따르면 인터넷은 저널리즘을 민주화하고 있다. 그는 다음과 같이 선언했다. "언론 산업 내 권력은 편집장과 최고 경영자, 심지어 사주들 같은 오래된 엘리트로부터 블로거, 소셜 네트워크, 인터넷 다운로드를 받는 소비자에게로 이전되고 있다"(Murdoch, 2006). 이러한 관점은 영국의 대표적 보수주의 블로거인 기도 포크스Guido Fawkes에게서도 반복되는데, 그는 다음과 같이 말한다. "하향식 포드주의 방식으로 뉴스를 결정하는 복합 미디어 기업의 시대는 끝났다…… 기술이 전파의 비용을 현저하게 낮추고 있어 거대 미디어는 이제 도태하게 될 것이다"(Fawkes, Beckett, 2008: 108에서 재인용). 진보적 변호사이자 법학자인 요차이 벤클러Yochai Benkler(2006) 역시 이에 동의하며, 저널리즘의 독점적 산업 모델이 수익과 비수익 또는 개별적이거나 조직화된 저널리즘적 방식 모두에 바탕을 두는 다원주의적 네트워크 모델로 이동하고 있다고 주장했다. 급진적 언론역사학자 존 네로네John Nerone는 한 발 더 나아가서 앙시앵 레짐ancien régime은 이미 대체되었다고 단언한다. "오래된 [저널리즘] 질서의 죽음에 대해 가장 한탄해야 할 점은, 그것이 더 이상 조롱거리로서도 존재하지 않는다는 사실"이다(Nerone, 2009: 355). 뉴스 산업계의 주도자,

시민 기자, 학자 등을 아우르는 다수의 좌파 및 우파의 평론가들도 이와 동일한 결론에 도달하였다. 인터넷은 거대 미디어 기업과 복합 미디어 기업이 저널리즘을 통제하던 시대를 종식시키고 있다.

이와 연관해서 인터넷을 예찬하는 두 번째 주제는 인터넷이 더 나은 형태의 저널리즘으로 재창조되리라는 생각이다. 필립 엘머 디윗Philip Elmer-Dewitt(1994)에 따르면 "컴퓨터와 모뎀만 있다면 누구나 기자, 편집자, 출판인이 되어서 전 세계 수백만 명의 독자들에게 뉴스와 견해를 전파할 수 있기 때문에 인터넷은 '저널리즘의 궁극적인 해방구'가 된다." 한편에서는 "마치 제퍼슨 방식[26]처럼, 전통적인 미디어는 기본으로 돌아가 시민들 사이에 대화를 창출하는 시민 기자들로 대체된다"는 전망을 제시한다(Mallery, Schwartz, 1994에서 재인용) 다른 한편에서는 전문 기자들이 열광적인 자원자들과 협력하여, 더욱 활발한 저널리즘의 형태를 만들 것으로 예측한다(예를 들어, Beckett, 2008; Deuze, 2009). 이는 뉴스 산업의 중심부에서 제기되는 관점이다. 거대 미디어 기업 톰슨 로이터Thomson Reuter의 미디어 부문 대표인 크리스 애헌Chris Ahearn은 "콘텐츠 생산자들과 출판인들이 새로운 기술의 협업 능력을 포용하고 생산 및 유통 전략을 재정비하면서 독단적으로 일하는 태도를 버린다면 저널리즘은 새로이 번창할 것"이라고 주장했다(Ahearn, 2009).

이러한 전망에서 전통적인 뉴스 관리자의 폐위와 저널리즘의 개선이 핵심 주제가 된다. 이제는 이러한 변화가 우리에게도 다가온

26 미국 제3대 대통령 토머스 제퍼슨Thomas Jefferson(1743~1826)은 국가의 정치 발전을 이끄는 원천적인 힘은 자유로운 언론과 그에 기반을 둔 시민의 소통 활동에 있다고 주장했다. — 옮긴이

다. 특히 웹 2.0으로 상징되는 인터넷의 기술 발전은 보통 사람들에게 '목소리'를 부여하면서 전통적인 게이트키퍼들이 독점적으로 누리던 매개의 권한을 종결시켰다고 간주된다. '생비자prosumer,' '생비prosumption,' '생용produsage' 같은 새로운 단어들이 창안되어 새롭고 더욱 개방적인 언론의 생산 및 소비 세계에서 공중이 담당하는 무한의 창의적인 역할을 설명하려 한다.

실제로 새로운 기술이 창출하는 가능성은 저널리즘의 변화를 넘어서는 그 이상의 것이라고들 한다. 마누엘 카스텔(2012: 8)에 의하면 우리는 "대중적인 자아 커뮤니케이션mass self-communication"이 지배하는 새로운 시대로 들어서고 있다. 이러한 시대적 변화는 네트워크 사회의 권력 관계도 변화시키고 있다. 그의 시각에서 보면[27] 커뮤니케이션의 민주화는 대항 권력과 새로운 성격의 전복적인 정치를 수립할 것으로 예상된다(Castells, 2015).

그러나 이러한 설명들은 전통적인 미디어 게이트키퍼가 여전히 통제력을 장악하고 있다는 점을 간과하고 있다. 일단 텔레비전은 여전히 가장 중요한 뉴스의 출처로 기능한다. 이는 파파타나소풀로스 등(Papathanassopoulos, 2013)의 조사에서 11개국 중 10개국, 뉴먼과 레비(Newman & Levy, 2014)의 조사에서 10개국 중 9개국, 그리고 닐슨과 슈로더(Nielson & Schrøder, 2014)의 조사 대상이었던 8개국 모두의 경우에서 증명되었다. 텔레비전이 뉴스 정보원의 최고 위치를 고수하는 점은 최근에 진행된 권위 있는 조사에서도 확인되었다(예컨대 Ofcom, 2014; Mitchell & Page, 2015).

27 5장을 보라.

미디어의 서열 질서는 현재 변화의 과정에 있다. 일반적으로 고연령층이 저연령층에 비해 TV 뉴스에 더 주목하고 온라인 뉴스를 덜 이용하는 경향을 보인다.[28] 한국과 핀란드에서는 주요 뉴스원의 비중에서 이미 인터넷이 TV를 넘어섰다(Papathanassopoulos et al., 2013; Newman & Levy, 2014). 이 두 나라의 경우엔 인터넷 보급률이 매우 높다는 점에서 양국의 경험은 장차 다가올 미래의 징후로도 볼 수 있다. 그러나 대부분의 나라들에서는 뉴스의 위계질서가 변화하고 있기는 하지만 아직까지 인터넷이 역전한 현상은 일어나지 않고 있다.

더욱 중요한 점으로, 이른바 '유산 미디어legacy media'라고 불리는 텔레비전과 신문 조직이 사이버 공간의 뉴스 영역을 장악했다는 사실이다. 이들은 선점의 우위를 차지하기 위해서 자신들 고유의 뉴스 웹사이트를 구축했다. 대부분의 유산 미디어는 자신의 뉴스 수집 자원을 이용하고 온라인 콘텐츠를 무료로 공급하는 방식으로 온라인 뉴스 사업을 지원했다.

이러한 전략에 힘입어 유산 미디어들이 온라인 뉴스 영역에서 주도적인 위치를 차지할 수 있었다. 9개국을 대상으로 한 조사에서 상위 뉴스 웹사이트는 압도적으로 유산 미디어 조직이 소유한 웹사이트였다(Curran et al., 2013). 아울러 개별 국가 조사 결과들은 이러한 성공이 단지 한 번에 그치지 않고 정도와 깊이 면에서 더욱 심화되고 있음을 알려 준다. 2015년 미국에서 가장 많이 이용된 상위 뉴스 웹사이트는 야후-ABC 뉴스Yahoo-ABC News, CNN, NBC 뉴스 디지털NBC News Digital, 허핑턴 포스트Huffington Post, CBS 뉴스CBS News, USA

28 그렇지만 여전히 많은 나라에서 젊은이들은 온라인보다 TV를 통해 더 많은 뉴스를 접한다 (Curran et al., 2013: 885, 표 2).

투데이USA Today, 버즈피드BuzzFeed, 뉴욕 타임스, 폭스 뉴스 디지털 네트워크Fox News Digital Network, 메일 온라인/데일리 미Mail Online/Daily Me였다(Mitchell & Page, 2015: 11). 이 10개 사이트 중 8개가 유산 뉴스 조직에 속한다. 이와 비슷하게 2014년 4월 영국에서 가장 많이 이용된 뉴스 사이트는 메일 온라인, 가디언, 텔레그래프Telegraph, 트리니티 미러 내셔널Trinity Mirror Nationals, 허핑턴 포스트, 인디펜던트Independent, CNN, 뉴스퀘스트 미디어 그룹Newsquest Media Group, 야후 뉴스 등이다(Johnson, 2014). 여기에서도 역시 10개 중 8개가 유산 미디어 조직에 속해 있다.

따라서 사람들이 온라인에서 뉴스를 소비할 때 그 뉴스들은 대체로 유산 미디어 조직에서 제공되는 것이다. 이들 온라인 뉴스가 다른 뉴스와 매우 비슷하다는 점은 그다지 놀랍지 않다. 9개국을 대상으로 한 조사에서 나타났듯이 주요 TV, 인쇄, 온라인 뉴스들도 일정하게 매우 유사한 뉴스 정보원(특히 가장 눈에 띄는 정보원으로 국가 및 강력한 기관)을 인용했다(Currran et al., 2013: 886, 표 3).

유산 미디어는 또한 새로운 온라인 스타트업 기업들의 도전을 성공적으로 약화시켰다. 유산 미디어의 월등한 자원, 이미 탄탄하게 구축된 명성, 초기에 이룩하여 누적된 온라인에서의 성공이 경쟁을 지연시켰다. 결정적으로 대부분의 미디어 경영진이 내린 판단, 즉 무료 뉴스 웹사이트 정책은 새로운 독립 미디어 기업이 콘텐츠를 유료화하는 일을 어렵게 했다. 이것이 경쟁으로 유지되는 비즈니스 모델의 안착을 저해한 한 요인이었다.[29]

29 이것이 콘텐츠를 무료로 방출하는 유일한 이유는 아니다. 다수의 미디어 기업의 관리 정책에서는 온라인 콘텐츠 무료 유통을 통해 대규모 수용자를 구축하는 일이 광고 수익에 도움이

따라서 대부분의 온라인 독립 기업들은 고전을 면치 못하는 가운데 살아남기 위해 고군분투했다. 허핑턴 포스트(2011년 AOL(America Online)에 매각됨), 버즈피드나 보다 최근의 예로 바이스 뉴스Vice News 등 몇몇 성공한 기업이 있지만 이들은 오히려 예외에 속한다. 미국에서 이루어진 온라인 독립 기업에 대한 조사 결과에 따르면 "우수한 업무 성과와 열정에도 불구하고, 수익을 거두거나 심지어 경제적으로 자생하는 온라인 독립 기업은 거의 없다"(Pew, 2009b). 이와 유사하게 〈컬럼비아 저널리즘 리뷰Columbia Journalism Review〉의 연구 조사는 "독립적인 웹 기반 뉴스 조직들 중에서 최소 규모의 소수를 제외하고는 이들이 현재의 온라인 수익을 우선 재원으로 해서 유지될 가능성은 매우 낮다"고 결론지었다(Downie & Schudson, 2010). 이어 퓨의 조사 결과도 순수 디지털만으로 운영되는 뉴스 조직은 '어려움을 겪고 있다'는 비관적 시각을 나타냈다(Mitchell & Page, 2015). 국제 조사 결과를 참조한다면, 다수의 온라인 미디어 스타트업 기업들은 "유산 미디어에 도전하지 않고" 단지 부유하는 전략의 일종으로 "작은 규모의 틈새 수용자 집단"을 충족시킴으로써 보완적인 역할을 하고 있다(Cook & Sirkkunnen, 2012: 117).

온라인 독립 뉴스 기업들이 시도한 약한 도전은 콘텐츠 애그리게이터content aggregator[30]를 통해 제공되는 내용에 연쇄 효과를 낳았다. 이들은 마치 TV 방송사가 시청률을 기준으로 조직되듯이, 이용 빈도수를 추적하는 알고리즘 방식으로 조직된다. 레든과 위츠게(Redden & Witschge, 2010)는 가장 중요한 두 웹사이트인 구글과 야후

된다고 믿고 있다. 그러나 이는 착오에 불과하다.

30 웹 콘텐츠를 한곳에서 이용할 수 있게 모아 놓는 것이다. — 옮긴이

가 2007~2008년 주요 뉴스 다섯 가지를 다루는 방식에 대한 분석으로 이 현상의 함의를 설명한다. 다섯 개 뉴스 모두의 사례에서 첫 페이지에 등장하는 항목은 대부분 선도적 위치에 있는 뉴스 웹사이트의 콘텐츠였다. 나머지는 기득권에 속하는 뉴스 정보원으로부터 공급된다. 반면 어느 하나도 '대안적 자원'으로부터 나온 것은 없었다(Redden & Witschge, 2008: 180~181). 이러한 선별 효과가 중요한 것은, 레든과 위츠게가 지적하듯이, 대부분의 사람들이 검색 페이지의 첫 페이지를 굳이 넘기고자 하지 않기 때문이다. 다시 말해 구글과 야후가 뉴스 보도에 현저성을 부여하기 위해 채택한 선별 범주는 주류 뉴스 미디어 및 그들이 의존하는 주요 기구의 정보원들이 이미 확보하고 있는 우월성을 재생산하고 있다.

소셜 네트워크 사이트(SNS)의 부상은 유산 미디어 및 그들의 온라인 사이트에 잠재적인 위협이 될 수 있었다.[31] 사람들이 독립적으로 대안적인 뉴스를 공유하고 생산하고 소비하는 SNS는 유산 미디어와 평행적인 공간이 될 수도 있었을 것이다. 그러나 보통의 상황에서 이 일은 일어나지 않았다. 닐슨과 슈뢰더(2014)는 경제적으로 발전한 8개국을 대상으로 SNS에서 만들어진 뉴스의 이용 방식을 비교 분석했다. 여기에서 소셜 미디어를 주요 뉴스 자원으로 취한다고 말한 응답자는 온라인 이용자의 3분의 1에도 미치지 못했고 이는 인쇄 미디어보다도 낮은 수치다(Nielsen & Schørder, 2014: 479, 표 2). 8개국 중 6개국에서 4분의 1 미만의 응답자만이 SNS가 자신이 온라인 뉴스를 접하기 위한 주요 수단이라고 답했다(Nielsen & Schørder, 2014: 483, 표 4). 이 여섯

31 5장을 참조하라.

국가에서 SNS에 실린 뉴스 보도에 대해 공유하거나 발언하고 이메일로 공유하거나 웹사이트에 의견을 써서 올린다고 답한 응답자는 5분의 1 미만이었다. 즉 기성 미디어가 여전히 하향식으로 뉴스를 공급, 선택, 배급하는 제일 동인인 것이다.

인터넷이 대중적인 자아 커뮤니케이션의 시대를 열고 정치 변화에 기여하는 조건을 만들어 준다는 더 큰 주장 역시 과장된 듯 보인다. 최근에 실시된 비교 연구에 따르면, 국가별 차이에 따라 온라인 이용자의 1~5% 정도가 블로그를 운영한다(Nielsen & Schrørder, 2014: 484). 조사 대상 국가들 중 가장 높은 비율로 블로거가 존재하는 미국에서조차 단지 소수만이 정치 블로그에 관심이 있다. 미국인 12%가 정치와 시사 관련 블로그를 정기적으로 읽고 21%는 가끔씩 읽는다고 응답했다(Kohut et al., 2012). 대부분의 블로거들은 아마추어로서, 생계를 유지하기 위해 다른 직업에 종사하고 있다(Couldry, 2010). 그렇기 때문에 이들은 소수의 전문적인 블로거들과 달리 어떤 주제에 대해 깊이 조사하거나 대규모 독자층을 형성하기가 어렵다.

물론 인터넷은 시민들에게 저렴한 소통의 도구를 제공한다. 그러나 낮은 가격으로 소통할 수 있는 여건이 향상되었다고 해서 반드시 그만큼 이야기가 소통될 수 있는 것은 아니다. 트위터가 공적 사안을 포괄하지만 시민의 메가폰이 될 수는 없으며 이는 누군가가 대변해야만 한다. 예컨대 2015년 기준으로 '팔로어' 1160만 명을 가진 영국의 유명 배우 스티븐 프라이Stephen Fry 같은 유명 인사들은 일반 개인들보다 훨씬 큰 규모의 구독자를 지닌다.

운동가들은 주류 미디어의 관심을 확보하는 데 어려움을 겪고 있다(Fenton, 2010b). 이는 9개국의 주도적인 미디어의 정치 및 정책 관련 보도에서 시민 단체가 뉴스 정보원으로 인용된 비율이 15% 미만이라는 조사 결과(콜롬비아, 한국, 일본은 5% 이하로 나타났다)에서 확인된다(Tiffen et al., 2014: 385, 표 9b).

운동가들의 발언은 웹에서 쉽게 사라진다. 그 이유는 부분적으로, 그들의 발언이 검색 엔진 목록에서 낮은 위치에 자리하기 때문이다. 힌드먼(Hindman, 2009: 14)이 간명하게 지적했듯이, 인터넷은 "정치적 삶에서 배제성을 근절하지 않는다. 대신 배제성의 경계를 정치적인 정보 생산 영역에서 걸러내기 영역으로 옮긴다." SNS가 새로운 소통 공간을 열어 주지만 그 대부분은 정치적 목표가 아니라 사교적인 목표를 위해 사용된다. 따라서 영국의 경우에 더 많은 수의 트위터 이용자들이 뉴스(45%)보다 친구들(72%)을 팔로한다(Ofcom, 2014). 미국에서는 SNS 이용자 중 34%만이 정치적 사안에 대한 자신의 생각을 포스팅한다(Smith, 2013). 유럽연합에서도 응답자 중 20% 미만이 정치 사회적 사안에 대해 자신의 의견을 웹사이트에 포스팅하는 것으로 나타났다(Seybert & Reinecke, 2013).

하지만 인터넷이 저널리즘의 질을 대폭 고양시켰다고 생각하는 편이 합리적일 듯하다. 인터넷으로 인해 기자들이 더 많은 정보에 더욱 신속하게, 그리고 보다 폭넓은 뉴스 정보원에 접근할 수 있게 되었음은 분명하다. 물론 보도의 사실성을 증명하고 상이한 관점들이 표현될 수 있도록 해야 한다. 기자들은 독자들로부터 더욱 쉽게 피드백과 도움을 얻을 수도 있다.

질의 저하

인터넷에 대한 낙관적인 평가에도 불구하고 광고의 소멸이라는 충격적인 결과는 아직 충분히 고려되지 않았다. 인터넷은 특정한 소비자 집단을 손쉽게 겨냥할 수 있다. 이러한 강점에 힘입어 인터넷 광고는 초기엔 느린 증가세를 보였지만 곧 텔레비전과 신문 광고를 무너뜨리며 엄청나게 증가했다. 인터넷 광고는 이미 캐나다와 영국에서는 미디어 광고 시장의 가장 큰 부분을 차지했으며 2016년에는 미국에서도 가장 큰 점유율을 확보하게 되리라 예측된다. 또한 다른 지역에서도 유사한 경향이 나타난다(IAB Canada, 2014; Advertising Association/Warc, 2015; Forrester Research, 2014).

죽어 가는 종이 신문이 뉴스 웹사이트로 대체되면서 광고 역시 유산 미디어에서 온라인 뉴스로 다양화되는 현상이라면 광고의 손실이 그다지 문제되지 않을 것이다. 그러나 실상은 다양화된 광고의 일부가 오로지 광고 전문 웹사이트, 콘텐츠 애그리게이터 등 뉴스 생산과는 무관한 웹사이트로 이동한 것이다. 저널리즘에 대한 상업적 지원(경제 불황으로 인해 더욱 악화되었다)이 위축되자 이는 기자의 감소로도 이어졌다. 넬(Nel, 2010)은 영국 주류 언론 기업에 고용된 기자 수가 2001과 2010년 사이에 27~33% 정도로 감소했다고 평가한다. 미국 언론의 편집국 인원 고용도 2006~2013년 사이에 5만 5000명에서 3만 6700명으로 감소했다(Barthel, 2015). 캐나다에서는 2008~2013년 사이에 인쇄 및 방송 미디어 분야에서 약 1만 개의 미디어 관련 직업이 사라졌다(Wong, 2013). 오스트레일리아에서는 2012~2014년에 주류 언론 관련 노동력이 20% 감소한 것으로 나타났다(O'Donnell et al., 2015).

신문 편집 예산의 축소는 저널리즘의 질 저하를 야기했다. 미국 미디어의 경우 연방통신위원회(Federal Communications Commission: FCC)(2011)가 지역 TV에서의 '책임 있는 보도' 감소에 우려를 표명했다. 비판적인 입장을 견지하는 퓨 보고서 역시 지역 TV의 경우 뉴스 의제의 폭이 협소해지고 있고 케이블 뉴스의 경우 취재보다 비용이 적게 드는 의견 프로그램이 더 많다고 결론지었다(Jurkowitz et al., 2013). 또한 국제 취재의 예산이 대폭 줄었다. 그 결과 2013년 미국의 네트워크 저녁 뉴스 프로그램에서 해외 보도에 할애되는 방송 시간이 1980년대에 비해 절반으로 줄었다. 마찬가지 이유에서 미국 언론사 소속 국제부 기자의 수가 2003~2010년에 24% 가량 감소했다(Mitchell & Page, 2014: 5).

영국 저널리즘에 관한 한 주요 연구도, 영국의 저널리즘이 새롭게 발전하리라는 흥분된 예측과 달리 광범하게 질의 저하가 일어나고 있다고 결론 내린 바 있다(Fenton, 2010a; Lee-Wright et al., 2011). 이 연구에서는 편집국 감원 조치, 온라인과 오프라인 뉴스 생산의 통합, 그리고 24시간 내내 돌아가는 뉴스 주기에 맞추어 기사를 갱신할 필요로 인해, 더 적은 수의 기자들이 더 많은 콘텐츠를 생산하는 변화의 경향을 보여 준다. 이런 상황에서 뉴스 생산량을 증가시키는 방법이 우선된 후, 사후에 내용을 입증하는 방식이나 주류 정보원에 의존하는 일이 심화된다. 심지어 뉴스 생산성을 높이기 위해 경쟁사 웹사이트의 기사들의 뉴스 프레임, 인용문, 사진들을 빌어와 이용하는 방식도 성행한다. 일반적으로 자원의 고갈은 짜깁기 수법으로 책상 저널리즘deskbound journalism 의존도를 증가시킨다. 이는 영국 저널리즘 내 팽배한 취약성을 더욱 가중시킨다(Davies, 2008; Jackson & Moloney, 2015). 아르헨티나를 비롯한 여러 국가에서 진행되어 온 연구들은 비용 압박의 요인이 부분적으로 작동하고, 이와 유사한 현상이 모방 저널리즘copy journalism과 '동일성의 나선spiral of sameness' 경향으로 나타나고 있다고 지적한다(Boczkowski, 2010: 4).

요즘 부상하고 있는 비영리의 탐사 보도 뉴스 조직들은 뉴스 편집에 적은 비용을 들인다. 그 이점을 살려, 가령 워싱턴에 위치한 소규모 탐사 보도 조직인 프로퍼블리카ProPublica는 다수의 중요한 사안들을 심층 조사했고(그중 하나는 퓰리처상을 수상했다), 기성 미디어 보도 조직과 협업하여 이러한 보도물을 시청자들에게 공급할 수 있었다(Curran, 2012). 그러나 최근 한 서베이 조사에 의하면, 비영리 영역이 자생적인 수입 기반을 마련하는 데에 실패하여 수입의 58%를 기부에 의존하는 불안정한 구조를 지닌 것으로 타났다(Knight Foundation, 2015).

요약하자면 유산 뉴스 조직은 현재 오프라인과 온라인 뉴스 생산 영역 모두에서 선도적인 위치에 있기에 그들의 우월성을 더욱 강고히 구축한다. 그들은 그들의 자리를 독립 뉴스 웹사이트에게 뺏기지 않았는데, 이는 후자가 보통 한정된 자본과 적은 수의 독자층을 가지고 있기 때문이다. 유산 뉴스 조직은 SNS에 의해 대체되지도 않았는데, 이는 SNS가 대체로 정치 목적보다는 사회 목적으로 사용되기 때문이다. 콘텐츠 애그리게이터의 부상 또한 그들의 통제력을 확장했을지언정 약화시키진 않았다.

인터넷이 저널리즘을 갱생하리라는 예측은, 지금으로선 오류로 보인다. 인터넷이 기자들로 하여금 대중으로부터 제공되는 자료를 포함한 다양한 정보들에 신속하게 접근하여 더욱 용이하게 작업할 수 있도록 도운 것은 사실이다. 그러나 전문가들이 아마추어들과 긴밀하게 협업하는 방식의 충실한 파트너십에서 이루어지는 시민 저널리즘이란 매우 드물다. 그리고 인터넷의 부상이 (적어도 현재로서는) 저널리즘 광고 자원의 축소를 야기하는, 예기치 않은 현상도 발생했다. 그 결과 더 적은 수의 기자들이 더 많은 기사를 쓰며 그 질은 저하되기 일쑤다. 이는 모방적이고 관습적인 정보원을 취하는 책상 저널리즘을 양산한다.

인터넷이 개인의 매스 커뮤니케이션 실행을 촉발함으로써 정치 변화를 낳으리라는 신념 또한 상당히 문제가 있다. 블로그의 부상 효과는 아주 과장되었다. 대체로 SNS는 정치화된 대안 커뮤니케이션 시스템이 아니다. 사회를 변화시키고자 하는 이들은 그들끼리 더욱 효과적으로 네트워크할 수 있으며 이는 물론 중요한 일이다. 그러나 SNS는 갈수록 더욱더 오락 중심적인 뉴스 미디어를 전달한다는 문제점을 여전히 안고 있다.

이러한 대체적인 그림 안에서도 유의미한 변화들이 존재한다. 지나치게 비관적인 평가는 중요한 예외들을 가릴 수 있다. 시민 저널리즘이 승리를 거두고 소셜 미디어가 정치화되고 저항을 동원하는 데 핵심 역할을 한 지점들이 존재한다. 이러한 변동을 일으키는 요소에 대한 탐구와 이해도 필요하다.

상이한 맥락 그리고 상이한 결과

영국에서 시민 저널리즘은 상대적으로 저조했지만 한국에서 시민 저널리즘은 일정 기간 강력한 힘을 발휘했다. 이 차이는 양국 간 존재하는 정치, 사회적 환경의 차이에 기인한다.

21세기 전환기에 영국에서는 급진적인 정치 및 문화적 변화에 대한 수요가 그리 크지 않았다. 청년 중심의 문화적 혁명은 이미 사반세기 이전에 일어났다. 2002년 총선거가 역대 가장 낮은 투표율을 보인 데에서도 알 수 있듯이 탈정치화가 팽배했다(Couldry et al., 2007).

이런 점에서 2001년 오픈데모크라시(openDemocracy: OD)라는 시사 전문 웹사이트가 개설되었을 때 영국은 정치적으로나 문화적으로 깊은 잠에 빠져 있던 상태였다. 오픈데모크라시는 부분적으로만 영국과 연관된 국제 프로젝트였다. 충실한 제도적 지원, 핵심에 위치한 유능한 집행부와 낮은 임금을 받지만 재능 있는 협력가들의 네트워크에 힘입어 이 웹사이트는 대표적인 영국식 벤처 사업이 되었다. 월간 방문자 수는 2005년에는 44만 1000명으로 최고에 달했지만 이후 급속하게 감소했다. 2007년 결국 이 벤처 사업은 재정 위기에 빠졌으며(Curran & Witschge, 2010), 그 후에도 완전히 회복하지는 못했다.

이와 대조적으로, 세기 전환기에 한국에서는 정치와 문화적인 변화를 열망하는 힘이 마치 압력솥같이 끓어오르고 있었다. 1960년대에 한국에서 의회 민주주의를 형성하려던 시도는 군사 쿠데타에 의해서 좌절되었다. 이후 시기에서 민주주의 운동이 탄력을 얻었으며, 1987년에 주요 헌법이 개정되었다. 1992년 [개헌 이후] 첫 문민 대통령이 선출되었고, 자유화의 길이 열리게 되었다. 시민 사회 단체의 수는 1980년대에 두 배로 성장한 데 이어 1990년대 또다시 두 배로 증가했다(Kim & Hamilton, 2006: 553, 표 5). 그리고 더 높은 수준의 미디어 독립을 정부로부터 얻어 내기 위한 장기간의 운동이 전개되었으며 이전에 비해 비판력이 강화된 기자들로부터 지지를 받았다(Park et al., 2000). 또한 대기업과 정부 간 유착 관계, 1997~1998년 아시아 금융 위기 이후 추진된 신자유주의 정책, 그리고 국내에 주둔하면서 큰 책임은 지지 않는 주한 미군 등의 요소가 중첩하는 가운데, 이들에 대한 대중적 공격이 표출되었다. 정치인 노무현은 당시 이렇듯 급진적인 개혁의 물결들이 합류하는 힘을 대표하며, 2002년 대통령에 당선되었다. 한국에서 정치적 급진주의의 급격한 성장은 권위주의적 순응에 반대하는 문화 혁명의 성장을 동반하였다.

오마이뉴스는 2000년에 젊고 급진적인 오연호 기자가 1억 원의 소규모 자본으로 설립했다. 처음에는 직원 4명과 자원봉사자인 '시민 기자' 727명으로 구성되었다(Kim & Hamilton, 2006). 오마이뉴스는 기득권과 긴밀하게 연결되어 있던 유력 일간지 3사[〈조선일보〉, 〈동아일보〉, 〈중앙일보〉]와 달랐다. 오마이뉴스는 정치적, 문화적 저항의 주요한 플랫폼이 되었고 대중적 급진화의 시기에 급격하게 성장했다. 이 웹사이트에 등록된 시민 기자들은 2001년 1만 4000명이었지만 2004년 3만 4000명으로 두 배 이상 증가했다. 핵심 직원들 역시 2004년 60명까지 늘었다(그중 35명은 상근 기자들이었다). 독자층 역시 폭발적으로 확장했다. 한 독립 투자 기업에 의해 실시된 조사 결과에 따르면, 2004년 오마이뉴스의 월간 방문자 수가 220만 명에 달하는 것으로 추정되었다. 이렇듯 다수의 젊고, 대부분 여유 있는 이용자의 확보는 독자적인 인터넷 발행이 지닌 고질적인 문제였던 수입 부족의 문제를 해결할 수 있게 했다. 오마이뉴스는 상당한 온라인 광고를 끌어 모은 덕분에 2003년에 흑자를 보았다. 그러나 이와 대조적으로, 이용자들의 기부나 자발적인 구독은 여전히 낮은 수준에 머물렀으며, 이는 오마이뉴스 종이 신문의 많지 않았던 수익금보다도 훨씬 낮은 수준이었다(Kim & Hamilton, 2006: 548, 표 1).

오마이뉴스는 전문가와 아마추어의 참여를 능숙하게 활용함으로써 저널리즘을 '재발명'했다. 2000년대 중반에 이르러서도 오마이뉴스의 핵심 전문 기자 집단은 웹사이트 콘텐츠의 20%만을 담당하였다. 한편, 이들은 '시민 기자들'이 기고한 기사를 선정, 편집하여 웹사이트의 메인 섹션에 내걸었다. 독자의 반응을 싣기 위한 공간이 기사 옆쪽에 마련되었으며, 여러 토론 주제를 위한 채팅 방들이 제공되었다. 시민 전문가들은 자신이 쓴 기사가 메인 섹션에 실리게 되면, 약간의 원고료를 지급받았다. 원고료를 받지 않고 편집되지도 않는 기사들은 웹사이트의 '킨들링kindling' 섹션에 따로 실렸다. 전체 운영은 전문가와 시민 기자 대표들로 구성된 위원회가 맡았다. 2004년에 이르러 오마이뉴스는 매일 150~200개의 기사를 게재했으며, 실질적인 웹사이트 '일간지daily'가 되었다.

자원자들을 끌어 모으고 많은 수의 독자층을 확보하고, 재정 능력을 달성하며, 공중의 삶에 영향을 주는 획기적인 성취에 힘입어 오마이뉴스는 세계에서 가장 성공적인 '전문가-아마추어pro-am' 저널리즘의 실험 중 하나가 되었다. 이 성공은 마치 한국이 과거와 결정적인 단절을 이룰 수 있을 것 같던 시기에 발현된 급진적인 기대의 도가니 안에서 생성되었다. 그러나 노무현 정부에게 기대되던 개혁은 행해지지 않았거나, 강력한 정치 세력 및 거대 기업의 저항에 부딪히며 중단되었다. 다음 대선(2007)에서는 결국 보수당(한나라당) 후보자[이명박]가 매우 낮은 투표율 속에서 당선되었다. 뇌물과 부패 혐의로 수사를 받던 노무현 전 대통령은 2009년에 자살하게 된다. 이후 2012년에 박근혜 대통령이 당선되며 보수 권력의 지배가 정점에 이른다. 박근혜는 1961년에 군사 쿠데타로 민주적인 정부를 무너뜨린 우파 군사 장교의 딸이기도 하다.

오마이뉴스는 '실패한' 대통령과의 밀접한 연관과 진보 진영 몰락의 결과로 고난을 면치 못하게 되었다. 새로운 유사 웹사이트들이 발전하면서 오마이뉴스는 더 이상 문화적인 저항을 전담하는 유일한 원천이 아니게 되었다. 오마이뉴스의 기반이 되는 자원자들 역시 대표성이 약했다. 2004년 기준으로 자원자의 77%는 남성이었고 수도권에 집중되어 있었다(Joyce, 2007: 'exhibit' 2). 이 웹사이트는 2006년엔 수익을 내지 못했고, 이후에도 재정적 어려움이 악화되고 있다. 현재 오마이뉴스는 한때 성공적이었던 자신의 그림자로 남아 있을 뿐이다.

오마이뉴스 초기의 성공에는 비용을 낮추고, 자원자의 기여를 촉진하고, 웹사이트에서 상호 작용을 활성화하는 등의 새로운 기술이 핵심적인 역할을 수행했음은 분명하다. 그러나 2000년대 초반에 오마이뉴스가 시민 저널리즘의 세계적인 대표자가 된 것은 오로지 밑으로부터 형성된 기대가 오마이뉴스를 탄생시켰기 때문에 가능하였다. 그 정치적 기운이 잦아들자 오마이뉴스 역시 추진력을 잃었다.

인터넷의 기술적 잠재력의 실현을 가능하거나 불가능하게 만드는 외적 맥락의 중요성은 다른 사례, 즉 2006년 일본에서 개시한 오마이뉴스의 자매 웹사이트의 경우에서도 드러난다. 오마이뉴스의 일본 자회사는 텔레커뮤니케이션 기업과 파트너십을 구축한 까닭에 상당한 자원을 확보하고 있었다. 그러나 사회적 합의와 민주적 기업 문화가 강한 일본은 양극화된 한국만큼 신규 벤처를 위한 비옥한 토양이 되지 못했다. 오마이뉴스 재팬은 진보적 시각을 지닌 우수한 기자들을 고용하는 데 어려움을 겪었다. 그들이 고용한 기자들은 전문화된 직업 성향을 띠고 있었으므로 편집이 심하게 가해지는 작업 방식에 반대하는 아마추어 기고자들과 충돌했다. 웹사이트 트래픽은 계속 낮은 수준에 머물렀으며, 오마이뉴스 재팬의 자발적인 시민 기자 기고자 수는 한국 오마이뉴스의 1/10에도 못 미쳤다. 구제책으로 라이프스타일 주제들에 초점을 맞추는 연성화 전략이 시도되었으나 이마저도 실패했다. 이 벤처 기업은 결국 2008년에 폐쇄되었는데, 이는 애초에 예견된 실패였다고 할 수 있다.

또한 오마이뉴스는 2004년에 영어로 구성된 국제 웹사이트를 열었다. 오마이뉴스 인터내셔널도 상대적으로 소수의 기고자와 이용자를 확보할 수 있었다. 보도의 질은 낮았으며(전 세계 뉴스와 이슈에 대한 매우 불규칙적이고 고르지 않은 보도) 재정난에 부딪혔다(Dencik, 2011). 오마이뉴스 인터내셔널은 여전히 존재하지만 고투 중이다.[32] 그 모회사와는 달리 대중적 급진주의의 강한 기운과 전혀 연결되지 못했다.

통제와 권능

정치적 맥락의 중요성은 이웃한 두 국가 싱가포르와 말레이시아의 비교를 통해서도 제시될 수 있다. 싱가포르에서 인터넷은 대체로 순응적이지만 말레이시아에서 인터넷은 중요한 대항의 채널이 되었다.

이러한 차이는 말레이시아가 인터넷 보급률이 더 높아서 발생한 것은 아니다. 실제는 오히려 그 반대다. 싱가포르의 인터넷 이용자 비율(79%)이 말레이시아의 경우(66%)보다 현저하게 높다(Internet World Stats, 2015e). 이 차이가 세분화된 검열의 영향에서 비롯한 것도 아니

32 2017년 현재 기존 오마이뉴스 인터내셔널은 폐쇄되었고 일부 아카이브만을 인터넷에서 접할 수 있다. — 옮긴이

다. 싱가포르의 인터넷 정책은 공식적인 인증 제도를 채택하기에 특별히 제한적인 접근을 취하고는 있지만 실제 이용에서는 말레이시아 상황과 그다지 다르지 않다(George, 2007; Weiss, 2014). 두 나라 모두 권위주의적인 법적 체계에 있지만 인터넷만큼은 경제적 현대화 계획에 따라 상대적으로 자유주의적인 정책을 취한다.

싱가포르와 말레이시아에서 인터넷의 역할이 달라진 것은 1차적으로 두 나라의 권력 구조가 상이하기 때문이다. 싱가포르는 1965년 국가의 독립 시기부터 현재까지 단일 정당인 인민행동당(People's Action Party: PAP)이 집권하고 있다. 인민행동당은 직간접적으로 이 조그만 도시 국가의 모든 면을 통제한다. 정부는 규칙을 관철시키기 위해서 시민 사회 단체에 면허증을 교부하는 방식에서부터 명예훼손 소송을 통해 정적을 탄압하는 방식에 이르기까지 강압적인 방법을 적용했다. 그러나 이 통치 체제는 경제적 성공에 기반을 둔 합의된 지지를 얻기도 했는데, 아시아적 가치, 공중도덕, 사회적 조화를 강조하는 국가 이데올로기와 정부와 친밀한 관계에 있는 기업들에 의해 통제되는 미디어의 교묘한 전술의 설득 효과도 유효했다(George, 2007; Worthington, 2003; Rodan, 2004). 이 통제력은 정부와 대립하기보다는 협력하는 조용한 시민 사회를 낳았다. 그 결과 집권당은 선거마다 연속해서 압도적으로 승리했다. 단지 2011년에 6개 의원석을 획득하면서 중도 좌파적 야당 노동당Workers Party이 유의미한 승리를 얻었을 뿐이다. 그때조차도 나머지 81개석은 집권당이 독점적으로 차지했다.

싱가포르 사회에서 지배 엘리트 계층은 그동안 너무나 강력하였기 때문에, 불만을 표현하는 공간으로서 인터넷의 성격은 상당 부분 중화되었다(Ibrahim, 2006). 2000년대 초반 싱가포르의 법적 체계 범위

외부에서 활동하는 비판적인 웹사이트조차도, 지배 헤게모니의 강력한 영향력 때문에 공식적인 이데올로기의 틀 안에 머물렀다. 일례로 앤드루 캐니언Andrew Kenyon(2010)이 호주, 말레이시아, 싱가포르의 비판적 보도를 비교 분석했을 때, 충분한 표본을 구성하기 위해 필요한 비판적 기사의 수가 너무 적어 싱가포르 온라인 콘텐츠를 어쩔 수 없이 생략했어야 할 정도였다.

이러한 온라인 통제 상황은 온라인 캠페인에 대한 금지가 철회된 2011년 이후에 변화하기 시작했고 노동당이 상당한 정도의 소수파 지지를 얻었다. 노동당은 주택 정책 등의 사안에는 노골적인 반대를 내세웠지만 체제의 정당성에 도전하지는 않았다. 그동안에도 싱가포르의 권위주의적인 사회 질서를 확고히 하려는 강력한 압력은 존재했다. 메러디스 바이스Meredith Weiss(2014: 98)의 지적처럼 한정된 인터넷 행동주의는 “자기 검열을 행하도록 하는 사회화의 힘을 와해시키지는 못했다.”

외형적으로 말레이시아의 정치는 싱가포르의 정치와 닮아 있다. 국민전선(Barisan Nasional: BN)이 국가 독립 시기부터 현재까지 집권하고 있다. 이 체제는 영국 식민 통치 유산이며 가장 악명 높은 선동법Sedition Act처럼 강압적인 조치와 국가 건설, 인종 간 조화, 사회적 책임을 강조하는 이데올로기를 결합한 형태다. 그러나 그 외에 양국 간 유사성을 찾아보기란 쉽지 않다. 싱가포르의 통합적인 성격을 띤 인민행동당과 달리 말레이시아는 갈등과 분란의 시기를 겪어 왔다. 그 첫 번째 계기는 1997년 당시 총리였던 이브라힘 안와르Ibrahim Anwar가 동성애와 부패 등 날조된 것으로 보이는 혐의로 해직 및 구속되면서 국민전선이 분열되었던 사건이다. 두 번째 계기는 2009년 당시의 압둘라 바다위Abdullah Badawi 총리가 그가 오랫동안 보좌했던 전임자 모하마드 마하티르Mohamad Mahathir를 비롯한 주요 비판자들의 압력에 의해 자리에서 축출된 사건이다. 2015년 정부가 또 다른 부패 스캔들에 휩쓸렸을 때 전임 총리인 모하마드 마하티르로부터 나온 비판으로 인해 새로운 갈등이 표면화되었다. 이리하여 집권당은 부분적으로 무기력해졌다. 어느 정도의 경제 성장을 이루기는 했지만, 말레이시아의 국민전선은 싱가포르처럼 획기적인 경제적 성공을 거두지는 못했기 때문이다.

말레이시아는 오랫동안 인종 구성 및 종교 관계에 있어 싱가포르보다 분열된 사회적 양상을 보여 왔다. 덕분에 싱가포르보다 더 강력한 정치적 대항 세력이 성장할 수 있었다. 대립의 기세 역시 싱가포르 상황보다 더 강력하여, 지난 10년간 제도적 인종 차별, 반종교, 폭력적 위협, 조직화된 선거 부정 등을 규탄하며 암묵적으로 체제의 정당성을 공격해 왔다(Postill, 2014). 아울러 말레이시아는 싱가포르보다 더 발전된 시민 사회를 갖고 있다(George, 2007). 시민권, 헌법 개혁 운동, 힌두 권리, 이슬람 집단 등을 포함해 다른 주요한 조직들을 포함하여 말레이시아의 시민 사회는 싱가포르에 비해 더욱 능동적인 시민 사회를 형성하고 있다(George, 2007).

이러한 배경으로 인터넷은 말레이시아 내에서 대항과 비판을 위한 점점 더 중요한 공간으로 발전했다. 시민 사회 단체들은 독자적인 웹사이트를 설립하였다. 말레이시아의 상황을 견뎌 온 대항적인 소수 언론들 역시 온라인에서 그 존재를 키웠다. 2000년대 중반에 이르러서는 인터넷 활동가들이 조직화했고 서로 간의 강력한 연대를 구성했는데, 이는 싱가포르에서는 찾아보기 어려운 현상이다. 셰리안 조지

Cherian George(2005)는 싱가포르와 비교할 때 말레이시아 웹사이트들이 싱가포르 웹사이트들에 비해서 콘텐츠를 더 자주 업데이트하고 더 많은 자원을 활용하며 더욱 비판적이고 더 많은 수용자들에게 도달하고 있음을 밝혔다.

실제로 말레이시아에서 대항 세력의 부흥에 인터넷이 중요한 역할을 하게 된 주요 세 계기가 있었다(Postill, 2014). 1998~1999년에 무슬림 개혁 단체인 르포르마시Reformasi가 명백한 계승자인 이브라힘 안와르의 구속에 반대하며 친안와르 웹사이트를 50여 개나 개설했다. 1999년 그 운동이 절정에 다다랐을 때, 이 웹사이트는 500만 명 이상의 방문자 수를 기록했다. 대항적인 뉴스 사이트, 리스트서브listserv, 토론방 등은 집회가 엄격하게 금지되는 국가 안에서 가상의 모임 공간으로 기능했다. 교외 지역에서는 이 방식들에 보다 전통적인 소통 양식이 결합하기도 했다.

르포르마시는 국민전선의 중심부까지 파고들어 갔는데, 이는 세 개의 대항 집단이 2008년 총선에 대비해 일시적인 연합을 맺을 때 또한 차례 재현되었다. 이 캠페인은 대항 세력을 매우 한정적으로만 다루는 주류 미디어에 대항하는 블로그(다수의 블로거들이 당선되었다), 대안적 웹사이트, 유튜브 동영상들에 의해 한층 더 촉진되었다. 이때 처음으로 국민전선은 국회의 2/3 과반수를 차지하는 데 실패했다.

세 번째 핵심 계기는 2011년 베르시 2.0 시위에서 시민 사회와 대항 조직이 전개한 운동에서 나타난다. 이는 2007년에 자유롭고 공정한 선거를 요구하며 출발한 시위의 두 번째 시도다. 이번에는 참여자 다수가 페이스북과 트위터로 등록했다. 이 시위들은 결국 강압적인 치안과 새로운 제한 법률로 인해 진압되었다. 그러나 대규모 시위는 청년들이 정치에 개입하고 국지적 경계를 가로지르며 대항적 정체성을 형성하도록 독려하여, 이어진 선거에서 격변을 만들어 냈다. 2013년 국민전선은 투표에서 가까스로 과반수를 차지하며 역사상 가장 저조한 성과를 보였다.

앞서 말했듯이 새로운 정치적 위기가 2015년 정치 부패와 관련해서 발생했다. 〈월 스트리트 저널The Wall Street Journal〉과 다른 서구 언론에 실린 탐사 보도들은 나집 라작Najib Razak 총리가 이미 문제가 있었던 공공사업(1MDB) 자금을 개인 계좌에 분산, 취득했다고 고발했다. 이 사건은 소셜 미디어에서 조롱거리로 화제에 올랐으며, '420억 빚의 그림자'나 '빚 기사의 출현The Debt Knight Rises' 등의 유행어를 만들어 냈다. 정부는 소유주들과의 밀접한 연계를 통해 여전히 주류 미디어의 지지를 얻었지만 인터넷을 통제할 수는 없었다.

정부는 공식적으로 새로운 온라인 검열 제도를 도입할 것을 고려했다. 그러나 그럴듯한 항변에 의해 이 발상은 포기되었다. 이는 엄청난 부담을 야기할 것이며, 경제 현대화라는 정책에도 위배된다는 이유였다. 현재 국민전선은 지지자들을 동원해 미디어 동맹을 맺는 식으로 온라인 대항 세력에 대응하고 있다. 그러나 말레이시아 정부는 싱가포르 정부가 겪지 않는 문제를 가지고 있는데, 이는 바로 체제 기반을 위협하는 인터넷이다.

간단히 말하면 광범한 정치적 맥락으로 인해 말레이시아에서는 인터넷이 저항의 행위자가 되도록 이끌었지만 싱가포르에서는 그것이 협조와 통제의 행위자가 되도록 이끌었다. 이 점은 기술 중심적인 관점에서 세워진 인터넷에 관한 과장된 이론에서는 줄곧 간과되었던 우리의 핵심적인 결론, 즉 상이한 맥락은 상이한 결과를 산출한다는 사실을 역설한다.

인터넷 역사의 재평가

인터넷에 대한 초기의 평가는 그것의 기술로부터 도출된 함의에 기초하고 있었다. 인터넷은 지구적 미디어이기에 지구적 상호 이해를 강화할 것이라고들 했다. 인터넷은 누구나 이용 가능한 효과적인 소통 도구이기에 사람들의 역량을 강화하리라 믿었다. 인터넷은 저렴하고 상호 작용적이므로 저널리즘을 변화시키리라고 생각되었다. 인터넷의 변혁적인 기술에 작은 기업과 큰 기업 모두 접근할 수 있으므로 양자가 동등해지리라고 예견되었다. 이들은 모두 인터넷의 기술적인 잠재력이 완전히 실현될 때 이룰 수 있는 성과에 주목하면서 그럴 듯한 예언으로 존재했다.

그러나 이 예언들은 모두 그 중심에 엄청난 오류를 안고 있다. 이들은 기술의 효과란 사회의 구조와 과정에 의해 걸러진다는 점을 인식하지 못했다. 전문가들이 인터넷이 지구적 상호 이해를 강화하리라고 예언할 때 그들은 새로운 기술의 지구적 도달 및 상호 작용성만을 생각했다. 세계의 각 지역은 서로 다른 언어를 쓰고 매우 불균등하며 각 대륙은 상이한 가치, 이해관계, 연계를 지닌다는 점을 깨닫지 못했다. 이러한 시각이 인터넷 발전 과정을 이끌었다. 결과적으로 그들은, 오프라인 세계의 분열을 반영하여, 인터넷의 지구적 대화가 상호 이해 불가능한 언어들로 행해지고 인터넷이 모든 사람들이 아닌 윤택한 사람들 사이의 공동체이며 인터넷을 통해 우정과 동감뿐 아니라 혐오와 증오가 표현된다는 점을 예상하지 못했다.

동일한 실수, 즉 인터넷이 기술에 의해서뿐만 아니라 사회에 의해 구성된다는 점을 인식하지 못하는 오류는 계속 반복되었다. 인터넷이 공중의 역량을 강화하고 민주주의를 갱신하리라는 예견은 바로 그러한 결과가 실현되는 것을 방해하는 정치, 경제, 문화적 요인들을 간과했다. 빈곤은 사람들을 약화시키고 공적 생활에의 참여를 저하시키며 이 경향은 온라인 세계로 전이되어 빈자들이 일반적으로 정치적 역할을 덜 적극적으로 수행하는 양상을 보인다. 갈수록 더 많은 사람들이 정치로부터 멀어지고 있다고 느끼며 이런 까닭에 사람들은 공적인 목적보다 사교적인 이유로 인터넷을 사용하게 된다.

이와 유사하게 인터넷이 뉴스 복합 기업의 권한을 약화시키리라는 기대는 실현되기 힘든 것이 되고 말았다. 이들 기업이 무료로 콘텐츠를 제공함으로써 신생 기업들이 경쟁할 수 없도록 만드는 식으로 그들의 막대한 자원을 온라인 저널리즘 장악을 위해 남용했기 때문이다. 이와 마찬가지로 인터넷이 소기업과 대기업 간 경쟁할 수 있는 공간을 제공하리라는 예측 역시, 대기업이 여전히 규모(와 때로는 범위에서도)의 경제에서 엄청난 우위를 차지한다는 점을 고려하지 않았다.

이 모든 사례들에서 사회와 경제의 성격이 인터넷에 대해 예견됐던 효과를 한정짓는 효과를 낸다는 점을 알 수 있다. 그러나 이 지점에서 논의는 더욱 복잡해질 수 있는데, 인터넷의 기술 역시 이에 무의미한 요소는 아니기 때문이다. 오히려 그 기술이 구글이나 아마존 같이 그들이 작동하는 시장을 근본적으로 분열시키는 거대 기업을 탄생시켰다. 또한 그것은 누적적인 구매 혁명을 낳았다. 또한 기업체의 작동 양식을 변화시켰다. 그리고 사회적 연결을 촉진하고 즐거움의 심

대한 원천이 되는 소셜 미디어를 창출했다. 정치 활동가들의 네트워크 효과를 증진시키면서 시민 사회를 강화했다. 이처럼 인터넷의 기술적 효과의 목록은 계속 쉽게 늘어날 수 있다.

따라서 오로지 사회나 기술의 단일 요소가 인터넷의 효과를 결정지은 것이 아니다. 중요한 사안은 이 영향력 중에서 무엇이 더 중요하고 이들이 어떻게 상호 작용하는가 하는 문제다. 이어지는 논의에서 이 문제들에 답하고자 한다. 예측을 중심으로 구성된 서론에서 인터넷의 역사를 검토하고 재평가했다면 이제 인터넷이 경제, 규제, 정체성, 급진 정치의 각 공간에서 변화가 진행되도록 기여한 방식들을 살펴보기로 하자.

2장

역사 속의 인터넷

제임스 커런

1980년대와 1990년대 초반 인터넷이 처음 퍼지기 시작했을 때 인터넷이라는 개념은 다소 낭만적으로 치장되었다.[33] 초기 인터넷의 개척자였던 이용자들은 자신들만 사용하는 은어를 개발했고, MOO나 MUD(어드벤처 혹은 롤플레잉 게임을 가리킨다) 같은 약어들을 도입했다. 이 시기에 인터넷의 이용이란 내부 비밀이나 하위문화 스타일을 지녔고 기술력을 갖추어야 하는, 마치 컬트 집단에 속하는 것과 같았다. 이용자들은 압도적으로 젊었으며 지식이 풍부한 이들이었다.

인터넷이 1990년대 중반 주류 질서에 편입되었을 때도 초기의 독특한 매력을 그대로 유지했다. 권위지들에도 인터넷이 어떻게 작동하고 어떻게 놀라운 일들을 해내는지에 대한 장문의 기사가 자주 실리곤 했다. 인터넷 개척자들이 SF에 대한 애정을 반영해 처음 만들어 낸 '사이버 공간cyberspace'[34]이라는 말은 어느덧 일반적인 용어가 되었다.

---

33 역시 이 장을 집필할 때 도움을 준 조애너 레든과 저스틴 솔레스버그에게 감사하다.

34 SF 작가 윌리엄 깁슨William Gibson의 단편 소설《불타는 크롬Burning Chrome》(1982)에 이 용어가 처음 등장했다. — 옮긴이

이 시기 즈음에 인터넷의 기원과 발달을 탐구하는 진중한 연구들이 처음으로 시도되었다. 그러나 인터넷의 초기 역사는, 인터넷을 대문자 'I'로 시작하는 표기 방식에서 드러나듯이(Abbate, 2000; Gillies & Cailliau, 2000; Berners-Lee, 2000; Rheingold, 2000; Banks, 2008; Ryan, 2010), 인터넷에 대한 경이로운 시선에 사로잡혔던 당대의 조건으로부터 그리 자유롭지 않았다.[35] 이들은 인터넷에 대해 대체로 무비판적이었다.

이러한 인터넷의 역사와 1850~1887년에 쓰인 영국 언론 개척기의 역사는 평행 관계에 있다. 영국 언론 역사가들은 대중 저널리즘의 탄생과 그것이 대변한 선한 권력에 경탄했고, 신문 언론Newspaper Press의 첫 글자를 대문자로 표기했다(예를 들어 Hunt, 1850: 178; Grant, 1871~1872: 453). 이들 역시 무비판적이었다.

이러한 무비판적 경향은 인터넷 역사가 서술되는 대부분의 방식에 적용되었다. 전통적인 인터넷 역사는 인터넷의 초창기, 그 행복했던 에덴의 시기에 집중하고 있으며 인터넷 역사를 서구 역사의 한 부분으로 서술한다. 그러나 이 접근 방식의 문제는 현재 인터넷이 과거 30년 전의 그것보다 상업적이며 국가 통제의 영향을 훨씬 더 많은 받는다는 사실에 있다. 또한 인터넷은 서구의 발명품이었지만 어느덧 전 지구적 현상이 되었다. 인터넷의 역사를 계속 갱신하면서 탈서구화하면 인터넷의 궤적은 달라질 수 있다. 인터넷 역사가 단지 발전의 서사로만 써지는 일은 이제 중단되어야 한다.

35 이러한 무비판적 역사주의 경향에서 예외는 존 노턴(2000, 2012)이다.

인터넷의 기술적 발달

인터넷의 기술적 역사는 간략하게 요약될 수 있다. 인터넷은 1969년 미국에서 시작된 소규모의 공공 소유 컴퓨터 네트워크로 시작되었다. 이 네트워크는 공유된 컴퓨터 언어와 일련의 프로토콜 발전과 더불어 확장했다. (처음에는 네트워크 메일이라고 불린) 이메일은 1972년 개시되었고, '인터넷'이라는 용어는 1974년에 다수의 컴퓨터 간 상호 네트워킹internetworking의 간단한 약어로 처음 등장했다. 현대적 인터넷의 출발점은 미국 군대에서 완전히 독립적인 형태의 네트워크의 네트워크가 설립된 1983년으로 거슬러 올라간다.

1980년대에 들어와 미국 중심이었던 네트워크가 전적으로 국제적인 네트워크로 확장되었다. 중요한 변화의 순간은 유럽입자물리연구소(CERN)가 1985년에 내부 컴퓨터 네트워크에 IP(internet protocol)를 채택한 데 이어 1989년에 외부 IP 연결을 개시한 시기로 잡을 수 있다. 인터넷은 1980년대 후반에 아시아에 상륙했지만 아프리카에서는 1995년에 이르러서야 처음으로 자체적인 인터넷 서비스를 구축했다. 1998년에 인터넷은 전 세계 모든 국가에 도달하게 된다. 하지만 인터넷의 확산은 지리적으로는 불균형적인 양상을 띠었다.

인터넷의 국제화는 대중화를 동반했다. 인터넷의 첫 핵심 응용물은 1970년부터 1990년까지의 초창기 동안 효율적으로 사용된 이메일, 온라인 게시판, 리스트서브였다. 1990년대에 개발된 핵심 응용물에는 1991년에 공개적으로 등장한 월드 와이드 웹World Wide Web, 1993년에 웹을 더 편리하게 사용할 수 있도록 하기 위해 개발된 그래픽 브라우저, 그리고 1990년대 후반, 웹을 더 효율적으로 쉽게 이용하고 탐색할 수 있도록 한 검색 엔진이 있다. 2000년대에는 2004년 등장한 페이스북으로 예시되는 소셜 미디어와 이용자 제작 콘텐츠가 부상했고, 이어 2010년에는 많은 사람들의 일상생활의 한 부분이 되어버린 스마트폰의 출현이 뒤따른다. 이러한 다양한 사용과 적용들을 통해서, 2014년 기준으로 인터넷 이용자 수는 31억 명에 이를 정도로 마치 나선형처럼 급증했다(Internet World Stats, 2015).

인터넷의 기술적 발전의 놀라운 현상은 네 가지 주요한 기술적 혁신들에 의해 뒷받침되었다. 첫째, 컴퓨터가 흰 제복을 입은 사제 같은 모습의 많은 기술자들을 필요로 하며 실험실 전체를 차지할 만큼 컸던 거대 기계에서, 무릎 위에 올려놓거나 손 안에 쏙 들어 올 정도로 강력하고 편리한 인공물로 변신했다. 또 다른 혁신은 엄청난 서버들에 의해 유지되는 클라우드 컴퓨팅의 발전을 통하여 가능해진, 접속addressing과 공유 코드를 통한 컴퓨터 네트워킹의 발전이다. 세 번째는 소셜 미디어의 등장을 이끌기도 했던 바, 단지 월드 와이드 웹에서 오로지 읽기만 가능했던 기술 수준을 넘어서 읽고-쓰기 기능까지 발전시키며 정보의 접근, 연결, 저장, 생성을 촉진했던 연결 소프트웨어의 변신이다. 네 번째는 커뮤니케이션 인프라 체계의 발전이다. 인터넷은 이미 국가들 사이의 정보 처리 상호 운용이 가능하도록 준비되었던 전화선과 케이블에 '올라타기piggy back'가 가능했다. 이는 이후 고대역 케이블high-bandwidth cable의 발전과 이동 무선 네트워크의 성장에 의해 한층 더 촉진되었다.

한편 인터넷의 발전은 과학적인 혁신에 의해 결정된, 단순한 기술적인 과정만은 아니었다. 즉 자금을 제공하거나 인터넷을 생산하고 특정한 형태로 만든 사람들의 목표들 역시 오늘날의 인터넷이 있게끔 영향을 미쳤다. 하지만 이러한 목표들은 언제나 충돌하면서 인터넷의 '영혼'을 차지하기 위한 전투에서 최고조에 달했다.

군사-과학 복합체

인터넷이 평화의 매개체인 동시에 냉전의 산물이라는 주장은 인터넷과 관련하여 많이 언급되어 온 대표적 역설이다. 1957년 소련은 지구 궤도를 도는 위성을 발사하며 '우주 경쟁'의 출발 지점에서 미국을 앞서게 된다. 이에 미국 국방성은 고등연구계획국(Advanced Research Projects Agency: ARPA)을 급히 설립했다. ARPA가 세운 많은 프로젝트들 중에는 세계 최초의 첨단 컴퓨터 네트워크(ARPANET) 창설을 통한 상호 작용적 컴퓨팅 발전 방안도 포함되었다. 애초에 이 네트워크는 값비싼 컴퓨터의 사용 시간을 최대한 공유하기 위해, 그리고 서로 다른 운영 체계와 인터페이스를 가진 컴퓨터들 사이의 커뮤니케이션을 가능케 하려는 목적에서 고안되었지만, 곧 또 다른 존재 근거를 확보했다. 그것은 컴퓨터 네트워킹이 소련으로부터의 핵 공격을 견딜 수 있는 정교한 군사 명령 및 통제 체계의 발전에 기여할 수 있다는 점이었다. 이렇게 프로젝트 목표가 재설정되면서 대규모 공공 투자가 이어졌다(Edwards, 1996; Norberg & O-Neil, 1996).

이 프로젝트는 또한 군사적 목적의 영향 속에서 초기 인터넷 설계가 진행되도록 이끌었는데, 이는 인터넷 역사에서 갈수록 경시되고 있다(예를 들어 Hafner & Lyon, 2003). 이때 가장 중요하게 여겨진 군사적 고려 사항은 소련의 공격을 견뎌 낼 수 있는 컴퓨터 네트워크의 개발이었다. 미국 군부는 적군에 의해 파괴될 우려가 있는 명령 센터를 가지지 않는 분산적 시스템 개발을 위한 필요 자금을 후원했다. 그 결과 '제거'뿐 아니라 '통제'하기 어려운 네트워크가 탄생했다. 아울러 이것은 중앙 집중적이거나 수직적인 명령 체계가 없는 새로운 시스템을 고안하고자 했던 컴퓨터 과학자들의 본래 의도에도 일치했다.

이와 같은 군사적 관심은 일부분이 파괴될 경우에도 전체 시스템은 여전히 기능할 수 있는 네트워크 기술의 발전으로 이어졌다. 군사적 관점에서 (인터넷의 발달에 핵심적인) 패킷 교환[36] 방식이 지닌 강력한 매력은 전송자와 수신자 사이의 취약한 개방 라인을 생략할 수 있다는 점이었다. 패킷 교환 방식에서 메시지는 전송 이전에 ('패킷') 단위로 해체되어 트래픽과 네트워크 상태에 따라 상이한 경로를 통해 전송된 후 도착 시 재조립된다. 말하자면 개별 패킷은 고유한 운송 및 콘텐츠 규격을 가진 일종의 디지털 봉투로 포장되는 방식을 취한다. 이 시스템이 지닌 개방성 및 P2P(peer-to-peer)[37] 중립성은 군사적 목적뿐 아니라 학술 활동의 정서에도 잘 어울렸다.

이러한 군사적 관심은 상이하게 특화된 여러 군사적 과제를 수행할 수 있는 네트워킹 시스템 구축 목표로 심화되었다. 이는 최소한의 요건만 충족되면 상이한 네트워크들이 통합될 수 있도록 하는 다양

36 패킷 교환은 DDX(디지털 데이터 교환망)의 서비스로 축적 교환 방식의 일종이다. 단말기 상호 간에 정보의 송수가 직접적으로 이뤄지지 않고 대신 발신 단말에서 송출된 정보를 교환기가 일단 수신하여 기억 장치에 축적한 후 망 내에 고속으로 전송하여 착신 단말에 보내 주는 방식을 취한다. — 옮긴이

37 서버의 도움 없이 일대일 통신을 하는 관계로 공급자와 소비자, 서버와 클라이언트 등의 주종 관계나 상하 관계를 벗어나 이용자 모두가 참여하는 동등한 관계를 말한다. 인터넷에서는 주로 개인 간의 파일 공유 수단으로서 PC와 PC를 상호 공유토록 연결해 주는 것을 의미한다. — 옮긴이

한 시스템 개발을 촉진했다. 또한 상호 네트워킹을 위하여 위성과 무선 네트워크를 추가했는데, 이 기술이 지프차, 선박, 항공기 등과의 통신에 잘 적용될 수 있기 때문이었다. 이와 같은 인터넷의 모듈 구조는 유연성을 필요로 하는 군사 목적에 유용했던 만큼이나 더 많은 네트워크들이 결합된 연구 도구로서 인터넷의 가치를 향상하기를 원했던 학자들의 목표에도 적합하였다. 따라서 인터넷의 '추가add-on' 특성은 양쪽 입장의 목적을 충족시킬 수 있었다.

상호적 전술이 사용되며 1960년대 후반부터 1970년대 초반까지 베트남 전쟁에 반대하는 대학 시위로 인해 자칫 (대학 내부에 위치하며 시위를 지지하는 입장의) 과학자와 (전쟁을 주도하는 입장의) 군부 사이의 조화로운 관계가 틀어지는 위기를 미연에 방지할 수 있었던 것으로 보인다(Rosenzweig, 1998). 안보 문제에 대해서 우선순위를 놓고 심각하게 대립했을 때인 1983년에도 인터넷을 군사용과 민간용의 네트워크들로 분할함으로써 갈등이 평화적으로 해소될 수 있었다.

군부와 과학자들 사이에서 발전한 상호 신뢰에 힘입어 과학자들은 상당한 자율성을 누릴 수 있었다. 그 결과 학계의 문화가 초기 인터넷 발전의 토대를 구축하는 전통의 일부가 되었다. 이 문화는 과학의 지속적인 진보를 위한 연구 공개, 집합적인 대화, 지적 협력을 강조했다. 또한 네트워킹 프로토콜의 협력적인 발전과 개방적 보급의 행위들을 그 자체 방어되어야 할 가치로서 이끌어 냈다.

미국은 네트워크 설계 및 인터넷 개발을 위한 자금을 제공했다. 또한 여러 다른 방식들을 통해 간접적으로 인터넷 구축을 지원했다. 1946년 미국은 국내 최초의 전자 디지털 컴퓨터 개발에 국방 예산을 지출했고, 이후 컴퓨터 산업의 기술적인 발전을 위한 계획에 보조금을 제공했다(Edwards, 1996). 미국 정부는 또한 우주 프로그램을 지원했는데, 궤도 위성 같은 이 프로그램의 부산물은 추후 인터넷의 발전에도 기여하게 된다.

사실상 미국은 인터넷에 대한 초기 연구와 개발 비용의 주요 부분을 보증했다. 한편 민간 부문에서는 실행 의지가 희박했다. 1972년 거대 전기 통신 기업인 AT&T는 미국 정부가 현대 인터넷의 전신인 ARPANET을 인수하기를 제안했으나 수익성이 없으리라는 이유로 거부했다. 기업의 관점에서 보면 방어 프로그램과 연계된 컴퓨터 네트워크는 상업적 장래성이라곤 전혀 가지고 있지 않았다. 그럼에도 불구하고 미국 정부는 인터넷 연구 개발 비용을 지원하고 이용자 기반 구축을 위한 재정 부담을 지면서까지 인터넷을 시장으로 '인도'했다. 1991년에 공공 인터넷의 상업적 이용에 대한 금지가 풀렸고, 1995년에 공공 인터넷은 민영화되었다.

이처럼 인터넷은 흥미로운 시작점에서 출발했다. 그 시작점이란 '닥터 스트레인지러브Dr. Strangelove' 프로젝트로서, 여기에 숨은 의미는 1964년에 개봉한 동명의 풍자 영화의 부제인 "나는 어떻게 핵무기에 대해 근심을 멈추고 사랑하게 되었나"와 흡사하다.[38] 인터넷은 성장과 고용의 증진을 도모하는 고전적 사회민주주의 방식으로 기능하고 작은 정부를 지향하는 정치적 문화를 가진 운동가적인 국가의 자손이다. 아울러 군에 의해서 과학자들에게 적용된 상대적 자율성의 결과로, 인터넷 설계는 처음부터 학술적 가치를 크게 부여받았다.

---

38 스탠리 큐브릭Stanley Kubrick의 영화 〈닥터 스트레인지러브Dr. Strangelove or: How I Learned to Stop Worrying and Love the Bomb〉를 말한다. — 옮긴이

대항문화적 가치

군사－과학 복합체가 초기 인터넷을 주도했다면, 인터넷의 후속적 발전은 1980년대 미국의 대항문화counterculture 전통(더불어 추후에는 유럽의 대항문화 전통)의 영향을 강하게 받았다. 대항문화는 종종 서로 얽히기도 하는 다양한 줄기들로 이루어졌다. 공동체주의communitarian 줄기는 상호 공감과 이해의 증진을 통해 '공존'을 촉진하는 데 목적을 두었다. 히피 하위문화는 억압적인 관습에서 벗어남으로써 개인의 자기실현을 추구한 반면 급진적인 하위문화는 대중에게 권력을 이양함으로써 사회를 변혁하기를 희망했다. 이처럼 대항문화 안에 존재하는 상이한 흐름들이 당시 부상하고 있던 인터넷의 이용 방식에 영향을 끼쳤다.

프레드 터너Fred Turner(2006)는 매우 독창적인 연구에서 최신 유행을 좇기 좋아하는 기자들과 문화 기업가들이 상이한 두 개 집단들을 하나로 결합하면서 이들 사이에 창의적인 파트너십이 유지되도록 하는 중개인으로 활약했던 방식에 대해 기록하고 있다. 이들은 두 집단에게 듣기 좋은 말을 하면서 희망을 불러일으키는 중개 기술을 활용했다. 예컨대, 줄곧 컴퓨터밖에 모르는 얼간이(이른바 너드nerd)로 취급 받아 오던 컴퓨터 과학자들에게 그들은 세계를 변혁시킬 멋진 구세주 같은 존재라고 말했다. 동시에 이미 1980년대에 빠르게 감소 추세에 있던 대항문화 진영의 운동가들에게는 그들의 사라져 가는 꿈을 실현시킬 기술이 존재한다고 설명했다. 따라서 컴퓨터 과학자들과 활동가들이 결속한다면 컴퓨터를 실용적 목적으로부터 해방시키고 인류를 위해 사용될 수 있도록 만들 수 있다고 주장했다.

과학자들과 활동가들 사이에는 프로메테우스적 동반자 관계가 점차 단단해지며 컴퓨터에 대한 새로운 상상이 형성되는 데 중요한 역할을 했다. 1980년대에 자발적 노동에 의해 운영되는 낮은 구독률 기반 서비스로 자금 지원을 받았던 캘리포니아 지역 네트워크들이 가상의 공동체들로 탄생했다. 1985년에 샌프란시스코에서 (전화 회선을 이용한) 다이얼 접속 게시판 서비스로 결성된 WELL(Whole Earth 'Lectronic Link)이 그 전형적인 사례다. WELL은 당시 급진적인 록 콘서트 기획자였던 스튜어트 브랜드Stewart Brand와 좌파 계열 의사이자 제3 세계 지역 활동가였던 래리 브릴리언트Larry Brilliant의 아이디어에서 싹텄다. 브릴리언트는 테네시주의 대규모 자급자족 농업 공동체인 더 팜The Farm의 동료 회원 다수를 WELL에 가입시켰다. 이는 이후 300대의 컴퓨터가 참여하는 '컨퍼런스'로 성장하며 일종의 전자 공동체를 이루었고, 이곳에서 사회 정치적인 영역에서 일하는 활동가들과 온갖 분야의 애호가들이 공존할 수 있었다. WELL의 가장 큰 산하 집단에는 급진적인 록 그룹 그레이트풀 데드Grateful Dead의 팬 모임이 포함되어 있었다. (이 팬들을 조롱조의 칭하는) 데드헤드Deadhead들은 그레이트풀 데드의 수수께끼 같은 가사에 대해 토론하고 라이브 콘서트에서 직접 녹음된 음악을 교환하며 많은 시간을 온라인에서 보냈다. 그레이트풀 데드는 대중이 자신의 음악을 '해적질pirating'하는 것을 오히려 좋아했고 이를 자신의 공적인 입장으로 취했다. 한편 WELL에 대한 대중적 참여는 수년이 지나면서 감소했다. 이 전자 공동체는 1994년 신발 제조업자인 브루스 카츠Bruce Katz에게 매각되었고 인수 후 조직 내에 갈등이 발생하면서 빠르게 몰락했다(Rheingold, 2000: 331~334).

유사한 공동체 실험들이 유럽에서도 일어났는데, 일반적으로 지역 정부들이 산파 역할을 했다. 가장 잘 알려진 공동체로는 암스테르담의 '디지털 도시Digital City'(네덜란드에서는 DDS로 불린다)가 있다. 이 공동체는 1994년에 지역 의회의 지원을 받는 시범 프로젝트로 시작되었으며, 1995년에 재단 보조금을 받으며 '가상 도시virtual city'로 재구성되었다. 이 '도시' 내의 여러 광장에는 (정치, 영화, 음악 등의) 특정 주제가 부여되었고 각각의 사이버 카페와 광장들이 만남의 장소로 탄생했다. 이 실험은 진보적 활동가, 대학생, 창의 산업의 노동자들, 그리고 암스테르담 시민들의 상상력을 사로잡았다. 가상 도시에 대한 열기가 최고조에 달했을 당시 수천 명이 이 프로젝트에 참여했으며 온라인 서비스에 대한 대중의 접근이 가능해지면서 다양한 사안들에 온라인 투표가 진행되기도 했다. 그러나 초기의 흥미가 가라앉은 1990년대 후반부터 공중의 참여는 감소했다. 이후 내부 갈등이 생기면서 프로젝트는 더욱 약화되었고 장기 자금 조달에 실패하고 만다.

보다 지속적인 형태로, 급진적인 미국 학생들의 영향을 받아서 지리적으로 분산된 풀뿌리 네트워크들이 연결되며 이루어진 실험들이 존재한다(Hauben & Hauben, 1997). 여기엔 유스넷Usenet(1979), 비트넷BITNET(1981), 파이도넷FidoNet(1983), 피스넷PeaceNet(1985)이 포함된다. 유닉스UNIX 체계를 바탕으로 형성된 유스넷 뉴스 그룹은 이러한 네트워크들 중에 가장 주요한 사례다. 이 네트워크는 본래 유닉스 소프트웨어 및 문제 해결에 관한 사안들을 논의하기 위해 만들어졌지만 점차 낙태 문제에서 이슬람에 이르는 광범위한 주제를 다루면서 더욱 다양해졌다. 유스넷 뉴스 그룹 사이트는 1979년 3개에서 출발해서 1988년 1만 1000개, 2000년 2만 개로까지 증가했다(Naughton, 2000:

181~182). 처음에 다이얼 접속 서비스로 시작한 이 자그마한 네트워크는 이후 ARPANET에 등재될 정도로 성장했으며 이후 인터넷을 이용하는 방식으로 발전했다.

그동안 대항문화의 한 부분이던 히피 문화는 컴퓨터를 놀이터로 변모시키는 데 일조했다. 1990년대 초반에 참여자들이 연령, 성별, 인종, 계급, 신체장애 등의 시각적인 표시로부터 자유로운 상태에서 가상의 정체성을 가지고 교류할 수 있는 텍스트 기반 어드벤처 게임을 중심으로 컬트 집단이 형성되었다. 이곳은 사람들이 실제 자아를 탐색할 수 있고, 일상생활의 제약과 편견에서 벗어날 수 있으며, 타인에 대해 더 공감하면서 해방된 주체성을 바탕으로 더 나은 세상을 건설할 수 있는 공간으로 예찬되었다(Turkle, 1995). 어떤 이들은 오프라인 세계의 관습으로부터 자유롭게 난잡한 가상의 섹스까지 가능한(또한 실제 삶에서보다 더 젊고 매력적인 사람으로 행세할 수 있는) 해방적인 맥락에서 이 공간을 이해했다(Ito, 1997).

대항문화는 또한 최신 유행을 좇는 컴퓨터 자본주의의 출현에 기여했다. 1980년에 애플을 만든 스티브 잡스Steve Jobs와 스티브 워즈니악Steve Wozniak은 대안 운동 출신이다. 당시 잡스는 영적 해탈을 추구하기 위해 인도 여행을 다녀왔고 워즈니악은 급진적인 록 음악에 몰두해 있었다. 워즈니악은 1982년 정보화 시대에 헌정하기 위한 록 페스티벌 조직에 개인적으로 자금을 지원했다.[39] 우드스톡 록 페스티벌보다 더 많은 관중을 모았던 이 페스티벌에는 다음과 같이 단순한 메시지를 전달하는 거대한 비디오 스크린이 설치되어 있었다.

---

39 스티브 워즈니악은 1982년과 1983년 우드스톡 록 페스티벌의 추억을 되살리려는 의도로 2400만 달러의 적자를 감수하면서 록 페스티벌을 기획하고 주최했다. — 옮긴이

> 기술 분야에서 폭발적으로 정보 확산이 이뤄졌으며 우리는 이러한 정보들이 공유되어야 한다고 생각한다. 민주주의의 모든 위대한 사상가들은 정보에 대한 접근성이 민주주의 핵심이라고 말했다. 이제 우리는 사람들의 손에 전례 없이 많은 정보를 쥐어 줄 수 있는 기회를 얻게 되었다 (Flichy, 1999: 37에서 인용).

이에 대항문화는 미래에 대한 전망을 발전시키기 위해 컴퓨터가 어떻게 이용되어야 할지를 재규정했다. 대항문화 활동가들은 기술 엘리트의 도구로부터 가상 공동체의 창조자, 하위문화의 놀이터, 민주주의의 행위자로 인터넷을 변화시켰다.

유럽의 공공 서비스

사이버 공간 형성에 지대한 영향을 미친 세 번째 요소는 거대한 공중보건 및 공영 방송 체계를 만든 유럽의 복지주의 전통이었다. 인터넷은 미국에서 탄생했지만 월드 와이드 웹은 공적 자금으로 운영되는 CERN의 실험실에서 팀 버너스 리Tim Berners-Lee가 만들었다.

버너스 리는 두 가지 핵심 주제에서 발상을 얻었는데, 그것은 (전 세계 컴퓨터 시스템에 포함된 지식의 저장소인) 공공재에 대한 접근을 개방하는 것과 사람들을 서로 소통하는 공동체로 만드는 것이었다. 수학자 부모를 둔 버너스 리는 사회봉사에서 성취감을 느꼈다. 그는 무조건적인 반시장주의자는 아니었지만 시장 가치를 우선시하는 태도에는 반대했다. (유럽에서는 빈도가 낮았지만) 미국에서 그는 종종 월드 와이드 웹의 발명으로 큰돈을 벌지 않은 것에 대해 후회하지 않느냐는 질문을 받았다. 그의 답변은 공공적 헌신가의 전형적인 반응 그 자체였다.

> [이러한 질문에 내포된바] 사람의 가치가 그의 중요도나 금전적인 성공에 따라 결정되며 돈으로 측정된다는 생각은 나를 화나게 한다. 내 성장 과정의 중심에는 금전적 이득은 그냥 제자리에 놔두라는 가치관이 자리 잡고 있다(Berners-Lee, 2000: 116).

버너스 리는 웹이 민간 기업에 의해 발전될 경우 경쟁이 심화되고 웹의 하위 부문들이 사적 소유로 분화되리라고 확신했다. 또한 이 현상은 '정보 공유를 위한 보편적 매개체'로서 웹이라는 자신의 개념에 위배되고 프로젝트 본래의 목적을 위협하는 결과를 낳으리라 생각했다. 버너스 리는 공적 자금 지원을 받는 조직의 담당자들을 설득해서 1993년, 공동체에게 전하는 하나의 선물로 월드 와이드 웹을 출시하도록 했다. 이후 그는 "상업적인 이익에 반대하며, 전 세계에 최선인 것을 생각하기 위해" 웹 표준화 기구인 W3C(World Wide Web Consortium)의 대표가 되었다(Berners-Lee, 2000: 91).

이러한 웹의 유산 덕분에 우리는 지식과 정보의 광대한 보고를 무료로 이용할 수 있게 되었다. 이 성과는 자신보다는 사회에 봉사하려는 이상에서 꽃필 수 있었다.

상업적인 밀월

한편 기술자들이 옹호했던 '개방성'의 원리는 인터넷에 대해 대중 소비보다는 학술적인 접근과 공개를 우대하는 형태로 나타났다. 새로운 목적을 띠고 인터넷에 적응한 공동체는 자신에게 필요한 전문성을 얻고자 하는 소수 하위문화 일원들이었다. 과학 실험실에서 배태된 월드 와이드 웹이 처음 등장했을 때조차 이에 접근하기 위해선 상당한 수준의 컴퓨터 기술을 필요로 했다. 인터넷은 여전히 배타적인 세상에 속해 있었다.

사이버 공간의 발달을 이끌었던 네 번째 주요 요소는 시장이다. 1991년에 공공 인터넷에 대한 상업적 금지가 풀리면서 외견상 매우 선한 효과가 뒤따랐다. 이미지와 텍스트를 함께 보여 주는 브라우저의 개발은 버너스 리(2000: 90)가 인정했듯이 '웹에서 매우 중요한 단계'를 이루었다. 이후 등장한 상업적 검색 엔진은 웹 탐색을 한층 더 수월하게 만들었다. 시장의 모든 관심은 인터넷의 대중화와 그 사용의 민주화에 있는 듯했다.

1990년대 중반에 인터넷의 모든 양상은 매우 긍정적으로 여겨졌다. 인터넷이 비록 초강대국의 전쟁 기계의 산물이었지만 그 군사적 기원은 이미 종결되었다(사실상 1990년에 ARPANET은 공공 인터넷 기간 통신망에 대한 통제권을 국립과학재단National Science Foundation으로 넘겼다). 학술, 대항문화, 공공 서비스 가치들이 결합하며 독립성, 탈중심화, 다양, 혁신에 개방된 인터넷을 탄생시켰다. 인터넷 이용 방식 또한 크게 확장되었다. 상업적 영향력의 확대는 인터넷의 근본적인 성격을 훼손하지 않으면서 오로지 더 많은 이들에게 이 새로운 미디어의 수

혜를 나누어 주려는 듯 보였다.

1990년대 중반에 팽배했던, 인터넷 상업화에 대한 거의 무비판적인 수용 태도는 당시의 시대적 분위기와 합치되는 것이었다. 이 시기에 사람들은 1991년 12월에 일어난 소련의 붕괴와 함께 민주주의와 자본주의가 공산주의를 패배시켰다는 승리감에 들떠 있었다(Fukuyama, 1993). 이 당시 분위기는 인터넷 전문가들에 의해 잘 표현되었다. MIT의 니콜라스 네그로폰테Nicholas Negroponte는 1995년 출간된 매우 유명한 저서에서 인터넷을 디지털 혁명을 민주화하는 핵심 요소로 묘사하고 있다. 그는 대중이 거대 미디어 기업들이 밀어 보낸 것pushed을 받아들이지 않고 대신 인터넷과 디지털 미디어로부터 자신이 원하는 바를 스스로 끌어당기리라pull 예측했다. 또한 미디어 소비가 개인의 기호에 따라 '맞춤형customized'이 되고, '산업화 시대의 교차 소유권 법규'가 무효화되면서 "획일적이었던 매스 미디어의 제국은 소규모 산업체들에 의해 해체되고 있다"고 주장했다(Negroponte, 1996: 57~58, 85). 이와 유사하게, 저명한 인터넷 전문가인 마크 포스터(1995) 역시 세상이 '제2의 미디어 시대second media age'에 진입하면서 독점은 다양성으로 대체되며 전송자와 수신자 간의 구분이 흐려지고 통제받던 사람들이 새로운 지배자가 되리라고 결론 맺는다. 그 외의 다수의 글들에서 시장은 한계가 아니라 자산으로 설명되었다.

인터넷이 시장화되기 이전에 존재했던 연합체는 1990년대에 들어서며 점차 균열되기 시작했다. 일부 컴퓨터 과학자들은 인터넷 기업을 설립해 백만장자가 되었다. 또 다른 이들은 소프트웨어 라이선스 제한에 순응했으며 대학 행정가들은 컴퓨터공학 학과 운영을 통해 돈을 벌 방법을 찾고 있었다. 더불어 새로운 세대의 컴퓨터 산업 리더들이 출현했는데, 그들이 취한 캐주얼한 복장과 대중주의적 성향은 이전 세대가 지녔던 답답한 기업 문화와는 분명히 차별적이었다. 이 기업들은 세심한 배려와 독특성을 함께 보여 주었다. 예를 들어, 구글은 '사악해지지 말자Don't Be Evil'를 기업 슬로건으로 삼았고 2004년에 비영리 자선 본부를 설립했다. 심지어 디지털 자본주의를 묘사하는 이미지들도 변화했다. 1950년대의 국가통제주의적 모더니즘statist modernism과 연관된 어휘인 '정보 고속도로'라는 초기 비유는 SF적이고 전자적인 숭고성을 함축한 '사이버 공간'이란 단어로 대체된다(Streeter, 2003).

이 환경에서 디지털 자본주의는 돈을 벌고 개인성을 표현하면서 국가 통제를 피할 수 있는 멋진 것으로 느껴졌다. 1990년대에는 인터넷과 관련된 모든 것, 심지어 인터넷의 상업화까지도 경이롭고 변혁적이고 긍정적인 것으로 보였다.

상업화로의 변신

상업화는 공적 투자로 개시된 혁신의 전통을 확장시켰다. 특히 미국의 명문 스탠포드대학교는 투자자들의 지원을 받는 전문가들로 구성된 두터운 네트워크 속에서 성장하여 뛰어난 기술과 사업 능력을 습득한 학생들을 배출했다. 이 학교 인근에 위치한 팔로알토와 마운틴뷰 지역은 1998년 구글의 등장에서 2010년 인스타그램의 설립에 이르기까지 새로운 사업의 인큐베이터가 되었다.

상업화는 인터넷의 성격에도 변화를 가지고 왔다. 1997년에 신용

카드 거래를 위한 표준 프로토콜이 채택됨에 따라 온라인 판매가 활발해졌다. 인터넷의 일부는 쇼핑몰이 되어 갔는데, 가상의 상점들이 사업을 벌이고 상품과 서비스가 판매되는 장소가 되었다. 이는 분명히 대중적 필요를 충족시켰다. 아직까지는 국제적이기보다는 국내적인 차원에서 소매 분야의 혁명이 일어났다.[40]

오프라인 상품 및 서비스와는 구별되는 온라인 콘텐츠는 판매가 더 어려운 것으로 나타났다. 가장 많이 판매된 콘텐츠는 포르노물과 게임이었다. 온라인 포르노가 주요 부분을 차지하는 미국의 성인 엔터테인먼트 산업은 2006년에 28억 달러의 이익을 거두었다(Edelman, 2009). 온라인 게임 역시 크게 성공해서, 2011년에 전 세계에서 올린 추정 수익 금액이 190억 달러로 급상승했다(참고로 인터넷 이용자들 중 게임 이용자의 비율이 가장 높은 나라는 중국이다)(Statistic Portal, 2015; DFC Intelligence, 2010). 온라인에서의 선전 덕분에 비디오 게임 산업은 수익 면에서 할리우드 영화 산업을 앞지르게 되었다(Movie Picture Association in America, 2013; Newzoo, 2013).[41] 대조적으로 저널리즘은 상업적으로 훨씬 덜 성공적인 온라인 상품이 되었다.

아울러 상업화는 온라인 광고의 성장을 이끌었다. 크레이그리스트craigslist[42]와 검트리gumtree 같은 광고 사이트들이 엄청난 성공을 거두면서 온라인 광고는 상당히 공격적인 방식을 취했다. 광고 산업은 우선 배너 광고(초기 신문에서 사용되었던 전시형 광고를 닮은 수평의 스트

40 1장을 참조하라.

41 미국의 영화 산업 수익에서 DVD 판매와 TV 방송권 수익은 제외된다.

42 미국의 크레이그 뉴마크Craig Newmark가 1995년 처음 시작한 개인 광고, 직업, 주택 공급, 이력서, 토론 공간 등을 제공하는 안내 광고 웹사이트다. — 옮긴이

립 형태)를 도입했다. 이후에 '버튼,' '스카이스크래퍼skyscraper,'[43] 팝업형 '틈새 광고interstitials' 등 상이한 형태의 광고들이 등장했으며 나중에는 TV 광고와 유사한 형태의, 청각-시각적 요소들을 결합한 광고가 나타났다.

광고의 성장은 스팸의 번식을 동반했다. 최초로 기록된 스팸 사례는 1978년으로 거슬러 올라간다. 존 노턴John Naughton(2012: 82)에 의하면 2009년에 전 세계에서 유통된 이메일의 절반 이상이 스팸이라고 한다. 기술적으로 능통한 사람들만이 이처럼 대부분이 불필요한 정보를 걸러 낼 수 있었다.

시장 영향력이 확대됨에 따라 부드러운 통제 질서가 구성되었다. 인터넷 기업들은 정부에 로비를 가해 그들의 이익에 복무하는 법률들로 개정을 꾀했다. 특히 이들은 인터넷 설립의 기반인 개방과 협력의 전통을 위협하는 방식으로 지적 재산권의 법적 보호를 요구하는 압력을 행사했다(Lessig, 1999; Weber, 2004). 1976년에 미국은 저작권을 소프트웨어로까지 확대하는 저작권법을 통과시켰다. 이는 1998년 제정된 디지털밀레니엄저작권법Digital Millennium Copyright Act에 의해 더욱 강화되었는데, 이는 디지털 미디어 기업을 위협하던 복제piracy 행위에 대해 법적 처벌을 강화하려는 의도를 지닌 시도였다. 그러나 이 법은 집행이 어려울 정도로 매우 제한적인 형태를 띠었으며, 웹 콘텐츠의 정당하고 '공정한 이용'을 희생하면서 지적 재산권을 과잉보호하는 결과를 낳았다(Lessig, 2001). 최근에는 일부 주도적인 인터넷과 텔레커뮤니케이션 기업들이 수익의 최적화를 위해서, P2P 인터넷 설계

43 고층 건물처럼 세로로 길게 늘린 광고 형태를 말한다. — 옮긴이

의 토대인 망 중립성Net neutrality[44]의 철회를 강력하게 주장했다. 지금까지 이들의 로비는 성공적이지 못했다.[45]

상업화는 시장의 힘을 바탕으로 더 미묘한 형태의 통제 질서를 구축했다. 네그로폰테(1996)가 구상한 매력적인 전망, 즉 개별 상점, 가내 공업, 주체적 소비자 중심으로 구성된 인터넷의 미래상 역시 환상으로 증명되었다. 국제적인 수준에서 볼 때, 소수의 기업들이 인터넷의 각 영역에서 주도적 위치를 차지했다. 실제로 2015년에 기업 네 곳이 — 애플(7000억 달러), 마이크로소프트(3800억 달러), 구글(4300억 달러), 오라클(1750억 달러) — 세계에서 가장 거대한 기업 규모의 자본화 수준을 확보하고 있었다. 이러한 상황은 국가별 시장의 세부 사항으로 들어가 보면 조금 더 복잡해진다. 예를 들어 구글이 세계 최고의 검색 엔진이긴 하지만 중국은 바이두Baidu가, 러시아는 얀덱스Yandex가, 일본은 야후가 지배하고 있다(Haucap & Heimeshoff, 2013: 55, 표 2). 각 국가별 시장에서는 하나의 검색 엔진이 지배적이다. 유사한 양상은 뉴스에도 적용된다. 소수의 거대 뉴스 조직들(주로 오랜 전통을 지닌 미디어들)이 해당 국가의 온라인 뉴스 소비를 지배하며, 〈뉴욕 타임스〉나 〈글로보Globo〉처럼 소수의 엘리트 집단이 운영하는 뉴스 조직들이 개별 언어 시장에서 국제적인 수용자 집단을 확보하고 있다(Curran et al., 2013).

몇몇 주도적인 인터넷 기업들은 독점적인 방식으로 자신의 시장

---

44 망 중립성은 정부와 모든 네트워크 사업자들이 인터넷에 존재하는 모든 데이터를 동등하게 취급하고 이용자, 내용, 플랫폼, 장비, 전송 방식에 따른 어떠한 차별도 하지 않아야 한다는 의미다. — 옮긴이

45 4장을 참조하라.

권력을 사용했다. 이를테면 애플의 아이폰과 아이패드는 애플이 사전 승인하지 않은 애플리케이션은 추가를 허용하지 않는다. 애플의 방식을 따르지 않으면 당신의 노트북은 기본적으로 작동하지도 않는다. 자유롭게 프로그래밍이 가능한 컴퓨터가 유선 네트워크로 연결되는 방식과는 대조적으로, 스마트폰은 통제된 모바일 네트워크들에 묶여 있기에 이렇듯 새로운 통제 기능이 부여될 수 있었다(Naughton, 2011; Lametti, 2012 참조).

많은 인터넷 리더들은 위험스러울 정도로 모험을 시도하거나 반경쟁적이라 평가되며 관련 기관들과 갈등에 빠졌다. 유럽위원회European Commission는 최근 마이크로소프트에 벌금을 부과했고 현재 구글과 아마존을 조사하고 있다(EC, 2015; EC, 2013). 애플은 미국 연방무역위원회US Federal Trade Commission의 조사를 받고 있으며(Golson, 2015) 페이스북은 유럽 5개국의 조사에 직면해 있다(Schechner, 2015).

디지털 자본주의가 다른 형태의 대규모 기업 자본주의와 그다지 다르지 않다는 점이 드러났다. 대표적인 디지털 기업들이 온정적이고 형식에 얽매이지 않는 듯 보이지만 매우 무자비하다. 이러한 비정함은 애플의 원동력이었던 스티브 잡스에게서도 나타난다. 잡스는 일종의 상품 테스트처럼 당시 임신 중이었던 오래된 여자 친구에 관해 약 100명의 친구들에게 설문 조사를 했는데, 질문 내용은 자신이 원래 여자 친구와 새로 호감을 갖게 된 다른 여성 중에서 누구를 선택해야 하는지였다. 잡스는 이 두 명 가운데 어느 쪽이 더 예쁜지, 누가 더 나은지, 누구와 결혼해야 하는지를 물었다(Isaacson, 2011: 272). 잡스는 강렬한 충성심을 불러일으키는 능력을 지녔지만 감수성은 부족했다. 한 취업 희망자가 입사 인터뷰에서 작게 기어들어가는 목소리로 말하자 잡스는 "고르륵 고르륵 고르륵 고르륵"이라는 소리로 흉내를 냈고 인터뷰는 중단되었다. 면접관들은 마구 웃기 시작했고 결국 그 불쌍한 남성은 스스로 자리에서 일어나 "저는 적절한 사람이 아닌 것 같습니다"며 자리를 떠났다(Isaacson, 2011: 142).

스티브 잡스는 선을 수련했음에도 막상 자신의 회사가 착취적으로 되어 가는 것은 막지 못했다. 애플의 우아한 제품들은 부분적으로 중국에 자리한 폭스콘Foxconn이라는 공장에서 생산되는데, 이 공장은 긴 노동 시간, 낮은 임금과 열악한 기숙 시설로 악명이 높다. 2010년 많은 폭스콘 노동자들이 자살했을 때, 애플은 노동 조건을 향상시키는 대신 고작 공장의 설비를 둘러싸는 안전그물을 세우는 방식으로 대응했다(Mosco, 2014: 161).[46] 이 사건으로 애플이 반갑지 않은 주목을 받는 동안, 아마존, 구글, 마이크로소프트, 시스코, 휴렛패커드 역시 낮은 수준의 실적을 가진 저임금 계약자들에게 작업을 외주화했다. 마찬가지로 영국 아마존을 대상으로 한 비밀 조사에서는 노동자들이 최저 임금 기준을 조금 넘는 액수를 받으면서 매일 수마일을 걸어 정해진 포장 및 배송 목표를 정확하게 달성하고 있다는 사실이 드러났다. 이 회사는 하도급 업체와 단기 고용 노동자들에게 과도하게 의존할 뿐만 아니라 정규직 노동자들에게도 안전을 보장하거나 더 나은 임금을 지급하고 있지 않았다(Cadwalladr, 2013).

애플, 페이스북, 아마존, 마이크로소프트와 구글 모두 탈세를 위해서 엄청난 노력을 기울였다(Sikka, 2015). 2013년 아마존은 많은 수익을 거둔 나라들에서 납세를 피하기 위해 150억 유로를 룩셈부르크

46 노동자들이 공장 건물에서 투신 자살을 시도하여 목숨을 잃는 사태를 방지하기 위한 무성의하고 불성실한 대응 방식이었음을 뜻한다. — 옮긴이

에 있는 자회사로 옮겼다(Bergin, 2014). 이와 유사하게 구글은 "유럽과 아시아에서 매년 벌어들이는 80억 달러 이상의 비과세 이익을" 조세의 피난처인 버뮤다로 옮기는 세금 조약을 유리하게 이용해 왔다(Bergin, 2014).

최근에 인터넷 기업들은 환경주의자들로부터의 공격을 면치 못하고 있다. 환경주의자들은 인터넷 기업들이 소유한 산업적 규모의 서버 창고에서 낭비되는 에너지가 나날이 증가하고 있다고 주장하는데, 이는 당연히 대규모 탄소 배출에 관한 지적이다(Glanz, 2012). 또한 버려진 컴퓨터, 모니터, 휴대전화, DVD 플레이어, 아이팟, 아이패드, 마이크로칩 등이 원인인 비재활성 e-쓰레기들도 폭발적으로 급증하고 있는데, 이는 새로운 제품들에 의도적으로 짧은 수명을 부여하는 방식을 통해 계획적으로 장려된다(Gabrys, 2013). 이른바 디지털 기술의 '비물질적인' 요소가 실제로는 대규모의 환경적 폐해를 낳는 것이다.

인터넷의 상업화는 1990년대부터 새로운 상업적 감시 체제를 발전시켰다(Schiller, 2007; Deibert et al., 2008; Zittrain, 2008). 그중 한 방법은 이용자를 추적해 어떤 웹사이트를 방문했는지 그리고 특정 웹사이트에서 무엇을 하는지에 대한 정보를 수집하는 방식으로 네트워크(예를 들어 구글 검색)의 데이터와 트래픽을 분석하는 방식을 취한다. 또 다른 방법은 특정 컴퓨터와 이용자의 활동을 분석하는 소프트웨어를 설치하는 방식을 이용한다. 이러한 소프트웨어는 컴퓨터의 '백도어backdoor'로 진입해 사람들의 모든 활동을 은밀하게 관찰할 수 있다. 세 번째 접근법은 여러 출처에서 추출된 데이터들을 모아서 개인 이용자들의 관심사, 친구 관계, 소속, 소비 습관 등에 대한 소셜 네트워크 분석의 집체를 만드는 방식이다.

감시 기술은 곧 매우 광범위하게 사용되었다. 미국에서는 상업적 웹사이트의 92%가 경제적인 목적을 위해 사람들의 인터넷 이용에 관한 데이터를 수집, 분류, 이용하는 것으로 추정된다(Lessig, 1999: 153). 대부분의 사람들은 인터넷에 무료로 접근하기 위해서 자신의 중요한 프라이버시 권리를 포기함으로써 쉽사리 감시 기술에 노출된다. 프라이버시 '인권' 보호는 유럽에서는 잘 지켜지는 편이지만 미국에서는 상대적으로 취약하다.

이러한 기술들은 애초에 의도했던 바와는 다르게 이용되곤 한다. 2000년에 진행된 한 연구에 따르면 미국 기업의 73%가 직원들의 인터넷 이용 현황을 상시 점검한다고 한다(Castells, 2001: 74). 이후에 더 상세하게 논의되겠지만, 더 심각하게는 독재 정부가 인터넷을 관찰하고 검열하기 위해 상업적인 감시 소프트웨어를 사용한다. 판매자들과 광고주들을 돕기 위해 개발된 방법들이 독재를 지원하기 위해 활용되는 것이다.

이러한 문제는 권위주의 국가에 한정된 현상이라고 흔히 생각되어져 왔다. 서구에서 커뮤니케이션 감시란, 가령 심각한 범죄나 테러리즘 방지처럼, 특정 부류의 사람들에 대해서 정당한 의도로만 행해진다고 전제되었다. 그러나 오늘날 국가 안보 당국이 빅 데이터 자료를 일단 수집한 후 사후 처리하려 한다는 점이 분명해지고 있다(Andrejevic & Gates, 2014). 이런 정보를 수집하기 위해 다양한 방법들이 동원된다. 에드워드 스노든Edward Snowden은 미국 국가안보국(US National Security Agency: NSA)이 구글, 마이크로소프트, 페이스북, 스카이프Skype 같은 사기업들에게, 이용자들에게 고지하지 않은 채 그들의 정보를 넘기도록 강제할 수 있다고 폭로했다(Bauman et al., 2014;

Greenwald 2014; Lyon 2014). 정보 수집의 또 다른 방법은 인터넷의 주요 동맥인 전 세계 해저 케이블에 데이터 감시 장치를 설치하는 것이다(Brown, 2014). 영국 정부의 통신 본부들이 이러한 작업을 하는 것으로 보이며, 유럽의 다른 국가들의 안보 기관들 역시 상시적으로 인터넷 케이블을 감시한다(Bauman et al., 2014). 이처럼 얼마나 폭넓게 감시 활동이 대중의 통신 활동으로까지 확대되고 있는지, 남용을 막기 위해 어떠한 안전장치가 마련되고 있는지, 공익을 위한 제보자가 어떠한 보호를 받을 수 있는지 등의 질문들에 대해 명확한 답을 듣고자 하는 공중의 요구가 커지고 있다.

요약하면, 인터넷의 상업화는 인터넷의 대중화에 중요한 역할을 했고, 더욱 폭넓은 공중이 인터넷에 접근할 수 있도록 기여했다. 또한 이는 초기에 행해졌던 공적 예산 투입 이후에 광범한 규모의 투자와 혁신이 계속될 수 있도록 촉진했다. 그러나 상업화는 매우 부정적인 면을 지니기도 한다. 그것은 경제적 집중과 시장 통제의 남용을 낳았다. 글로벌 디지털 거인들을 탄생시켰으며 이들 가운데 몇몇은 세금을 회피하고 노동자를 착취하며 공익보다는 자신의 기업 이익을 위해 법을 개정하도록 로비했다.[47] 독재자들이 반대를 억압하기 위해 도입했고 현재에는 자유 민주주의 국가들에서 시민의 자유를 잠재적으로 위협할 수 있는 방식으로 사용되는 상업적 감시 체계를 구축했다.

47 마이크로소프트사는 예외적인데, 설립자인 빌 게이츠Bill Gates가 존경받을 정도로 자선 단체에 엄청난 액수를 기부했기 때문이다. 지금은 페이스북의 공동 창업자 마크 주커버그가 이를 뒤따르고 있다.

한편 상업주의의 지속적인 발전은 저항에 직면했다. 가장 먼저 저항적 입장을 제기한 사람들은 '독점적 소프트웨어'에 반대하는 컴퓨터 과학자 집단이었다.

이러한 '너드' 반란의 기원은 MIT의 급진적인 프로그래머였던 리처드 스톨먼Richard Stallman이 1984년에 프리소프트웨어재단Free Software Foundation을 설립한 시기로 거슬러 올라간다. 그는 한 동료가 라이선스에 의해 제한된다는 이유로 프린터 코드를 알려 주기를 거절하자 매우 분노했다. 스톨먼에게 이 일은 자신의 직업적인 삶의 기반을 이뤄오던 협력의 규범을 거스르는 사적 이기심의 발현으로 보였다. 더욱이 AT&T가 이미 폭넓게 이용되고 있었고 기존에 사용 제한이 없었던 유닉스 운영 체계에 대해서조차 라이선스를 부여하겠다는 의도를 발표했을 때 스톨먼의 분노는 격노로 변했다. 스톨먼의 시각에서 볼 때, 이는 공동으로 만든 프로그램에 대해 자신의 법적 권한을 과도하게 동원해 강제적으로 독차지하려는 기업적 포획 행위나 다름없었다.

마치 교주를 연상시키는 턱수염을 길렀던 리처드 스톨먼은 안정적인 직업을 포기하고 거의 혼자 힘으로 유닉스 운영 체계에 대안적인 무료 소프트웨어 시스템 구축에 몰두하기 시작했다. 이는 'GNU는 UNIX가 아니다GNU is Not UNIX'를 의미하는 약자로 GNU라고 불렸다. 1984년부터 1988년까지 스톨먼은 에디터와 컴파일러를 설계했고 이들은 기술력과 독창성을 모두 갖춘 명작으로 칭송받았다. 그러나 이때 그는 과로로 인해 손에 무리가 가 반복 사용 긴장성 증후군에 시달리고 있었기 때문에 작업은 점차 지체되었다. GNU 프로젝트는 여전히 미완의 상태였다. 이즈음 무명의 핀란드 학생인 리누스 토르발스Linus Torvalds는 헬싱키에서 스톨먼의 카리스마 넘치는 연설을 듣고 감명을 받아 스톨먼의 공백을 직접 메우는 역할을 자임하고 나섰다. 친구들의 도움에 힘입어 1990년에 토르발스는 GNU 체계에서 누락되어 있던 커널을 개발했다. 이어 컴퓨터 전문 공동체 집단은 힘을 합쳐 GNU/Linux 운영 체계를 지속적으로 개선했고 그 결과 GNU/Linux는 세계에서 가장 안정적인 운영 체계 중 하나가 될 수 있었다. 지속적인 성공을 더해 나가는 과정에서, 1998년에 IBM이 이 저항 운동에 먼저 손을 내밀었다. IBM은 어떠한 형태의 독점권 통제를 행사하지 않으면서 추가 개발을 위한 자금을 투자하기로 합의하면서 공식적으로 리눅스 체계를 지원했다.

IBM은 GNU/Linux 운영 체계와 동일한 조건으로 아파치Apache 서버를 받아들였다. 이 서버는 원래 공적 자금 지원을 받는 일리노이대학교의 국가슈퍼컴퓨터응용연구소(National Center for Supercomputing Applications: NCSA)가 무료로 출시한 프로그램에서 추출되었다. 이 프로그램 역시 초기에는 버그가 많았지만 해커 집단들의 거듭된 개선작업('패치')을 통해 향상되어 갔고 아파치라는 새로운 이름도 얻게 되었다. 아파치는 널리 이용되는 무료 서버가 되었으며 이 성공은 다시 한 번 IBM이 이 오픈 소스를 채택한 정당한 이유가 되었다.

이후 무료 이용이 가능한 클라이언트 소프트웨어인 모질라 파이어폭스Mozilla Firefox가 2003년과 2004년 사이에 출시되었다. 마이크로소프트의 인터넷 익스플로러의 엄청난 위력에도 불구하고 파이어폭스는 2011년에 세계에서 두 번째로 많이 이용되는 웹브라우저가 되었다. 파이어폭스의 큰 매력 중 하나는 이 웹브라우저가 온라인 광고를 차단하는 방법을 제공한다는 점이었다.

급진적 자유주의자들은 무시하는 경향이 있지만 이러한 연계적인 저항이 효과적이었던 배경에는 부분적으로 국가적 보호를 요청했다는 사실이 존재한다. 스톨먼이 설립한 프리소프트웨어재단은 일반대중 라이선스(General Public Licence: GPL)에 따라서 자신의 프로젝트들을 출시했다. 여기에는 대중이 GPL에 따라서 소프트웨어의 추후 개선 사항을 무료로 이용 가능하도록 하는 '카피레프트copyleft' 조항(이 말장난은 전형적인 컴퓨터 너드식 유머다)이 포함됐다. 이 계약 및 저작권법은 기업이 무료 소프트웨어의 수정본들을 다시 자신의 자산으로 주장하는 것을 방지했다. 또 무료 소프트웨어의 추가 개선 사항이 사회에 다시 '환원'되는 것을 보장했다.

성공적인 오픈 소스 운동open-source movement은 정보의 개방적인 공개 전통을 이어나갔다. (www의 경우와 같이) 이 운동은 정보에 대한 사람들의 접근 개방성을 바탕으로 개선하거나 새로운 응용 방법을 개발하고 이러한 성취 기반을 모두가 자유롭게 이용 가능하도록 해 줌으로써 호의를 되돌려주는 과학계의 협력적 규범을 공고화했다. 또한 오픈 소스 운동은 과학적 진보를 추구하는 가운데 협력, 자유, 공개 토론에 대한 신념과 함께 과학의 학문적 가치에 대한 신뢰를 유지했다. 이러한 결과 독점 소프트웨어들에 대한 실용적 대안이 제시되기에 이르렀다.

오픈 소스 운동에는 대학교, 연구소 혹은 컴퓨터 산업계에 소속된 잘 훈련된 과학자들과 기술이 뛰어난 해커들이 참여했다. 오픈 소스 활동가들은 컴퓨터의 힘이 공공재를 위해 활용되어야 한다는 신념과 어떠한 형태의 권위에 대해서도 회의적으로 보는 경향 모두를 공유한다. 이타주의적인 동기가 바탕에 있었지만 창의성에서 오는 황홀감과 동료의 인정을 통해 만족을 느꼈다(Levy, 1994). 오픈 소스 사회는 또한 표준, 규칙, 의사 결정 절차와 제재 구조를 따랐다. 오픈 소스 사회가 매우 효과적이 된 데는 부분적으로 이러한 요인들이 작동했다(Weber, 2004).

이용자 제작 콘텐츠

오픈 소스 캠페인은 온라인 콘텐츠의 생산에서 이용자 참여를 활성화시키려는 움직임과 연관이 있다. 오픈 소스 운동의 투사인 스톨먼은 1990년대에 오픈 소스 코드가 만들어지는 방식과 유사하게 집단적으로 생성되고 수정되는 웹 기반 온라인 백과사전을 추진했던 인물 중 한 사람이다. 이러한 꿈은 지미 웨일스Jimmy Wales와 래리 생거Larry Sanger가 2001년 위키피디아를 공개했을 때 비로소 실현됐다.

위키피디아 프로젝트는 세계에서 가장 큰 규모의 협력 작업이다. 2015년 위키피디아는 전 세계에서 일곱 번째로 인기가 많은 웹사이트가 된다(Alexa, 2015a). 2014년을 기준으로 할 때 이 사이트에서는 매달 5억 명에 달하는 순수 방문자들이 288개의 언어로 작성된 거의 3500만 개의 문서를 이용하며, 총 180억 회의 페이지뷰가 이루어졌다(Wikipedia, 2015). 이 사이트는 스스로를 광범위한 주제들을 다루는 매우 유용한 (그렇지만 언제나 신뢰할 수 있던 것은 아닌) 정보의 원천으로 만들었다. 이러한 성과는 7만 명의 활발한 편집인들(2015년 당시)의 집단적 수정을 통한 교정 구조, 사실의 정확성을 준수하는 규범의 공유, 지나치게 복잡하지 않은 작성 기준, 편집의 투명성 그리고 각주나 하이퍼텍스트 링크를 통한 학술 행위의 절차에 기반을 두었다(Benkler, 2006; Zittrain, 2008).

위키피디아의 등장 이후 더 대단했던 페이스북의 출범이 이어졌다. 2004년 하버드대학교 학생들이 설립한 페이스북은 젊은 엘리트 네트워크 사이트로 떠오르기 시작해 2006년 일반인에게 개방되었을 때부터 기하급수적으로 성장했다. 페이스북은 이용자가 친구들에게 글을 게재할 수 있게 하면서도 원치 않는 관심은 배제할 수 있도록 설계되었다. 2015년 페이스북은 매달 적극적 이용자가 1억 4000명에 달하는 전 세계에서 두 번째로 인기 많은 웹사이트가 되었다(Alexa, 2015b). 2011년에는 페이스북 이용자 절반 가까이가 하루에 적어도 한 번씩은 사이트에 로그인했는데(Naughton, 2012: 97), 이는 이 사이트가 사람들의 일상에서 중요한 역할을 하고 있음을 뜻한다.

페이스북의 인기는 이후 수많은 다른 성공적인 네트워크 사이트들의 등장으로 이어졌다. 대표적으로 링크드인LinkedIn(2003), 플리커Flickr(2004), 트위터Twitter(2007), 게이즈닷컴Gays.com(2008), 지팡Jiepang(2010), 인스타그램Instagram(2010)이 있다. 대부분은 서로 다른 기능들을 가졌고(예를 들어 플리커는 사진과 비디오를 공유) 다른 언어를 사용하는 여러 커뮤니티들을 대상으로 했다(중국의 지팡의 경우처럼). 그 이름이 말해 주듯이 이곳들은 사회적 공간이다.

이 사이트들의 대부분은 처음부터 상업적이었고 점차 주류 디지털 기업들에 의해 지배되었다. 그러나 무료로 사용할 수 있었고 주 이용 대상인 커뮤니티들의 집단적 재능, 흥미, 자원에 의해 유지되었다.

예를 들어 유튜브는 이용자들이 각자 흥미롭게 생각하는 내용을 유통할 수 있고 그들이 만들거나 편집하거나 부분적으로 재창조한 콘텐츠를 공유할 수 있게 했는데, 종종 오픈 소스 프로그램과 같은 무료 소프트웨어 툴을 제공하기도 했다(2006년 구글이 유튜브를 인수했다). 이러한 웹사이트들의 성공과 급격히 성장한 일반적인 SNS들은 WELL이나 암스테르담의 디지털 도시와 같은 실험에 의해 시작되었던 '자기 스스로 하기DIY'라는 공동체적 전통을 성공적으로 부활시켰다.

초기 인터넷의 급진적 집단은 2006년 위키리크스WikiLeaks의 설립을 통해 모습을 드러냈다. 소규모의 비영리 조직인 위키리크스는 고발자들과 여러 사람들이 제공한 정보를 수신, 처리해 대중에게 공개하고 있다. 위키리크스는 2007년 바그다드에서 미국 헬리콥터가 이라크 시민들과 두 저널리스트들을 총으로 사살하는 모습을 담은 영상을 공개해 세계적인 센세이션을 일으켰다. 여기에는 "발사! 모두 죽여"라는 등골이 오싹한 전투원들의 외침이 등장했다. 이를 기점으로 미국 외교 문서의 대규모 유출 및 공개가 이어졌으며 무엇보다도 정보 제국을 지향하는 미국이 여러 우방국들을 비공식적인 방식으로 비밀리에 관찰한 기록들이 노출되면서 뜨거운 논쟁이 일었다. 위키리크스는 주도적인 미디어 조직들과 전략적인 제휴를 체결하며 웹이라는 광활한 공간에서 쉽게 간과될 수 있는 자신의 구조적 단점을 극복했다. 실질적으로 위키리크스는 판세를 뒤엎으려 시도했다. 컴퓨터에 저장되어 있던 데이터의 폭로에 의해 이용자가 아니라 오히려 정부가 면밀한 조사 대상이 된 것이다.

그러나 외교적 문서 공개 사건은 미국과 영국 등지에서 수많은 미디어 조직들이 공개된 문서에 등장한 혐의들은 추적하지 않고 기껏

해야 그 참신함을 평가절하하거나 국가 안보와 관련된 문서 공개의 합법성에 문제를 제기하는 가운데, 위키리크스의 설립자이자 대변인인 줄리언 어산지Julian Assange에 대한 기소 문제와 이미 35년형을 받았던 공익 제보자 첼시 매닝Chelsea Manning에 대한 판결 사건으로 관심이 끌리면서 그 파급력이 약화되었다(Schlosberg, 2013: Benkler, 2011). 이는 적어도 이 사건에서는 전통적인 미디어 게이트키퍼들과 그 동조자들이 여전히 연합된 제4의 계급Fourth Estate(언론계)을 물리칠 수 있다는 점을 보여 준 것이다.

저항적인 이용자

너드의 반란과 공동체적으로 생성된 콘텐츠의 부활은 부분적으로는 저항적인 이용자들의 지원을 받았기 때문에 효과적일 수 있었다. 상업화 이전 인터넷 이용자들은 웹 콘텐츠와 소프트웨어를 무료로 이용하는 것에 익숙했다. 이러한 이유로 인해 대가를 지불하는 소비자로 이들을 재교육기란 매우 어렵다는 점이 계속 증명되고 있다.

이는 웹을 통화 제도 속에 편입시키려는 초기 시도에서부터 나타났다. 1993년 공적 자금 지원을 받는 조직인 국가슈퍼컴퓨터응용연구소는 선구적인 웹브라우저였던 모자이크Mosaic를 인터넷상에 무료로 출시했다. 이 브라우저가 등장하고 6개월이 지난 이후에 100만 건 이상이 다운로드되었다. 모자이크팀의 구성원들은 이후 민간 기업을 설립해 개선을 거친 상업적 버전인 넷스케이프를 3개월의 무료 사용 기간 제공과 함께 출시했다. 그러나 대중은 무료 사용 기간 이후 시행된 지불 요구를 대부분 무시했다. 이에 넷스케이프 경영진은 지불을 계속 강요할지 아니면 전략을 수정할지를 결정해야 했는데, 계속적인 유료화 시도로 사람들이 다른 무료 브라우저로 옮겨갈 수 있다는 두려움(아마 옳은 판단이었을 것이다)을 느낀 경영진은 결국 서비스를 무료화하는 결정을 내렸다. 넷스케이프는 대신 광고와 컨설팅을 주요 수입원으로 삼기 시작했다(Berners-Lee, 2000: 107~108).

초기에는 인터넷 광고에 대한 대중적 반감도 컸다. 1995년만 하더라도 미국인의 3분의 2는 어떠한 인터넷 광고도 원하지 않는다고 조사되었다(McChesney, 1999: 132 참조). 그전 해인 1994년에 미국의 법률 회사인 캔터 앤드 시겔Canter & Siegel이 수천 개의 뉴스 그룹에 이민법 상담 서비스 광고를 게재했다. 다음날 이 로펌에는 엄청난 양의 모욕적인 답신들이 폭주했고 결국 인터넷 서비스가 자주 끊기는 정도에까지 이르렀다(Goggin, 2000). 시간이 지나면서, 특히 스팸 메일을 필터링하는 소프트웨어가 대중적으로 이용 가능해진 다음부터 광고에 대한 저항은 성공적으로 극복되었다.

고객들을 설득해 웹사이트 유료화를 시도한 기업들 역시 어려움에 봉착했다. 1990년대 당시 웹사이트에 사용 요금을 부과했던 회사들은 상당수가 실패를 경험했다(Schiller, 2000; Sparks, 2000). 길고 처참한 기다림 끝에 음악 산업계는 온라인 음원 불법 복제에 대한 타협안을 찾게 되었다. 실질적으로 음악 산업은 온라인 음반에 대해 매우 낮은 가격을 책정하는 선택을 했다. 2010~2012년 당시 글로벌 경제 위기에 직면해 몇몇 신문사가 기존에는 무료였던 콘텐츠를 유료화하려 했다. 이들은 종종 소수의 기사들을 무료로 제공하면서 변화를 부드럽게 이끌었다. 그러나 회계 감사 결과를 보면 그 실험은 분명히 실패했다(특화된 금융 저널리즘의 경우는 예외였다). 폭넓게 진행된 국가별 연구에 따르면, 신문 구독 방식이 유연해진 반면(더 많은 콘텐츠는 무료로 제공되면서) 이용자 요금은 감소해 신문 독자로부터 벌어들이는 수입이 전체 수입의 10% 정도밖에 되지 않는다는 점이 드러났다(Myllylahti, 2014). 마찬가지로 또 다른 비교 연구 역시 비용 지불 콘텐츠에서 나오는 수입은 제한적이고 비용 지불 콘텐츠와 앱들을 통한 수입의 증가는 일단 "충성스런 고객의 공급이 바닥나면" 전형적으로 지체되기 시작했다고 결론지었다(Newman & Levy, 2014: 12).

점차 약간의 긴장 완화가 일어나고 있다. 고객들은 온라인 콘텐츠에 대한 지불에는 저항하면서도 프라이버시에 대한 자신의 권리는 포기하고 제한된 양의 광고는 받아들이는 것 같다. 반면 더 많은 사람들이 온라인 콘텐츠를 만들고, 공유하고, 언급하며 스스로의 자취를 만들어 오고 있다. 2014년 미국은 성인 중 64%가 스마트폰을 가졌고(Pew, 2014) 유사하게 영국은 61%가 스마트폰을 소유했다(Ofcom, 2014a). 스마트폰은 미국인들과 지속적인 접속 상태를 유지하고 있다. 미국의 스마트폰 이용자 65%는 기상한 지 15분 이내와 잠들기 전 15분 이내에 스마트폰을 살펴본다(Twohig, 2015). 영국에서는 스마트폰과 태블릿의 보급이 사람들 사이의 연애 건수를 높이는 것으로 나타났다. 오프콤은 영국의 성인들이 평균적으로 수면 시간 이상을 미디어와 커뮤니케이션에 할애한다고 보고한다(2014b). 이 두 국가들의 사례는 새로운 모바일 기술을 대중적으로 받아들이고 있는 최근의 경향을 잘 보여 준다. 2014년 26억 대의 스마트폰이 사용되고 있다고 추산되는데, 특히 서구에서의 보급률이 높다(GSMA, 2015).

되돌아보기

서구의 인터넷 역사는 모순의 연대기다. 인터넷은 시장 시대 이전 단계에서 과학 분야의 연구 문화, 미국의 대항문화, 유럽의 공공 서비스 가치에 의해 강력한 영향을 받았다. 군사 프로젝트와 연관된 연구의 도구였던 인터넷에 여러 가지 새로운 기능이 더해지게 되었다. 인터넷은 가상 사회의 창조자로서 역할극을 위한 놀이터로서 그리고 정치적 논쟁을 위한 상호 작용적 플랫폼으로서 기능을 수행했다. 이러한 첫 단계에서 최고 순간은 무엇보다 웹이 선물로 전 세계에 등장한 때이며 이를 통해 모두가 이용 가능한 정보의 저장소가 만들어진 지점이었다.

그러나 이러한 초기 결과물은 새로운 상업적 질서에 묻히게 된다. 기존에는 무료였던 소프트웨어를 유료화하려는 강력한 시도가 존재했다. 주요 미디어 조직들은 자원이 풍부한 웹사이트들을 설립했다. 광고 수익을 거두어들이려는 의도를 가졌던 검색 엔진들은 방문자들을 인기 있는 목적지로 안내했다. 온라인 엔터테인먼트 산업의 성장 속에 정치적 담론은 주변부로 취급당하는 경향을 보였다. 새로운 상업적 감시 기술은 이용자들의 행동을 살펴보기 위해 개발되었고 사이버 공간에서 지적 재산권을 강화하는 법안이 제정되었다. 지배력이 있는 인터넷 기업들이 설립되어 경쟁을 추구하는 동안 자신들이 큰 수익을 거두는 국가들에서 외주 노동자들을 착취하고 세금을 회피하면서도 '사악해지지 말자'는 그들만의 이미지를 견지했다.

그러나 이러한 본래의 질서는 조용히 항복하려 하진 않았다. 불만을 가졌던 컴퓨터 전문가들은 집단적으로 오픈 소스 소프트웨어를 개발해 공개했다. 초기 인터넷의 규범에 길들여진 이용자들은 온라인 콘텐츠의 유료화에 지속적으로 반대했고 무료 사이트로의 이동이 급격히 늘었다. 1980년대에 컴퓨터를 상상하고 컴퓨터의 새로운 용도를 발견하고자 했던 정신은 21세기에 들어와 다시 강력하게 새로워졌다. 이용자들이 스스로 만든 위키피디아, SNS, 내부 고발자 웹사이트인 위키리크스가 생성된 것이다.

만약 서구에서 중요한 진보적 노력이 웹의 시장 검열과 통제에 대항하는 형태를 취했다면, 그리고 지금은 이것이 인터넷의 국가 안보 감시망의 과도함에 대한 우려로 확대되고 있다면, 동양에는 다른 강조 지점이 있다. 동양에서의 노력은 계속적으로 국가 검열에 대항하고 이를 좌절시키는 데 초점이 맞추어져 있었다. 인터넷 역사의 범위를 넓혀야 하는 기본적이고 중요한 시도로서 이제 우리는 동양의 인터넷 역사로 시선을 돌려야 한다.

민주화의 행진

1990년대 인터넷의 전 지구적 확산은 민주주의를 향한 행진을 지원할 것이라고 널리 예상되었다. 우리는 키보드가 총알보다 더 큰 힘을 갖게 되리라고 기대했다. 인터넷은 자유를 위한 대중의 요구를 자극하기 때문에 독재 체제는 도미노처럼 무너질 것이라는 예측이었다.[48]

48 모로조프(2011)와 모스코(2005)는 인터넷의 등장이 독재를 약화시킬 것이라 전망한 다수의 정치인, 공직자, 언론인, 학자들을 언급한다. 더 자세한 사항은 인터넷이 민주화를 위한 최고의 자원이라고 주장한 대표적인 옹호자인 하워드(2011)를 참조하라.

1994~2003년 사이 72개국에서의 인터넷 확산율과 민주적 변화에 대해 살펴본 최근의 비교 연구는 이러한 견해에 대한 반론을 제기한다(Groshek, 2010). 이 연구에서 "인터넷 확산이 국가의 민주주의 성장과 특정한 인과적 관계가 아니"라는 사실이 밝혀졌다(Groshek, 2010: 142). 인터넷이 민주주의에 상당히 기여했던 세 가지 사례(크로아티아, 인도네시아, 멕시코)에서조차 인과적 과정은 실제로는 꽤 복잡했다. 이러한 점에서 인터넷은 국가의 민주주의 발달에 기여하는 사회적, 정치적 변화의 요인들과 연관된 '우연한 발전적 조건'으로 이해되어야 한다(Groshek, 2010: 159).

'독재 체제의 무덤을 파는 자로서의 인터넷' 같은 논지가 과장되었다고 보는 이유 중 하나는 민주주의가 정부에 정당성을 부여하는 유일한 원천이라는 점이 증명되지 않았기 때문이다. 경제적 성공(싱가포르), 강력한 이웃 국가에 대한 두려움(1996년 이전 대만), 민족주의(중국), 인종적 소속감(말레이시아), 신의 의지(이라크), 그리고 독립 국가에 대한 공감(짐바브웨)은 유연한 권위주의 체제를 유지하고 정당화하는 대안적 원천들이다. 권위주의 체제는 정권을 유지하기 위해 폭력 이외의 비강압적인 전략을 병행해 구사했는데, 강력한 이권에의 편입, 의뢰인 관계 같은 지원 강화 체계의 개발, 그리고 분할 통치 정책의 채택 등이 이에 해당한다(Ghandi & Przeworski, 2007; Magaloni, 2008). 무엇보다 권위주의 체제는 개인들이 오락 중심의 대중 문화에 빠져들며 자신의 목적을 달성하기 어려운 가운데 현실적 대안마저 부재한 데서 생기는 대중의 실용주의적 수용 쇄도에 빈번히 의존했다.

'자유의 기술'이라는 논지가 지녔던 두 번째 오판 지점은 인터넷이 통제 불가능하다고 잘못 가정한 점이었다. 1990년대에는 인터넷 정보가 분산된 컴퓨터의 힘을 거쳐 독립적이고 가변적인 경로를 통해 분산 전송되는 체계이기 때문에 위치 제약을 받는 정부에 의해 통제될 수 없다고 널리 주장되었다. 국가 정부의 관할 통제권 바깥에서 불만에 가득한 커뮤니케이션들이 만들어질 수 있고 각자의 집으로 비밀리에 전송될 수 있다고 생각했다. 인터넷 시대에 자유는 더 이상 억압될 수 없고 날개를 달게 된다는 이야기였다.

그러나 이 시각은 전 세계의 권위주의 및 독재 체제들이 인터넷을 감시하고 비판론자들을 위협하기 위해 사용한 다양한 방법들을 고려하지 못했다. 독재 정부들은 반체제 인사들을 죽이고 고문하거나 투옥시키면서 일반적인 공포 분위기를 주입시킬 수 있다. 또한 이러한 국가들은 국내 모든 웹사이트, 인터넷 서비스 제공자들이 면허를 취득하도록 요구할 수 있으며, 제한적으로 법규를 위반했을 때는 면허를 박탈할 수 있다. 독재 체제들은 인터넷 서비스 제공자들에게 (세계 어디에서 발생했는지 여부를 불문하고) 정부 블랙리스트에 올라 있는 URL에 대한 접속을 필터링하도록 요구함으로써 검열을 외주화할 수도 있다. 예를 들어, 중요한 주장이나 청원에 악성 링크를 심음으로써 잠재적 반대자들의 인터넷 행동을 감시 소프트웨어를 통해 살펴볼 수 있다. 또한 은밀한 자동 소프트웨어를 설치해서 삭제할 필요가 있는 비판적이거나 익명인 '유해한' 글을 식별하여 즉시 제거할 수 있다. 더불어 정부는 프록시 사이트의 식별 등을 포함해 감시를 회피하는 움직임을 잡기 위한 프로그래밍을 개시할 수 있고 DDOS(Distributed-Denial-of-Service 분산형 서비스 거부) 공격을 통해 중요 사이트들을 즉각 마비시킬 수 있다. 최종적인 무기로는 아예 플러그를 뽑아 버리는 것, 즉 특정 지역 내의 인터넷 통신을 폐쇄시켜 버리거나(중국) 일정 기간 메시지 전송을 중단시키거나(캄보디아) 한 도시의 휴대폰 송신 범위를 완전히 차단시키는(이란) 행위 등도 가능하다(Morozov, 2011; Deibert et al., 2008; Freedom House, 2009; OpenNet Initiative, 2015를 참조하라). 인터넷 감시는 새로운 개발에 반응하여 적절한 대응이 이뤄지는 곳에서 더욱 꾸준히 발달하고 있다. 예를 들자면, 사우디아라비아 정부는 2013년 페이스북을 포함한 이용자 제작 콘텐츠(User-generated content: UGC)들에 대한 새로운 제한 조치를 도입했다(Noman, 2013).

이에 더해 이러한 정부들은 공식 웹사이트의 제작을 통해서뿐만 아니라 더 간접적인 방법들을 통해 인터넷을 모로조프(2011: 113)가 '스핀터넷spinternet'으로 부르는 이른바 선전 도구의 하나가 되도록 추구했다. 예를 들어 중국에서는 일부 민족주의적 온라인 컴퓨터 게임을 정부가 은밀히 지원했고 러시아에서는 핵심 인터넷 기업인 콘스탄틴 라이코프Konstantin Rykov가 정부의 밀접한 협력자가 되도록 했다. 이란에서 이메일과 휴대폰에 대한 정보 확보를 통해 반체제 인사를 체포하던 일이 2009~2010년 사이에 정부에 비판적인 시민들의 네트워크를 신속하게 소탕하는 정도로까지 확대되었다. 이와 같은 경우들을 볼 때 새로운 기술은 과거 소련이 용의자들을 도청하고 추적하던 방식에 비해 오히려 더 효율적으로 국가의 적을 식별하고 체포하는 데 이용된 것으로 증명되었다.

인터넷이 실제로 통제되는 정도는 권위주의 국가별로 매우 다양했다. 부분적으로 이는 정부의 의지 그리고 이들의 광범위한 통치 목적에 달려 있었다. 이란, 중국, 우즈베키스탄 같은 일부 권위주의 정부는 인터넷 검열 면에서 이론의 여지없는 선두 주자가 되었으며 에티오피아와 예멘 같은 국가의 정부는 반대로 그러한 기능을 상실하여

이 부분에서 매우 비효율적이었다. 또한 말레이시아와 모로코 같은 국가들에서는 상대적으로 자유로운 인터넷 제도가 채택되어 경제적 현대화를 발전시켰다(The OpenNet Initiative, 2011, 2015).

얼마나 많은 통제가 이루어지는지는 인터넷 외적인, 더 넓은 맥락들에 따라 달라진다. (미얀마 같은) 일부 권위주의 정부는 빈곤을 궁극적인 인터넷 검열 방식으로 이용할 수 있었다. 싱가포르 정부의 경우에는 그간 시민들이 정부에 지원 받은 혜택에 대한 대가라는 논리로 인터넷을 통제했다.[49] 이와 대조적으로 이란에서처럼 시민 대부분이 인터넷에 소외되는 상황은 활동가들이 검열을 회피하는 데 능숙하도록 만들었다.

요약하면, 인터넷의 등장이 권위주의 체제를 몰락시킬 것이라고 예측한 이들은 인터넷 시대에도 이렇듯 오래된 권위주의 체제들이 생존하는 현실에서 혼란을 느꼈다. 오히려 전 세계의 수많은 권위주의 정부는 이전보다 더 많은 가용 자원을 가졌으며 1990년대 중반, 사이버 유토피아 시기에 알려진 수준보다 인터넷을 더 잘 검열할 수 있게 되었다.

하지만 최근 새로운 커뮤니케이션 기술을 통해 사람들이 독재자에 저항하는 예외 사례들이 존재한다. 특히 이러한 사례들에 대한 주장이 최근 매우 빈번하게 반복되고 있다는 점에서 보다 면밀히 검토할 가치가 있다.

49 1장을 참조하라.

아랍 민주화 시위

2010년 12월 18일, 대규모 거리 시위가 튀니지에서 발생했다. 이후 격렬한 시위와 집회들이 일어났고 이는 점거로 이어지며 2011년 1월 14일에 벤 알리Ben Ali 대통령은 튀니지를 탈출해 망명했다. 투쟁은 이집트로 확산되었고 그곳에서 발생한 대중 시위는 30년간 통치한 호스니 무바라크Hosni Mubarak 대통령이 자리에서 물러나도록 했다(2월 11일). 특히 1~2월에는 다수 지역에서 대규모 시위들이 일어났으며 시위 중 일부는 요르단과 모로코의 경우처럼 자유와 개혁에 대한 약속으로 회유되었다. 하지만 이른바 바레인, 예멘, 리비아, 시리아, 튀니지, 이집트 등(6개국) '반란 발생' 국가들에서는 대규모 시위가 장기간 지속된다.

시위가 매우 짧은 기간 내에 발생했고 특히 디지털 기술을 통해 대중적 지지를 받았기 때문에 일부 논자들은 이러한 시위를 '트위터 혁명' 혹은 '페이스북 혁명'으로 불렀다(예를 들어 Taylor, 2011). 이들의 주장에 따르면 소셜 미디어는 시위의 갑작스러운 발생을 가능하게 만들었고 시위가 국경을 넘어서 확산되도록 유도했다. 전례가 없는 이러한 상황이 가능했던 동인은 사람들이 대규모로 서로 간에 소통할 수 있었고 정부에 의해 통제될 수 없는 방식을 통해 서로 힘을 얻을 수 있었기 때문이라고 주장되었다. 일반적으로 이러한 시각은 저항의 성과와 커뮤니케이션 기술의 긍정적인 역할을 중시하는 반면 과거 혹은 더 넓은 정치 사회적 맥락에는 크게 관심을 기울이지 않는다(예를 들어 El-Naway, 2011; Mullany, 2011).

면밀한 검토 결과, 그동안 역사적 증언 과정에서 만들어진 주장에는 대부분 심각한 오류가 있음을 알 수 있다. 중동과 북아프리카(Middle East & North Africa: MENA) 지역은 대중적 분출과 연관되었다고 간주되는 새로운 통신 기술과 별다른 상관이 없었다. 5200만 명의 트위터 이용자에 대한 분석 결과 거주 지역이 이집트, 예멘, 튀니지인 이용자는 0.027%에 불과했다(Evans, 2011). 아랍 내 문제 지역에서의 페이스북 보급률 역시 높지 않았다. 시리아에서 단 1%, 리비아에서 5%, 튀니지에서 17%에 머물렀다(Dubai School of Government(DSG), 2011: 5, 그림 6). 또한 2010년 이집트와 시리아의 인터넷 이용자는 전체 인구의 4분의 1 이하이며 리비아에서는 6%까지 하락한다(DSG, 2011. 10, 그림 12). 이는 아시아의 여타 권위주의 국가들보다 훨씬 낮은 수치다(Internet World Stats, 2011a). 이 조사 결과들을 중동과 북아프리카 지역이 정보 커뮤니케이션 기술(information communication technology: ICT) 덕택에 특별한 폭발성을 가지게 된 것이 아님을 알려준다.

이른바 '반란 발생' 국가들 가운데 바레인만이 2010년 페이스북 보급률이나 인터넷 이용에 있어서 전체 아랍 국가들 중 5위 안에 들었다(DSG, 2011: 5, 그림 6, 12, 15). 달리 말하면, 상당수의 시위 발생 국가들이 가지고 있었던 공통점은 이들이 아랍 지역 정보 통신 기술의 선봉에 속해 있지 않았다는 사실이다. 예를 들어 2010년 이집트인 24%, 모로코인 41%, 사우디아라비아인 44%, 아랍 에미리트인 69%가 인터넷을 이용했다(Internet World Stats, 2011b). 그러나 높은 인터넷 접속률을 보이는 이 국가들에서 독재자에 저항하는 일은 일어나지 않았다. 이는 분명히 특정한 대중적 움직임을 일으킨 근본적 원인이 인터넷과 소셜 미디어의 등장보다는 해당 시위 발생 국가들 내부적 차원에 있었음을 보여 준다.

이는 앞서 언급된 반란 국가들의 역사에서 입증된다. 아랍 민주화 시위는 수십 년간 축적된 지역의 민중 저항의 결정체였다(Wright, 2008; Hamzawy, 2009; Alexander, 2010; Joshi, 2011; Ottaway & Hamzawy, 2011; Dawisha, 2013). 2011년 시리아에서 일어난 시위는 매우 잔인하게 진압된 1982년 투쟁에서 전조를 찾아볼 수 있다. 예멘도 1994년에 내전을 겪었으며 2011년 폭동 당시에는 국가 붕괴 상태까지 근접했다. 바레인, 이집트, 리비아, 튀니지에서도 1980년대, 1990년대, 2000년대에 지속적인 저항이 있었다. 바레인은 1975년 의회 해산 이후 사면초가에 몰린 경찰국가 정도로 퇴보했다. 이집트에서 발전한 케파야 Kefaya 운동(이집트의 변화를 추구한 운동)은 2004~2005년 당시 이질적이었던 반정부 단체들을 하나로 통합했다. 그러자 2008년 첫 3개월 동안 이집트에서 시위가 무려 600건이나 발생하게 되었다. 이집트는 이미 폭발 대기 중인 화약고 상태였던 것이다.

이러한 급진적인 상황과 여러 요인들이 아랍 국면에 복합적으로 작용했다. 일부 원인들은 시위 발생 아랍 국가들에게 공통적이었지만 어떤 요인들은 개별 국가에 특정된 것이기도 했다. 한 가지 공통점은 부패하고 억압적인 체제에 대한 저항이 커지고 있었다는 사실이다. 튀니지와 리비아에서는 분노가 특히 강했는데, 여기에는 경제 개발 혜택이 정부와 가까운 이들에게만 돌아가고 있던 배경 요인이 있었다(Durac & Cavatorta, 2009).

아랍 민주화 시위가 일어난 대부분 국가들에서 나타난 또 다른 공통 요인으로 기대치는 높아진 반면 상대적으로 악화된 청년 실업률과 관련이 있다. 아랍 지역 국가들에서 고등 교육과 15세 이후 교육

이수율이 향상되었다(Cassidy, 2011; Barro & Lee, 2010). 점점 높은 교육 수준을 갖춘 이들은 노동 시장이 자신들의 교육 수준에 맞는 기회를 제공하지 않는다는 사실을 깨닫게 되었다. 과거 대영제국을 불안정하게 만들었던 방식과 유사하게 이러한 분노와 실망은 아랍 세계를 뒤흔드는 정치적 혼란의 핵심 동력이 되었다(Campante & Chor, 2011).

교육 수준이 높은 도시의 젊은 층은 또한 자유와 민주주의를 강조하는 서구의 자유주의 사상과 가치에 커다란 영향을 받았다. 따라서 자유 민주주의를 성취하기는커녕 오히려 억압하는 독재 체제들에 대한 그들의 적대감은 증가했다. 더불어 시위자들 중 일부는 페미니스트이고, 반가부장적 성격을 지니고 있었는데, 가장 두드러진 곳은 이집트였다.

게다가 매우 특정한 경제적 원인도 있었다. 저항이 일어난 모든 국가에서는 실업률과 불완전 고용률이 높았으며, 특히 청년 실업이 불균형적으로 심했다. 일부 국가에서는 신자유주의 정책이 공공 보조금과 일자리 상실로 이어졌다. 게다가 식품 가격의 인상은 불만을 상당히 가중시킨다. 이러한 경제적인 요인은 빈곤 지역에서 저항이 시작되었던 튀니지와 노동조합이 투쟁에 상당한 역할을 담당했던 이집트에서 저항이 일어나는 데 특히 중요한 역할을 했다.

이에 더해 엘리트 세력 내부의 긴장, 부족 간 갈등, 그리고 종교적 적대감 등 역시 폭동에 기여한 요인이었다. 바레인의 수니파 통치에 대항한 강력한 시아파, 예멘에서 정부에 대항한 이슬람 근본주의자들, 세속적인 시리아, 이집트, 튀니지의 정부에 반대한 무슬림이 존재했다. 종족들 사이의 경쟁은 정부가 지역에 기반을 둔 부족들과 밀접했던 리비아와 예멘에서 매우 중요한 요소였다. 군부와 정부 측 무바라크파 사이에 적대감이 엄청나게 커지던 이집트 이외의 많은 나라들에서는 권력의 위계 속에서 여전히 긴장이 존재했다.

요약하면 수십 년 전 과거로부터 이어져 온 모든 민주화 시위 발생 국가들 내에는 정부에 반대하는 뜨거운 저항이라는 공통적인 맥락이 존재한다. 이러한 불만에는 고질적인 정치, 경제, 문화, 종교적 요인이 포함되어 있다. 이는 2010~2011년 사이의 6개의 국가들에서 반란이 발생한 주된 이유였다. 이들에게 디지털 미디어 급진화란 반란의 원인이기보다는 불만의 표현이었다.

이러한 반란 발생 국가들에서 정부는 미디어를 조정하려고 했다. 커뮤니케이션에 대한 통제력 상실은 시위 상황에서 중요하게 작용했다. 튀니지에서 주요 TV 채널 두 곳이 소요 사태와 시민 사상자의 발생 사건을 깎아내렸고 시위자들을 깡패와 무법자들로 묘사하려는 무리한 시도까지 자행했다(Miladi, 2011). 튀니지 정부는 페이스북과 블로그에 있는 비판적인 콘텐츠들을 차단했고 불만을 품은 활동가 네트워크를 무력화하기 위해 개인 정보에 대한 '피싱phishing'을 강화했다. 이집트의 경우에도 2011년 1월 25일의 대규모 시위 이후에 트위터, 페이스북, 휴대폰 메시지 등을 빠르게 연쇄적으로 차단함으로써, 정부는 시위의 플러그를 완전히 뽑으려 했으며 1월 27일에는 결국 전체 인터넷을 차단하기에 이른다. 유사하게 리비아에서도 인터넷의 완전한 차단이 지시되었다. 그러나 실효가 없다는 점에서 이집트 정부는 인터넷 완전 차단책을 부분적으로 철회했다.

기술에 능숙한 소수 반대자들이 외부의 도움을 받아 정부보다 한 발 앞설 수 있던 능력은 전략적으로 중요해 보인다. 활동가들은 다양한 방식으로 해외의 컴퓨터 네트워크를 통해 다시 자국으로 메시지를 재전송할 수 있는 해외의 전화번호를 이용했다(Castells, 2015). 여러 지역에 위치한 아랍 활동가들은 정부의 차단에도 불구하고 이집트인들이 인터넷에 접속할 수 있도록 하는 코드와 소프트웨어를 교환하기 시작했다(Harb, 2011). 2011년 구글이 개입해 시위자들이 휴대폰을 통해 '트윗'할 수 있게 하는 새로운 소프트웨어를 공급했다(Oreskovic, 2011). 지역 내 활동가들은 장시간에 걸쳐 비공식적인 홍보 담당자 역할을 수행했으며 꾸준히 콘텐츠를 번역하고 영상을 전달했다. 튀니지의 블로거인 사미 빈 가비아Sami bin Gharbia의 말을 빌리면 이들은 "거리 저항의 반향실echo chamber"의 기능을 수행한 것이다(Ghannam, 2011에서 인용). 이러한 반향실의 힘은 서구의 동조자들에게도 트윗이 전해지면서 더욱 증폭되었다.

휴대전화, 개인용 컴퓨터, 소셜 미디어는 전통적 방식의 리플렛과 광장의 집회에서 생겨난 저항의 불씨를 옮기는 데 모두 일정 정도 역할을 했다. 페이스북 게시물과 블로그는 저항의 이유를 설명했다. 트위터, 이메일, SNS는 시위와 점거를 조직하고 휴대전화는 경찰과 군부의 잔혹함을 기록했다. 그리고 카타르에 위치한 위성 TV 채널인 알자지라는 그 지역에서 벌어진 일들을 알리는 시민들의 비디오 기록물을 사용했다. 이 대안적 미디어 권력은 저항의 조직화를 용이하게 했을 뿐 아니라 시위자들이 잔혹한 억압을 견뎌 낼 수 있도록 독려했다.

요약하면, 아랍 민주화 시위는 뿌리 깊은 근본적 원인들을 갖고 있으며 서구에서는 대부분 무시되어 온, 수십 년간 축적된 자국 내 시위 역사를 통해 예고되었던 것이다. 새로운 미디어의 출현, 특히 휴대폰, 인터넷, 범아랍 위성 TV는 이러한 불만의 축적을 가속화했으며 시위 조직을 실질적으로 돕고 시위 뉴스를 전 세계에 신속히 전파했다. 디지털 통신 기술의 등장이 민주화 시위를 일으키지는 않았지만 적어도 그런 움직임을 강화시켰다.

그러나 이를 충분히 강화하진 못했다. 저항이 발생한 국가들 가운데 두 나라는 오히려 더 권위적으로 변한 것이다. 바레인 정부는 2011년에 저항을 제압하기 위하여 사우디 군대를 이용했다. 2013년 이집트에서는 알 시시al-Sisi 장군이 이끄는 군사 쿠데타가 발발해서 50년 만에 처음으로 민주적으로 선출된 모하메드 모르시Mohammed Morsi 대통령은 투옥되고 결국 사형을 선고받는다. 이어 반정부 인사들에 대한 살해와 미디어에 대한 가혹한 감시가 이어졌다.

반란이 일어난 국가들 중 세 곳은 다시 군사 정부가 들어섰고 외세의 간섭에 의해 더욱 악화된 내전에 빠져들었다(Hinnebusch, 2015; Stacher, 2015). 이 글을 쓰는 동안에도, 리비아는 반군에 의해 통치되고 있으며 두 정부로 나눠져 있다. 또한 시리아의 독재 정부는 반군 저항세력이 장악한 영토를 상실했고 이 반군 세력들은 여전히 서로 전투를 벌이고 있다. 예멘은 사실상의 내전을 통해 두 국가로 나뉘어 여전히 갈등 중이다. 튀니지 정도만 평화적이며 서서히 민주주의로 전환되었을 뿐이다. 그래서 여섯 국가 가운데 다섯 곳에서 총이 마이크로칩보다 더 강력하다고 증명된 것이다.

그간, 심지어 몇몇 주도적인 전문가들까지도 아랍의 봄을 매우 단순화한 시각으로 바라보았다. 예를 들어 예일대학교 문화사회학 연구소Centre of Cultural Sociology 공동 소장인 제프리 알렉산더Jeffrey Alexander는 2011년 이집트 혁명에 대한 책을 서둘러 집필했다. 이 책에서 그는 이 혁명이 자유의 가치, 디지털 미디어 그리고 국제 시민사회의 승리라고 주장했다(Alexander, 2011). 그의 설명에 따르면, 이집트 군대는 두 가지 이유 때문에 중립적이었다고 한다. 이집트 국민들의 '수행적 혁명performative revolution'을 통해 세워진 자유주의 사상이 가진 문화적 힘과 미국 정부가 이집트 군부 지도력을 제압하도록 영향력을 행사한 서구 여론의 힘이다. 이 분석의 유일한 문제는 이집트 군대가 중립적이지 않았다는 점이다. 그로 인해 이집트는 오히려 아주 짧았던 민주주의를 걷어치우게 되었으며 미국 정부는 지정학적 이유들 때문에 새로운 독재를 승인했고 이에 더해 관대한 군사적 도움까지 안겨 주었다. 이 사실은 그 영향력들을 강조하는 온갖 주장에도 불구하고, 문화적 힘과 디지털 미디어가 지니는 힘의 한계를 분명히 보여 준다.

여성의 전진

민주주의를 향한 비틀거리는 행진이 인터넷과 관련된 중대한 역사적 변화들 중 하나라면, 다른 하나는 여성의 전진이라고 할 수 있다. 소득, 인생에서의 기회, 공적인 영향력 측면에서 남성과 여성 사이의 큰 불평등은 여전히 지속되고 있지만 시간이 지남에 따라서 폭은 조금씩 완화되고 있다(Hufton, 1995; Rowbotham, 1997; Sakr, 2004). 이러한 역사적 전환을 뒷받침하는 요인에는 서비스 산업의 증가, 유료 노동에 대한 여성 참여 확대, 사회적 억압의 감소, 교육 확대, 법적인 차원에서의 피임 허용 확대, 페미니즘의 등장, 그리고 성차별적인 젠더 이론의 약화 등이 있다.

인터넷의 발달이 이러한 역사적 경향과 연결되는 한 가지 방식은 인터넷이 조직화된 여성 운동을 위한 수단을 제공했다는 논리를 바탕으로 한다. 이슬람 국가에서는 19세기 말에 등장한 주도적인 무슬림 개혁가들에 의해 해방적 관점이 한층 더 촉진되었다(Hadj-Moussa, 2009). 1980년대에 이르러 여성 운동은 중동 및 북아프리카 지역 내에서 정치적인 세력으로 성장한다. 페미니스트들은 가정 폭력, 성희롱, 여성 할례, 강간 등 그동안 터부시되어 온 주제들에 대해 논의하며 강도 높은 논쟁을 불러일으켰으며(Skalli, 2006), 엘리트 혹은 다양한 교육 배경을 가진 젊은 여성들 사이에서 특히 영향력이 증가했다. 그러나 사실 이 지역에서는 여성들의 인터넷 이용은 상당히 제한된다(Wheeler, 2004: 139, 표 9. 1). 그리고 여성의 문해율이 낮은 지역의 경우에는 사회적 맥락도 어느 정도 관련된다.

이러한 장애에도 불구하고 중요한 성과들이 나타났다. 모로코에서는 1980년대에 정치권 바깥에서 활동하는 신세대 여성 단체들이 공식적으로 출현했다. 2000년대 초반에 이르러 이들은 캠페인 활동의 일환으로 인터넷을 사용했으며 여기에는 모로코가 인접 국가에 비해 더 높은 인터넷 보급률을 갖고 있는 점이 더욱 긍정적으로 작용했다. 이곳에서 여성 운동의 주요 목표는 결혼, 이혼, 자녀 양육권을 규제하는 가족법(과거에 여성들에게는 거의 권리를 부여하지 않았던 가족법 무다와나Moudawana)에 대한 저항이었다. 2003년 활동가들은 많은 차별적 관행을 불법화하는 모로코 가족법 개혁을 이끌어 내 결혼 최소 연령을 15세에서 18세로 올렸고, 결혼 전 여성이 부모로부터 결혼을 허락받을 의무를 없앴으며, 여성에게도 이혼할 수 있는 권리를 부여했다(Tavaana, 2011).

이러한 성공적 사례들은 지역 내 다양한 영역의 미디어를 활용한 연합 캠페인으로부터 비롯되었다. 쿠웨이트의 여성 편집장 헤다야 알 살렘Hedaya Al-Saleem이 경찰에 의해 살해된 사건(경찰은 추후 유죄 판결을 받았다)과 역시 여성 기자의 살해가 발생한 알제리에서 특히 지속적인 반발이 일어났다(Skalli, 2006: 41). 이 같은 박해를 계기로 활동가들 사이의 결속력은 강해졌으며, 이 힘이 국경을 넘어 확대되었고 아랍어를 사용하는 여성 운동 진영의 구성원 간 활발한 온라인 소통으로 많은 지지를 얻어 냈다.

한편 중동 및 북아프리카 지역에서 여성 운동의 가장 강력한 전초 기지는 페르시아어를 사용하는 신권 정치의 나라인 이란이었다. 1978~2005년 사이에 이란에서는 여성 권리를 위한 NGO 수가 13개에서 430개로 증가했다. 여성 운동은 온라인에서도 모습을 드러냈는데, 2003년 이란에서 여성 인터넷 이용자가 그 지역 다른 나라들에 비해 훨씬 높은 49%를 차지했다는 점이 그 동인이었다. 이란의 인터넷 이용자 여성 비율은 지역 내 다른 국가들에 비해 훨씬 높은 수치였다. 이란의 가장 인기 있는 페미니스트 블로그에서 논의되었던 사안들에는 이혼, 석살stoning,[50] 스포츠 경기에 대한 여성 참여 금지와 일반적인 차별 법규 등이 포함되었다(Shirazi, 2011). 인기 블로거인 레이디 선Lady Sun이 기고했듯이 이러한 사안들은 독립적으로 활동하는 진보적인 다른 개인 블로그들에 의해 더욱 보완되었다(Sreberny & Khiabany, 2010).

중동에서 조직된, 여성 운동의 수단으로서 인터넷에 대해 설명하기 위해서는 두 가지 전제가 필요하다. 첫째, 대부분의 웹 콘텐츠

50 돌로 쳐서 처형하는 방법을 말하며, 주로 간통한 여성에게 적용되었다. — 옮긴이

는 가부장적인 가치로 길들여졌으며, 여성 해방에 적대적이었다. 둘째, 소수 여성들만이 여성 운동에서 직접 생산된 온라인 콘텐츠를 읽을 수 있었다. 예를 들어 2004년 이집트 여성의 인터넷 이용자를 대상으로 한 휠러(Wheeler, 2007)의 소규모 조사에서는 페미니스트 블로그와 출간물이 등장조차 하지 않았다. 인터넷 카페에서 매주 많은 시간을 보냈던 연구 대상자들은 인터넷을 매우 도구적인 목적으로 사용한 것으로 나타났는데, 예를 들어 에세이를 쓰기 위해 정보를 수집하거나 더 나은 직장을 얻기 위한 영어 학습이 그 동기였다. 이는 조직된 운동과의 연계라기보다는 그들을 둘러싼 보수적인 사회 환경의 제약을 넘어서기 위해 다른 여성들과 온라인 상호 교류를 하는 것이었다.

여성의 권리 신장을 위한 온라인 캠페인은 세계 여러 곳에서 주창되어 왔다. 2014년 #BringBackOurGirls 해시태그 운동은 나이지리아 치복Chibok 지역에서 일어난 보코 하람Boko Haram의 여학생 납치 사건을 대중들에게 널리 알렸다. 이 사건을 100만 명 이상이 트윗하여 초기에 지역 뉴스에 머물던 것이 국제적 사안cause célèbre으로 바뀔 수 있었다고 보고되었다(Tomchak, 2014). 유사하게, #DelhiGangRape 해시태그 운동은 2012년 델리에서 일어난 젊은 여성 성폭행 사건에 대해 관심을 불러일으켰다. 피해자 여성은 버스로 여행 중이었고 버스 기사를 포함한 여섯 명의 남성에 의해 성폭행당한 후 그때 입은 상처로 인해 사망했다. 이 운동은 도심 시위를 촉발했고 국제적인 미디어 보도가 이어짐으로써 결국 인도 정부가 형사상 특수강간죄를 도입하도록 했다(Sharma, 2014).

이러한 폭력에 저항하는 운동은 해당 사건들이 전 세계적인 사회 기준들을 침해했다는 점에서 국제적으로 여성들의 지지를 받을 수 있었다. 그러나 여성에 대한 다른 이슈들은 쉽사리 표출되지 않는다. 많은 여성들은 새로운 커뮤니케이션 기술에 접근이 제한된다. 몇몇 국가에서는 온라인 여성 운동들이 일반적으로 정부의 감시를 받고 온라인 폭력에 노출당하고, 미디어에 의한 부정적인 고정관념을 경험하게 된다. 권력에 대한 이들의 접근과 의사 결정은 제한적이다. 젠더 불균형 현실은 여성의 의회 참여 비율이 전 세계적으로 단지 11%(1995)에서 고작 22%(2014) 상승했다는 점에서 가장 잘 드러난다.

성 불평등에 대한 반응이 조직화된 정치적 행동을 통해 변화를 추구하는 것이라면 또 다른 반응은 불리한 조건에도 불구하고 분명한 목적의식을 가지고 개인적인 발전 또는 성공을 거두는 것이다. 김윤아(2010)는 교육적인 성공 그리고 종종 특권적인 배경을 지닌 전도유망한 젊은 동양 여성이 한국, 일본, 중국의 가부장적 질서에 진입하게 되면서 겪는 문제들을 생생하게 묘사했다. 이 사례 연구에서 여성들의 '저항'은 서구 유학, 석사 학위 혹은 자신들의 재능과 야망을 실현하기 위해 새로운 기회를 찾는 탐색 형태를 취했다. 그런데 유학을 자극하는 요소 중 하나는 자신의 삶을 스스로 개척하는 독립적인 할리우드 여성 이미지였다. 응답자들은 이러한 이미지가 허구적 이상임을 인식하지만 부분적으로 사실이기를 희망했다. 또한 그러한 드라마들은 응답자들이 '자기중심'에 서서 서구적인 맥락에서의 자율적인 여성으로 스스로를 재창조하고자 하는 유토피아적 열망에 영향을 주었다(Kim, 2010: 40).

한편 이러한 문화적 역동성 안에서 인터넷이 어떠한 역할을 수행하는지에 대한 연구가 이루어졌다. 야치엔 후앙Yachien Huang(2008)은 대만에서 대학 교육을 받은 고학력 여성들이 남성들의 감시와 선택,

통제와 지배를 받는 상황에서 가족용 TV 수상기 대신 자신들의 컴퓨터로 미국 TV 시리즈인 〈섹스 앤 더 시티Sex and the City〉를 시청하는 경향을 보인다고 밝혔다. 인터넷 게시판 또한 이러한 여성들에게 TV 시리즈에 관한 내용을 논의하고 토론할 수 있는 기회를 제공했다. 이와 같은 젊은 여성들의 문화적 욕구는 부분적으로 대만에서 변화하는 젠더 관계에 바탕을 두고 있었다. 하지만 단정한 행동, 의무, 그리고 자기희생을 여성에게 기대하는 대만의 전통주의적 문화는 여성 소비 구매력 증가와 경제적 기대에서 비롯된 변화의 국면을 적극적으로 수용하지 못했다. 그럼에도 불구하고 맨해튼의 독립적이고 풍요로운 쾌락주의적 세계를 투사한 이 TV 시리즈는 '바람직한 여성'이 되어야 하는 의무와 더 '개인주의적인 라이프스타일과 개방된 성생활'을 원하는 욕망 사이에서 적절히 절충하려는 대만 여성들에게 '문화적 자원'을 제공했다(Huang, 2008: 199). 즉 남성 지배적인 세계에서 '주체성을 위한 투쟁'의 영감이 되었지만 개인적이고 개별화된 경향성을 함께 보였다. 인터뷰에서 한 여성이 언급한 바와 같이 이 TV 시리즈의 교훈은 "자신이 원하는 것을 선택하고, 자신을 비참하게 만들지 말라"는 것이었다(Huang, 2008: 196).

인터넷의 역사는 그런 점에서 더 높은 수준의 성 평등을 위한 투쟁과 밀접한 관련이 있다. 인터넷은 중동과 그 밖의 지역에서 여성 해방을 목표로 조직된 캠페인을 위한 도구를 제공했다. 또한 인터넷은 젠더 불평등에 대해 개인적 해결책을 찾도록 자극하는 자율적인 여성상을 널리 유포시켰다.

마지막 부분 역시 중요한 역사적 변화의 또 다른 측면이다. 이는 곧 공통선의 사회, 즉 내부 성원들을 우선으로 두는 가치관과 신념에서 개인의 필요, 욕망, 염원의 충족을 우선시하는 방향으로의 점진적 전환을 말한다. 이는 시장 체계의 등장, 이동성의 증가, 관습과 전통의 약화, 가족과 집단의 영향력 저하 등에 의해 촉진되었다(Beck & Beck-Gernsheim, 2001).

일각에서는 인터넷이 개인 중심적 성향을 더욱 고취시킨다고 간주되는데, 인터넷의 DNA에 이러한 성향이 내재되어 있다고 생각하기 때문이다. 배리 웰먼Barry Wellman 등(2003)은 이와 관련해 다음과 같이 언급했다.

> 개인화, 무선 휴대성, 그리고 인터넷의 광범위한 연결성은 모두 사회를 기반으로 하는 네트워크화와 개인주의를 용이하게 만들었다. 장소가 아니라 사람 간의 연결이기 때문에, 기술은 직장, 사회에서의 유대 관계를 장소-내-사람들의 방식에서 모든 장소에서의 사람들의 방식으로 전환시킨다. 컴퓨터 지원 커뮤니케이션은 '모든 곳'에 있지만 '어느 곳'에도 고정되지 않는다. 집이나 사무실, 고속도로, 혹은 쇼핑센터 등 내가 어디에 있든지 간에 나 자신은 접근이 가능하다. 사람이 포털로 변모했다(Wellman et al., 2003).

레이니와 웰먼(2012)은 이 주제와 관련하여, 스마트폰이 일상의 삶과 결합되는 문제에 대해 자신의 주장을 더욱 강조한다. "사람들이 기기에 빠져드는 것이 아니라 사람들이 서로서로 강하게 연결된다…… 네트워크화된 개인성의 시대에 핵심은 가족도, 직장도, 이웃과 사회적 집단도 아닌 바로 개인이다"(Rainie & Wellman, 2012: 4).

분명히 여기에도 약간의 진실은 있다. 그러나 네트워크화된 개인성은 새로운 공동체적 정체성들을 구축했다. 카바다(Kavada, 2015)는 소셜 미디어 사용이 '점령하라' 시위에서 집합적 목소리와 공동체 감각의 형성에 기여했다고 주장하였고, 주리스(Juris, 2012) 역시 공유된 물질 공간으로의 온라인 이주가 보스턴 점령하라 운동에서의 유대, 결합에 핵심이었다고 강조한다.

더욱 중요하게도, 공동체주의는 온라인 경험을 구성할 수 있고 집단 정체성이라는 우선적 감각을 재확인해 준다. 밀러와 슬레이터(Miller & Slater, 2000)는 트리니다드섬 내부의 강력한 민족주의 감정이 민족주의적 웹 콘텐츠 생산으로 이어진다는 사실을 발견했다. 심지어 채팅 공간들도 '트리니다드섬 주민 되기'라는 정체성을 잘 보여 주는데, 그 속에서 일상적인 것들을 표현하고, 따뜻하게 바라보며 재치 있게 참여, 소통할 수 있는 능력인 '올레 토크ole talk' 및 '라이밍liming'은 그 섬의 독창적인 문화로 보인다. 이와 더불어 외국인과의 온라인 만남은 일부 트리니다드섬 주민들이 스스로 비공식적인 자국 대사로 행동할 필요성을 느끼게도 했다. 트리니다드섬 주민들의 강력한 민족주의 의식은 자신들 공동체의 정체성을 강화하면서 스스로의 온라인 경험에 영향을 주었다. 밀러와 슬레이터에 따르면 이처럼 강도 높은 민족적 정체성의 근본적 요인은 노예, 이주, 사회적 분리와 같은 그들의 역사적 경험에 있다.

이와 비슷하게 해외 거주 인도인들에 대한 마드하비 말라프라가다Madhavi Mallapragada의 연구는 인터넷이 멀리 떨어진 고향과 연결된 상태를 유지하는 데 폭넓게 이용되고 있음을 보여 준다. 이 연구에서 온라인 이용자들은 인도의 풍부한 문화유산을 보여 주는 웹 콘텐츠에 관심을 보였다. 일부는 현지화 과정을 거치면서 인도인의 정체성에 등을 돌리는 아이들을 어떻게 다룰지에 대해 논의한다. 심지어 어떤 이들은 가족 구성원과 인도에 거주하는 사람 간의 중매결혼을 위해 인터넷을 활용하기도 했다. 이와 비슷하게 래리 그로스Larry Gross(2003)는 인터넷이 세계 곳곳에서 박해와 편견의 고통을 겪고 있는 동성애자 남성들에게 감정적 지원, 실용적 조언과 소속감을 제공한다고 주장한다. 이 두 경우를 볼 때 인터넷은 기존에 존재하던, 각각의 민족과 성별에 기반을 둔 집단 정체성을 강화한다.

이와 비슷하게 일본의 집단주의적 문화collectivist culture는 자신의 의견을 스크린 아래가 아니라 스크린에 직접 쓰는 매우 특징적인 니코니코동화Nico Nico Dughwa(NND) 비디오 공유 웹사이트에서 활발히 나타난다. 10개로 제한된 일본인 참여자들의 댓글은 간결하지만 함축적이며 재치가 있다. 모든 이용자는 댓글을 삭제하거나 다른 댓글로 대체할 수도 있는데, 이는 축구 경기를 엄청난 대중의 댓글과 함께 보는 것 같은 생생하고 집합적인 독특한 시청 분위기를 조성한다.

이 웹사이트는 일본에서 많은 시청자층을 확보했는데, 2008년 정규 이용자 수가 500만 명에 달했다. 이 사이트의 유사 복제판들은 '쿠키kuuki' 문화를 발전시켰는데, 여기서 '쿠키'란 "개인이 적절하게 댓글을 달며 니코 추Nico Chuu[팬]가 되는 기쁨을 이해하기 위해 포착해야 할 특이한 공감의 분위기"를 의미한다(Bachmann, 2008a: 2). 이러한 집합적 '함께함'은 필명의 태그마저 생략하는, 즉 댓글을 다는 사람의 익명성에 의해 강화된다. 하지만 뚜렷한 개별 스타일이 인식되는 경우 이 집단은 별명을 부여하는 영광도 함께 준다.

너무나 분명히 니코니코동화는 집단 중심적 문화의 산물이다. 그럼에도 불구하고 비디오에 대한 상반된 반응들을 반영하는 '태그 전쟁'은 여기서도 때때로 발생할 수 있으며, 이에 따라 집단 결속력이 붕괴하기도 한다. 그런 점에서 온라인 익명성은 오프라인 세계에서는 수용되기 어려운, 논란의 여지가 있는 관점들을 표현하기 위한 가면을 제공할 수도 있다. 이런 점은 일본의 인터넷 포럼 '2채널'에서 한층 더 두드러진다고, 바흐만(Bachmann, 2008b)은 말한다. 바흐만의 결론은 자신이 연구한 일본인들의 온라인 경험이 집단의 공존의식을 반영하고 재확인하는 한편, 때로는 집단 통제로부터 벗어나려는 욕망을 보여 주는 복합적 양상이라는 것이다.

대부분 서구 바깥에 위치한 이러한 사례 연구들의 공통적인 맥락은 실제 세계의 공동체적인 삶이 온라인 경험에도 침투할 수 있으며 종종 복잡하거나 모순적인 방식이기는 하지만 공동체의 정체성 유지를 위해 인터넷이 기여할 수 있다는 점이다. 아울러 인터넷의 사회적 영향력이 보다 개인 중심적인 서양과 비교해 공동체 중심적인 동양에서는 매우 상이하게 나타난다는 점을 시사한다.

한편 동양에서도 개인성을 더욱 지향하는 방향으로의 변화의 역동성이 관찰된다. 그리고 인터넷은 공동체주의적 사회에서도 역시 개인의 정체성 표현을 위한 공간을 제공할 수 있다. 일본 학생들의 최신 휴대폰 이용에 대한 연구는 이 기기가 세 가지 뚜렷한 방식으로 개인성과 내면성을 강화한다고 결론지었다(McVeigh, 2003). 학생들은 인공물로서 휴대폰의 색상, 기능, 벨소리, (핸드폰 스트랩에 매달린 화려한 캐릭터 같은) 액세서리의 선택을 통해 자신의 개인성을 표현한다. 또한 휴대폰 문자 메시지와 이메일을 통해 개인의 감정을 더욱 손쉽게 표현할 수 있다. 무엇보다도 휴대폰을 통해 친구들과 사적으로 소통하고 '자신만의 세계'를 창조하며 '사사화된 개인화personalized individualization'를 증가시킨다(McVeigh, 2003: 47~48). 하지만 실제 결과에서는 이 서양인 저자가 인식하는 수준보다 모호성이 훨씬 더 크게 나타날 수 있다. 학생들은 도쿄대학교 학생이라는 강력한, 집합적인 맥락 속에서 자신을 표현하고 있었던 것이다.

시마와 퍼그슬리의 중국 내 블로그와 블로거에 대한 연구 또한 인터넷이 개인성의 표출과 자기 성찰, 자기 발견에 대한 공적인 경험을 가질 수 있도록 했다고 주장한다. 이들은 이 점이 청년들 사이에서 소비주의가 증가하고 자아에 대한 강조가 더욱 두드러지는 1가족 1자녀 정책 시기에 성장한 중국의 'Y 세대'의 강화된 개인성을 반영, 표현한다고 주장한다. 그러나 이들이 논문에서 제시하는 증거들은 개인적 의견들이 때때로 중국의 신세대로서의 집합적 의견으로 등장할 수 있다는 사실 또한 보여 준다(Sima & Pugsley, 2010: 301).

일반적으로 인터넷의 등장이 자기 소통의 매개체로서 더 높은 수준의 자기표현을 가능하게 했으며 개인주의화를 아마도 강화시켰을 것이다. 이는 서양에서는 다분히 사실로 보이며(Castells, 2009) 아시아에서도 인터넷이 개인성을 더욱 높은 수준으로 강화했다는 증거는 일부 존재한다. 하지만 전 세계 곳곳에서 공동체적 정체성은 강력한 영향력을 꾸준히 유지하고 있으며 인터넷의 이용에도 큰 영향을 주고 있음이 분명하다.

회고

인터넷 역사가들은 마치 에덴동산 시기처럼 서구 인터넷 발전의 초기 단계에 집중하는 경향을 보여 왔다. 그와 반대로 여기서 제시된 수정된 역사는 인터넷의 상업화가 서구의 인터넷을 왜곡시키고, 국가 검열이 특히 동양에서의 인터넷을 무력하게 만든 배경임을 강조했다. 기업의 영향력 증가, 온라인 독자 집중 현상, 상업적 감시 기술의 도입과 지적 재산권법 강화는 모두 시장의 영향력을 확대한 결과 인터넷에 대한 새로운 제약들을 수반했다. 그와 비슷하게 반대자를 감시하기 위한 제한적인 인터넷 면허 부여, 인터넷 서비스 제공자들에 국가적 검열 위탁, 감시를 위한 상업적 기술의 적용은 서양권 바깥에서도 인터넷이 발달했을 때 추가적인 통제들을 위한 장치를 재차 부과했다. 요약하면 인터넷의 등장은 자유를 감소시켰다.

한편 이러한 경향은 동양과 서양 모두에서 저항에 부딪혔다. 오픈소스 운동의 등장, 웹 콘텐츠 유료화에 대한 이용자들의 반감, 그리고 이용자 제작 전통의 부활 등은 모두 인터넷의 상업화를 중단시키려는 시도를 나타낸다. 유사하게, 중동과 아시아의 수많은 온라인 저항자들은 인터넷에서 국가 권력의 확장을 저지하고자 노력했다. 상이한 방식을 취했지만 이들은 모든 동일한 프로젝트의 일환이었다. 이들은 사람들 모두의 것으로서 인터넷이라는 전망을 지키려 노력했다.

인터넷 역사를 재고하는 하나의 과제가 초기부터 전 시기를 완전히 연구 검토하는 것이라면 또 다른 과제는 서구의 현상이 아니라 전지구적 현상으로 인터넷의 역사를 서술하는 것이다. 필요에 의해 세계의 많은 지역을 배제하며 이뤄진 이 연구의 기본적인 논지들만 보더라도 흔히 간주되는 바와 달리 인터넷이 권위주의 체제를 와해시키는 데 있어서 효과적이지 못했다고 결론 내릴 수 있다. 인터넷은 또한 조직화된 여성 운동을 위한 도구를 제공하고 때로는 의도적으로 복제된 할리우드 페미니즘 상품들을 배포하며 여성의 진보에 기여했다. 더욱 논쟁적으로 말하자면 강력한 공동체적 문화가 인터넷이 지원하는 공동체적 정체성으로 강화될 수도 있지만 인터넷에서의 자기 소통은 자아의 표현과 주장을 촉진한 것으로도 보인다.

인터넷과 사회 간의 상호 작용은 복잡하다. 이러한 관계가 시공간에 따라 변화했음이 이 장에서 강조되었다. 그러나 이러한 복잡성을 감안해도 지금까지의 증거들은 한 가지의 견고한 결론을 향한다. 인터넷이 사회에 미치는 영향보다 사회가 인터넷에 미치는 영향이 일반적으로 더 크다. 이는 1장에서 연구되었고 이 장에서 다시 언급된 인터넷의 영향에 대한 많은 예언들이 실현되지 않은 이유이기도 하다.

이 주장은 새로운 커뮤니케이션 기술의 영향에 관하여 새로운 생각이 전혀 아니다. 영국의 이상주의적 자유주의자들이 애초의 기대와는 달리 자유 언론이 진보적 운동을 발전시키지 않았다는 사실을 깨달았던 1880년 이후에 이 사실은 이미 예견되었다(Hampton, 2004). 결국 더 현명하지만 회의적으로 변한 이들은 'Newspaper Press'의 앞 글자를 대문자화로 표기하는 관행을 멈추었다. 마찬가지로 우리도 역시 대문자 'Internet'을 소문자 internet으로 수정하는 동일한 조치를 취해야 할 것이다.[51]

---

51 이것이 우리가 이 책에서 인터넷을 소문자로 표기하며 이 책을 낸 러틀리지 출판사 스타일을 따르지 않은 이유다.

3장

자본 안의 인터넷

데스 프리드먼

새로운 생산 양식?

인터넷의 눈부신 변화에 압도된 정치인, 경제 전문가, 저널리스트, 학자, 기술 경영인과 같은 디지털 예언자들에 의해 세상은 지속적으로 재구성되고 있다. 이들은 소셜 미디어, 빅 데이터와 끝없이 움직이는 알고리즘들이 우리가 사회화하고, 즐기고, 세상을 배우고, 정치 활동을 하며, 그리고 무엇보다 중요한 분야인 거래를 하는 방식들을 근본적으로 변화시킨다는 생각에 중심을 둔 문헌들을 출판했다. 인터넷은 더 이상 단순히 경제적 거래의 중추 혹은 이를 위한 토대가 아니라 우리가 상품과 서비스를 혁신, 협력, 생산, 교환, 소비하는 데 산소와 같은 핵심 역할을 하게 된 것이다. 인터넷은 아날로그 시스템보다 더 역동적이며 생산성이 뛰어난 정보 시스템에 디지털 DNA를 제공한다.

이러한 잠재성은 인터넷 프로토콜들이 이전에 생명이 없던 사물과 심지어 우리들에게 새로운 생명을 부여하는 기술적 지각 변동의 사건인 사물 인터넷(internet of things: IoT)에서 극적으로 표현된다. 냉장고에서부터 전구까지, 생산 조립 라인에서 에너지 그리드까지, 고속도로에서 슈퍼마켓까지 모든 것은 "인류가 지구에서 살아가는 방식에서 더욱 오랫동안 지속 가능하고 풍요로운 미래 속에서 전면적인 변화 전망을 제공하는" 매끄러운 물류 작업으로 연결될 것이다(Rifkin, 2014: 14). 기술 전문 저술가인 새뮤얼 그린가드Samuel Greengard는 이렇게 표현한다. "IoT는 언젠가 삶과 비즈니스를 위한 실용적 체제가 될 것이다…… 이는 마치 지구상의 물리학이 천체에서 다시 쓰이는 것과 같다"(Greengard, 2015, xiv). "마법에 걸린 물건들"이 "차세대 인터넷을 통해 사람들이 사용하고, 즐기고 이익을 얻는 방식을 전환" 시킬 것(Rose, 2014: 9)이라는 MIT 데이비드 로스David Rose의 말을 인용하며, 비즈니스 분석가 가트너는 2020년이 되면 260억 개에 달하는 기기들이 인터넷에 연결되어 존재할 것으로 추산했다(Gartner, 2014). 한 IoT 스타트업 회사의 대표에 따르면 이러한 새로운 환경은 "이미 존재하는 실제 세계의 대상들로부터 우리의 현 환경을 감시하고 향상시킬 자기 인식 기능을 만들어 내며 이들이 자동적으로 기능함으로써 우리를 도울 것이다"(Angelidis, 2015).

이와 같은 변화에서 누적되는 영향력은 투명성, 보안, 창의성, 효율성, 안정성이 강화된 세상을 만들 것이다. 이는 시장 자본주의에서 협업(동료) 생산으로의 '패러다임 전환'만큼 중요한 것이다(Rifkin, 2014: 1). 이것은 디지털 혁신에서, 크리스 앤더슨Chris Anderson(2009b)이 강력하게 '공짜'라고 불렀던, 거의 0에 가까워진 생산 및 분배 비용의 절감에 의해서 가능해졌다. 구글의 에릭 슈미트Eric Schmidt는 재러드 코언Jared Cohen과 함께 쓴 《새로운 디지털 시대The New Digital Age》라는 영향력 있는 책에서 이 점에 동의하며 '진정한 패러다임 전환'

사례인 구글, 페이스북, 아마존 같은 '현대적 기술 플랫폼들'에 의한 속도, 규모와 연결성을 두드러진 특징으로 규정했다(2013: 9). 마이어 쇤베르거와 큐키어 역시 엄청난 양의 정보를 받아들이는 이러한 기업들의 능력이 "규모의 변화를 통해 국가의 변화를 이끈다"고 주장한다(Mayer-Schonberger & Cukier, 2013: 6). '빅 데이터'와 연계되어 있는 일상생활의 계량화는 "비즈니스와 과학에서부터 보건, 교육, 경제, 인문학 그리고 사회의 모든 다른 측면에 이르기까지"(2013: 11) 변화가 일어나고 있음을 뜻한다. 전 미국 부통령 앨 고어Al Gore 역시 인터넷이 새로운 자본의 흐름과 소비자 시장을 낳았다고 보고 "우리는 인터넷과 컴퓨팅 이전에는 상상할 수 없었던 새로운 비즈니스 모델, 사회 조직, 행동 유형의 폭발적인 증가를 목격하고 있다는 점"에 동의한다(2013: 45).

그러나 인터넷이 급진적으로 새로운 시대를 알린다고 여겨지는 반면, 이러한 변화의 결과물, 달리 말하자면 승자와 패자의 정체성은 아직 결정되지 않았다. 필립 하워드Philip Howard(2015)는 2차 세계 대전 이후 미국의 헤게모니를 표현한 지정학적 용어였던 팍스 아메리카나Pax Americana가 소셜 미디어의 이타주의 그리고 IoT의 편재성에 기반을 둔 새로운 정보 혁명, 팍스 테크니카Pax Technica로 대체되었다고 주장한다. 팍스 테크니카는 "정부와 산업계가 상호 보호, 디자인 협업, 표준 제정과 데이터 공동 구축 과정에 밀접하게 결합된 가운데 조직과 네트워크 기구들이 정치, 경제, 문화적으로 연결된 합의"를 말한다(2015: xx). 이는 시민들이 지배적 역할을 수행하는 정도에 따라 우리를 종속하거나 해방시키는 데 약속하는 합의인 것이다.

영국의 저널리스트 폴 메이슨Paul Mason은 아랍의 봄에서처럼

"네트워크가 기존의 위계질서에 승리할 수 있다"(2012: 77)고 믿게 해준 분산 기술distributed technology이 지닌 급진적이고 민주적인 잠재력을 굳게 믿는다. 이어진 연구(Mason, 2015a)에서 그는 자본주의를 넘어선 새롭고 역동적인 경제 패러다임이 자동화, 정보 홍수, 협력적 생산의 결합을 통하여 다가온다고 주장한다. 그가 '포스트자본주의 postcapitalism'로 언급한 것에서 핵심적 투쟁 지점은 "네트워크와 기존 질서 사이의 것, 즉 자본주의에서 단단해진 오래된 사회의 형식들과 미래를 전망하는 사회의 새로운 형식들 사이의 투쟁"이다(2015a: 4). 인터넷은 (6장에서 특히 더 자세하게 다뤄질) 경제, 사회, 정치의 새로운 구상과 형식들 또한 촉진시켰다(Milberry, 2012를 보라).

이러한 디지털 예언가들은 상이한 정치적 선호와 목표를 가졌겠지만 근본적으로 인터넷이 전통적 비즈니스 간 연계를 해체하며 경제에 폭넓은 영향을 준다는 견해를 공유한다. 여기에는 거래 비용을 엄청나게 낮추고, 혁신을 자극하고, 생산자와 소비자 사이의 장벽을 허물고, 과거에 다소 수동적이었던 고객들에게 훨씬 더 생산적이고 통합적인 역할을 제공하는 일이 포함된다. 제프 자비스Jeff Jarvis(2009)가 보기에 구글은 디지털화된 새로운 산업 시대에서 운영되는 어떠한 기업에게든 최고의 역할 모델을 제공하고 있다. "즉 강철 대들보와 레일이 도시와 국가에 세워지고 그것을 운영함으로써 사회와 산업이 급격히 변화한 것같이" "사회와 업계의 기본 환경"을 변화시킨다(2009: 27). 돈 탭스콧Don Tapscott과 앤터니 윌리엄스Anthony Williams(2008)는 온라인 백과사전인 위키피디아가 "위계와 통제보다는 공동체, 협업, 자율 형성을 기반으로 한 새로운 생산 양식"이 제시하는 가능성과 관계를 가장 잘 드러낸다고 본다(2008: 1). 각각의 개념적 출발점과 정치적 목적이 무엇이든 많은 웹 2.0 담론들은 인터넷 문화가 훨씬 더 생산적이고 원활하며, 민주적이고 참여적인 세계로 우리를 안내한다는 개념들로 구성된다. 탭스콧과 윌리엄스(Tapscott & Williams, 2008, ix)는 "새로운 생산 양식이 만들어지는 중"이라고 주장하고 제러미 리프킨Jeremy Rifkin은 "자본주의자들의 시대가 …… 빠르진 않지만 어쩔 수 없이 지나가는 중이며 우리의 삶의 방식을 바꿀 새로운 경제 패러다임(협력적 공유Collaborative Commons)이 등장하고 있다"고 강조한다(2014: 1).

이 장에서는 관련 문헌들을 살펴보며 20세기의 지배적인 개념인 대량 판매 시장 대신 틈새시장, 표준화 대신 융통성, 결핍 대신 풍요, 산업적 기업들 대신 개인 창업(1인 창업) 회사를 기반으로 특히 인터넷이 미디어 경제를 새롭게 이끈다는 주장을 검토할 것이다. 이러한 디지털에 대한 논의는 크리스 앤더슨Chris Anderson(2009a, 2009b), 래리 다운스Larry Downes(2009), 필립 하워드(2015), 제프 자비스(2009; 2014), 찰스 리드비터Charles Leadbeater(2009), 제러미 리프킨(2014), 에릭 슈미트와 재러드 코언(2013), 클레이 셔스키Clay Shirsky(2008), 돈 탭스콧과 앤터니 윌리엄스(2008) 같은 이론가들을 통해 이해할 수 있다. 이들은 이전과 전적으로 다른 원칙, 즉 (원자가 아니라 비트를 기반으로 하는) 인터넷이 독점주의에 종지부를 찍으며 탈중심화되고 맞춤화된 미디어 흐름들의 네트워크로 활성화하리라고 주장한다. 우리는 이제 미디어 집중이 아니라, 틈새시장과 끝없이 긴 상품 목록을 지님으로써 개인성과 무한정한 선택에 대한 공중의 욕망을 만족시키는 미디어 분산을 경험하게 될 것이다. 1996년으로 돌아가 보면 MIT의 과학 기술 분야 전문가인 네그로폰테가 "완전히 새로운 콘텐츠는 새로운 회사, 경제 모델 그리고 어쩌면 정보, 오락 제공자들의 가내 공업이 그럴 것처럼, 디지털화로부터 드러날 것"이라고 이미 예측했다. 그로부터 10년 후, 웹 혁명에 대한 기록지이기도 한 〈와이어드〉의 편집장 크리스 앤더슨은 이제 "풍요의 경제학 — 우리 문화에서 수요와 공급 사이에 걸려 있던 병목 현상이 사라지기 시작한다면 무슨 일이 일어날까"라고 의미심장한 물음을 던졌다(2009a: 11).

이 장에서는 새로운 디지털 생산 양식의 기저에 놓인 역동성을 평가하고 그 기반이 되는 기술적 · 경제적 원칙에 대해 질문을 제기한다. 인터넷의 최근 역사에 대한 비판적인 통찰(예를 들면 McChesney, 2012; Taylor, 2014)과 소셜 미디어의 힘에 내재하는 모순에 대한 분석(Freedman, 2014)을 바탕으로 삼아 현재의 온라인 유통, 소비 경향의 관점에서 바라본 풍요의 경제학을 검토한다. 또 '틈새 경제' 이론이 온라인 세상에서의 거대화와 집중화가 낳는 잔류 양식residual patterns을 설명할 수 있는지도 고려한다. 이 장에서는 다양함과 대량화, 전문화와 일반화를 함께 지향하는 온라인 미디어의 모순을 인식하며 온라인 시대의 중요한 발전을 보다 오래된 자본주의적 해석 방식에 통합한다. 여기에 자본주의는 곧 혁신성, 창조성 그리고 실로 일상적인 경제적 수행조차 시장 내 작동하는 가장 강력한 이해관계에 구조적으로 종속되는 시스템으로 이해된다. 현재 세계에서 가장 큰 다섯 기업 가운데 세 개가 인터넷과 밀접한 관련이 있다는 점을 감안하면, 파이프는 점점 디지털화될지언정 그 소유주는 여전히 돈을 거두어들이고 큰 이익을 노린다는 점은 이전과 변함없는 사실이다.

블록버스터 경제의 죽음

위키노믹스Wikinomics,[52] 협력적 소비Collaborative Consumption 그리고 크라우드소싱Crowdsourcing[53]에 대한 현재의 지지는 원래 후기 산업 사회에서 정보, 지식에 대한 중요성을 이론화하려 했던 정보 사회 담론이 최근 들어 다시 진화하고 구체화된 현상이다(Bell, 1973; Machlub, 1962; Porat, 1977; Toffler, 1980; Touraine, 1971). 그 주제는 20세기 후반 자본주의 경제 및 직업 구조 변화에 흐름을 맞추어 상징적 재화와 용역을 경제 발전의 원동력으로 규정하는 움직임이다. 즉 석유나 전기가 아니라 정보가 후기 산업화 시대의 중심 요소가 되었다는 것이다. 석탄 광부가 아니라 지식 노동자가 가장 생산적인 시민이 되었고, 생산이 아니라 혁신이 핵심적 원칙이 되었다. 1990년대에 이른바 2세대 저술가들은 당시 부상하고 있던 세계화와 정보 기술 개념을 대중화하려는 시도를 했다. 특히 캐언크로스(Cairncross, 1997), 코일(Coyle, 1997), 리드비터(Leadbeater, 1999) 같은 일군의 경제 전문가들은 서구 경제학의 근본 원칙을 변형시켰다고 간주되던 탈영토화와 탈물질화 과정에 관심을 집중했다. 당시의 영국 수상 토니 블레어Tony Blair는 이 관점을 열성적으로 옹호하며 신경제란 "이전과 완전히 다른 무엇

52 돈 탭스콧과 앤터니 윌리엄스가 쓴 《위키노믹스Wikinomics》에 나온 용어로, 위키피디아와 경제학의 합성어다. IT를 기반으로 전 세계 모든 사람들의 협업을 중시하는 개방 · 참여형 경제 패러다임을 말한다. — 옮긴이

53 크라우드소싱은 Crowd(대중)와 Outsourcing(외부 발주)의 합성어로, 생산, 서비스 등 기업 활동 일부 과정에 대중을 참여시키는 것을 말한다. 대중의 참신한 아이디어나 의견 등을 모아 제품과 서비스를 만든 후 여기서 창출되는 수익을 참여자와 공유하는 방식을 취한다. — 옮긴이

이다. 서비스, 지식, 기술, 소기업 등이 초석을 이룬다. 그 생산물 대부분은 무게를 잴 수도, 만질 수도, 측정할 수도 없다. 그중 가장 가치 있는 자산은 바로 지식과 창조성이다"라고 주장했다(Blair, 1998: 8).

신경제에 대한 많은 비판(예를 들면 Madrick, 2001; Smith, 2000 참조)과 2000년의 닷컴 사태[54] 이후 증가된 인터넷 관련 불확실성(Cassidy, 2002에 의해 평가된)에도 불구하고 이러한 주장들은 여전히 현재의 경제 관련 사고에 강고하게 자리 잡고 있다. 아울러 최근의 온라인 위기 담론 이후에도 디지털 서비스를 이용하는 무수한 소비자들에 관해 논의하는 제3세대 디지털 예언가들에 의해 계속 채택되어 왔다. 디지털 플랫폼의 성공은 영향력 있는 많은 분석가들로 하여금 이익과 소비자 두 측면에서 생산을 민주화하고, 분배를 균등케 하며, 노동을 해방시키는 인터넷의 잠재력과 관련된 일련의 규칙, 경향, 예측 등을 만들게 하였다. 이 분석가들이 인터넷의 방향, 협력, 규정에 대해서 완전히 같은 정치적 입장을 띠지는 않았지만 이른바 인터넷이 협력과 분화를 지향하고 혁명적 도구가 될 수 있도록 이끈 경제적 특질에 대해서는 대부분 의견이 일치했다. 그러한 경제적 특질은 이 장의 전반부에서 요약된 후 이어 비평적으로 맥락화될 것이다.

풍요의 경제

마이크로프로세서와 반도체 용량이 늘어나고 가격이 하락한 덕분에 소비자들은 과거와 비교해 저렴한 가격으로도 방대한 용량과 성능이

54 2000년 즈음 발생한 인터넷 닷컴 거품의 붕괴 현상을 말한다. 당시 전 세계적으로 닷컴 및 첨단 기술 관련 주식들이 지나치게 고평가되었다가 비슷한 시기에 가치가 대거 폭락한 일이 발생하였다. — 옮긴이

뛰어난 컴퓨터 제품을 이용할 수 있게 되었다. 디지털 기술은 보건, 교육, 에너지와 심지어 자유에 대한 풍족한 공급을 가능케 했을 뿐 아니라 아날로그의 대역폭 제한 문제를 해결했다. 소수의 방송 채널과 인쇄 출판물을 기반으로 한 미디어 시스템이 기본적으로 무제한적 저장 공간을 특징으로 하는 새로운 커뮤니케이션 환경으로 대체되고 있는 것이다. 수십억 개의 웹페이지, 디지털 압축 기술과 저렴한 초기 비용으로 가능해진 생산과 유통(예를 들면 휴대폰과 광대역 접속)은 수용자 선택권을 크게 확대시켰으며(양적인 의미에서), 기본적으로 미디어 생산물이 하나의 희소 자원이라는 개념마저 종식시켰다. '인터넷'은 자비스가 아주 고상하게 이름붙인 대로 "희소성을 없애고 풍요 속의 기회들을 만들고 있다"(2009: 59). 래리 다운스(2009: 122)는 지금의 '희소성'은 "풍요에 의해 대체되었다"라고까지 말한다.

〈타임〉이 세계에서 가장 영향력 있는 저술가 12위로 꼽은 〈와이어드〉의 전 편집장 크리스 앤더슨은 2007년 디지털 세상에서 이러한 '풍요의 경제'가 갖는 시사점과 미디어 시장 형성을 저술한 여러 권의 책(2009a, 2009b를 포함하여)을 썼다. 그는 거대 미디어 기업이 내놓는 몇 안 되는 수익성 있는 히트작, 즉 미디어 시장에서의 '머리head' 대신 '긴 꼬리long tail'로 우리의 관심을 옮겨야 한다고 주장한다.[55] 점점 예측이 불가능해지는 블록버스터들보다 오히려 수백, 수천만 건에 달하는 소량 거래들에서 더 큰 수익성이 나올 것으로 예상했다. 상위

55 어떤 기업이나 상점의 판매 상품을 많이 팔리는 순으로 가로축에 놓고, 각각의 판매량을 세로축에 표시해 선으로 연결하면 많이 팔리는 상품들을 연결한 선은 급경사를 이루며 짧게 이어지지만 적게 팔리는 상품들을 연결한 선은 마치 공룡의 '긴 꼬리'처럼 낮지만 길게 이어진다. 이 꼬리 부분에 해당하는 상품들의 총 판매량이 많이 팔리는 인기 상품의 총 판매량을 압도한다는 것이다. — 옮긴이

10개가 가지는 힘은 후속 천 개Next Thousand의 경제에 의해 대체된다는 것이다. 이와 유사하게 앤더슨은 만약 20세기의 오락 산업이 히트작과 관련된 것이었다면 21세기의 그것은 '틈새'와 관련된다고 주장한다(2009a: 16). '풍요한 저장 공간'이 의미하는 것은 비록 그것이 기발하거나 중요하지 않더라도, 가령 온라인 상점들이 오프라인 경쟁업자들을 압도하는 엄청난 재고량을 제시하며 고객의 모든 취향 범위를 만족시킬 수 있다는 데 있다. 유통에서의 이러한 '긴 꼬리'는 효율적이면서 민주적이기도 하다. "틈새를 손이 닿는 곳으로 가져오는 일은 비상업적 콘텐츠에 대한 잠재 수요를 드러내는 것"으로(2009a: 26) 그 점에서 지금까지 전통적인 미디어 경제가 해 왔던 것보다 훨씬 더 다양한 범위의 콘텐츠를 소비자들에게 노출시킨다. 이는 문화 산업에서 의사 결정 과정에 대한 내부적 힘의 균형이 위계적인 엘리트들로부터 대중 (그리고 틈새) 취향에 대한 새로운 모니터 역할을 하는 다수의 '우리'에게 내려오도록 변화시킨다. 그에 따르면 '개미들'이 "확성기를 갖게 되는 셈"이다(2009a: 99).

풍요로운 기술은 다른 결정적 방식으로도 미디어 산업에 영향을 주었다. 디지털화와 인터넷의 무제한적 저장 능력은 거래와 유통 비용을, 이제 무료로 물건들을 주면서도 돈을 벌 수 있을 정도가 될 만큼 낮추는 데 기여했다(Downes, 2009: 38~40; Rifkin, 2014를 보라). 구글은 검색 엔진을 이용자들에게 무료로 제공하면서 엄청난 수익을 내고 있고, 이들이 페이스북에 참여하거나 왓츠앱WhatsApp[56]을 통해 접속

56 2009년 얀 코움Jan Koum과 브라이언 액턴Brian Acton이 공동 창업한 인스턴트 메시지로, 2014년 페이스북이 약 200억 달러에 인수했다. 2016년 2월 전 세계 이용자 수가 10억 명을 돌파했다. — 옮긴이

할 때 어떠한 비용도 요구하지 않는다. 크레이그리스트는 이용자들에게 한 푼도 받지 않고 자신들이 갖고 있는 엄청난 생활 광고들을 분류해 제공함으로써 사람들이 무료로 검색하도록 허용한다. 실제 온라인에서 게임, 노래, 뉴스, 오락물, 소프트웨어 등은 점점 늘어가고 있으며 대부분 무료로 이용 가능하다. 크리스 앤더슨(2009b: 12)이 말한 대로 이것은 결코 불법적인 저작권 침해(해적 행위) 문화가 아니라 기본적 디지털 서비스에 접속하기 위해 돈을 반드시 지불할 필요가 없는 '완전히 새로운 경제 모델'인 '공짜' 문화인 것이다.

> 웹은 무상의 땅이 되었는데, 이는 어떤 사상이 아니라 바로 경제학 자체에 기인한다. 가격은 한계 비용까지 떨어졌으며 온라인에서의 모든 한계 비용은 이미 제로에 충분히 근접해 있다(Anderson, 2009b: 92).

엄밀히 말해서, 온라인 경쟁사들로부터의 부당한 가격 경쟁에 직면해 매출과 수익이 하락하는 기존의 음반 회사, 신문사, 출판사에게 이는 대단히 충격적인 현상이다.

자비스("공짜와 경쟁하기는 불가능하다." 2009: 76)와 앤더슨("'공짜'란 가격이 있어야 할 곳에 '끝까지 빈 공간이 있는 구멍'을 말한다." 2009b: 34) 모두 이렇게 '급진적인' 가격 형성 방식이 신비하면서도 억제할 수 없는 어떤 힘을 갖고 있다고 생각한다. 그들은 '공짜'가 자유 시장 경제학의 규칙을 무시하거나 초월하는 것이라고는 주장하지 않는다. (그것은 결국 수익성이 있는 광고료에 바탕을 둔 것이다.) 오히려 시장이 마침내 그 매력을 쉽게 인정하게 된 것이다. "디지털 영역에서 궁지에 몰리면 법률과 규제로 무료 정책을 유지하는 노력을 할 수는 있겠지만 결국에 가서는 경제적 중력이 승리하게 될 것"이라고 앤더슨은 주장한다(2009b: 241). 사실 '공짜'는 종종 전통적인 시장 거래에서보다는 구글에서 광고를 하는 작은 회사들 혹은 크레이그리스트의 수십만 광고주들을 더 이롭게 하면서 조금 더 '민주적인' 방식으로 가치를 재분배하며, 여기서 "광고의 가치는 단지 과거의 소수에서 지금의 다수로 이전"되었다(2009b: 129). 따라서 풍요로운 미디어 경제는 일련의 연동되는 틈새들로 시장을 분할할 뿐 아니라 생산품에 대해 과도한 가격을 청구하려는 '올드 미디어'의 능력에 이의를 제기함으로써 경제 내 힘의 관계를 재구성했다. 앤더슨이 말한 대로 "풍요의 시장에서는 더 이상 희소성 시대의 가격을 사람들에게 청구할 수 없다"(2009b: 127).

바위 대 조약돌

만약 앤더슨이 제안한 대로 틈새시장이 낡은 '블록버스터 시장'을 대체하고 있다는 주장이 옳다면 소수 히트 상품의 대중적 분배에 전통적으로 의존하고 있던 미디어 환경에서 일어날 만한 변화에는 어떤 것이 있을까? 20세기적인 산업 생산의 아이콘인 '거대 미디어Big Media'는 유통 창구가 별로 없던 시기엔 대중의 관심을 많이 받으며 상당한 역할을 담당했다. 그들은 생산, 마케팅에 엄청난 자금을 쓰며 자신들이 참여한 시장을 통제했다. 그러나 디지털 풍요의 시대에는 이러한 블록버스터 전략이 종말을 맞게 된다. 〈하버드 비즈니스 리뷰Harvard Business Review〉의 영향력 있는 블로거인 우메어 하크Umair Haque(2005: 106)에 따르면, 디지털 시장은 집중화보다는 분배된 규모의 경제학 원리들을 따라, 명령이 아니라 '조화'의 연장선상에서 구성된다. 따라서 틈새시장으로부터 이윤을 얻기 위해 요구되는 제품 전략은 "개방성, 지성, 탈집중화, 연결망"이며(2005: 106), 엄밀하게 말해 이는 소유 본능과 위계 구조를 가진 '낡은 미디어'에는 부족한 부분이다. "경쟁력을 죽이는 전략"이 효용성을 잃어가는 양상과 "진정으로 경쟁력이 있는 시장"이 출현하는 양상이 관찰되기 시작한 것이다(Anderson, 2009b: 175).

이것이 의미하는 바는, 디지털 세상에서 가장 번창할 가능성이 높은 기업은 풍요라는 개념이 주는 시사점과 개방성을 이해하는, 즉 인프라(파이프라인), 사람, 제품, 심지어 지적재산권조차도 과거처럼 단지 소유한다고 해서 더 이상 성공의 열쇠가 되지 못한다는 것을 이해하는 행위자들이라는 사실이다(Javis, 2009: 4). 자비스에게 이러한 기업은 현실에서 그가 "최초의 포스트미디어 기업"이라고 묘사한 구글이다(2009: 4). '네트워크화된 힘'은 소유하는 것보다는 연계하는 활동에 방점을 두는 사람들에 의해 축적되는 것이고, 이 사실을 아는 구글은 인터넷 논리를 가장 잘 이해하는 회사라는 것이다. "만약 구글이 올드 미디어들처럼 생각했다면 …… 그들은 콘텐츠를 통제하고 그것을 중심으로 벽을 쌓으면서 우리를 그 안에 집어넣으려 애썼을 것이다"(2009: 28). 대신 구글은 소니, 애플 같은 회사들이 플레이스테이션PlayStations이나 아이패드iPad에 '폐쇄된 구조'를 작동시키는 것과 대조적으로, 개방된 네트워크에 대한 검색 트래픽을 통제하는 데서 이익을 얻고 있다(Tapscott & Williams, 2008: 134). 소니와 애플의 태도는 여러 곡들을 섞어 놓는 '매시업mashup'에 대해 자신들의 소유권 주장을 강조하며 단속을 벌이던 주요 음반 회사들의 디지털 이전 태도를 되풀이한 것이다. 구글의 논리는 음반 회사들이 이러한 이용자들에게 소송이나 협박을 하는 대신 오히려 이들과의 관계를 중심으로 그 가운데 자신들의 콘텐츠를 위치시켜 이들을 계속 연결시켜야 한다는 것이었다. 탭스콧과 윌리엄스(2008: 143)에 따르면 "소비자에 대한 통제가 아니라 오히려 이들의 존재 가치가 디지털 경제의 해답"이다.

구글의 성공은 많은 '신경제' 이론가들에게 블록버스터 경제의 쇠락과 함께 최근 미디어의 구조가 급변하고 있음을 보여 준다. 수직적으로 통합된 전통적인 대기업들은 디지털 풍요라는 환경적 압박 아래에서 점차 그 영향력이 줄어들고 있으며 민첩하면서도 집중화된 통제에서 상대적으로 자유롭고 협업의 가능성에 더 개방적인 신생 업체들이 거세게 도전하고 있다. 찰스 리드비터는 이 현상을 디지털 이전 시대를 지배했던 매스 미디어의 '바위들이' 개별 이용자들에 의해 만들어진 "'자갈들'의 밀물에 잠겨 버린"(2009, xix) "새로운 구조적 풍경"(2009, xxi)으로 설명한다. 성공적인 새로운 미디어 기업들은 이른바 '자갈'을 조직할 수 있는 기업들이다. 그 유형을 대략 분류하면 정보와 관련한 위키피디아, 사진에 대한 인스타그램, 도서에서는 아마존, 동영상의 유튜브, 단편적 대화의 트위터, 그리고 사회적 상호 작용 관련 페이스북이 여기에 해당된다. 물론 구글은 모든 영역을 목록화하고 있다. 이와 같은 자갈과 바위의 문제는 단순히 규모의 영역뿐 아니라(구글은 결국 자갈들의 거대한 집합체다) 구성 요소들의 문제이기도 하다. '바위들'은 내부가 상당히 복잡하고 집중되지만 그에 반해 '자갈들'은 가볍고 더 투명하다. "상대적으로 자갈의 내부는 바위에 비해 작다. 이 때문에 자갈들은 높은 외부 지향성을 지니고"(2009, xxii) 네트워크화된 경제 역학에 훨씬 더 적합해진다. 네그로폰테가 1996년에 예측한 미디어 조직의 가내 공업이 마침내 실현된 듯 보인다.

공유 문화

디지털 기업의 '외부 지향적' 성격은 새로운 미디어 경제의 다른 중요한 특징과 관련이 있다. 인터넷에서는 정보, 행위, 그리고 사람들을 연결시키는 무수한 접속점들을 통하여(Jarvis, 2009: 28) 이전의 대중 방송 시스템에서는 불가능했던 수평적이며 직접적인, P2P(peer-to-peer)에 의한 교환 행위가 활발해진다. 인터넷은 고집스럽게 어쩌면 근본적으로도 배선에 의해 연결되었다는 점에서 사회적이며 따라서 사람들이 사용하는 기술과 지식을 모두의 이해관계 속에 통합되도록 해 준다. 리드비터(2009: 7)에 따르면 웹의 '공유, 분산, 민주성'이라는 중요한 문화는 "우리가 일제히 다함께en masse 생각하고 놀고 일하는 방법"이라는 혁명적 상황을 뜻하는 '위싱크We-Think'(우리는 생각한다)[57]의 상황을 이끌었다(2009: 19). 이는 조지 오웰적인 전체주의 형태의 '집단사고Groupthink'라기보다는 기술을 이용해 수백만 명에 이르는 사람들의 아이디어, 창조성, 자원을 결집시키는 새로운 기회다. 디지털 이전 시대에는 혁신이 주로 회사나 실험실 내부에서 일어났다. 그러나 인터넷은 차고, 침실, 연구실, 거실 안에서 이루어지는 집합적 형태의 혁신을 가능케 한다. 탭스콧과 윌리엄스(2003: 15)에 따르면 "국경, 규율, 문화를 넘나드는 대중의 협업은 경제적인 동시에 오락적인 것이다. 우리는 협업으로 [리눅스 같은] 인터넷 운영 시스템, [위키피디아 같은] 백과사전, 미디어, 상호 부금 등을 만들 수 있다. …… 우리는 우리 자신이 경제가 되도록 이끌고 있다."

당연하게도, '공유 경제'의 핵심은 일반 이용자들이 숙박, 교통,

57 찰스 리드비터는 《집단지성이란 무엇인가We-think》에서 유튜브, 위키피디아 등에서 대중의 창의력이 발전하게 되는 현상을 '위싱크'라는 용어를 통해 설명하였다. — 옮긴이

금융, 그외 자잘한 일들의 다양한 영역들에서 발생하는 고객의 요구를 맞추기 위해 각자의 여유 능력을 재분배하는 것이다. 예를 들어 주차 공간, 주택, 송곳, 목돈과 같이 소유하고 있지만 비교적 덜 쓰이는 자원들이 광대역으로 연결되면서, 개별 최종 소비자들은 더 이상 기업의 매개가 없더라도 서로 연결되어 이러한 서비스를 이용할 수 있다. 어떤 협력 벤처의 CEO는 공유 경제란 "잉여를 공동체에 재분배하는 가치" 혹은 "느슨하게 짐을 꾸리는 것"이라고 말한다(Stephany, 2015: 9). 다른 이들은 "인터넷에는 생산자와 소비자, 판매자와 구매자, 임대인과 임차인, 이웃과 이웃 사이의 효율적인 개인 간 교환을 위한 개방적인 시장 공간이 있기 때문에" 물물 교환이나 이웃 관계와 같은 단순한 아날로그적 행동 형식이 디지털 시대에 확장되었다고 주장한다(Botsman & Rogers, 2011, xiii). 조파Zopa(대부업), 에어비앤비(숙박), 우버(택시), 블라블라카blablacar(합승), 피어바이Peerby(가정용품 대여) 같은 업체들은 자신들의 플랫폼이 매개자들이 아니라, 이용자들이 소유하는 여유 능력이 효율적으로 교류되도록 보증하는 것이라고 말한다. 그런 이유로 심지어 폴 메이슨 같은 좌파 경제 전문가들까지도 이러한 상향식 자원 분배 모델에 고무되어 "만약 당신이 사회적 정의와 함께 참여와 선택을 할 수 있는 경제를 재구성하려 한다면, 바로 공유 모델에서 시작할 수 있다"고 하였다(Mason, 2015b).

이와 같은 새로운 '풀뿌리' 경제는 신기한 동력을 갖고 있다. 대중의 협업에 의해 생성된 틈새 경제라는 점이 그렇다. 이는 매우 특화되어 있지만 "군중의 지혜"에서 이윤을 얻는 집단의 원칙을 바탕으로 조직되었다(Surowiecki, 2004). 이렇게 볼 때 인터넷은 '좀 더 날씬하고' 적용이 수월한 구조가 위계 구조와 관료적 절차로 인해 무겁게 꼼짝

하지 않는 '바위들'을 압도하는 대중 참여의 형태로 활성화한다. 리드비터(Leadbeater, 2009: 24)가 주장하는 "조직화된다"는 의미는 그래서 "더 이상은 우리가 분명한 공식적 위계를 가진 조직을 필요로 하지 않는다는 것이다." 대신 약간의 협력 기준들만 필요하다. 선택에 대한 헌신, 낯선 사람들과의 '신뢰'와 공통의 것에 대한 '신념' 그리고 그 여유 능력을 이용하기 위한 역능 등을 말한다(Botsman & Rogers, 2011: 75). 탭스콧과 윌리엄스(2008: 15)는 "외부 협업자들과 신뢰를 기반으로 한 민첩한 관계를 구축하는 공간들이 존재하는데, 이는 위계적으로 조직된 사업들보다 더 효과적으로 가치를 창출하며 활기찬 사업 생태계를 형성한다"고 본다. 사회가 상호성이나 보통 사람들의 풀뿌리 기업가 정신에 따라 운영되고 가치의 원천이 소수가 아닌 다수의 이용자 — 혹은 엘리트에 반대되는 의미의 '모든 사람'(Shirky, 2008) — 에게 있게 되면서 미디어 산업의 구조 변화 및 이어서 논의할 민주적 가능성에 관련하여 몇 가지 주목할 만한 시사점이 발견된다.

우선, 위계의 수평화 그리고 인터넷의 다중심성polycentric 때문에 발생하는 점 대 점 커뮤니케이션point-to-point communication의 확산은 전통적인 게이트키퍼들이 활약하던 공간을 축소시켰다. 웹이 구매자와 판매자, 팬과 록 밴드, 독자와 저자 사이에 직접적인 커뮤니케이션을 가능케 한다면 — 부동산 중개업자, 음반 회사, 중고차 딜러 심지어 독자들에게 기간이 지난 광고를 쉽게 전달하는 신문에 이르기까지 — 중개인의 필요성은 완전히 사라지게 된다. 대신 안내 광고를 위해 크레이그리스트, 음악이 목적이면 밴드캠프Bandcamp,[58] 집을 판매하

58 2007년 설립된 미국 캘리포니아에 본사를 둔 음악 구매 및 스트리밍 플랫폼이다. 인디 음악 밴드나 아티스트들이 자신의 음악을 온라인에서 판매하기 쉽도록 만들어졌다. — 옮긴이

려면 라이트무브Rightmove,[59] 그리고 자동차와 관련해선 오토 트레이더Auto Trader를 찾으면 된다. 이러한 탈중개의 과정 혹은 자비스(2009: 73)가 말한 "중개인들의 영향력이 줄어드는" 현상은 오랫동안 학자들의 주목을 받아 왔다(신문과 관련해서는 Sparks, 2000, 디지털 네트워크와 관련해서는 Galloway, 2004를 참조하라). 하지만 인터넷과 함께 이동하는 대중이 일상생활에서 필요한 정보와 자원을 자발적으로 더 풍부하게 접하게 되면서 그리고 인터넷을 통해 이전보다 더 직접적인 거래 관계가 가능해짐에 따라 전통적인 관리자들은 "시장의 비효율적 운영자들"로 여겨지게 된다(Jarvis, 2009: 76). 그렇다면 전통적인 광고 대행사들과 같은 경우 어떻게 놀라운 효율성을 보여 주는 알고리즘 기반 고객 맞춤형 광고 방식을 사용하는 구글과 경쟁할 수 있을 것인가?

둘째, 디지털 기술은 훨씬 더 많은 이용자들에게 창조적인 도구를 직접 안겨 줌으로써 미디어 생산 과정의 민주화에 크게 기여한다고 평가된다. 스마트폰, 편집용 소프트웨어, 인터넷 호스팅 서비스, 광대역 이용이 훨씬 쉬워진다는 점을 감안하면 콘텐츠의 생산 역시 점점 더 '대중'의 수중으로 들어오게 된다. 가령 퓨 연구소의 보고에 따르면, 미국의 10대 중 75%가 스마트폰을 사용하며 71%가 페이스북을 이용하고 절반 이상이 인스타그램으로 사진과 영상을 공유하며 17%는 레딧Reddit[60]과 디그Digg[61] 같은 토론 게시판에서 글을 읽거나

59 2000년 설립된 영국의 부동산 중개 사이트다. — 옮긴이

60 소셜 뉴스 웹사이트로 자신이 쓴 글을 등록하면 다른 사용자들이 그 글에 대해 '업' 혹은 '다운'을 선택하여 투표한다. 그 순위에 따라 선정된 글들이 주제별 섹션이나 메인 페이지에 올라가게 된다. — 옮긴이

61 2004년 12월 만들어진 소셜 북마크, 블로그를 합친 형태의 웹사이트로, 특정 편집자가 아닌 누구나 참여할 수 있다. 주로 기술, 과학, 게임 등에 관한 정보를 공유한다. — 옮긴이

저작물을 만든다(Pew, 2015). 이전 조사에 따르면 이들 가운데 39%는 자신의 온라인 저널이나 블로그를 가지고, 51%는 오리지널 콘텐츠를 재가공하고 59%는 자신의 웹페이지를 만들거나 이를 활용하는 것으로 나타났다(Purcell, Buchanan, & Friedrich, 2013: 72). 리드비터(2009: 211)에 따르면 "낡은 스타일의 산업적 미디어는 우리에게 주로 보고 읽는 일에 주력하도록 만든 반면 웹은 대중적인 논쟁을 즐기는 사람들의 범위를 엄청나게 확대시키며 그들이 직접 제안할 수 있는 아이디어의 범위까지도 확장시킨다." 톱 브랜드를 위해 아마추어들이 만든 텔레비전 광고의 급증은 '크라우드소스' 창작의 민주적 가능성을 보여 주었다. 값비싼 광고 대행사의 제작물 대신 이용자 제작 콘텐츠(UGC)는 창의성을 발휘한 협업적인 접근 방식의 대표 사례로 여겨진다(Leadbeater, 2009: 56). (예를 들어, 2014년 출시된 도리토스Doritos 감자칩의 '크래시 더 슈퍼볼'의 텔레비전 광고는 단돈 300달러가 들었다는 소문도 있다. Petavy, 2014) 이는 20세기에 대량 생산된 음반이나 영화 산업 문화에 의해 소멸되었던 더 오래되고 민속적이었던 문화를 부활시키는 효과를 낳는다.

생산자와 소비자의 경계가 흐려진다는 사유는 '생비자'의 등장에 대한 토플러(Toffler, 1980)의 예측과 미디어에 능한 '능동적 수용자'가 가져오는 '기호학적 민주주의'의 출현을 예견한 피스크(Fiske, 1987)의 이론 등을 현실에서 구현시키고 있다. 그러나 탭스콧과 윌리엄스의 글에서 '생비자'의 발흥은 하나의 경제적 혁명을 가리키는 것이다. "여러분은 동료 및 선호하는 회사와 동등하게 공동으로 가치를 창조하는 존재이며 개인적인 욕구를 만족시키면서 성취감을 주는 공동체에 종사하고, 세상을 변화시킬 수도 있고 그 정도는 아니더라도 단지 즐거움을 위해서 경제 활동에 참여할 수 있다!"(Tapscott & Williams, 2008: 150). 아주 획기적인 부분은 '생비'의 가능성인데, 앤더슨은 여기서 오늘날의 이용자 제작 콘텐츠를 마르크스가 《독일 이데올로기German Ideology》에서 제시한 '소외되지 않은 노동'과 비교한다. 마르크스는 임금 노동의 속박으로부터 해방된 사람들이 "아침에는 사냥을, 오후에는 낚시를, 저녁에는 소를 사육하며 저녁식사 후에는 비평을 할 수" 있는 공산주의 사회를 꿈꿨다(Anderson, 2009a: 62에서 인용).

이처럼 창조적인 동시에 즐길 수 있는 생산에 대한 사유는 진행되고 있는 디지털 경제의 노동에 관련하여 진행되고 있는 또 다른 중요한 요소인 사회관계 내 변화 양상과 관계가 있다. 많은 신경제 이론가들은 인터넷으로 강하게 연결된 협업적 원칙들이 원거리의 시장 전반에서 실행되고 있다고 여긴다. 노동이 소외되고 대부분의 의사 결정에서 노동자들이 배제되었던 곳에서 새로이 지식을 공유하고, 아이디어를 교환하며 공동으로 창조하기 위하여 디지털 기술들을 사용하는 "위키 워크플레이스Wiki Workplace"가 생성되고 있다(Tapscott & Williams, 2008: 239~267). 이 주창자들에 따르면, 이곳은 노동자들에게 참여, 작업의 이행, 그리고 더 효율적인 노동의 이용 기회를 제공해 주고 있다. 탭스콧과 윌리엄스의 저서 《위키노믹스Wikinomics》에는 기업이 고객과 직원의 말을 경청하고, 의사 결정 과정에 이들을 포함시키고, 또한 혁신적인 사고를 시험해 볼 수 있는 어느 정도의 자율권을 이들에게 주게 되면서 한층 성장한 많은 기업의 사례들이 제시되어 있다. 그 결과, "융통성 없는 고용 관계를 갖고 있던 폐쇄되고 위계적인 직장들이 기업의 내외부 모두에서 지식과 자원을 도출해 낼 수 있는 자기 조직화되고, 분배적이며, 협업적인 인간 자본의 네트워크로 점차 변화한다"고 주장한다(2008: 240).

이 책에 따르면 '위키 워크플레이스'의 가장 좋은 사례는 최고로 역동적이면서 진보적인 정신을 지닌 구글에서 찾을 수 있다. 직원들은 무상으로 식사를 제공받고(특히 요리사는 기업 내에서 중요한 책임을 맡고 있다. 예를 들어 Vise, 2008: 192~203) 구글플렉스Googleplex 건물까지 와이파이가 가능한 무료 버스를 타고 출퇴근하며 의사와 식기세척기 같은 특혜도 부여받는다. 그리고 어쩌면 가장 유명하게도, 주마다 하루씩 자신의 계획에 따른 개인적 작업을 할 수 있게 휴일을 가진다. 이러한 '20%의 규칙'(5일 가운데 하루 휴식)은 직원들에게 중요한 시공간을 제공하며 구글 뉴스와 구글 상품 검색 같은 서비스의 등장을 가능케 했다(Vise, 2008: 130~140). 구글의 '사악해지지 말자'라는 슬로건은 아마도 그들의 제품뿐 아니라 작업 공간에도 적용되었는데, 그 이유는 회사 설립자들의 본질적인 자비심 때문이 아니라 "악에 대한 비용이 이익을 넘어서게 되었기 때문이다…… 사람들이 여러분과 함께, 여러분에 대해, 여러분 주위에서 공개적으로 터놓고 이야기할 때, 그들을 쥐어짜는 것은 더 이상 유효한 비즈니스 전략이 되지 못한다"(Jarvis, 2009: 102). 디지털 이전 시대의 불투명성과 고립에서 자유로워진 노동은 그 직원과 회사 양쪽에 모두 보상이 되는, 즐길 수 있는 활동으로 변모된다.

자본주의를 와해시키기

지금까지 기술된 문헌들에서, 웹의 이점이 가장 잘 실현될 수 있는 사회적 조직의 양식은 자유 경쟁 시장이다. 그러나 몇 가지 드문 예외가 있긴 하다. 리드비터는 크리스 앤더슨과 같은 자유주의 지지자들의 시장 원리주의를 비난하면서 자신을 클래이 셔스키, 요차이 벤클러 등과 함께 사회적 생산과 동등한 네트워크peer network의 비상업적 가능성을 사유하는 "공동체적 낙관론자"로 설명한다(2009: xxviii). 리드비터는 사유 재산이 모든 생산 활동의 기초라고 믿는 생각에 반대하면서 "웹의 확산이 우리로 하여금, 과거와 달리, 소유와 비소유적인 힘이 서로 공존하는 유리한 관점에서 미래를 바라보도록 하고 있다"고 말한다(2009: 6). 리드비터는 개인과 공공의 재화를 상호 보완적인 것으로 이해하면서 웹의 협업 정신과 구조에 의해 시장 거래가 길들여지는 혼합 경제를 요구한다. 그는 비록 오픈 소스와 위싱크와 같은 이상적인 공동체 자본주의로 시장 관계를 대체하기를 공개적으로 요구하지는 않지만 사적 자본주의 원리를 폭로하고 개선하기 위하여 '공동의 것the commons'의 원칙을 강력하게 요청한다(2009: 121). 반면에 메이슨은 그 잠재성을 최대한 실현하고 '닷코뮤니즘dotcommunism'의 형식으로 나가기 위한 디지털 수단의 사회화에 주력한다.

그러나 일반적으로는, 인터넷이 사적인 기업의 쇄신과 강화를 위해 가장 환상적인 기회를 제공한다는 공통된 가정이 존재한다. 많은 문헌들은 디지털 기술이 가져 온 효율성, 비용 편익, 그리고 전략적 가능성에 대한 이야기들로 가득 채워져 있다. 인터넷은 기업들이 이러한 새로운 환경에 대해 적응하지 않으면 경쟁사들에게 밀려나도록 만든다. 현재의 현상을 흔들어 미래를 위한 새로운 길을 창출하는 것이 바로 '와해' 기술의 고전적 사례다. 이는 법률학자 래리 다운스가 채택한 접근 방법이다. 그는 인터넷이 바로 19세기의 철도같이 "궁극적으로 극적인 변형을 요구하는," 즉 슘페터가 말한 '창조적 파괴'의 힘인 '와해' 기술의 사례라고 주장한다(2009: 10). 그런 점에서 다운스

(2009: 10)는 인터넷에선 '킬러 앱killer app'을 찾을 필요가 없으며 인터넷 자체가 '킬러 앱'이라고 말한다. 즉 "그것을 도입함으로써 오랫동안 지탱해 온 시장의 규칙과 심지어는 사회 전체가 붕괴되는 그러한 기술적 혁신"이라는 것이다.

제임스 매퀴비James McQuivey 역시 이러한 관점에 동조하며 우리가 "디지털 혼란이 디지털 대상에게 그리고 디지털 대상을 통하여 물리적 대상의 파괴를 촉진"하는 "와해적 혁신disruptive innovation"의 국면에 직면하고 있다고 주장한다(2013: 4). 기업들은 아날로그 사업에 대한 비효율성을 노출시키고 생산과 거래 비용을 억제시키는 인터넷의 집요함 덕택에 점점 더 '구글의 논리'에 자신의 사업 계획을 통합시키지 않을 수 없게 된다. 이에 관해 매퀴비는 인터넷이 진입 장벽을 없앴다고 주장한 바 있다(2013: 5). 폴 메이슨은 이러한 혁신은 디지털 와해의 속도까지도 와해시키며, 우리는 기술을 공유함으로써 현재의 경제 질서에 더 폭넓게 도전하는 가능성을 발견할 수 있다고 말한다. 메이슨은 택시 운전사와 호텔리어들이 자신들의 삶을 보호하기 위해 취한 조치들을 설명하며 "아마존, 페이스북, 이베이 같은 2000년대의 '오래된' 독점 모델들이 거대 공룡 산업들 — 출판업과 대형 서점 — 을 붕괴시킨 반면 이러한 새로운 공유 산업들은 실제 사회를 붕괴시킬 수 있다"고 말한다(Mason, 2015b). 이는 이른바 "빅뱅 붕괴의 시대the era of Big Bang Disruption"가 된다는 것이다(Downes & Nunes, 2014).

이러한 지속적인 혁신의 과정은 때때로 새로운 기술의 이점을 먼저 알아보고 기업을 뒤집어놓는 일마저 두려워하지 않는 개인들이 갑자기 등장해서 우리가 세상을 바라보는 방식마저 바꾸어 놓는 것으로, 우리 사회 시스템의 장점 가운데 하나로도 여겨진다. 이들이 바로 다운스(2009: 220)가 "저항 세력"이라 부르고 자비스(2009: 4)가 "와해 자본가"라고 부르는, 구글의 세르게이 브린Sergey Brin과 래리 페이지, 크레이그리스트의 크레이그 뉴마크Craig Newmark, 아마존 창립자인 제프 베조스Jeff Bezos, 애플의 스티브 잡스와 같은 이들로서, 19세기 자본가들이 갖고 있던 원래의 개척 정신을 새롭게 구현한 '혁신가'(Isaacson, 2014)로도 여겨진다. 이처럼 두려움을 모르는 개척자들은 "이제 새로운 방식과 사상가들 덕분에, 오래되어 사라지고 있는 낡은 산업의 규칙으로는 불가능했던 결정"들을 실현하고 있다(Jarvis, 2009: 4). 그들은 기존 사업의 이해관계자들로부터 공격을 받는 동시에, 정부로부터도 불신의 대상으로도 취급 받는 아웃사이더들이다.

물론 이는 엄밀하게 말해서 개척자들 자신이 좋아하는 이미지일 뿐이다. 현실에서 구글의 회장 에릭 슈미트는 많은 경쟁사들이나 유럽, 미국의 규제 기관들 때문에 구글이 어려움에 처했을 때 이렇게 주장했다. "모든 종류의 정부는 우리가 무엇을 하고 있는지 알아내느라 바쁘다." 그리고 "우리는 매우 분열적이며 그러한 분열 과정이 적을 만들어 내는 경향이 있다"(Oreskovic, 2010에서 인용). 그렇지만 이는 오히려 반항아들로 하여금 모든 위험을 무릅쓰고 자신의 기술로 사회 변화를 가능케 하여, 혼란, 불확실성 그리고 반대 세력의 등장에도 불구하고 더 생산적인 미래를 위한 토대를 쌓게 한다는 점에서 자본주의에 낭만적 이미지를 더하게 한다. 만약 우리가 탭스콧과 윌리엄스(2008: 15)를 믿는다면 인터넷 프로토콜과 디지털 문화의 협업 정신을 기반으로 실현된 최근의 성과는 마치 "이탈리아의 르네상스 또는 아테네의 민주주의와도 동등한 새로운 시대로 안내하고 있다…… 우리 모두가 선도적인 역할을 하는 가운데 새로운 경제 민주주의가 부상하고 있다." 이것이 디지털 미디어 경제의 약속이다.

자본주의가 다시 역공하다

인터넷이 가진 변혁의 힘에 대한 찬사들이 엄청난 양의 실증적 데이터를 확보하고 있는 데 반해, 웹의 참여적 가능성에 대한 열정적 헌신과 전통적 경영 경제학에 내비치는 정당한 회의론의 대부분은 디지털 환경의 역동성에 대해 명확한 설명이 어려운 일련의 근거 없는 주장들, 뿌리 깊은 오해, 그리고 곤혹스러움에 기대고 있다. 일반적으로 그것은 기술결정론자 혹은 시장원리주의자들의 발언 양식에 상당히 깊이 스며들어 있어서 글로벌 CEO, 투자가나 정치인들과의 특별한 관계를 목표로 하는 자본주의 기업가주의에 대한 찬가를 제외하고는 어떤 것에서도 그 주제를 읽어 내기란 쉽지 않다.

새로운 디지털 경제의 주장들을 평가함에 있어 전적으로 다른 접근 방법이 존재한다. 하나는 마르크스주의적 비판에 바탕을 두어 자본주의의 혁명적 성과에 대한 인식을 왜 자본주의가 구조적으로 이러한 성과와 잠재력을 완전히 실현하지 못하는지에 대한 분석과 결합시키는 방법이다. 사실 마르크스와 엥겔스가 《공산당 선언Communist Manifesto》에서 한 자본주의에 대한 찬사는 약 160년 뒤에 자비스 또는 앤더슨이 구글에 한 것만큼이나 극찬의 내용이다(물론 종반부에는 긴장 어린 비판이 서려 있다). 마르크스가 강조한 유명한 내용은 인간의 역사에서 자본가 계급이 '가장 혁명적인' 역할을 했다는 점이다. 즉 "사람의 활동이 무언가를 창발한다는 사실을 처음으로 보여 주었다.

이는 이집트의 피라미드, 로마의 송수로, 고딕 성당 등을 훨씬 능가하는 놀라움을 동반한다"(Marx & Engels, 1975[1848]: 36). 물론 그 배경에는 각개 과학자들과 기술자들의 '천재성' 또는 선구자적 기업가들의 위업이 아니라 혁신과 전진하려는 구조적 필요성에 기반을 둔 사회 시스템이 자리한다.

> 부르주아 계급은 생산 도구, 생산 관계 그리고 전체 사회관계를 지속적으로 변혁하지 않고서는 존재할 수 없다. 이와 대조적으로 불변의, 낡은 생산 양식의 유지란 모든 초기 산업 계급의 존재를 위한 첫 번째 조건이었다. 생산에 대한 지속적인 변혁, 모든 사회적 조건에 대한 계속적인 교란, 영구한 불확실성과 동요는 부르주아 시대를 다른 모든 초기 시대들과 구분 짓는 특징이다(Marx & Engels, 1975: 36).

한편 마르크스는 자본주의의 혁신에 매료된 것처럼, 자본주의가 자신을 재생산하는 방식에도 놀라움을 금치 못했다. 먼저 그가 주목한 것은 지배층 엘리트에 의해 모든 잉여분이 소비되었던 초기 사회와 반대로 자본가들은 시장에서 좀 더 효과적으로 경쟁하기 위해 이러한 잉여분을 재투자한다는 점이었다. 따라서 마르크스에게 가치를 확대시키는, 즉 모든 가치가 함축된 것으로 이해되는 자본이라는 개념은 예전엔 "단지 많은 자본들로서만 존재"할 수 있었다(Marx, 1973: 414). 근대 자유 시장에서 구현되었듯이, 경쟁은 새로운 사회 체제의 DNA이기에, 생산력을 높이고 노동 비용을 줄이며 새로운 시장을 개척하여 수익률을 증가시키려면 혁신이 필수적으로 요구된다. 자본가들은 자신의 목표를 가장 효과적으로 달성할 수 있도록 더 많은 경쟁력 있는 자본의 축적에 몰두하게 되었다. "축적하고 또 축적하라! 바로 그것이 모세와 선지자들이 한 일이다"(Marx, 1918: 606). 이것이 의미하는 바는 자본가들은 생산 과정으로부터 더 많은 가치를 추출하기 위해 그들이 할 수 있는 모든 것을 다하리라는 점이다. 한때 인간 주체성의 필수적 부분이었던 노동은 갈수록 그 주체들로 하여금 통제력을 잃어버리게 했고 — 과거엔 즉시적인 사용 가치 때문에 향유되었던 대상들이 이젠 주로 시장에서 거래될 수 있는 능력에 따라 가치를 가지게 되었으며 — 경제에서의 조정 능력 부족으로 인해 약한 자본들을 완전히 소멸시킬 수 있는 과잉 생산의 위기가 존재한다. 마르크스에 따르면 이러한 착취, 소외, 상품화, 집중화 등의 과정은 자본주의에서 대다수 사람들이 경험한 놀라운 기술 진보 — 철도, 전기, 예방접종 프로그램, 방송, 그리고 당연히 인터넷의 발전에서 — 로 인하여 구성원 모두가 지불해야 할 끔찍한 대가다.

이 장의 핵심 이슈는 특히 정보 상품과 그 과정이 과거의 경향과 어느 정도 동일한지, 그리고 앞서 논의된 것처럼, 협업과 투명성이라는 인터넷의 특권이 인터넷을 오래된 위험으로부터 차단시킬 수 있는지, 마지막으로 디지털 경제가 위기에 직면한 자본주의의 고질적인 결함에서 예외가 될 수 있는지의 문제다. 그 질문들에 대한 한 가지 대답은 래리 다운스(2009: 3)가 말한 것처럼 "다른 상품의 형태와 구별되도록 정보의 독특한 성격"을 강조하는 것이다. 특히, 이는 만질 수 없다(무형이라는)는 점, 가치 하락 없이 동시에 소비될 수 있다는 점, 그리고 유통되면서 더 많은 가치를 얻는다는 면에서 그러하다. 이는 더 많은 사람들이 기하급수적으로 참여할수록 네트워크의 가치가 증가하고, 네트워크화된 환경 안의 '혁신가들'에게는 시스템 안에 이미 구조화된 이점을 제공한다. 페이스북은 이용자가 100명이 안 될 때엔 호소력에 한계가 있지만 이용자가 10억 명이 넘는다면 아주 매력적인 것이 된다. 구글의 알고리즘 역시 초기 소수의 검색에서는 다소 거칠고 투박했지만 처리하는 검색 요청 결과가 연간 1조 2000억 번에 달하면서 엄청나게 강력해졌다. 이런 것들이 바로 네트워크 효과인데, 가장 앞서서 고객을 '사로잡을' 수 있는, 그래서 유의미한 경쟁 가능성을 제거시킨 이들에게 주어지는 보상인 셈이다(McChesney, 2013: 13).

니콜라스 간햄Nicholas Garnham의 《자본주의와 커뮤니케이션Capitalism and Communication》(1990)은 비록 웹의 등장 이전에 쓰였지만, 그럼에도 불구하고 네트워크 효과가 마르크스가 정의한 자본주의의 경향성들을 극복할 수 있는지에 대하여 긴요한 통찰을 전해 준다. 문화 상품이 지니는 특별한 성격들(비경합적이고, 생산 비용이 분배 비용보다 훨씬 더 크며 언제나 새로움을 추구한다)을 검토하며 간햄은 이 분야에서 "가격 형성의 기반인 희소성을 확립하기는 어렵다"고 주장한다(1990: 160). 하지만 그는 문화 상품이나 정보 상품들이 시장 규칙에서 다소 예외적일 수 있다는 생각은 무시하면서, 미디어 상품들을 시장 법칙 안으로 흡수하기 위해 특별히 적용된 전략들을 설명한다. 우선 분배 비용이 생산 비용에 비해 미미하다는 점을 감안하면 이윤을 최대화하기 위해 무엇보다도 이용자 수를 최대한 확보해야 했다(1990: 160). 둘째 분배의 독점 채널을 설정하고, 비싼 하드웨어나 다른 고가의 서비스들에 대해서는 특가품 형태로 무료 콘텐츠를 제공하며, 광고주들에게 팔릴 수 있는 상품들로 소비자의 취향을 변화시키는 일 등을 통해 가격 결정의 통제력을 회복하여 인위적으로 희소성 개념을 재도입할 구조적 필요성이 있었다(1990: 161). 마지막으로 불확실한 대중 취향과 거래하기 위해 고립된 재화가 아니라 "위험을 분산시킬 수 있는 문화적 레퍼토리"를 생산하는 경향이 존재했다(1990: 161).

이들 접근 방식 중 일부는 앞에서 기술된 디지털 미디어 경제와는 전혀 양립되지 못하는 것으로 나타났다. 예컨대 크리스 앤더슨의 '긴 꼬리' 논문은 히트작에 초점을 맞추고 하나의 레퍼토리를 생산해 지지도를 최대화시켜야 한다는 주장을 직접적으로 무력화시켰다. 지금 같은 풍요의 경제에서는 희소성을 도입해 분배 채널을 독점하려는 시도가 소용없는 일이라는 것이다. 따라서 이번 장의 나머지 부분에서는 이와 같은 전략이 디지털 세상에서의 정보 네트워크에 어느 정도 관련 있는지를 생각해 보고, "'네트워크화된 정보 경제'를 구성하는 행위들은 집중, 중앙 집권, 감시 등의 비민주적 문제점들의 해소에 실질적인 영향을 미치지 못한다"는 올리비어 실뱅Olivier Sylvain의 주장을 다시 살펴보려고 한다. 실뱅의 관점에서 보면 오히려 이러한 문제점들 역시 새로운 미디어의 구성 요소에 불과한 것이다(Sylvain, 2008: 8).

디지털 경제에서의 상품화

인터넷의 큰 매력 중 하나는 개인적인 성취와 서로 간의 이득 외엔 아무 보상 없이도 자신들의 시간, 열정, 노동을 기부하는 열렬한 참여자로들 생성된다는 사실이다. 예를 들어 위키피디아, 리눅스, 디그 등에서 참여자들은 이들 사이트에서 선물 경제gift economy가 번창하는 데에 중요한 역할을 한다. 광범위한 웹 분야들에는 여전히 유료 콘텐츠

paywalls, 매표소, 구독료, 임대료 등이 없으며, 일반적으로 상품 유통에 적용되는 가격 구조 역시 갖고 있지 않다. 이용자가 구글, 페이스북, 인스타그램, 유튜브 등을 방문할 때 돈을 지불할 필요도 없다. 앤더슨은 이처럼 서적, 음악, 소프트웨어, 뉴스, 컴퓨터 게임의 무상 공급, 그리고 심지어 디지털 세상에서 가상으로 제공되는 자전거까지 모두 '비화폐 생산 경제'에 대한 증거라고 말한다(2009b: 189).

앤더슨의 주장은 두 가지 중대한 문제점을 안고 있다. '공짜'라는 점은 그의 저서 《프리: 비트 경제와 공짜 가격이 만드는 혁명적 미래 Free: The Future of a Radical Price》(Anderson, 2009b)의 제목에서도 언급되듯이 '급진적인 성격의 가격'임을 뜻한다. 첫째, '공짜'의 의미가 언제나 분명치는 않다. 온라인의 무료 콘텐츠는 웹에 대한 접근성 대신 컴퓨터 또는 모바일 기기의 구매 또는 임대 조건에 의존한다(그 어느 것도 무상이 아니다). 예를 들어 뉴스의 경우만 하더라도 유통 과정 내 여러 다른 지점들을 통해 수용자들은 사실 간단하게나마 그 대가를 지불한다. 즉 광고, 인쇄물 판매, 혹은 BBC의 경우 수신료 등을 통해 그 대가가 지불된다. 달리 말하면, 콘텐츠는 자신의 시간을 기증하려는 개인 이용자나 자신들의 서비스가 서로 다른 플랫폼에 걸쳐서 이용되길 원하는 기업으로부터 항상 보조금을 받는 셈이다. 이것은 런던의 박물관, 미술관들의 '무료' 입장 정책과도 유사한데, 빅토리아 앤드 앨버트 박물관은 방문자당 무려 평균 18.06파운드, 자연사박물관은 방문자당 무려 평균 13.87파운드를 납세자들에게 기부금으로 받는 셈이다(Guardian, 2010: 17). 이처럼 단순히 '무상, 무료'라 칭하는 현상은 사실 매우 모호한 개념으로, 디지털 경제에서 교환을 위한 비용이 실질적으로 제로(0)라는 앤더슨의 주장은 어떤 재화와 용역을 '무상'으로 제공하는 데 필요한 마케팅과 인프라 비용을 지나치게 과소평가한 것이다. 예를 들어, 맥체스니는 구글의 클라우드 컴퓨팅 서비스나 페이스북의 상태 업데이트를 가능케 해 주는 수십 개 서버 회사들과 데이터 센터들에 지불해야 하는 '심각한 자본 경비들'을 지적한 바 있다 (2013: 136).

둘째, 비록 콘텐츠가 소비자와의 직접적인 접촉 지점에서는 '공짜'로 제공된다 하더라도 생산자 입장에서는 가능하다면 어디서든 가격을 시장 체제 내에서 꾸준히 요구해 보려는 경향도 존재한다. 예를 들면, 〈뉴욕 타임스〉와 〈런던 타임스London Times〉가 '무상' 문화의 기대에도 불구하고 콘텐츠 유료 서비스를 시작했다는 결정은 이와 같은 매우 위험스러운 경향을 배경으로 한 것이다. '유료 서비스'는 아마도 정보 욕구가 왕성한 박학다식한 소비자들에게는 효력이 있을 수도 있겠지만 — 혹은 없을 수도 있겠지만(이미 프리미엄 콘텐츠에 대해선 기꺼이 대가를 지불하겠다는 의지를 보여 주었던 전문업계 이용자들과는 대조적으로) — 루퍼트 머독 같은 선도적인 미디어 거물조차 이러한 방식을 도입하는 것 외에 경영상 다른 선택의 여지가 없다고 생각했다는 것은 그로 인해 초래될 수 있는 불확실성에도 불구하고 반드시 수익을 창출해야 한다는 절박한 필요성을 잘 시사한다. 기득권자 입장에서는 (비록 유료 콘텐츠 전략에 대해 별 걱정을 하지 않는 콘텐츠 제공자들을 제외하곤) 현재의 '공짜'에 대한 구조에서도 지속 가능한 비즈니스를 구축해야만 하는 것이다. 〈월 스트리트 저널 유럽Wall Street Journal Europe〉의 전 수석 편집인인 페이션스 위트크로피트Patience Wheatcrofit는 아예 "나는 시장이 가져다주는 경쟁을 좋아한다"고 말한다. "만약 상품을 무료로 공급하면 시장이 만들어지기 어렵다. 우리가 지켜야 할 목표는 이용료를 받는 것이다"(Armstrong, 2009: 5에서 인용). 이처럼 단기간으로 보면 소비자들에게 분명한 이익을 주는 것임에도 불구하고, 특히 광고 수입을 위한 경쟁 부분을 감안한다면 '공짜'는 독창적인 고품질 콘텐츠를 만들기 위해 필요한 기자, 작가, 감독, 스태프에게 지불하기 위한 필요한 자본을 쉽게 만들어 내진 못한다.

그렇지만 어떤 것이 무료인지 아닌지를 아는 것과 상품화에 대한 이해 정도와는 큰 상관이 없다. 어떤 재화를 상품으로 전환하기란 가격을 고정하는 일(비록 가격이 제로라 할지라도)이 아니라 전반적으로 시장의 교환 체제에 그것을 포함시키는 일이기 때문이다. 마르크스가 말한 대로 "직접적으로 제품들 간, 그리고 이를 통해 직접적으로 생산자들 간 교환 행위를 통해 수립되는 관계에 의해서만" '효용의 대상'이 상품으로 되는 것이다(Marx, 1918: 44, 강조는 저자가 추가한 것이다).

따라서 구글에서 검색하고 링크드인에서 우리 자신을 알리거나 유튜브에서 비디오를 보는 일은 비록 우리가 지불은 하지 않지만 다른 어느 누군가가 우리에게 도달하기 위해 지불을 한다. 엄밀하게 말하자면, 여기서 판매하는 것은 결국 우리의 프로필이고, 우리의 소비 습관이며, 우리의 검색 이력, 즉 우리의 전체 데이터 역사와 같은 것들이다. 간햄의 주장처럼 문화 산업에서 주요 상품은 광고주들에게 계속해서 판매되고 있는 대중 자체다. 탭스콧과 윌리엄스(2008: 44)의 "상품화할 수 없는 한 가지가 바로 여러분"이라는 주장과 완전히 다르게, 페이스북은 바로 이러한 상품화 목표를 '친구 관계'라는 네트워크로 끌어들인다. 이와 비슷하게 링크드인 역시 광고주의 마음을 사로잡을 만한 교환 대상으로 개인의 전문적 프로필을 위치시킴으로써 그 상업적 기능을 여지없이 발휘하고 있다. 즉 링크드인에서 인간관계란 그저 단순한 '일'이 아니라, 인간 시장의 형태로 계량화되고 화폐화되는 것이다.

대개 온라인 노동은 어느 정도까지는 매우 능동적인 '생비자'에 의해 자발적으로 수행되는데(Tapscott & Williams, 2008: 124~150), 이는 광고주에게 판매될 수 있는 데이터를 수집하고, 필터링하며, 분석하게 하는 등 믿을 수 없을 정도로 효율적인 방식이다. '즉각적 개인화 instant personalization' 장치를 갖춘 구글과 페이스북의 경우 이용자들은 자발적으로 개인 정보를 '무상으로' 제공하는 방대한 저장고들이다. 파스콸레(Pasquale, 2015)와 슈나이어(Schneier, 2015) 등이 논했듯이, 안전 및 개인 정보를 둘러싼 염려에도 불구하고 이러한 데이터는 연계되면서 생성되는 상업적 가치를 위해 더욱 더 집중적으로 수집되고 있다. 빈센트 모스코Vincent Mosco 역시 디지털 기술이 상품화의 논리에 도전하기는커녕 "관람자, 청취자, 독자, 영화 팬, 전화 및 컴퓨터 이용자들인 대중을 광고주들에게 연결시키는 과정을 세력화하는 데 사용된다"고 주장한다(Mosco, 2009: 137). 이에 따라 이용자가 생성하는 콘텐츠는 이중적 특성을 갖는다. 우선, 창조성이라는 좀 더 참여적인 방식을 연상시킨다. 하지만 동시에 광고주들과 마케팅 담당자들이 원하는 타깃 대중을 보다 정확하게 식별하도록 도와주는 무상 콘텐츠를 생산하기 위한 비용 효율적인 수단이기도 하다.

자비스 같은 연구자들에게 이는 결코 못마땅한 현상이 아니다. "구글은 상품화를 사업 전략으로 설정했다"고 말했을 때(Jarvis, 2009: 67) 자비스는 주류 경제학자들이 상품을 설탕, 철강, 석유와 같은 종별 물품 정도로만 이해한다고 지적했다. 하지만 실상은 평판보다는 알고리즘을 바탕으로 광고주와 소비자를 연결시키게 되면, 심지어 지금의 대중을 구성하는 틈새의 대중까지도 상품화된다. 구글에서 모든 광고는 각 기업의 마케팅 예산이 얼마든 동일한 것으로 보이고 이용자들은 그들의 배경이 아니라 '클릭'에 의해서 측정된다. "우리 중 누군가를 다른 사람과 구별 짓게 하는 것은 거의 없다. 연령도, 수입도, 성별도, 교육도, 광고주들이 그동안 지불해 온 모든 것들도 구별 짓지 못한다. 우리는 그저 이용자일 뿐이다. 심지어 우리는 돼지고기 삼겹살 같은 것일 수도 있다"(2009: 68). 이와 같은 자비스의 주장은 비록 전통적인 브랜드들에서는 힘들 수 있겠지만 이 모든 것은 효율적이며 잠재적으로 모두를 동등하게 만드는 시장의 한 발전 형태일 뿐이다. 그러나 페이스북을 통해 자신의 우정이 사유화되거나 구글에서 자신의 개인 데이터가 감시 받고 판매되는 것을 바라지 않는 많은 사람들에게 이 과정은 어떤 개방 시장에서 자신의 노동과 창조적 활동이 재포장되어 특정 가격과 교환되는 대상으로 환원되는 상품화의 한 형태일 뿐이다.

이 문제는 이용자들이 자본가들에 의해 공식적으로 착취되고 이들의 노동이 직접적인 이익으로 전환되는 "디지털 노동digital labour"(Scholz, 2013)의 조건과 이 노동이 새로운 형태의 '생비자'의 활동과 관계되는 방식에 대한 좌파 저술가의 저작을 통해 활발히 논의되었다. 크리스티안 푹스Christian Fuchs에 따르면, 예컨대 페이스북에 자유롭게 콘텐츠를 올리는 인터넷 이용자들은 "확실하고 직접적인 재정적 보상이 없는 채로 잉여 가치를 생산하고 자본에 의해 착취되는 생산적인 노동자가 되고 있다"(Fuchs, 2014: 103). 극심한 전 세계화와 디지털화 환경하에서, 세계 최고 규모의 몇몇 기업들은 이를 점차 소중한 노동의 자원으로 규정한다. 즉 "자본이 이제 더 이상 비급여 노동과 우리 모두에 의해 생산된 공유재에 대한 착취 없이는 존재할 수 없다는 점에서, 사회는 하나의 공장이 되었다"(2014: 111).

다른 이들은 이러한 "획일화되고 새로운 자본주의 형태"(Comor, 2015: 13)의 등장이라는 견해에 반대하며 이익의 실현에서 상품화와 착취 사이에 중요한 차이가 있다고 주장한다. 전자가 분명히 온라인 세상에서 만연해 있지만, 마르크스가 예측했던바 잉여 가치 추구의 핵심인 '생산적인 노동'에 근접하는지는 여전히 불분명하다. "예를 들어 내 아들이 친구들과 함께 게임을 제작해 상품화한다고 하자. 이때 아들이 한 행위 자체가 착취라고 볼 수는 없다"고 코모어(Comor, 2015: 17)는 주장한다. 이 장의 뒷부분에서 논의되듯이 소셜 미디어 기업들은 이용자들이 제공하는 데이터를 상품화하는 반면, 잉여 가치는 그 데이터를 처리하는 직원들의 노동을 통해 만들어진다. 이와 유사한 입장에서 키아바니 역시 트윗이나 상태 업데이트를 하는 행위가 피착취적 행위로 과장되는 측면이 있다며 "이란, 튀니지와 그 외 지역의 젊거나 노련한 정치 활동가들이…… 자본주의와 독재에 저항했던 그들의 노력들이 사실은 더 큰 통제와 착취의 대상이었다는 점을 알게 된다면 매우 놀랄 것"이라고 말한다(Khiabany, 2015: 267). 헤스먼달(Hesmondhalgh, 2015)은 착취의 중심에서 '고통' 받는 정도에 집중했으며, 중국 폭스콘 공장의 조립 공정 노동자들의 경험과 굶주림의 공포 없이 자신의 노동을 자유롭게 철회할 수 있는 자유를 가지는 소셜 미디어 이용자들의 '노동'을 동일시하는 것에 의문을 표했다. 소셜 미디어를 비판하는 많은 근거가 있지만 — 상품화된 면을 포함하여(2015: 37) — 착취는 이에 포함되지 않는다.

또 다른 문제는 소셜 미디어에서의 착취 개념이 '디지털 노동'에서 물질적 이익을 얻는 기업의 활동에서만 드러난다는 점이다. 만약 이것이 적절하다면 위키피디아, 리눅스, 대다수 블로그들, 그리고 비상업적 특징을 분명히 갖고 있는 P2P 네트워크들의 지위는 무엇이 되는가? 이것은 인터넷이 두 개의 구별되는 영역으로 이루어져 있다는 사실을 말하는가? 즉 상품화되거나 상품화되지 않은 부분인데 한 부분은 자본주의 시장처럼 운영되고 다른 부분은 '공유재'처럼 사용되고 있는가?(Benkler, 2006; Leadbeater, 2009; Lessig, 2002). 인터넷의 초기 '고유했던 특성'인 개방성과 예측 불가능성 등이 가두어져서 그것이 '기기화될 수' 있다는 조너선 지트레인Jonathan Zittrain의 염려(2008: 8)나 온라인 집중에 의해 정보의 '공유'가 위협을 받는 것에 대한 벤클러의 우려(Benkler, 2006: 240)는 양분화된 인터넷 영역들에 대한 진지한 증거다. 이는 상업 영역의 파괴적이고, 반민주적 특징을 막아내기 위하여 비상업화된 공간을 보호하고 양성해야 한다는 결론을 이끈다. 이러한 논리에 따르면 오픈 소스의 환경은 소유자 생산의 반대 개념이며 사적인 축적 원칙에 대한 명백한 도전으로 여겨지게 된다.

그러나 사실, 인터넷을 이렇게 두 부분으로 분리하는 것은 점점 더 힘들어지고 있으며 한 부분이 다른 부문으로부터 격리되어 있는 것이 아닌 이상 이들은 상시적으로 긴장 상태에 있다. P2P와 오픈 소스는 일부에게는 시장 구조에 대한 진보적 대안으로 보여질 수 있지만 많은 권리자들을 포함한 다른 부분에서는 이윤과 투자에 치명적인 위협으로 느껴질 수 있다. 하지만 우리가 이미 확인한 것처럼 자본주의는 수익성과 효율성을 증가시킬 수 있는 어떠한 기술 혁신이든 이용하려 하는 매우 동적이며 포괄적인 체제라는 점이 중요하다. 사실 탭스콧과 윌리엄스(2008)가 전개한 '위키노믹스'의 일반 전제는 시장

제도들을 활성화하고 회복하기 위해 오픈 소스의 원칙들을 이용하는 데 있었다. 그들의 주장은 "공유재 없이는 어떠한 개인 기업도 존재할 수가 없다"는 것이다(2008: 91). 앤더슨(2009b), 다운스(2009), 자비스(2009), 슈미트와 코언(2013) 등의 저서는 IBM, 선Sun, 노키아 등과 같은 주요 기업들이 오픈 소스의 효율성을 어떻게 자신의 기업 업무에 통합시켰는지에 대한 예들로 채워져 있다. 오픈 소스가 자본의 축적에 대한 경쟁력 있는 위협임을 논쟁하는 대신 위키노믹스에서 "가장 큰 위험은 공동 생산의 공동체가 기존의 사업 모델을 약화시키는 것이 아니라 기업이 그러한 위협에 제때 대응할 수 없다는 점을 입증하는 일"이라고 강조한다(Tapscott & Williams, 2008: 96). 다시 말해 기업은 생산성을 늘리고 더 높은 성장률을 달성하기 위해 이제 오픈 소스의 협업 원칙을 그들의 특정 사업 부문에 적용해야 하는 법을 배워야 하는 시기라는 점이다.

이는 분명하게도, 협력은 자유롭게 추구되고 받아들여지되 가격이 반드시 채택되는, 요사이 한창 부상하고 있는 '공유 경제'와 연관된다. 진입 장벽들은 공식적으로 낮지만 시장 자체가 가장 효율적으로 자본화되고 실질적인 마케팅 예산을 가지고 비용을 낮출 수 있는 이러한 기획들을(재활용 판지 상자에서든 공유 자동차에서든) 보상한다고 네트워크 효과는 제안한다. 에어비앤비는 수백만 명에게 비싸게 책정된 호텔 체인들 대신 여러 개인들의 생활 공간을 소개했지만 기업의 논리를 완전히 벗어나진 못했다. 뉴욕주 검찰총장 에릭 슈나이더만 Eric Schneiderman의 보고서에 따르면, 상업적 에어비앤비 집주인들은 파격적인 요금으로 단기 임대를 하고 있으며 이러한 공유 사이트들이 촉진하는 단기 임대는 장기 임대 주택 시장용 상품 수천 건마저 옮겨

오도록 해, 장기적으로 거주하려던 고객들의 계획에도 영향을 끼치고 있다고 한다(Schneiderman, 2014: 2~3).

승객을 자동차 소유주와 연결시켜 주는 온라인 택시 서비스인 우버는 아마 가장 논쟁적인 '공유 경제'의 사례라고 할 수 있다. 처음엔 논평가들이 공유의 형태로 보이지 않을 것이라 단언했음에도 말이다(Meelan & Frenken, 2015). 우버는 전 세계의 도시들에서 규정을 위반하고, 보수를 하락시키며, 의료 보험과 연금에 대해선 무관심한 데다, 평가가 낮은 기사들을 '제거'하면서 활동하는 기사들에겐 추가 수당을 지급하는 방식으로 번창하고 있다(Henwood, 2015). 가장 중요한 점은, 이것이 디지털 플랫폼이지만 매우 전통적인 경제 논리에서 작동한다는 사실이다. 우버의 CEO 트래비스 캘러닉Travis Kalanick은 "당신은 언제나 만석이 되도록 공급하고 싶고, 기본적으로 가격이라는 요소를 사용해서 더 많은 공급을 가져오거나 줄이고 혹은 시스템에서 더 많은 수요를 확보하거나 없애고 싶어 한다…… 이것은 전통적인 경제학의 기초 원리다"(Swisher, 2014에서 인용). 사실 캘러닉은 우버를 택시 서비스 이상으로 이해하고 "생활을 위한 원격 조정 장치인 스마트폰에 의해 작동하는, 즉 원활하게 기능하는 즉각적인 충족 경제"(Swisher, 2014)를 위하여 완벽하게 수요 공급을 맞추는 수단으로 공유 플랫폼을 사용하길 원한다. 공유 경제는 결코 동질적이지 않고, 비통화적이며 고강도의 이익 추구적인 벤처들로 이루어진다. 이에 대해 도 헨우드Doug Henwood는 "신자유주의에 대한 전형적인 신자유주의적 반응이다. 즉 개별화되고 시장 주도적인 그 적대적인 세계 안에서 우리는 스스로를 보호하려는 미시 사업가로 간주된다"고 정당하게 평가한다(Henwood, 2015).

이러한 상황에서 심지어 소유 원리를 위협하는 듯 보이는 기술 발전까지도 자체적으로 유리하게 이용할 수 있는 자본주의의 능력은 '위싱크'(Leadbeater, 2009)를 본질적으로 비상품화된 실천으로 여기는 이들에게 반박할 수 있는 근거를 제공한다. 대신 우리는 웹의 비상업적 양상과 상업적 양상 사이의 관계를 근본적인 모순의 관계로 이해해야 한다. 이것은 심지어 비상업적 동기에서 비롯되는 사람들의 실천 — 블로그를 하고 댓글을 달고 검토와 공유 작업까지 하는 — 까지도 화폐화하려는, 즉 시장 교환의 체제 내에 포섭하려는 자본주의의 구조적 필요성에 의한 것이다. 위키피디아, 리눅스, 모질라Mozilla, 피어바이Peerby 등은 인터넷의 협업 잠재력을 보여 주는 데 있어 매우 중요하지만, 웹의 해방적 힘과 함께 이에 내재된 기업 논리와의 연관성에 대해서도 분명히 보여 준다. 이렇게 볼 때 상품화는 베버주의자들이 주장한 '가벼운 망토'처럼 쉽사리 피하거나 벗어 던질 수 있는 것이 아니라 그것을 통해 자본주의가 조직화되고 재생산될 수 있는 — 오프라인에서처럼 온라인에서 역시 — 필수적인 과정이다.

축적 전략

우리는 신경제의 구성 원리와 '디지털 생산 양식'이 20세기 산업 기업들에 의해 채택된 경쟁 전략과는 다른 방식으로 작동하리라 기대할 수 있다. 과거에는 협업에 대해 부정적으로 보면서 전문 지식을 모두 기업 내 집중화시키고, 엄격한 위계와 중앙적 의사 결정 과정을 취하며 관료제와 지적 재산권을 철저하게 보호하는 모델을 따랐다. 하지만 신경제의 지지자들이 주장하듯 가장 유망한 웹 2.0 기업의 성공 요인 가운데 하나는 '명령과 통제'의 사고방식 대신 보다 협업의 방식을 기업 문화 내에 불어넣어야 한다는 결정에 있었다. 자비스에 따르면 다음과 같다(2009: 69).

> 구글 경제에서는 더 이상 대규모 기업 구매를 위해 대규모 자본을 차입함으로써 큰 규모로 성장하는 일은 없을 것이다…… 대신 이들은 구글에서 배우고, 플랫폼을 구축해 다른 회사들이 함께 번성하도록 도와주면서 성장해야 한다. 사실 성장은 자산을 한 회사 내부에 두고 거기에 위험까지 함께 모으는 방식보다는 네트워크 안에 있는 다른 주체들이 그들 스스로의 가치를 구축할 수 있도록 협동하는 방식을 통해 성장할 것이다.

앞에서 이미 살펴보았듯 디지털 시대에 성공이란 기업이 소유주의 통제와 포드주의적 축적 수단을 멀리하고 서비스와 제품을 가장 많은 사람이 이용할 수 있도록 혁신하는 데 초점을 맞추어야 그나마 보장받을 가능성이 더 커 보인다.

하지만 구글의 역사를 피상적이나마 한번 훑어보면 오히려 다른 지점들을 발견할 수 있다. 첫째 이 회사는 1999년 창립자인 브린과 페이지가 내건 '검색 엔진을 수익성이 있는 사업으로 전환시키는 데 도움이 될 만한' 경험 있는 CEO를 고용한다는 광고에 호응하여, 캘리포니아에 본사를 둔 두 군데의 벤처 자본 그룹이 투자한 2500만 달러를 기반으로 출범했다(Vise, 2008: 67). 브린과 페이지가 수십억 개의 웹페이지를 목록으로 만드는 기술을 개척하기는 했지만 정작 수익은 구글의 애드워드AdWords 시스템이 검색 엔진 분야의 라이벌이던 클릭당

돈을 지불하는 광고 방식인 고투GoTo(지금은 오버추어overture 광고라 불린다)를 채택한 뒤에야 본격적으로 증가하기 시작했다(Battelle, 2005: 125). 구글은 2004년 상장 회사가 되기 위해 당시 고투의 새로운 소유주인 야후에 약 270만 주 — 수억 달러의 가치가 있었다 — 를 넘겨주었는데, 이는 사실 그 당시 자신들이 야후와 벌이고 있던 특허권 분쟁에서 벗어나 해결하기 위한 결정이었다. 여기에다 비록 주주 자본주의의 모델로 신규 상장(Initial Public Offering: IPO)분이 막대하게 초과 신청되기는 했지만 이 두 소유주는 회사 운영에 대한 통제가 통합되어 보호받을 수 있도록 이중의 통치 체제를 만들었다. 구글의 IPO 문서에 따르면 브린, 페이지 그리고 CEO인 에릭 슈미트 3인 경영 체제는 회사 주식의 37.6%만 통제할 수 있고 나머지는 신규 투자자들에게 주어졌다. 페이지에 따르면 "자신들이 갖고 있는 투표권을 통해 이 투자자들이 회사의 전략적 결정에 영향을 미칠 수 있는 방법은 거의 없었다"(Google, 2004). 여기서 페이지가 주목한 것은 가장 전통적인 '오래된 미디어' 기업들인 〈뉴욕 타임스〉, 〈워싱턴 포스트〉, 다우존스 같은 곳들이 공통적으로 지닌 구조는 몇 안 되는 임원들이 회사 전체의 전략적 통제를 유지할 수 있는 권한이 있다는 점이었다(Google, 2004).

구글은 새롭고 혁신적인 시장에서 선도자적 이점을 확보하는 일을 경쟁사들, 특히 애플과 마이크로소프트 같은 업체들의 입지를 서서히 약화시킬 수 있는 일과 병행하면서 오히려 더 낡은 방식의 의사 결정 구조를 오랫동안 사용했다(Vise, 2008: 282~291 참조). 구글에게 이 방법은 서비스와 시장 점유율 모두를 개선할 수 있는 기업들을 아예 직접 사들이는 방식이었다. 지금 이 글을 쓰고 있는 아주 짧은 기간 동안에도 구글은 180개가 넘는 회사 — 블로거Blogger, 피카사

Picasa,[62] 위성 이미지 서비스사인 키홀Keyhole,[63] 더블클릭Doubleclick,[64] 모토롤라 모빌리티Motorola Mobility 그리고 가장 유명하게는 유튜브까지 포함해 — 를 총액 약 300억 달러에 매입했다. 자비스가 주장한 개념인 '대규모 취득'에 크게 의존하지 않아도 되는 한 기업의 입장에서는 그리 나쁜 일이 아니었다. 페이스북 역시 추가적 전문 지식을 얻어야 할 때 매우 재빠르게 움직인다. 55개 회사들을 구매하는 데 210억 달러 이상을 지출했는데 이 중 190억 달러는 2014년에 인스턴트 메시지 서비스인 왓츠앱을 구매하는 데 사용했다. 이 두 기업 모두 국가에서 제공받는 전통적인 법률적 보호에 상당히 의존해 왔으며 자신들이 가진 지적재산권(IP)을 공유하는 일에 대해서는 순순히 따르지 않으면서도 자신들의 신규 주식 상장분(IPO)을 지키는 것이 향후 수익 창출을 위한 조건이라는 인식은 갖고 있었다. 구글이 2010년 미국 증권거래위원회에 제출한 서류들(Google's 2010 10-K)에 따르면 다음과 같다.

> 우리는 우리가 소유한 기술과 브랜드를 기밀성 절차 및 계약상의 규정과 더불어 미국 내 특허, 상표, 저작권, 사업 비밀법, 기타 사법관할권 등에 의해 보호한다. 우리는 또한 기밀과 발명 임무에 대한 계약을 우리 직원 및 컨설턴트들과 체결한다. …… 그리고 우리는 소유한 기술에 대한 접근을 엄격하게 통제한다(Google, 2010: 16).

62 이미지 관련 프로그램으로 현재는 구글 포토로 통합되었다. — 옮긴이

63 지리 정보 데이터 시각화 애플리케이션 전문 개발 회사로 2001년 설립되어 2004년 구글에 인수됐다. 현재는 구글 어스 등의 관련 프로그램에 핵심 기술이 남아 있다. — 옮긴이

64 1996년 설립된 인터넷 광고 서비스 회사로 2007년 구글에 인수되었다. — 옮긴이

구글이 직원들에게 기밀 유지 계약서에 서명할 것을 요구한다는 사실은 "구글은 개방성에 대해 보상을 해 준다" — 그리고 우리는 이를 계속해서 기대한다 — 는 자비스의 주장(2009: 236)과 상충된다. 하지만 여기서 더욱 중요한 점은 직원들을 위해 무료 점심, 다양한 특전, 관대한 조건으로 유명한 어떤 첨단 회사에서도 노동의 자율성에 대한 강경한 제약 사항이 존재한다는 냉혹한 현실이다. 이는 구글이 예외인 것은 아니다. 오히려 한창 성장하는 시장에 자리한 대기업이라면 누구에게나 적용될 수 있는 보편적 상태다. 예를 들어 구글의 유명한 (지금은 다소 의심스러운) '20% 규칙'을 살펴보자. 그 내용은 회사의 소프트웨어 프로그래머들이 적어도 1주일에 하루를 스스로의 프로젝트를 위해 사용해야 한다는 규정이다. 탭스콧과 윌리엄스(2008: 260)의 말대로 이것은 '협업과 자기 조직화 향상'이라는 기업의 신념을 증명하며 또한 매우 생산적이다. 구글 뉴스, 제품 검색 엔진인 프루글Froogle 그리고 소셜 네트워크 서비스인 오르쿠트Orkut는 모두 이렇게 계몽화된 기업 정책에서 기원된 것으로 보인다. 이 제도가 마치 '휴가'처럼, 아니면 직원의 연구 개발을 위한 효과적인 인센티브의 하나로 보일 수도 있겠지만 결과물들이 해당 직원들이 아니라 구글에 의해 전적으로 이용된다는 사실은 무엇을 뜻하는가? 비슷하게 회사가 고품질의 점심을 무료로 제공한다는 점도 어떠한 목적이 있는 특전이다. 즉 사람들을 서로 가까운 곳이나 그들의 책상 주변에 잡아두려는 것일 수 있다. 생산성을 약화시킬 수도 있는 좋지 않은 식사 습관에서 그들을 미리 막기 위함이거나, 그렇지 않다면 그들이 점심을 먹기 위해 밖으로 나가는 데 쓰는 시간을 없애려는 것이거나 …… 혹은 연대감이라는 감정을 의도적으로 만들어 내기 위함일 수도 있다

(Vise, 2008: 194). 심지어 회사가 위치한 마운틴뷰의 본사로 직원들을 출퇴근시키는 버스에서 와이파이를 즉시 이용할 수 있게 서비스한다는 점 역시 그들 모두가 노트북을 갖고 있다는 점을 고려한다면 사실상 직원들로 하여금 일하는 시간을 더 길게 하도록 하는 효과적인 방법이 된다. 샌프란시스코의 도시 재생화 상황에서 이러한 사적인 교통 서비스가 가지는 영향력이란 두말할 필요도 없이 매우 효과적이다 (Berniker & Lipton, 2014).

그러나 대략 4380억 달러의 시장 가치를 가진, 연간 매출이 660억 달러를 넘는 이 엄청난 회사에 대해 말할 때 직원의 활용과 자본의 축적 모두를 극대화하려는 이러한 전략들은 더 이상 놀랍지 않다. 구글은 자신이 받은 제안을 더 효율적으로 향상시키는 영리한 취득 방식에 의해, 그리고 고도로 숙련된 노동력으로부터 충분한 가치를 추출할 수 있는 방식들을 창조적으로 사고하면서, 또한 (만약 그 회사들을 인수하기가 어렵다면) 자신의 경쟁사보다 언제나 한발 앞서 있을 수 있도록 지속적으로 혁신해 감으로써 이전 시장 선도자들이 단순하게 걸어 왔던 많은 발전 경로들을 쉽게 따라가고 있다. 구글의 사무실들이 개방적 구조일 수는 있지만 그것이 한 기업으로서 스스로 오픈 소스가 되기는 어렵다. 사실 이 회사는 수평 구조를 갖고 있는 것이 아니라 우리가 본 바와 같이 경영의 힘과 전략적 통제가 여전히 상층부에 집중되어 있다. '개방성'과 '연계성'이 그들이 팔고 있는 제품들만큼 조직 방식에도 적용될 이유는 없다. 정확하게 말해 이는 당시 구글 CEO였던 에릭 슈미트가 월 스트리트 금융 분석가들에게 행한 2005년도 연설에서도 인정된 사실이다.

우리는 항상 말하는 것처럼 관습에 얽매어 있지 않은 그런 회사는 아닙니다. 우리가 하는 일들에서 제품들이 창조되는 방식은 독특합니다만, 사업의 나머지 대부분은 모두 지극히 일반적인 방식으로 운영됩니다. 최첨단이긴 하지만 동시에 전통적 방식으로도 이끌고 있습니다. 실제로 우리는 경영 목표에 대해서도 신경을 많이 쓰고 있습니다. 매 분기마다 묻습니다. '우리가 잘 하고 있는 것인가요?'(Vise, 2008: 256에서 인용).

따라서 디지털 경제 역시 보수를 받는 창조적 노동력의 착취에 의존하고 있으며 불확실한 사업 모델과 불안정한 경제의 맥락에서 그 이용이 더 강화되리라는 예상도 가능하다. 예를 들어 세계적 잡지 출판사인 바우어Bauer(음악 잡지 목록에 〈케랑Kerrang〉, 〈큐Q〉, 〈모조Mojo〉 등이 있다)가 제기한, 2010년에 매우 큰 논란을 불러일으킨 결정을 재고할 필요가 있다. 잡지사가 모든 플랫폼에 걸쳐 프리랜서들이 갖고 있던 콘텐츠 소유권을 확보하는 동시에 프리랜서들이 법적 소송 시 모든 손해와 비용을 스스로 책임지도록 하는 계약 시행에 대한 것이다(Armstrong, 2010). 착취는 기업들이 정규직 직원들에게 제공해야 하는 복지 지출, 휴일 수당 및 심지어 점심 휴식 시간을 주지 않기 위해 지속적으로 '독립적인 계약자들'과 관계를 키워 내는 디지털 경제에서 만연하다. "우버, 에어비앤비, 태스크래빗TaskRabbit,[65] 포스트메이트Postmates,[66] 홈조이Homejoy[67] 같은 공유 경제 기업들은 자신들이 노동

65 2008년 미국 IBM 소프트웨어 엔지니어였던 리 부스케가 심부름을 대신해 주는 사람을 주변에서 쉽게 구할 수 있는 사이트를 고안해 설립한 일종의 단기 아르바이트 제공 서비스 회사다. — 옮긴이

66 2011년 미국에 설립된 배달 전문 서비스 회사다. — 옮긴이

자들을 자유롭게 해 주어 독립하도록(그들이 소유한 회사의 대표가 되도록) 해 준다고 주장하지만 실제로는 그 기업들이 후하게 수익을 거두는 동안 이 노동자들은 더욱 작은 일(임시적이고 불안정한 소규모의 일)과 임금을 받도록 강요당한다"(Hill, 2015).

특히 디지털 미디어 경제는 스마트폰과 카메라의 비용이 하락하면서 번성하게 된 '이용자 제작 콘텐츠'로 알려져 있는 무보수 노동의 증가에서 실질적 이익을 보고 있다. 우리가 이미 주목한 바와 같이 이용자 제작 콘텐츠는 그 자체로 모순되는 성격을 갖고 있다. 인터넷의 표현적이고 생성적인 가능성을 보여 주고는 있지만(예전 같으면 이들 기업은 당연히 이러한 콘텐츠에 지불했을 것이다) 미디어, 정보 기업들에 의해 너무 쉽게 '무상'으로 이용되었다. 신문들은 선거 쟁점에 대한 트위터 자료를 적극적으로 재사용하고 TV 뉴스 속보는 폭탄 폭발이나 열차 충돌에 대한 '목격 비디오들'을 방송하는 식으로 이용자 제작 콘텐츠는 마케팅 비용을 줄이고 이 콘텐츠들의 '기호학적 민주주의'에 편승하기를 원하는 기업에 의해 상업적으로 활발히 요청되고 있다. 신경제에 관한 여러 문헌들은 이와 같은 '참여 소비자주의'의 많은 예들로 채워져 있다(Leadbeater, 2009: 105). 수백 명의 DJ들이 기꺼이 보내 준 자신들의 곡들로 리믹스 경연대회를 조직한 캐나다의 음반 회사에서부터(Tapscott & Williams, 2008: 20) 쉐보레 자동차 회사를 위해 제작된, 수만 달러의 회사 경비를 절약한 인터랙티브한 웹 광고(Anderson, 2009a: 226), 그리고 가정에서 만들어 유명해진 다음 엄청나게 비싼 슈퍼볼 광고 시간 동안에 방송된 도리토스 과자 광고의 사례

67 2010년 청소 인력과 고객을 연결해 주는 서비스를 시작했으나 2015년 누적된 적자로 인해 서비스를 중단했다. — 옮긴이

까지(Leadbeater, 2009: 105).

탭스콧과 윌리엄스 등은 인터넷의 탈집중화 및 상호 작용의 특징에 의해 가능했던 이러한 협조 행위가 더욱 열성적이고 활동적인 시민 의식과 '생비자' 혁명의 현상도 초래했다고 주장한다. 그럼에도 불구하고 결코 미디어 생산과 분배의 민주화가 시작되었다고 단정지을 수는 없다. 왜냐하면 '생비'가 기존의 엘리트가 통제하는 상품 체계 속으로 너무 쉽게 통합되면서, 엘리트들이 이용자 제작 콘텐츠를 요구하거나 기존 사이트 안에서 추출해 내는 일을 하기 때문이다. 양쪽 모두의 사례에서 보통 사람들의 상상적인 노동imaginary labor은 개인이 만든 콘텐츠가 광고주 및 마케팅 전문가에게 판매되기를 바라는 소셜 미디어 회사들의 이익을 위해 활용되고 있다. 이는 포드주의적 조립 라인을 기반으로 한 것인지 디지털 네트워크를 기반으로 한 것인지와는 무관하며 단지, 시장 경제의 중심에서 더욱 심화되고 있는 상품화와 축적에 대한 사례들일 뿐이다.

디지털 미디어 경제에서의 집중화

2000년 뉴밀레니엄 직전 모두가 들떴던 기간은 웹이 빠르게 대중화되고, 새롭게 벼락부자가 된 사람들이 인터넷에 대한 주도권을 잡으려고 전통적인 미디어 회사들에 도전하던 시기였다. 이러한 시대적 분위기 안에서 옥스퍼드의 경제학자인 앤드루 그레이엄Andrew Graham(1998)은 당시 인기가 없던 어떤 주장에 몰두했다. 그의 견해는 디지털 미디어 경제는 한계 비용을 거의 제로에 둔 채 인터넷을 적극 이용할 능력이 있음에도 불구하고 고품질의 콘텐츠 생산과 마케팅을 위해 여전히 과거처럼 중요한 자원들을 요구한다는 것이다. 따라서 그는 네트워크상 존재라는 경제적 이점 때문에, 규모(상쇄 비용에 대한)와 범위(융합과 상호 촉진에 근거한)의 경제들에서 그리고 새로운 형식을 띤 희소성의 출현(범위가 아니라 재능에 대한)과 더욱 심화된 집중화('자유 경쟁 세계'와 반대되는) 모두에서 경제의 집중화가 되리라고 예측했다(1998: 33). 15년 이상이 지난 지금 그레이엄의 이러한 '네트워크 효과'에 대한 예측은 얼마나 옳다고 입증되었는가? 그렇지 않다면 우리는 혹 기업이라는 '바위들'의 집중화보다는 다수의 정보 시대 '자갈들'에 의해 지배되는 환경 안에 살고 있는 것은 아닌가?[68]

헤드라인 기사에 주로 나타나는 지표들은 분명히 그레이엄의 분석을 지지하고, 검색 · 광고 · 오락과 같은 중요한 미디어 경제 분야들에서 병목 현상이 사라지고 있다는 주장에 문제를 제기하는 것으로 이해된다. 가령 통계 포털인 스태티스타Statista(www.statista.com)의 지표들을 보면 구글이 전 세계 검색 용량의 약 90%를 독점하고 브라질에서 96% 이상, 독일에서 95%, 영국에서 90%를 점유하고 있다. 집중화의 분명한 유형은 온라인 광고에서도 볼 수 있는데, 2014년의 경우 상위 네 회사들(구글, 바이두, 마이크로소프트, 야후)이 전 세계적으로 총수익의 70%를 차지했고 특히 구글은 혼자서 전체 700억 달러 시장의 약 55%를 차지했다(eMarketer, 2015). 온라인 디스플레이는 아마도 전 세계 광고 시장에서 가장 빠르게 성장하는 분야지만, 거의 수입 40%를 독점하는 상위 두 회사(구글과 페이스북) 이외엔 더 이상 이익을 같

68 2장을 참조하라.

이 나누기 어렵다(eMarketer, 2015). 맥체스니에 의하면(2013: 148) 인터넷 광고는 "예측할 수 있는 가까운 미래에 그동안 모든 광고에 지출한 비용을 모두 집어 삼키게 될 폭발적 여정을 하고 있다." 이 지적은 온라인 광고와 폭넓은 데이터 감시 사이에 유지되는 밀접한 관계를 감안하면 사생활에 대한 매우 심각한 함의를 가진다(Turow, 2011).

독점적인 행동의 해체를 이끄는 디지털 네트워크들과 달리 특히 미국에서는 매우 집중화된 시장의 영역이 목도되고 있다. 아이튠스가 음악 다운로드 시장의 64%, 유튜브는 온라인 비디오의 71.5%를 지배하고 있으며 페이스북은 소셜 네트워크 트래픽의 38%를 차지한다(www.statista.com). 전 세계적으로 가장 유명한 앱 다섯 개 가운데 네 개는 한 회사(페이스북)가 소유하고 영국과 미국의 소비자들은 페이스북, 유튜브, 지메일을 포함한 단 다섯 개 앱에 자신들의 온라인 사용 시간의 80%를 할애한다(Tode, 2015). 영국에서의 온라인 관심은 페이스북과 구글 사이트들에 압도적으로 집중되는데, 이들에게 전체 온라인 사용 시간의 약 35%가 집중된다(comScore, 2015). 이러한 수치들은 향후 몇 년간 변화가 있겠지만 그럼에도 불구하도 이들은 웹이 대체할지도 모르는, 경쟁의 결핍을 경험해 봤던 '올드 미디어' 시장들과 비교할 만하다. 그런 점에서 유럽연합 집행위원회European Commission가 구글의 활동에 대한 독점금지법 위반 여부 조사 의향을 발표한 점은 그다지 놀랍지 않다.

논점은 인터넷이 배포 수단들과 함께 콘텐츠를 엄청나게 증가시킬 수 있지만, 이는 과거와는 다른 경제 및 소비자의 경향을 바탕으로 한다는 점이다. 팀 우Tim Wu가 언급하듯이, 인터넷은 독자적인 특수성을 지니기도 하지만, 여느 네트워크처럼 중앙 통제 방식에서 자연스럽게 도출되는 효율성을 지닌 네트워크 경제학에도 의존한다. 20세기의 주도적 논지였던 규모의 경제는 이번 세기에도 이미 활약하고 있다(2010: 318). 디지털 예언가들의 수사학적 번영 이면을 깊이 탐구해 보면 이러한 논지를 주장하는 인터넷 분석가들을 만날 수 있다. 예를 들어, 페이팔PayPal 설립자인 피터 티엘Peter Thiel은 독점이 효과적인 면에서 그 분야에서의 성공을 위한 경제적 전제 조건이며 한 기업이(합법적으로) 순전히 상품의 품질과 차별성을 통하여 경쟁자들을 앞서는 상황이라고 언급했다. 구글은 자신들이 독점 기업이 아니라 '또 다른 하나의 기술 기업'인 것처럼 행동할지 모르지만 이는 "원치 않는 모든 종류의 관심에서 벗어나기 위한" 단순한 수사에 불과하다(Thiel, 2015). 경쟁업체들이 즉시 단기 생존에 몰두하는 반면 독점자는 미리 계획을 세울 수 있다는 점을 감안하면 독점은 전략적 사고와 지속적 혁신 모두를 위한 중요한 기반을 제공한다. 티엘에 의하면(2015) 독점은 그런 점에서 "병리적 증상이거나 예외적인 현상이 아니라 모든 성공적인 비즈니스의 조건"이다.

하나의 강력한 목소리의 지배라는 관점에서 뉴스와 정보의 영역에서의 독점이 잠재적인 민주적 결핍을 의미하듯이 구글과 페이스북 같은 디지털 독점 기업들도 당연히 더 자애적이거나 더 큰 공적 정신으로 무장되어 있지 않으며 대신 강력한 정치적, 경제적, 그리고 문화적 권력을 가진다. 티엘의 자유주의자적 열정에도 불구하고 독점은 디지털 환경의 구성적 특징이 아니라 벤처 투자 자본, 느슨한 규제, 동정적인 세금 제도의 수혜물이라는 점을 다시 한 번 강조할 필요가 있다. "다양한 영역의 이슈들에서, 협조적이면서 특별한 권능을 부여해 주는 정부의 정책이나 이전의 상당했던 정부의 투자 없이는 이러한 규제들 어떤 것도 가능하지 않았을 것이며, 이 점이 바로 티엘의 자기 축복적 찬가가 놓치고 있는 부분이다"(McChesney, 2013: 142). 심지어 자유 시장 기반의 잡지 〈이코노미스트Economist〉도 시간이 경과함에 따라 디지털 독점이 명예롭게 행동할 수 있는 정도에 대해서 의문을 나타내고 있다. "의기양양한 성장의 첫 국면이 차츰 종결되고 가능한 기술적 혹은 산업적 한계가 사라지게 됨에 따라, 시장의 기대를 계속 충족시키려는 욕구는 더 강해지고 한때 저항적이었거나 심지어 이상적이었던 문화들 역시 더욱 기업적인 모습으로 변한다"(Economist, 2014: 23).

디지털 미디어와 관련해서도, 단순히 과점 시장의 형태가 아니면서도 '블록버스터' 생산을 향해 기업들을 유인하는 방식과 이에 대한 소비 의지는 명백히 존재한다. 디지털 미디어 경제의 길잡이 원리이기도 한, 앤더슨이 쓴 '긴 꼬리' 연구 논문의 실증적 조사에서 하버드 경영대학원의 애니타 엘버스Anita Elberse는 디지털 다운로드 서비스 랩소디Rhapsody에서 상위 10%의 노래가 모든 곡들의 78%를 차지하고 상위 1%가 전체 연주 중 거의 1/3을 차지한다는 점을 지적한다. 이는 높은 수준의 집중화를 보여 주는 결과다(2008: 2). 이처럼 꼬리는 분명히 점점 길어지고 있다, 예를 들면 현재 확연한 대량 시장은 없더라도 접근 가능한 콘텐츠의 양은 광범하게 늘었다. 그러나 그 양상은 더욱 편평해지며, 소비자의 취향이 다양화되는 동시에 블록버스터에 대한 욕구 또한 증가하고 있는 것이다(2008: 9). 만약 이 점이 정확하다면 앤더슨이 쓴 '긴 꼬리'에 대한 논문은 문화 시장에서의 힘의 균등화에 대해서라기보다는 더 효율적이고 광범위한 저장 시스템으로서 작동할 수 있는 인터넷 능력에 대한 논증에 가깝다.

넷플릭스Netflix의 최근 행보는 이를 증명해 보인다. 매우 방대한 DVD 목록을 갖고 DVD 대여 서비스로 시작한 이 서비스는 — '긴 꼬리' 제공자의 전형 — 최근에 다수 시청자들을 끌어들여 유지하는 블록버스터적 가치를 발견하였다. 잠재적으로 무제한적인 자신만의 디지털 공간을 활용하는 데 집중하던 일과는 상관없이, 이 서비스는 최근 〈하우스 오브 카드House of Cards〉나 〈오렌지 이즈 더 뉴 블랙Orange is the New Black〉과 같은 매우 값비싼 고품질의 '텔레비전' 원작 프로그램들을 만들기 시작했다. 넷플릭스의 최고 콘텐츠 책임자 테드 서랜도스Ted Sarandos는 이렇게 말한다.

> 제작 프로그램에 투자되는 자금은 시청 시간당 수익을 뽑아낼 수 있다는 점에서 더욱 효율적이다. 시청된 시간은 더 많은 시간 동안 유지하게 하고, 더 큰 입소문과 더 나은 브랜드 명성을 낳는다(FOX, 2015에서 인용).

서랜도스는 넷플릭스의 또 다른 수익원이 드라마 〈프렌즈Friends〉를 방송하기로 한 결정에서 나왔다고 밝힌다. 애매한 제목의 〈프렌즈〉는 긴 꼬리의 대표적 아카이브에 은밀히 자리하고 있는 하나의 전형적 사례라고 보긴 힘들다. 한 비평가는 "오늘날의 넷플릭스와 그 '브랜드 명성'은 2006년까지 이들에게 보편적이었던 (상품) 목록 방식에 힘입은 것이라기보다는 기존의 TV 채널들이 사용하는, 특히 HBO의 방식과 많은 부분 공통점을 가진다"고 주장한다(Fox, 2015).

넷플릭스의 발전 사례는 디지털 경제에서 이익을 얻는 대부분의 기업이 실제 '꼬리'를 공급하는 회사들은 아니고 오히려 개별적인 베스트셀러들을 가장 잘 자본화할 수 있는 회사(2008: 9)이며 블록버스터 경제를 통하여 틈새 문화의 힘을 강조하는 회사라는 엘버스의 주장을 지지한다. 이러한 이론가들은 "전통적인 '대중 시장'의 파편화는 필연적으로 '주류를 상이하고 무수한 문화 트렌트의 조각들'로 변화" 시키고(Anderson, 2009a: 5) 탈대중화de-massified된 시장을 출현시킨다고 주장한다. 이는 부분적으로는 실증의 문제다. 수억 개의 트윗, 블로그, 업로드된 사진과 비디오 들이 존재할 수는 있지만 그것들이 가장 가능성이 많은 수익원 또는 뉴스 공급원으로서 전통적인 기존 콘텐츠 제공자들을 대체할 수 있거나 규모와 범위를 통하여 보상을 요구하는 전통적 경제적 질서를 피할 수 있다는 증거는 거의 없다.

하지만 비록 블록버스터 상품을 생산하기 위한 어떤 요구나 유인책도 없다고 하더라도 틈새 상품들의 유통이 다른 시장 논리에서 예측된 증거 그리고 집중과 축적에 대한 필요를 지향하는 경향에 기반하고 있지 않다는 증거 역시 거의 없다. 자비스는 "대중의 시장은 죽었다 — 대중의 틈새들은 오래간다"는 제목의 소절에서(2009: 63) "구글은 어떻게 틈새의 세계를 개척하고 여기에서 이익을 낼 수 있는지를 알아냈다"(2009: 66)며 그가 하는 일의 전부는 어느 정도까지 적은 수의 인구 통계 집단이 가치의 공급원으로 정확히 상품화되어 이용될 수 있을 것인지를 정의하는 것이라고 한다.

하지만 틈새시장의 민주적 이점에 대한 앤더슨과 자비스의 신념은 '대중'과 '틈새'의 관계에 대한 오해가 바탕이 된 것으로 여겨지는데, 여기서 전자는 상명하복식의 오래된 방식으로 여겨지고 후자는 개성에 대한 다소 낭만적인 표현으로 보인다. 양쪽 모두 마르크스주의 사회학자인 레이먼드 윌리엄스Raymond Williams의 유명한 금언인 "대중이란 없다. 다만 사람들을 대중으로 보는 방식들만 있을 뿐이다"를 대중 시장의 반가운 쇄락에 대한 근거로 인용한다(Anderson, 2009a: 185; Jarvis, 2009: 63). 그렇지만 윌리엄스 주장의 요지는 그것이 아니었다. 대신 엘리트 조직들이 보통 사람들의 대표를 조직해 다루기 힘든 군중들을 통치하는 데 좀 더 수월하게 하려는 어떤 권력에 대하여 자신의 견해를 밝힌 것이다. 그는 단결하여 행동하는 시민들의 능력을 비난한 것이 아니라 기업 경영자들과 정치인들이 사람들이라는 큰 집단을 상품화하기 위해 '대중'이라는 단어를 쓰는 양태를 비난한 것이다. 따라서 윌리엄스(1968: 93)의 주장은 '대중' 및 '위대한 영국 사람들' 같은 문구 사용에 따르는 문제점은, 서로 다른 방식으로 살아가며 성장하는 실제 사람들에 있는 것이 아니라, 고정된 습관을 가진 몇몇 엘리트들에게 있다는 것이었다. 또한 거기엔 '대중'에 대하여 본질적 위협을 가하는 어떤 것도 있을 수 없으며, 마찬가지로 틈새 자체도 언제나 자동적으로 민주적이지는 않다는 뜻이었다.

역설적으로 틈새의 성장은 집중화의 또 다른 영역을 신장시켰다. 점증적으로 인기가 높아지고 복잡해지는 시장으로의 접근 구조를 형성하기 위해서 '게이트키퍼'가 필요해진 것이다. 헌신적인 광고 에이전시의 도움도 필요 없이, 지속적으로 고객들을 직접 다룰 수 있는 회사인 구글에 의해 지배되는 온라인 광고 시장을 생각해 보라. "구글은 광고를 배치하는 데 갈수록 놀랍도록 효율적인 시스템"이라고 마이클 울프Michael Wolff(2012)는 말한다. "매개가 필요 없게 된 광고 시장에서, 기업들은 스스로 궁극적인 최종 중간 매개자로 변화한다." 예를 들어 앱, 음악 다운로드와 관련 있는 애플이나 전자 출판과 관련 있는 아마존처럼 자신들을 지속적으로 구매자와 판매자 사이에 위치시키려 하는 대기업들 그리고 이를 위한 여타 신규 디지털 미디어 시장의 독점적 구조를 고려해 볼 때, 권력은 저명한 게이트키핑 역할을 위해 빠르게 움직이고 이전의 지배적인 배급자(출판사나 음반 회사)를 대체하고 있다. 이는 오히려 자본주의 시장에서 문화 상품의 생존력을 확보하기 위한 전통적인 메커니즘(과점, 장애물 그리고 희소성과 같은 전통적 메커니즘)이 이른바 새로운 디지털 경제에서도 여전히 그 어떠한 것에 의해서도 대체되지 않고 있다는 점을 상기시켜 준다. 그 논리는 직접적이다. "다양한 경제적 효과들은 가장 먼저 움직인 자를 보상하고, 늦게 들어온 경쟁자를 처벌하고, 사람들로 하여금 가장 큰 네트워크에 참여하게 유혹하며, 그들이 다른 경쟁 체제로 옮겨가지 못하게 한다. 그 결과는 이러한 새로운 중간자가 그들이 대체했던 사람들보다 더 큰 힘을 가진다는 점이다"(Schneier, 2015: 57).

새로운 미디어 경제의 역동성

앤더슨, 다운스, 자비스, 슈미트와 코언 그리고 탭스콧과 윌리엄스 등에 의해 제시된 디지털 세상에서의 협업 가능성이란 주장은 인터넷이 창조적이고 문화적인 생활에 끼쳤던 엄청난 충격을 다시 강하게 상기시킨다. 그럼에도 불구하고 이 저서들은 경제적 자산에 대해선 중요하지 않게 취급하며, 이윤의 생성은 상쇄되고, 착취는 최소화됨으로써, 마찰 없는 자본주의로 요약되는 결정론적 전망을 명백하게 드러내고 있다. 자유 시장의 역동성은 일상적인 반복 안에서 힘을 잃게 되었고 자본주의가 의존하는 사회관계를 평등하고 투명하게 만들려는 내재적인 경향성을 중심으로 한, 기술적으로 유도된 자본주의의 전망에 의해 대체되었다.

그러나 문제는 디지털 자본주의 역시 여타 자본주의와 마찬가지로 주기적인 수급 위기와 주기적인 투기의 기간의 영향으로부터 자유롭지 않다는 점이다. 예를 들어 구글은 주택 건설업체나 철강 제조업체들처럼 불경기로 인한 손해를 보진 않겠지만 여전히 전체 경제 활동의 위축에서 오는 영향은 받았다. 마이크 웨인Mike Wayne(2003: 59) 역시 "과잉 생산 및 그 결과가 위기로 이어지는 자본주의 경제학의 근본적인 경향을 초월하는 새로운 패러다임은 아직 존재하지 않는다"고 주장한다. '대중' 미디어 경제에 징후적인 많은 요인들 — 특히 독점화, 상품화, 축적 지향성 — 은 확산을 보증하면서 집중화에 대해 보상을 해 주거나 개방성에 집착하면서 소유는 권장하는 인터넷의 모순적인 힘들에 의해 형성되는 새로운 미디어 경제의 역동성에 있어 핵심적이다. 디지털 영역은 창의성과 협력이 중심이 되는 생성적 체계와 이익 추구를 최우선으로 하는 위계 및 양극화의 체계가 평행적으로 공존하기보다는 긴장이 가열되는 공간이 된다.

4장

규제 아래의 인터넷

데스 프리드먼

우리에게 손대지 말라

1996년 2월 8일, 미국의 빌 클린턴 대통령은 1934년의 방송통신법Communication Act 이후 처음으로 미국 방송통신법에 종합적인 수정을 가한 새로운 통신법Telecommunications Act에 서명했다. 규제를 상당히 완화하고자 했던 이 법에는 특히 논란의 소지가 있던 통신윤리법(Communication Decency Act: CDA)이 포함되었다. 통신윤리법은 전 지구적인 커뮤니케이션의 기반 아래 상대적으로 새로운 부분이던 인터넷에 관한 외설성과 불순함을 규제하고 18세 미만의 청소년에게 음란 콘텐츠를 배포하는 것을 범죄로 간주하였다. 그날 늦은 무렵, 수천 마일이 떨어진 스위스의 산봉우리에서 과거 그레이트풀 데드의 작사가이자 인터넷 자유 운동가인 존 페리 발로John Perry Barlow[69]는 분노하

69 존 페리 발로(1947~)는 미국의 시인이자 인터텟 자유 운동가이자 학자다. 1960년대 히피족이었던 그는 자유와 평화 그리고 무소유의 유토피아를 사이버 공간에서 찾으려고 했다.

여 무장 봉기를 요구하는 글을 자유주의적 열정으로 썼다. 발로는 통신윤리법이 "내가 의회 구내식당에서 들었던 미국 상원의원들의 온갖 상스런 말은 놔두고 오히려 사이버 공간에서의 대화를 더 규제하려 한다"고 주장했다(Barlow, 1996). 그가 숙고한 뒤 내놓은 반응은 다음과 같았다. "엿이나 먹으라고 해."

그 후 온라인 세상에서 개방적이며 자유로운 인터넷에 대한 성명이 발표된다.

> 육신과 강철로 만들어진 이 지긋지긋한 거인 같은 산업 사회의 정부는 들으라. 나는 새로운 정신적 보금자리인 사이버 공간에서 왔다. 미래 사회를 대표하여 말한다. 과거의 유물인 너는 우리에게 손대지 말라. 너는 결코 환영 받지 못한다. 너는 우리의 세상을 통치할 권리가 없다. 우리는 어떠한 정부도 선택한 적이 없고 앞으로도 그럴 일은 없을 것이다. 너는 자유가 주어진 범위 밖의 무력한 존재다. 우리가 만들어 가고 있는 전 세계적 공간은 네가 우리에게 가하려는 압제에 독립적인 곳이다. 너는 우리를 통치할 어떠한 도덕적인 권리도 없으며 우리를 두려움에 떨게 할 어떠한 강제적 수단도 없다(Barlow, 1996).

흥미로운 점은, 발로가 성명을 발표한 곳은 세계 경제 포럼World Economic Forum 개최지인 다보스였다는 점이다. 세계 경제 포럼은 기

빌 클린턴 대통령이 통신법 수정안에 서명하자 1996년 2월 8일 '사이버 공간 독립선언문A CyberspaceIndepencence Declaration'을 쓰고 인터넷에 게재하여 세계적으로 큰 반향을 일으켰다. 존 길모어John Gilmore, 미치 케이퍼Mitch Kapor와 함께 1990년대 전자프런티어재단(EFF)을 창립하기도 했다. — 옮긴이

업 및 정치 지도자들이 매년 1주일 간 자유 시장 정신을 유지하고 산업 경영에 정부의 간섭을 최소화하고자 최선의 전략을 연구하고 토론하는 정상 회담이다. 이처럼 인터넷의 독립을 지지하는 격렬한 성명이 규제 없는 자본주의를 위한 강력한 대응에 맞추어 등장한 것은 그때가 처음(혹은 마지막)이 아니다.

발로의 미국 헌법과 사이버 공간의 자유 선언문은 많은 인터넷 운동가들의 지지를 얻었다. 온라인 세상에 대하여 잘 설명한 것으로 유명한 책 《디지털이다Being Digital》(1996)에서 MIT 미디어랩 설립자 네그로폰테는 아날로그 원자와 디지털 '비트' 사이의 차이를 규제와 연관 지어 서술했다. "대부분의 법은 비트가 아니라 원자의 세상을 위해 만들어졌다. 이 법이야말로 '큰일'이라고 말해 주는 조기 경보 시스템이라고 생각한다. [현실의] 법에는 사이버 법이 적용될 자리가 존재하지 않는다"(1996: 237). 네그로폰테의 주장은 크게 두 가지다. 첫째, 현재의 전 지구화 이론들을 따라(Ohmae, 1995 참조) 그는 기존의 국가가 상징적, 정치적 권력의 원천으로서 특권적 지위를 상실했다고 주장한다. 국가는 "지역이 될 만큼 작지 않으며 전 세계가 될 만큼 크지 않다"(Negroponte, 1996: 238). 둘째, 그는 대규모 관료제로부터 벗어나 다양한 계층이 참여하는 새로운 '가내 공업'이 불가피하게 부상하여 미디어가 전 지구적으로 재편된다고 강조했다. 네그로폰테의 결론은 "미디어가 더 커지면서도 동시에 작아지듯이 세상에 대한 통제 역시 이러해야 한다"는 것이다(1996: 239).

새로운 인터넷 환경의 수많은 영향력 있는 지지자들은 공통적으로 정부의 개입이 사이버 공간의 대표적 특징인 창의성과 혁신을 억압한다고 생각한다. 본질적으로, 인터넷의 발달을 가장 잘 구체화할 수 있는 사람은 공공 정책 전문가나 관료가 아니라 외부 간섭에 적대적인 일련의 네트워크로서 인터넷을 처음 설계한 엔지니어와 프로그래머들인 것이다. 군사적 기원에서 나타나듯이 "통신망은 검열censorship로 인한 피해 혹은 그 경로라고 해석한다"(Gilmore, 1993). 〈와이어드〉 전 편집장 케빈 켈리에 의하면 그 결과는 다음과 같이 묘사된다.

> 누구도 통신망을 통제하지 않으며 누구도 그에 대한 책임을 지지 않는다. 간접적으로 통신망을 지원하던 미국 정부는 어느 날 갑자기 기술 엘리트의 컴퓨터 터미널들 사이에서 어떠한 관리나 감시 없이 스스로 발전하고 있는 망을 발견하였다. 이용자들이 자랑스럽게 여기듯 인터넷은 전세계에서 가장 큰 규모로 작동하는 무정부 공간이다(Kelly, 1995: 598).

도메인 네이밍 조직인 국제인터넷주소관리기구(Internet Corporation for Assigned Names and Numbers: ICANN)의 창립 의장 이스더 다이슨Esther Dyson 또한 인터넷과 관련한 정부의 역할은 극도로 제한될 필요가 있다고 보았다. "문제는 정부 규제나 업계의 자기 규제가 아니라 자신의 정보에 대해 소비자 스스로 권한을 행사하고 통제하는 식의 더 뛰어난 해결책에 어떻게 대중의 상상력을 집결시키는지에 있다"(Dyson, 1998: 6).

미국 자유주의의 특정한 형태를 반영하는 목소리들이 인터넷의 세계적 대중화에 결정적인 역할을 한다는 점은 중요하다. 이 목소리들은 미국 정치 문화의 모든 면을 드러내진 않지만, 그렇다고 결코 적은 수가 아니었던(지금 역시), 인터넷의 세계화에 매우 핵심 역할을 수행하는 개인들이다. 이들은 전통적 게이트키퍼들의 — 대표적으로 올드 미디어 거인들과 모든 형태의 정부들 — 권한을 잠재적으로 박탈, 우회시키는 커뮤니케이션 미디어가 있다는 점을 열정적으로 역설하며, 일반 이용자에게 그 권한을 되돌려주고자 한다. 이 책의 2장에서 다루었듯이 인터넷의 실제 역사에도 불구하고(이후 살펴보겠지만) 현재의 국가 권력은 차별 금지, 탈중심화, 연결성 원칙의 특성을 갖는 자유롭고(경제적, 정치적 측면에서) 개방된 네트워크의 발전에 있어 방해가 된다고 간주된다.

이번 장의 핵심인 인터넷의 발전이라는 측면에서 보더라도 이러한 자유주의자들의 이야기는 단순한 과거사라고 하긴 힘든, 조금은 다른 시기를 상징하는 것으로 보인다. 이는 곧 엄청나게 발전된 단계로 여겨지는 현재 시기와는 비교되는 관점에서 인터넷 '유아기 infancy' 시대를 의미한다. 이 시기에는 사회 경제적인 관점에서 필수적이고 중요한 대규모 커뮤니케이션 미디어가 등장하면서 안전성과 보안이 보장되고 원활한 기능을 수행하기 위한 최소한의 시스템이 필요하다는 전반적인 인식이 존재했다. 물론, 여러 국가들에서 통치 체제의 방향성과 통제 그리고 인적 구성의 부분을 함께 포괄하는 인터넷 규정에 관한 협의 등의 사안은 서로 다른 문제다. 더욱이 풍부함과 상호성을 가지고 국경의 영향을 받지 않을 것으로 예상된 기술인 인터넷이 기존의 규제 구조에 문제를 유발하고 권위를 약화시킴에 따라 상황은 훨씬 더 복잡해졌다. 법학자인 존슨과 포스트는 기존 법 체제에 대한 부적합성과 관련한 유명한 논문에서 지역적으로 정의된 규칙에 의해 사이버 공간이 자연적으로 통치되어야 한다는 주장과 달리 인터넷은 오히려 물리적 공간 사이의 경계를 바탕으로 한 규제 제도를 근본적으로 바꾸어 나갈 것이라고 주장했다(Johnson & Post, 1996: 13~68).

따라서 이 장에서는 지난 20년간 이뤄진 규제 절차의 주요 역학을 다룬다. 규제의 다양한 지역성과 메커니즘을 단순히 설명하거나 나열하는 데 그치지 않고 현재의 '인터넷 규제'를 이해하기 위해 도움이 되는 가장 중요한 문헌과 사유의 내용을 논의할 것이다. '통치 체제'와 코드 기반 규제로의 선회에 대한 부분에서부터 '네트워크화된 것'과 더욱 일반화된 형태의 커뮤니케이션 규제 사이의 연속성 그리고 특히 네트워크 인프라 구조와 관련한 국가의 핵심 역할에 대해서도 검토한다. 뿐만 아니라 이 장에서는 여러 국가들에서 전개된 다양한 변화에도 불구하고 인터넷이 규제의 과정에서, 근본적인 내부 권력 관계에서의 신자유주의적 변화와 어떠한 연관을 가지고 있는지에 대해 질문한다. 결국 지금의 규제자는 누구인가? 이 질문에 대하여, 인터넷의 공익적 특성을 보존하고 확장시키고자 한다면 우리에게 필요한 것은 현 여정에 대한 도전이다. 즉 국가를 강력한 민주적 규제의 매개자로 삼는 생각을 버리고 대신 정부와 상업적 이익 모두에서 독립적으로 작용하는 공익 규제 제도를 고안해야 한다. 인터넷은 그 자체가 공공 정책의 창조물로서, 올바른 민주주의 국가에서 사적 이익, 억압적인 감시 체제, 당파적 관리, 권위주의적 정부 혹은 불투명한 초국가적 단체를 대신하는, 그래서 외주화되지 않고 모든 시민들이 접근 가능하면서 책임도 함께 지는 공공 기구로 제안되어야 한다는 주장은 전적으로 정당하다.

인터넷 규제에 대한 비정부적 통치 체제

1990년대 많은 인터넷 옹호자들에게 익숙하던 탈국가주의 사고는 인터넷이 정치인이나 정부가 아니라 전문가와 이용자에 의해 가장 잘 통치된다는 새로운 의견 일치로 발전했다. 토머스 프리드먼Thomas Friedman은 자본주의적 전 지구화에 의한 가능성들을 설명하는 자신의 베스트셀러 《렉서스와 올리브나무The Lexus and the Olive Tree》(2000)에서 자신이 간주하는 바람직한 '통치 체제'와 부적절한 '정부'를 명확히 구분했으며 여기서 후자는 '국제적 경찰'로 묘사되었다. "당신이 특정한 인간적 가치를 지지하는 연대를 조직하려 한다면 더 나은 국제적 통치 질서를 위하여 필요하다는 국제 정부 없이도 많은 일들을 스스로 할 수 있다는 사실에 놀라게 될 것"(2000: 206)이라고 말하는 프리드먼에게 강압이란 민주주의와 자유 시장에서 최후의 것일 뿐이다. 개방된 표준에 의존하는 기술 혁신과 관련하여 강압적 통제는 최선의 경우가 그나마 역효과를 유발하는 것이며 최악의 경우엔 파괴까지 부르게 된다. 프리드먼에 따르면 인터넷이 매우 역동적인 이유는 "승리 자체가 신속한 최상의 해결책이 되며 패배자는 전장에서 곧바로 제거되는" 성격의 개방성에서 찾아진다(2000: 226).

정부에 의한 하향식 규제 형태와 달리 통치는 분산되고 유연한 형태의 조직을 의미하는데, 이는 "네트워크 형태의 지배이자 절차를 의미하며 다양한 에이전트들과 관련이 있다"(Daly, 2003: 115~116). 인터넷 통치 이론가인 밀턴 뮬러Milton Mueller가 "인터넷 통치란 중요한 정치적 권한은 없는 상호 의존적 행위자들의 협력과 규제를 의미한다"(2010: 8)고 본 반면 로라 드나디스Laura DeNardis는 이를 다양한 행위자들에 의해 구성된 하나의 시스템인 '브리콜라주bricolage'의 한 형태로 설명한다(2014: 11). 인터넷 통치에 대한 UN 인터넷정책위원회(Working Group on Internet Governance: WGIG)에 따르면 "통치는 정부, 민간 분야 그리고 시민 사회가 인터넷 사용과 진화를 구체화시키는 공유된 원칙, 규범, 규칙, 의사 결정 절차, 프로그램들 각각 개발하고 적용시키는 것이다"(Bossey, 2005: 4). 따라서 통치governance는 정부government보다 더욱 확장되고 유동적인 개념으로 "공식적이면서 구속력을 가지는 규칙뿐 아니라 미디어 내부, 외부 모두를 향한 다양한 비공식적 메커니즘을 의미하며 이를 통해 여러 (그리고 종종 모순되는) 목적들이 '조율'된다"(McQuail, 2005: 234). 규정 제안과 프로토콜 협의는 정부 단독으로 추진되지 않고 국제인터넷표준화기구(Internet Engineering Task Force: IETF), W3C 같은 전문가들에 의해 이루어지며 이 작업은 법이 아닌 규범적 권한을 가진다(Benkler, 2006: 394). 이처럼 도메인 네임의 할당은 법 집행이 아니고 과거 미국 정부가 이행하던 일을 민간 비영리 기업인 국제인터넷주소관리기구(ICANN)가 이어받아 진행하는 업무다.

지지자들이 보기에 이 조직들은 인터넷의 특성인 탈중심화된 구조와 참여적인 잠재성을 위하여, 규제가 아니라 독립적이며 능력에 기반을 둔 접근을 하고 있다는 점에서 상징적이다. 마이클 프룸킨Michael Froomkin(2003)에게 국제인터넷표준화기구와 같은 표준 제정 조직은 담론 윤리에 충실하게 작동하는 공론장을 뜻하는, 하버마스적인 기여의 관점에서 보면 최선의 제도적 표현이다. 프룸킨은 국제인터넷표준화기구가 "높은 수준의 개방성과 투명성" 그리고 "놀라운 수준의 자의식"을 보여 준다며, "국제인터넷표준화기구 참여자들은 이 조직의 등장 계기와 활동의 적절성에 관해 공통된 의견을 지닌다"고 주장한다(2003: 799). 이 견해는 인터넷을 "민주주의와 통상을 강화시키는 도구적 가치"의 역할이 아닌 "커뮤니케이션에서의 해방적 잠재력"이 되게 하려는 국제인터넷표준화기구 참여자들의 생각을 충실히 대변한다(2003: 810). 사실 그렇다. 이 조직은 매우 전문가적이고 남성 중심이며, 또한 단일 언어 위주지만(회의는 영어로 진행된다) 개방적 표준을 유지하기 위한 한결 같은 목적에서는 "본질적으로 공동체적"이며(2003: 816) 그런 점에서 인터넷 기반 시설에 대한 공통의 협의를 추구하기 위해 우리가 가질 수 있는 최고의 이미지다.

불투명하고 비민주적이라는 비난과 불신을 받는 국제인터넷주소관리기구조차도 처음에는 일부 논평가들에 의해 '우수한' 통치를 위한 잠재적 선구자로서 환영을 받았다. 마누엘 카스텔은 2001년 글에서 "국제인터넷주소관리기구의 준칙은 지난 30년간 인터넷과 함께해 온 통치 특성인 개방성, 탈중심화, 합의 과정, 자율성"이라고 단언했다(Castells, 2001: 31). 실질적 단점이 무엇인지와는 무관하게 카스텔 역시 국제인터넷주소관리기구처럼 인터넷을 관할하는 새로운 조직은 정당성을 얻기 위해 "인터넷의 기원적 특성을 보여 주는 전문적인 합의 및 협의의 전통 위에서" 설립되어야 한다고 주장했다(2001: 33).

국제적으로도 유사한 발전이 있었다. 고정된 지리적 경계를 수동적으로 받아들이는 것에 대한 인터넷의 거부 덕분에 전통적인 국가 규제 제도에 포함될 수 없는 초국가적 통치 체제가 등장했다. 여기엔 세계무역기구(World Trade Organization: WTO), 세계지적재산권기구(World International Property: WIPO) 같은 초국가적 조직들 그리고 시민사회의 참여 단체들이 결합한, 대표적으로 2003년과 2005년 디지털 격차Digital Divide[70] 해소를 목표로 최선의 해결책을 논의하기 위해 열렸던 정보 사회 세계 정상 회의(World Summit of the Information Society: WSIS)와 이어진 연례 회의인 인터넷 거버넌스 포럼(Internet Governance Forum: IGF) 등이 포함된다. 따라서 인터넷은 이론가들의 주장과는 달리, UN을 중심으로 한 정부 대표자들로 구성된 '글로벌 통치'와 같은 조직들의 네트워크화에 개입하지 않았다(미디어와의 관계는 O Siochru et al., 2002, 인터넷과의 관계는 Radu, Chenon & Weber, 2014를 보라). 프랭클린에 따르면 이는 국가 기반 정책 단위의 권한 쇠퇴와 정보 커뮤니케이션 기술(ICT) 규제의 재공간화 경향을 입증하는 증거들이다. "다자 간 기구들이 '다중 이해관계자' 회의를 중개함에 따라 '초지역적, 초국가적, 초영토적 경로와 동맹'이 기존의 국가별 경계선을 덮어씌우고 있다"(Franklin, 2009: 223). 현재 다양한 비정부 행위자들은 민간 부문과 시민 사회 모두에서 정보 정책 개발과 집행의 핵심 조직으로 존재한다.

하지만 정부와 다른 이해관계자들은 이와 같이 초국가적 수준을 향해서 위쪽으로 이동할 뿐만 아니라 국가 관할권 내에서 독립적 혹은 준자율적 규제 조직을 설립하기 위해서 아래로도 내려간다. 이는 과거에 정부에 의해 집행되었지만 지금은 다양한 책임 부문에서 외주화에 의해 비정부 조직(NGOs)으로 이양되고 있다. 콘텐츠 감시, 도메인 네임의 할당, 사생활 보호 영역은 모두 정부가 독자적으로 허용

70 디지털 격차는 1990년대 중반 미국에서 처음 사용된 신조어로, 정보 격차로도 해석된다. 디지털이 보편화되면서 이를 제대로 활용하는 계층은 지식이 늘어나고 소득도 증가하는 반면에, 디지털을 이용하지 못하는 사람들은 전혀 발전하지 못해 양 계층 간 격차가 커지는 것을 의미한다. — 옮긴이

여부를 결정하는 분야다. 현재의 통치 체제에서 선호되는 작동 방식은 합의된 규정에 따라 업계가 자신의 행동을 수정하는 자기 규제self-regulation 그리고 규정의 설계와 집행을 위해 정부와 업계가 협력하는 공동 규제co-regulation 방식으로 수렴되고 있다(Tambini et al., 2007의 인터넷의 자기 규제 형태에 대한 광범위한 논의를 참조하라). 예를 들어 유럽위원회의 시청각 미디어 서비스 지침Audiovisual Media Services Directive은 공공 정책 목표 달성을 위한 자기 규제 및 공동 규제의 방법을 설명하고 있다(EC, 2010: 5).

그렇다면 이들의 배경은 어떠한가? 프리드먼(2008: 126)은 커뮤니케이션 업계 너머에서 커지는 자기 규제에 대한 호소가 부분적으로는 자신들의 목표 추구를 위해 규제가 완화된 환경을 얻으려는 신자유주의 행위자들의 욕망이자 결과라고 주장한다. 하지만 이 주장엔 단순히 법적 방식을 넘어 자기 규제에 대해 추진력을 자극시키는 인터넷 자체의 특성일 수도 있다는 작은 의문 역시 존재한다. 이엔 앙Ien Ang(2008: 309~310)은 자기 규제 방식이 온라인 세상을 위해 더 적절하다고 주장한다. 그 이유는 첫째 그러한 역동적 시스템에서 비공식적 절차가 혁신을 거부하지 않으며 변화에 잘 적응하기 쉽고, 둘째, 이러한 규정의 이해와 집행에 가장 유리한 입장을 가진 사람들은 판사나 정치인이 아니라 기업가나 소프트웨어 엔지니어라는 점에서다. 토머스 프리드먼(2000: 471)에 따르면 "엄밀히 말해 인터넷은 중립적이고 자유로우며 개방적이지만 규제되지 않는 상업, 교육 그리고 통신의 매개체이기도 하므로 이러한 기술을 사용할 때엔 개인적 판단과 책임이 특히 중요하다." 즉 자기 규제 방식은 방송국에 의해 제공되는 콘텐츠가 아니라 소비자가 직접 이를 선택하는 환경에서 더 적절하다는 것이다. 현재 개인들이 아날로그 형태보다 더 많은 다양한 방식으로 미디어를 소비한다는 점에서 자기 규제 방식은 기술적, 문화적으로도 적절하다. 그래서 자기 규제는 스탠리 볼드윈Stanley Baldwin의 말[71]을 반대로 인용해 보자면, 소비자에게 권한과 책임 모두 주는 것을 목적으로 한다.

가령 영국에서 불법적인 인터넷 콘텐츠는 정부 부서가 아니라 업계에서 설립한 단체인 인터넷감시재단(Internet Watch Foundation: IWF. 1996년 인터넷 서비스 공급자(ISP)들이 설립한 집단)이 감시한다. 인터넷감시재단은 가장 불법적인 사례인 아동 성폭력이나 폭력적 포르노물 등이 영국 외부를 우회하여 게시될 경우 영국 외설법 혹은 아동보호법의 대상이 되지 않는다는 점에서 새로운 접근이 필요하다고 주장했다. 또 이 단체는 다른 국가들에 있는 자신들과 유사한 역할을 하는 조직에게 이러한 불법적인 인터넷 콘텐츠의 존재를 경고함과 동시에 네트워크상 불법적 내용에 대한 개인적 불만들을 영국의 인터넷 서비스 공급자들에게 집중적으로 전달해 신속히 그 내용을 제거할 것을 촉구하였다. 이것은 이른바 '통지와 제거notice and takedown' 정책을 가리킨다. 인터넷감시재단의 전 대표인 피터 로빈스Peter Robbins에 의하면, "이 시스템은 '의견 합의'에 근거해 작동하며 콘텐츠의 변화를 위한 필요 기금 지원은 여러 기업들의 사회적 책임이다"(Robbins, 2009: 9). 경찰 및 인터넷 서비스 공급자들과의 긴밀한 협력 속에 핫라인 서비스를 제공하게 되자 영국에 서버를 둔 인터넷 아동 포르노물이 전체의 1% 미만으로 줄어들었고 이러한 동영상이 나타나더라도 1시간

71 영국의 정치가인 스탠리 볼드윈의 "책임 지지 않는 권력power without responsiblity"을 의미한다. — 옮긴이

이내에 보고된다고 인터넷감시재단은 설명한다. 현재 이 재단의 대표인 수지 하그리브스Susie Hargreaves는 "자기 규제는 국가 체제에 통합되었을 경우 보다 급변하는 온라인 환경에 더욱 잘 대응할 수 있기에 현재 인터넷감시재단 모델은 매우 적합하다"고 말한다(Halin & Stone 2013: 55에서 인용).

영국의 법은 유럽 전자 상거래e-commerce 규정에 따라, 인지하지 못한 채 불법적 자료를 배포했음을 입증할 수 있는, 즉 '단지 경로의 역할'을 한 콘텐츠에 관해서는 인터넷 서비스 공급자와 여타 온라인 중개자들의 책임을 면제해 준다. 이 경우 책임은 자료의 원저작자 혹은 게시자에게 있다. 영국의 초기 사례들은 이러한 '결백한 배포'의 변호에 반대했던 반면 최근의 사례는 자기 규제의 유효성을 제공하는 인터넷 서비스 공급자에게 점점 더 많은 공감을 하고 있다. 물론, 지트레인(Zittrain, 2009)은 '통지와 제거' 접근법이 관대한 인터넷 환경에서나 적합한, 적극적이기보다는 사후 대응적 모델이며, 저작권 보호와 비전문적 표현 사이에서만 유용한 균형책을 제공한다고 주장했다. "특정 행위를 금지하기 위한 선제적 개입은 추후 용인될 가능성이 있다는 점에서 어쨌든 그 걱정을 감수하기로 결심하도록 이끄는 식으로 그에 대한 반대자의 불평을 잠재울 수 있다"(2009: 120). 지트레인에게 이는 접근성, 예측 불허성 그리고 '예상치 못한 변화'가 핵심(2009: 70)인 기술의 '발생'적 특성을 잘 반영하는 것이며 따라서 여기에서 '하향식' 규정은 유명무실화된다.

요차이 벤클러는 규제와 관련하여 '발생적인 것generative'과 '비발생적인 것nongenerative' 사이에서 긴장이 증가한다고 강조하였다. 그는 《네트워크의 부The Wealth of Network》(2006)에서 새로운 공유 기반의 정보 생산 양식은 현재의 국지적, 중앙 집중적, 위계적인 정보 흐름을 위협하고 있다고 설명한다. 과거의 것과 새로운 것의 경쟁은 법과 규정의 영역에서 가장 잘 나타나며 특히 저작권, 특허 그리고 사회적 생산 양식에 대한 분쟁이 지속적으로 발생한다. 벤클러에게 이는 21세기 '문명의 충돌'로 "사적 비즈니스 모형에 유리한 제도적 생태계 형성에 대한 정치적, 사법적 압력"이며 새로이 부상하는 사회적 관행으로 모두 앞다투어 뛰어드는 모습이다(2006: 470). 하지만 규제라는 것은 이렇듯 전쟁 한가운데서 중립적 절차를 구성하는 행위로 나타나진 않는다. 그동안 새로이 부상하는 "대응적 그리고 반응적"(2006: 393) 방식으로, 사회적으로 공유된 미디어의 가능성을 포착하여 업계의 이익을 보호하기 위해 법이 얼마나 자주 다르게 활용되었나를 고려할 때, 벤클러에게 인터넷 규제란 정보 생태계의 진부한 표현으로 보인다. 벤클러는 독점 금지 대책을 활용한 시장 개방 같은 제한적 환경에서는 개입이 필요한 반면, 대부분의 경우 '부상하는 네트워크 정보 경제'가 필요로 하는 것은 규제를 강화하는 방식이 아니라 규제를 줄여 주는 방식이라고 보았다(2006: 393).

인터넷 규제의 정부화

비록 인터넷에 대한 차별적인 통치 체제를 구성하려는 대안적 역사는 존재했지만 사이버 자유주의의 전형적 진술이 가장 잘 표현된 말은 다음과 같은 뮬러의 발언이다. "발로의 선언은 미성숙하다"(2002: 266). 이에 대신하여, 전 지구화에도 불구하고 온라인 네트워크의 규제와 관련한 다양한 조직, 메커니즘의 구성, 제도화 그리고 집행에 있어 국가 정부와 관계 당국이 지속적으로 중요한 역할을 해야 한다는 다른 주장이 존재한다. 불법 복제 방지 수단을 의무화해 새로운 디지털 환경에 무거운 소유권적 지적 재산 체제를 부과한 1998년 미국 디지털밀레니엄저작권법에서부터(Benkler, 2006: 413~418) 불법 다운로드를 지속하는 이용자들의 접속을 원천 차단토록 한 2010년 영국의 디지털경제법Digital Economy Act of 2010까지(비판적 관점은 Doctorow, 2010을 보라), 그리고 1998년 국제인터넷주소관리기구 설립 당시 클린턴 행정부가 했던 중요한 역할에서부터 중국 정부의 지속적인 인터넷 접속 통제책까지, 또한 유럽과 미국 정부의 저작권 확대 지원으로부터 전 세계 개인의 정보에 대한 정부 감시 증가까지, 이뿐 아니라 망 중립성에 대한 미국 법원의 판결에서 '잊혀질 권리right to be forgotten'에 대한 유럽 법원의 결정(European Commission, 2014)에서 정부가 관여한 인터넷 통치 계획에 대한 흔적은 일관되게 존재해 왔다. 뮬러(2010: 4)는 다자적이거나 자기 규제적인 조직의 등장과 함께 인터넷에 대한 정부의 권한이 쇠퇴하기 시작함에 따라 각국 정부들이 최근 '반혁명counter-revolution' 형태로 새로운 반격을 시작한다고 설명한다. 많은 나라에서 규제적 간섭의 여러 형태들이 존재하는 동안 인터넷에 대한 국가적 조정과 관리 감독 역시 점점 더 중요해지고 있다.

국가-정부 기반 인터넷 규제가 지속되는 것을 정당화하는 것과 관련하여 골드스미스와 우(Goldsmith & Wu, 2006)는 《누가 인터넷을 지배하는가: 국경 없는 세계의 환상Who Controls the Internet?: Illusion of a Borderless World》에서 매우 유명한 논지를 남겼다. 골드스미스와 우는 전 지구적 세상에서도 국경과 지역 정부는 여전히 의미를 가질 뿐만 아니라 정부는 민주주의 제도와 공간을 보호하기 위한 대변자로서 최선의 입지를 가진다고 주장한다. "민주주의 정부 체제는 개방적이며 자유로운 언론, 주기적인 선거, 그리고 독립적인 사법권과 함께 올바른 기능을 이행하는 통치 질서로서 주체적인 사람들의 다양한 이해관계와 욕구를 통합하는 것을 목적으로 하는 인류 역사상 최고의 체제다"(2006: 142). 초국가적 혹은 미시 지역적인 대의 기구도 이러한 목적을 달성할 순 있지만 궁극적으로, "모두가 전통적 지역 정부를 비판하고 다양한 실패들을 두려워한다면" 국가보다 더 나은 방식의 체제에 대한 합리적 전망은 존재하지 않는다(2006: 153).

골드스미스와 우는 강압적인 권한 독점과 관련된 전통적인 베버주의 국가 개념을 활용함에 있어서도 인터넷이 정부－국가 기반 형태의 법 외부에 있다는 생각은 잘못된 것이라고 주장했다. "지난 10년간 국가 정부는 역외 인터넷 통제를 위한 일련의 기술들을 갖고 국경 내에서 강압을 행사하는 법을 집행해 왔다"(2006: viii). 인터넷을 통제되지 않고 또 통제할 수 있게 고안할 수 없는 "법이 없는 공간lawless space"으로 설명했던 슈미트와 코언 또한 "각 국가는 자국 안의 인터넷이라는 역학mechanics 위에서 엄청난 권력을 가지고 있다"(2013: 82)며 이를 설명하는 저서 《새로운 디지털 시대The New Digital Age》의 한 장章 전부를 인터넷과 국가 권력 사이의 관계를 살펴보는 데 할애한다. 카스텔은 정부가 사이버 범죄로 비롯된 위협을 인식하기 시작한 2000년부터 온라인 공간에 대한 규제의 필요성을 심각하게 받아들이기 시작했다고 설명한다(2001: 177). 질서를 회복하고 규제 영역에서 통제권을 회복하기 위해서는 "새로운 전 지구적 공간 규제의 네트워크와 감시 조직을 형성하는 등…… 대부분의 중요 정부들이 함께 행동하는 일도 필요하게 되었다"(2001: 178). 카스텔은 상업화와 감시 위에 세워진 새로운 구조가 등장하면서, "국가 권력의 전통적인 형태로도 규제와 개입이 가능한 근본적 통제 도구로 활성화되었다고 이해한다(2001: 179).

이러한 통제의 실체는 공익 제보 웹사이트인 위키리크스가 공개한 2010년 약 25만 개 미국 대사관 외교 전문 발표에 대한 각국 정부들의 반응에 의해 극적으로 드러났다. 이 전문들에서 파키스탄 핵 산업의 보안에 관한 영미권의 의문, 미국이 지원한 아프가니스탄 정부의 부패 의혹 그리고 이란에 폭탄 공격을 요청한 사우디아라비아 정부의 의사를 포함한 여러 국제 공동체와 관련된 외교 문서의 당혹스러운 세부 사항들이 공개되었다. 이 외교 전문에 대해 많은 국가들은 반자유주의적 태도를 취했다. 중국, 파키스탄, 태국(그리고 미국 공군)은 일부 혹은 전체 자료에 대한 접근을 차단하는 한편 미국 육군과 백악관은 직원들에게 기밀 자료 접근을 금지했다(IFEX, 2010). 미국 법무부는 여전히 진행 중인 자료 유출을 조사하기 위해 트위터 측에 이용자의 세부 정보를 요구했고 마스터카드, 비자카드, 페이팔사는 워싱턴 정가의 고위급 인물로부터 압력을 받은 후 위키리크스와의 링크를 차단했다(Halo, 2010). 이에 위키리크스는 아래의 권고안을 포함해 조직의 위험을 경고한 사이버방첩평가단Cyber Counterintelligence Assessments Branch의 비밀 보고서까지 공개하기에 이른다. "현재나 과거의 내부자 혹은 내부 고발자의 신원 확인, 노출, 고용 중단과 이들에 대한 법적 소송은 위키리크스를 위협하거나 파괴시킬 수 있으며 다른 이들이 이러한 정보를 공개하기 위해 위키리크스를 이용하는 것을 제지할 수 있다"(Army Counterintelligence Center, 2008. 3).

게다가 2013년 전 미국 국가안보국(NSA) 요원 에드워드 스노든은 국가가 디지털 영역을 관리했음을 알리는 증거를 제공했다. 일반 시민들의 커뮤니케이션에 대한 폭넓은 정부 감시가 존재한다고 명시된 비밀문서를 공개한 것이다. 미국의 프리즘PRISM이나 영국의 템포라Tempora와 같은 프로그램들은 전화 통화, 이메일과 소셜 미디어 활동 관련 메타데이터를 정보 수집 차원에서 얻을 수 있도록 만든 거대하고, 정교하며 중앙 집중적인 시스템들이다. 스노든은 어떻게 안보 서비스가 기술 기업들과 은밀하게 공모하여 일반 시민들의 동의는 고사하고 심지어 알리지도 않은 채 대규모의 데이터를 무차별적으로 수집했는지를 제시했다.

> '다섯 눈Five Eyes' — 영국, 캐나다, 호주, 뉴질랜드 — 의 대표인 미국 정부는 고객 국가들과 공모하여 이탈이 불가능한 완벽한 감시망과 전 지구적인 비밀 시스템을 만들었다. 그들은 분류법이나 거짓말을 통해 시민들이 잘 알아채지 못하게 하여 자신의 국내 시스템을 보호하고, 문서 유출 사건 당시에도 어느 정도 대중에게 흘릴 셈으로 자신들이 미리 골라놨던 제한적 정보들이 유출된 것에 대해서 지나치게 반응하면서 대중적 분노로부터 스스로를 보호했다(Greenwald, 2014에서 인용).

스노든의 폭로는 특히 미국에서 엄청난 파장을 불러일으켰고 정보자유법Freedom Act과 애국자법Patriot Act의 개정 문제를 둘러싼 사생활 보호와 비밀 보호 권리에 대한 논의를 촉발시켰다. 이 문제는 커뮤니케이션 데이터의 대량 수집에 대하여 제약을 조금 더 가하는 입법적 사안과 관련되기도 하지만(Yuhas, 2015), 오바마 대통령이 스노든을 사면할 만큼 대중적 압력이 크지는 않았다(Siddiqui, 2015). 국가가 그렇게 대담할 정도로 제멋대로 시민들을 감시한 것에 대해 영국 사회의 반응은 오히려 조용했다. 영국 정부는 통신 회사들이 의심스런 개인들을 조사할 때 필요한 개인 정보들을 최대 1년까지 보관할 수 있게 한 이른바 통신데이터법Communications Data Bill(이른바 '스파이 헌장 Snooper's Charter')을 여전히 도입할 기세다.

신자유주의적 관점에서 보면 마치 이라크와 아프가니스탄 등지의 물리적 영토에서 미국적 민주주의의 복권을 위해 군사적 개입을 정당화시켰듯이 인터넷에서도 점증하는 '홉스주의적' 성격을 교정하며 온라인 세상을 '실패한 국가'로 규정하고 다스리기 위해 국가 권력이 요구된다. 국제학전략연구소Center for Strategic and International Studies의 제임스 루이스James Lewis는 특권적인 과학적 접근법과 '엔지니어링 효율'론[72]을 가진 미국의 정치 문화에 자기 규제가 깊게 뿌리내리는 동안(2010: 61), 무간섭주의 접근법이 심화되어 더 이상 정부조차 이를 통제하기에 충분하지 않다고 주장한다. 인터넷을 규제하기 위한 법적 규정이 언제나 즉각적으로 작동한다는 생각은 증명되지 못했고 대신 "소극적 주권은 국가 정부가 자신의 통제력을 행사하기 위하여 더욱 적극적인 권리 주장을 하는 식으로 진화했다"(2010: 63). 인터넷에 대한 권한을 주장하기 시작한 중국 등 여타 지역과 주권국들도 이러한 문제를 겪게 되면서 문제 해결이 미국 정부에겐 긴급한 과제였다. 루이스는 "새로운 인터넷 관리와 보안의 단계는 결국 개인 행위자가 아니라 정부가 주도해야 한다"고 결론 짓는다(2010: 64).

72 공학에서 엔진이나 과정에 필요한 에너지와 엔진이나 과정이 만들어 내는 에너지 사이의 비율을 일컫는다. 그 비율이 높을수록 그 과정이 더 효과적이라는 의미다. — 옮긴이

하지만 미국 정부가 (그리고 다른 정부도 마찬가지로) 인터넷에도 오랫동안 친기업적 접근법을 적용해 왔으며, 경제 발전을 위한 인터넷의 중요성을 잘 인지했다는 점에서 위와 같은 주장은 정부와 민간 분야 사이를 잘못 상정한 이분법적 관점임을 알 수 있다. 이 점은 1990년대 활황 시기에 인터넷 영역을 구축하려 했던 클린턴 행정부의 주요 인물이었던 아이라 매거지너Ira Magaziner를 통해 가장 잘 설명된다. 클린턴 전 대통령의 기술 자문을 맡았던 그의 발언 내용은 현대적 적합성 때문이라기보다는 미국 정부의 기여를 입증한다는 점에서 살펴볼 가치가 있다.

> 인터넷의 발전에 대한 시장 주도적 접근법. 우리는 이를 과잉 규제 받지 않아야 할 아래로부터의 미디어라고 느꼈고, 인터넷의 유기적 특성을 보존하길 원하면서도 상업 활동은 어느 정도의 예측 가능성을 요구한다는 점에서 예측 가능한 규칙들이 제정되어야 하리라 느꼈다. 따라서 우리는 디지털 서명을 통한 시장 지향적인 접근법과 거래를 관리하기 위한 통일된 상업적 코드가 형성되길 원했다. 우리는 인터넷 검열을 반대했으며, 인터넷 콘텐츠는 자유로워야 한다고 생각했다. 또한 과도한 규제가 없으며 시장에 의해 주도되면서 국제적 용인을 얻을 수 있는 정부 차원의 기구가 만들어지길 바랐다. 우리는 인터넷에 세금을 부과하지 않고 국경 간 관세가 없으며 온라인 과세도 없는 인터넷 비즈니스에 대해 협의했다. 당시 바이트당 과세에 대한 제안이 있었지만 우리는 통신과 마찬가지로 FCC나 ITU가 인터넷을 규제하지 않도록 하고 패킷-교환 네트워크[73]를 FCC의 규제가 적용되지 않도록 했다(Lewis, 2010: 65에서 인용).

온라인 환경 제어에 대한 욕망에서 정부가 후퇴한 것과 달리, 매거지너의 논평은 어떻게 정부가 인터넷 발전에서 세세한 부분까지 관리하면서, 기업은 안전하고 소비자는 보호를 받으며 정부에게도 수용될 만하고 정보기관이 접근할 수 있는 온라인 공간을 확보하고자 했는지를 명확히 보여 준다. 그들은 이를 '가벼운 개입light-touch'이라 부를 수도 있다. 그러나 실상은 강철 주먹에 벨벳 장갑을 끼듯, 강압적인 요소가 그 안에 숨어 있었던 것이다.

인터넷 규제의 코드화

인터넷 규제에 대한 논의는 사이버 공간의 간편 규제 여부, 규제에 대한 법적 혹은 자발적 감시 적용 여부, 국가적 혹은 초국가적 체제에 의한 규제 여부 같은 주장들에 존재하는 개념적 어려움에서 빠져 나오지 못하고 있다. 아마도 이러한 난제에 대해 가장 효과적으로 답한 사람은 스탠포드대학교 법학과의 로런스 레식Lawrence Lessig일 것이다. 그는 규제가 인터넷 같은 기술적 시스템에 외부적이거나 혹은 겹쳐져 있다는 개념에 반대하였다. 대신 "사이버 공간은 자체 코드에 의해 규제된다"는 유명한 논지를 폈다(Lessig, 2006: 79). 인터넷을 구성하는 프로그램, 프로토콜, 플랫폼은 규제에서 떨어져 있는 별개의 것이 아니며 바로 규제의 원천이다. 소프트웨어와 하드웨어는 사이버 공간

73 컴퓨터가 데이터를 다른 네트워크로 전달할 경우 네트워크 장비(라우터)에게 요청하면 라우터는 데이터를 패킷이라는 단위로 쪼개고 각 패킷에 상대 네트워크 주소를 붙여 그 방향으로 패킷별로 보내는 방식을 말한다. — 옮긴이

아키텍처architecture[74]의 기본을 이루며(코드) 이는 온라인 공간의 필수 구조다. 이러한 레식의 견해에 따르면 코드는 사이버 공간을 구성하는 소프트웨어나 하드웨어에 내장된 명령을 의미한다. 즉 이러한 코드는 사이버 공간에서 사회적 삶으로 '구성된 환경'이다. 이것이 인터넷의 '아키텍처'인데(2006: 121), 이는 기술에 특정한 가치를 부여해 특정 가능성을 촉진하거나 이용자에게 특정한 제약을 부과한다. 실제로, 유료 콘텐츠 서비스 방식은 여과되지 않은 교류가 허락된 개방된 네트워크에서 사람들을 차단하기 위해 고안되었다. 오픈 소스 소프트웨어가 실험과 교정을 장려하는 반면, 아이패드와 아이(팟)터치같이 [OS에] '묶여 있는' 기기들은 이용자들이 규정된 공간을 벗어나지 못한다. 이처럼 네트워크가 자신의 환경을 스스로 규제하고, 특정 형태의 행동을 유도하며, 다른 이들을 단속하기 위한 행위를 하기 때문에, 인터넷이 외부 세력에 의해 직접적으로 규제된다고 말하는 것은 적절치 않다.

결정적으로 레식의 연구는 제도나 특정 법 조항의 단순한 실행을 넘어서는 매우 확장적인 규제의 개념을 언급했다. 규제는 네 가지 '양식'의 상호 작용을 통해 이른바 '생성'된다는 것이다. 그 양식은 법, 사회적 규범, 시장, 아키텍처다(2006: 123). 처음 세 가지는 그리 큰 논란을 유발하지 않는다. 우리는 법을 통해 '용인'되거나 그렇지 않다고 여겨지는 것과 관련해 그리고 시장을 통해 가용되는 것의 조건에서 행동을 통제하기 때문이다. 우리가 물리적 구조에 의해 오랫동안 규제되어 왔던 것처럼(파놉티콘Panopticon의 자기 규율적 영향에 대한 푸코의

---

74 하드웨어와 소프트웨어를 포함한 컴퓨터 시스템 전체의 설계 방식을 말한다. — 옮긴이

분석(Foucault, 1977)을 참조하라), 온라인 세상의 권력은 이러한 네 가지 '양식'의 교차점에서 하드웨어를 설계하거나 소프트웨어를 제작하는 자에게로 빠르게 이동하고 있다. 레식에 따르면 "코드를 만드는 사람들이 점점 더 입법자와 비슷해지고 있다. 이들은 인터넷의 표준default, 사생활 보호 여부, 익명성의 허용 정도, 접근이 보장되는 범위를 결정한다"(2006: 79). 드나르디스 역시 인터넷 규제와 관련하여 "기술적 환경의 배치는 또 다른 권력의 배치"라고 말한다(DeNardis, 2014: 9).

레식은 코드를 두 종류로 구분했다. '개방 코드open code'는 P2P 네트워크와 무료 소프트웨어를 추구하며 네트워킹된 행동의 투명성을 증진시킨다(2006: 153). 반면 '폐쇄 코드closed code'는 재산권적 목적을 위해 고안되어 훨씬 불투명하지만 현재의 시장 주도 인터넷 공간에서 중심 역할을 하고 있다. 협력과 실험의 시간이 지난 후 상업적 이익은 점점 더 온라인 세상의 아키텍처를 지배하게 되었다. 코드는 중요한 상품이 되었으며 코드 기반 서비스와 제품을 위한 수익성 좋은 시장과 규정을 양산하려는 정부의 욕망 속에 자리 잡게 된다. 레식에 따르면 "코드 생산이 상업적이 되면서(더 적은 수의 기업들의 상품이 됨에 따라) 더 민주주의적이고 포괄적인 특성을 가진 '개방 코드'에 침해를 가하는 정부의 규제력이 증가하고 있다"(2006: 71).

레식이 말한 규제로서의 코드에 대한 설명은 결정론적 성향을 보여 주며(코드가 본질적으로 특정 형태의 행동을 규정하는 것으로 보여지는 의미에서) 그 논리에서 코드는 인터넷 아키텍처의 힘을 인지한 친정부 세력 영향 아래에 놓이게 된다. 예를 들어 골드스미스와 우에 따르면 코드를 통한 규제는 영토 기반 정부의 근본 시스템이나 물리적 강제를 위한 필수적인 부분이며(2006: 181), 루이스(Lewis, 2010: 63)의 경우 이미 표준을 정하고 하드웨어를 제작하며 코드를 만드는 사람이 상당한 수준의 통제력을 가지고 있다고 본다. 하지만 레식의 주장은 이러한 현실 묘사가 아니라 다른 가능성의 인식에 있다. 그의 강조점은 다른 모든 구성된 환경들처럼 인터넷 역시 언제나 개입, 조정, 재코딩에 열려있다는 점이다. 지트레인(2009: 197)이 경고한 대로, "코드는 결국 법이며, 기업과 정부는 코드를 변경하기 위해 협력할 수 있다." 인터넷의 일상적 규제가 작은 규모의 행위에서부터 발생할 수 있다는 점에도 불구하고 — 레식은 지속적으로 집행되는 사소한 통제가 매우 큰 동물에게까지 명령을 내릴 수 있다는 일종의 '둔중함bovinity'의 개념을 활용했다(2006: 73) — 그는 전체적인 상황을 파악하는 데 실패한 자들과 상업적 코드에 의해 발생하는 인터넷상의 갑작스런 폐쇄, 중단을 막지 않으려 하는 자들을 통렬히 비판한다. 행동하지 않는 사람은 "어떠한 규제의 형성도 막지 못하므로 결국 규제는 특수한 이권을 가진 가장 강력한 자에 의해 이루어진다"고 그는 주장한다(2006: 337~338). 개방 코드에 관한 투쟁은 민주주의에 대한 투쟁 그리고 정부의 권력 남용에 반대하는 투쟁과 다르지 않다. "개방 코드는 개방된 사회의 토대다"(2006: 153).

자유주의자들의 의견은 지구상에서 아직 사라지지 않았다

레식은 "자유주의자들의 실패" 증거로 점점 더 증가하는 "폐쇄적 코드"의 유통에도 불구하고 수수방관하는 자들의 자기만족에 대해 논증한다(2006: 337). 명백하게도, 이전의 장에서 설명된 통치 체제를 고려해 보면 자유주의(개인의 자유는 사생활에 대한 정부의 개입이 없을 때 가장 잘 보장된다는 믿음)는 정부 혹은 시장의 실패와는 대비되는 약간의 위협적 측면이 있다. 인터넷은 근본적으로 공식적 규제에 적대적이고 언제나 왜곡된다고 본 발로, 네그로폰테 등이 1990년대에 가졌던 열정적 확신은 많은 사건을 통해 반증되었다. 이들이 제안한바, 시장 경쟁에 의해 가장 잘 지원되는 인터넷과 같은 자기 교정 조직체의 작동에 대해 최소 수준의 간섭을 제안하는 주장은 저변의 강력한 자유주의적 경향에 기반을 둔 것이 분명했다.

자유주의 사상의 지속적인 매력을 뒷받침하는 한 요인은 인터넷이 본질적으로 그 DNA에서부터, 기존 규제 제도와는 상관없이 자발적으로 발전해 왔다는 강력한 기술 결정론적 접근법이 반복적으로 돌출한다는 점에 있다. 그러나 그러한 결정론에 대한 비판은 폭넓은 사회과학 분야에서 제기되었고(예를 들어 Williams, 1974; Webster, 2006 참조), 소니아 리빙스턴Sonia Livingstone은 "인터넷의 사회적 사용과 관련된 대부분의 공공 정책 뒤에는 이[기술 결정론의 한계에 대한 인식] 전제가 존재한다"고 적시한 바 있다(Livingstone, 2010: 125). 우리는 디지털화가 콘텐츠 복제를 장려하고, 유입의 규모를 증대시키고, 비용을 낮춤으로써 저작권 집행, 미성년 보호, 그리고 콘텐츠 규제 같은 방식에서 기존의 접근법을 와해시키는 면을 살펴볼 수 있다. "아날로그 규정집에 포함될 수 없는 디지털 미디어"라는 제목의 〈가디언〉 칼럼에서 에밀리 벨Emily Bell은 "무언가 일단 디지털화되면 이를 통제하거나 비용을 청구하거나 규제하거나 가지기 위한 시간은 기하급수적으로 줄어든다"(Bell, 2009: 4)고 썼다. 이는 코드가 특정 형태의 온라인 행동을 개선하거나 제한하는 힘을 갖지만 그렇다고 해서 코드 때문에 모든 규제가 불가능해지는 것은 아니라는 레식의 명제와 매우 다르다.

둘째, 탈정부주의와 시장 경제의 조합이 "대부분의 광대역 정책 입안에 침투하는 등 신자유주의가 지속적인 주도권을 갖고 있다"는 점이다(Sylvain, 2010: 250). 실뱅에게 1990년대 인터넷 개척자들의 다소 낭만적이었던 자유주의적 의견은 탈중심화, 상호 운용성, 소비자 주권의 '공학적' 원칙을 기반으로 하였고, 실제 이러한 의견은 엔지니어, 프로그래머, 기업가에 대한 행정적 배려 — 법률가에게는 긍정적이지 않았지만 — 에서 나온 정책이었지만 정책 공동체의 많은 사람들에게 지속적인 동기를 제공했다(2010: 224). 예를 들어 2002년 국제인터넷주소관리기구의 의장이자 인터넷 설립자 중 한 사람인 빈트 서프Vint Cerf는 자주 인용되는 그의 글에서 인터넷 사회에 대해 다음과 같이 선언했다. "인터넷은 모두를 위한 것이다. 하지만 정부가 접근을 제한한다면 그렇지 않을 것이며 우리는 네트워크가 제한, 구속, 규제되지 않도록 노력해야 한다"(Cerf, 2002). 구글 회장 에릭 슈미트 역시 온라인 세상에 대한 정부 개입 그리고 특히 구글 자체를 규제하겠다는 위협이 있을 때마다 정확히 같은 내용을 언급했다. "시장이 규제될 때 창의적 혁신은 더디어진다. …… 우수한 판단이 가능할 때 더 나은 결과를 얻을 수 있다. 우리는 소비자의 이익을 운영 원칙으로 삼아야 한다"(Palmer, 2009에서 재인용).

경제 활력과 규제 완화 그리고 조정과 자유주의의 관계는 여러 주요 인터넷 정책 논의에서도 드러난다. 유럽 정치인들이 2006년 '국경 없는 EU TV'에 '비선형' 서비스를 통합하는 문제를 논의할 때 영국 통신부 장관 숀 우드워드Shaun Woodward는 "범위의 확장은 가격이 매우 높고 집행이 불가능한 새로운 규제 부담을 유발할 것이며 …… 우리는 성장과 혁신을 억제하는 제한을 가해서는 안 된다"(Freedman, 2008: 126에서 재인용)고 주장했다. 이는 BSkyB(British Sky Broadcasting)의 전 CEO 제임스 머독James Murdoch이 제기한 한 논평과 유사한 내용을 완곡하게 표현한 것에 지나지 않는다. 그는 "우리가 지금 살고 있는, 새로운 요구가 있는 세상을 위해 전적으로 새로운 접근법이 절실히 필요하다. …… 소비자들이 자신의 권리인 주권을 행사하기까지 많은 노력을 요한다. 이를 위한 추가적인 통제는 필요하지 않다. 오히려 통제를 없앨 모닥불이 필요하다"(Freedman, 2008: 127에서 인용)고 주장했다. 결국 개정된 행정 명령(EC 2010)은 이러한 여러 주장을 수용해 규제가 여전히 유지되는 방송 송출과 달리 규제가 훨씬 완화된 주문형 기반 인터넷 서비스를 허용했다.

우리는 유사한 주장들을 특정 공급자의 온라인 콘텐츠 차단, 제한 혹은 격리에 대한 권한을 망 중립성으로 제안하려는 데서 확인할 수 있다. 사실 많은 논평가들은 정부의 공식적인 망 중립성 보호 정책은 인터넷의 강점인 개방성, 소비자 주권, 탈중심화의 원칙들에 대한 모욕이라고 주장한다. 예를 들어 래리 다우너스Larry Downers(2009: 128~137)는 인터넷의 아키텍처는 네트워크에 무엇을 가하지 않는, 본질적으로 중립적이라는 개념을 기반으로 하고 있으므로 망 중립성 법안은 규제가 어렵고 오히려 역효과를 낳는다고 주장한다. 아울러 인터넷 관련법들은 대부분 무시되는데, 이는 "규제란 곧 네트워크 실패를 의미하며 인터넷은 이러한 문제를 오히려 비껴가는 능력을 가지고 있다"(2009: 137)는 해석에 기인한다. 보수적인 석유 재벌 코크 형제[75]와 관련 있는 한 로비 그룹은 망 중립성에 대해 "우리의 자유 시장 경제에 가해진 가장 큰 공격 가운데 하나"이며 "미국 자본주의를 파괴하기 위한 싸움의 첫 단계"라며 그것을 "마르크스주의적인 것"으로 설명하였다(Koebler, 2014). 이러한 주장들은 빅터 피카드Victor Pickard가 "기업 자유주의corporate libertarianism"라 불렀던 입장, 즉 "미국 수정헌법 제1조를 기업 특권과 융합"시키고 망 중립성 논란에서 통신사들이 취하게 되는 엄청난 이익과 동일시한 관점(Pickard, 2015: 190)을 예증하는 것이다.

〈뉴욕 타임스〉의 기명 논평에서 한 유명한 신자유주의 경제주의자 집단은 망 중립성에 대한 유럽식 접근법을 부정적 정책의 대표적 사례로서 비꼬았다. "유럽 규제에서 가장 주목할 만한 사항은 그들이 무엇을 하지 않기로 결정했다는 점이다. 그들은 유럽 방송 통신 기업의 비즈니스 혹은 가격 책정 모형에 대해 규정하지 않기로 했다"(Mayo et al., 2010). 이 관점에서 보면 활기 있는 시스템에 '과도한 규칙'을 강제하는 접근은 혁신을 억제하며 경쟁을 왜곡시킨다. 사실 망 중립성 논의가 가져다 준 '공식적' 기여는 공익, 시민 의식, 특히 더욱 광범위한 민주주의 이론에는 무관심한 법적, 경제적인 주장에 크게 의존하는 경향을 보였다는 점이다. 유럽 정책 입안자들은 정보, 미디어 그리고 문화의 온라인 배포를 단지 '트래픽 관리'의 문제로 한정함으로써(Ofcom, 2010) 어떻게 가장 잘 조직화하고 촉진할 것인지에 대한 논의를 '투명성,' '경쟁,' '개방성'을 둘러싼 불분명한 개념들로 구성된, 훨씬 더 협소한 선입관으로 제한시켜 버린 것이다. 영국의 통신부 장관 에드 바이지Ed Vaizey는 자국에 이미 경쟁력 있는 광대역

75 미국의 코크 인더스트리스Koch Industries를 소유한 찰스와 데비이드 코크 형제로, 공화당의 '자금줄'이라 불린다. — 옮긴이

시장이 있으며 기업, 경제, 사람들에게 규제 정도가 가벼운 인터넷이 좋다는 입장에 근거하여 망 중립성 규제에 이의를 제기했다(Halliday, 2010에서 인용). 입장을 명확히 밝히라는 요구에 맞서, 바이지는 앞으로의 규제를 완전히 배제하지는 않지만 자신은 '과도한' 규제에 반대하며 규제를 적용할 준비가 되지 않았다고 주장했다. 즉 "지난 20년의 경험은 우리에게 과도한 규제를 금하라고 알려 준다"고 선언했다(Warman, 2010에서 인용). 그 후, 2015년 봄 유럽위원회가 "모든 서비스 요청이 받아들여지도록, 모든 기회들이 보장되도록, 누구도 원치 않는 서비스에 비용을 지불하지 않도록"(Lapowsky, 2015에서 인용) 하면서 '높은 수준의 특화된 서비스'를 가능케 하는 망 중립성 보호 합의에 도달했다고 발표한 것은 그리 놀랍지 않다. 이 내용은 디지털 활동가들에게 인터넷을 이중으로 제재한다는 점에서 폭넓은 환영을 받았다.

그러나 미국에서는 망 중립성을 위한 풀뿌리 시민운동이 수백만 미국인들의 상상력을 휘어잡았고 결국 연방통신위원회로 하여금 2015년 초 광대역 인터넷을 '일반적으로 사용하는common carrier' 텔레커뮤니케이션 서비스로 재분류하게 만든다. 이 새로운 규정은 케이블 회사들의 강력한 로비에도 불구하고 어디에서 발생한 인터넷 트래픽인지에 상관없이 광대역 제공자들이 이를 늦추거나 차별적으로 대하는 행위를 막게 하였다. 웹 설립자인 팀 버너스 리에 의하면, 이는 일반적인 시민들뿐 아니라 열린 인터넷을 위한 중요한 승리였다. 망 중립성은 "고객의 권리이자 언론 자유와 민주주의의 중요한 문제다"(Rushe, 2015에서 인용).

연방통신위원회가 망 중립성 규정을 도입할 수 있었다는 사실에 기대어, 규제적 환경 안에서 연방통신위원회가 자유주의적 사고의 영향력을 저지했다고 말할 수 있을까? 미국에서의 망 중립성 운동은 지배적인 텔레콤, 케이블 회사들의 기득권에 결정타를 날렸고 연방통신위원회 규정이 공익의 관점에서 규제의 잠재적 적용을 보여 준다는 점은 분명하다. 밀턴 뮬러는 망 중립성에 대하여 주도적 사업자들을 중립화시키고 '공통의 것commons'을 보호한다는 관점에서 이해하는 시각이 옳긴 하지만, 망 중립성 그 자체는 공통의 것과 소유적 이익 사이에서 일종의 균형을 잡는 행위이므로 시장의 힘을 배척하는 것과는 거리가 멀다고 지적한다. "친시장 자유주의자들이 공통의 것을 '공산주의communism'나 고강도 규제heavy-handed regulation와 연결시키는 논리를 극복할 필요가 있는 것만큼이나" "진보적인 지식인들도 공통의 이상이라는, 따뜻하지만 흐릿한 공동체적인 모호성에 의해 현혹되지 말아야" 한다(2012: 42). 오바마 대통령 또한 연방통신위원회 규정이 현재 미국 자본의 장기적인 전략적 이익들을 담보하기 위해 필요하다며 환영하였다. "열린 인터넷은 미국 경제와 우리들의 삶에 필수적으로 요구된다…… 우리는 인터넷 서비스 제공자(ISP)가 접근을 고도로 제한하거나 자신들이 온라인 시장에서 서비스나 아이디어의 승자와 패자를 선택하는 행위를 허용할 수 없다"(Obama, 2015).

우리는 망 중립성 반대자들이 끝까지 포기하지 않았으며 그 규정을 번복하기 위해 산업계 주요 인사들과 연합한 공화당의 결정이 친시장 및 반국가 이데올로기의 지속적인 등장을 보여 준다는 사실을 잊어선 안 된다. 새로운 규정이 통과되자마자 이동통신산업연합회Cellular Telecommunications Industry Association, 케이블텔레커뮤니케이션연합회National Cable & Telecommunications Association, 그리고 US텔레콤USTelecom을 포함한 여러 주요 업계의 로비 단체들이 미국 연방

통신위원회가 권한을 남용했다며 소송 제기를 즉각적으로 발표한 사실(Thielman, 2015)은 자유주의가 미래의 인터넷 규제 논쟁에서도 거대한 역할을 계속하리라는 추가적 증거이기도 하다.

통치 체제의 한계

자유주의자의 여부에 관계없이 스노든의 폭로에서 많은 해설가들이 동의하는 점은 자기 규제의 바람직함과 인터넷 규제를 위한 비정부 기구의 활용이다. 이러한 주장은 정부 개입에 적대적인 자유 시장 지지자들뿐 아니라 콘텐츠 공유 네트워크 그리고 인터넷의 비소유적 관행 원칙을 확대하길 원하는 운동가들도 제기한다. 위키피디아의 성공, 오픈 소스 소프트웨어의 광범위한 사용 그리고 P2P 사이트의 인기는 모두 그간 논의된 것처럼 기존의 하향식 규제 기구 방식에서 벗어나 인터넷 거버넌스 포럼(IGF)같이 더 합의적인 국가 간 공간, 그리고 자기 규제와 자기 통치 같이 유연한 관행으로의 이동이 필요하다는 점을 시사한다.

그러나 여기에서 비평가들은 하나의 중요한 문제를 지적하였다. 즉 이러한 실천들도 바이러스, 스팸, 불법 콘텐츠, 보안 위험 문제를 처리하기 위해 기업의 통제나 정부의 영향력에 의존하지 않아도 될 만큼 자유로운 온라인 환경을 가져다주지 못했다는 점이다. 예를 들어 조너선 지트레인은 인터넷의 '발생적 특성,' 개방성 그리고 예측불허성과 같은 특성이 다름 아니라 네트워크에 웜, 바이러스, 악성 코드가 가득하게 만드는 또 다른 특성이라고 지적한다. 실제 인터넷이 더욱 제도화되고 상업화됨에 따라 새로운 비즈니스 모델이기도 한, '배드 코드bad code'라는 심각한 재정적 결과를 유발할 사이버 공격 형태까지 등장했다. 지트레인(2009: 47)은 "경제학은 무자비하다. 현재 바이러스는 귀중한 자산이 되었고 규모의 문제를 야기하는 새로운 바이러스 산업을 형성하고 있다"고 주장한다. 실제로 미국은 자기 규제에 대한 확립된 제도와 함께 악한 행위의 범주에서도 최고 수준에 도달해 있다(2009: 49).

어떤 이들은 특정한 상황에서 자기 규제가 실행될 수 있을지에 대해 비판적이다. 앙펭화(Peng Hwa Ang, 2008)에 따르면 온라인 프라이버시를 보호하기 위한 노력이나 작동 가능하고 인기 있는 콘텐츠 내용 표시와 내용 거르기 시스템을 위한 노력은 일반적으로 실망스러웠다. 이는 부분적으로, 효과적인 집행 메커니즘이 부실했기 때문이기도 하고 인터넷 이용자들이 다양한 분산된 집단을 구성하기 때문이기도 하다. 앙은 "이질성에 대한 가장 손쉬운 해결책은 최하의 표준을 설정하는 것"이라고 결론짓는다. 하지만 이는 자기 규제 체제에서 이용자들의 신뢰성을 저해한다. 따라서 모든 것을 고려했을 때 "인터넷의 자기 규제에 대한 조건은 존재하지 않는 것"으로 결론지었다(2009: 51). 영국의 사례와 관련해 리처드 콜린스Richard Collins는 네트워크 통치에서 자기 규제 방식이 전적으로 압도적(2009: 51)이라는 신화에 도전하였다. 대신 그는 위계적 그리고 수평적 형태의 통치가 공존하고 자기 규제가 시스템을 위한 불안정한 지원 정도만 전체로서 제공하는 시스템에 대하여 설명했다. 콜린스는 대부분의 업계 종사자들이 서로를 협력자가 아니라 경쟁자로 간주하고 대기업들이 자기 규제 어젠다를 구체화하기 위해 권력을 가진다는 점에서 영국의 자기 규제 통치 구조는 장기적 공익 목표 달성에 적합하지 않은 것으로 평가했다(2009: 57). 대부분 책임은 지지 않고 결과론적인 반응 위주에다 업계의 이익에 민감하거나 이에 의해 주도되는 식의 자기 규제는 강건하며 경쟁적이고 공정한 시스템에 대한 일관성 없는 지지 방식인 것으로 검증되었다.

실뱅은 비정부 단체에 '자기 규제 권한을 위임'하는 논리를 "방해 받지 않는 시장 경쟁이 일반적으로 시장 행위자 간에 경쟁에 대한 가장 효율적이며 공정한 심판관"이라는 신자유주의적 신념에 직접적으로 연관시키면서, 자기 규제 원리에 대한 보다 강력한 비판을 제기한다(2010: 233). 그에 따르면 통치governance 제도는 탈중심화decentralization, 이용자 권한 강화user empowerment, 상호 운용성interoperability 같은 공학적인 원칙을 너무 자주 차용하는데, 이는 기술적인 의미에서는 강력하겠지만 공공성에 기반을 둔 통신 정책을 개발하는 데 있어서는 충분하지 않다. 레식이 '개방 코드'에서 정부 개입의 필요성을 배제해야 한다고 주장했을 때나 프룸킨이 국제인터넷표준화기구와 같은 민간 자기 규제 조직은 높은 수준의 담론적 윤리에 기반을 두어야 한다고 주장한 반면 실뱅은 통치 체제에 대한 이러한 기술적인 접근 방식이 두 가지 주요 이유에서 옹호될 수 없다고 반박한다. 첫째, 인터넷 커뮤니티의 모든 이들이 사회적 생산 및 협력적인 방식에 동조하진 않기 때문이다. 둘째, 공공에 대한 기준의 선정 및 적용 권한은 매우 불균등하게 분배되어 있기 때문이다(2010: 232).

이는 가장 중요한 규제 조직 중 하나인 국제인터넷주소관리기구의 등장에 대한 분석에서 증명된다. 앞서 보았듯이 국제인터넷주소관리기구는 자기 규율을 강조한다는 명목을 내세우며 출현했다. 그러나 밀턴 뮬러(1999)는 그 주장이 도메인 명명 절차에 대한 결정권을 미국 정부가 유지하기 위해서 이에 관련된 핵심 사안들을 모호하게 보이도록 만들기 위한 수사적인 도구에 불과하다고 비판한다. 그의 주장에 따르면 업계에서의 자기 규제란 실제로는 "미국 정부가 주요 행위자들로 인식되는 자들 간 막후 흥정을 중개하는 것으로 묘사할 수 있는, 매력적인 어구였다"(1999: 504). 한편 외부자들은 이에 대해 더 긍정적이었는데, 자기 규제를 여러 인터넷 커뮤니티가 모든 차이를 극복하고 하나로 뭉쳐서 새로운 합의를 조성하게 하는 개방된 초대로 이해했기 때문이다(1999: 506). 이는 두 가지 경로를 통해 전개되었다. 하나는 개방되고, 민주주의적이고, 담론적인 과정이고 다른 하나는 인터넷할당계수위원회(Internet Assigned Numbers Authority: IANA), IBM과 같은 민간 조직이 주도하는 폐쇄되고 불투명한 과정이다. 뮬러에 따르면 이 두 지점은 자기 규제라는 원칙과 미국 상무성이 전 지구적인 국가 권력을 국제인터넷주소관리기구에게 위임한 결과 발생했던 이해할 수 없는 로비 활동 사이에서 명확한 모순을 초래했다(1999: 516). 결론적으로 국제인터넷주소관리기구의 설립은 인터넷 작동에서도 기성의 경제적 행위자들과 같은 방식들을 적용시켜 '뿌리'와도 같은 인터넷 주소 체계의 통제권을 장악하기 위한 과정인 것이다. 이는 새로운 형태의 합의 정치conseusual politics와는 거리가 멀뿐더러 오히려 낡은 조합주의이자 위계적인 구조와 관례적 행태일 뿐이다.

초국가적인 수준에서는 시민 사회와 사회 운동이 디지털 격차, 보편적 접근, 민주주의적인 통치와 관련한 사안들을 의제화했다고 주장할 수 있는 정보 사회 세계 정상 회의 및 인터넷 거버넌스 포럼(IGF) 등에 대한 유사한 비판들이 있다(예를 들어 Mathiason 2009; Raboy,

Landry, & Shtern, 2010). 프랭클린(2016: 72~91)은 인터넷을 위한 인권과 원칙 헌장Charter of Human Rights and Principles for the Internet을 강하게 비판한다. 그녀에 의하면 이 헌장은 "인터넷의 과거, 현재, 미래를 권리에 기반을 둔 감성rights-based sensibility의 관점에서 실질적인 도덕적, 법적, 정치적 개념을 결합"한 양태를 띠고 있다. 그렇지만 그 안에 지속적인 시민 사회 운동의 성과라고 말해질 수 있는 부분이 있음에도 불구하고, 실제로는 다중이해자주의multistakeholderism를 단지 중간 과정으로 거치고 있을 뿐 궁극의 목표로는 중시하지 않는다는 것이다. "그 헌장은 민주주의와 참여의 문제를 언급하지만 핵심 주제인 국가 주권 및 위계적인 권력 문제는 대부분 교묘하게 피하고 있다"(2010: 264). 지트레인은 이러한 논점을 상기시키며 정보 사회 세계 정상 회의와 같은 모임에서의 대화는 참여자들의 범위가 좁혀졌기 때문에 합의 가능했던 최종 문서 정도나 단조로운 합의 사항 공표로 주로 마무리된다고 말한다(2009: 115). 여기에다 카스텔(2009: 115)에 따르면 정보 사회 세계 정상 회의와 인터넷 거버넌스 포럼은 특정 기업이나 조직을 직접 대응하지 않고 이용자 커뮤니티 일반을 상대하기에 그 가치가 훼손되고 있다. 그래서 이들은 가장 영향력 있는 행위자들의 불평등한 의제 설정 권한에 맞서 싸울 수 없이 아직까지 우리에게 계속적인 큰 영향력을 행사하는 두 개의 본질적인 지배 원천, 즉 자본과 국가의 가차 없는 압력에 순응하는 매우 약한 존재가 되었다는 것이다(2009: 116).

국가를 옹호하는 비평가들은 국가가 국내외 수준에서 새로운 자기 규제 방식을 촉진함으로써 통치 영역에서 전혀 물러서지 않았다고 주장한다. 예를 들어, 골드스미스와 우는 미국 정부가 인터넷 시스템을 발전시키기 위해 많은 영역들을 어떻게 외주화하면서 자신에게 부합하는 목적을 달성했는지 설명한다. 미국은 '아래로부터의 지배 구조'와 '인터넷 커뮤니티' 따위를 내세우는 반면, 그 이면에서 국제인터넷주소관리기구 혹은 그 뿌리에 대한 통제권은 결코 양도하지 않았다(2006: 169). 인터넷 규제에서 정부의 역할을 국제적인 경쟁에 대한 도전의 차원으로 옹호하는 제임스 루이스에 따르면 다중 이해자 통치 체제는 국가 조직에 꼭 필요한 정당성을 부여한다. 즉 각 국가들은 자국 내 사이버 공간에 대한 자신의 독립적인 통제권을 주장하기 시작했다. 다음 단계는 국가가 기술을 이용하여 통제를 행사하고 이러한 행동을 정당화하기 위한 다자적인 통치 체제를 구축하는 일이 될 것이다(2010: 63).

이러한 구조가 인터넷에 대한 국가 통제력을 재구축하기 위해 단지 민주적 정당성을 빌려주는 역할을 한다고 해서 자기 규제가 보다 참여적인 규제 형태에 전혀 기여할 수 없음을 뜻하는 것은 아니다. 현재 가장 강력한 국가와 기업에 대안적인 의제를 구축하고자 하는 의지로 실직적인 절차를 거쳐 실행하려 한다면 이들은 계속해 소외될 것이다. 사실 국가와 시민 사회 단체 사이 그리고 시민 사회 단체 내부의 긴장은 정보 사회 세계 정상 회의나 인터넷 거버넌스 포럼와 같은 공간 내부에 여전히 존재한다. 예를 들어 활동가들은 "인터넷 거버넌스 포럼의 논의에서 배제된 영역을 알리고 그 통치 체제에 근본적인 개념들에 대해 문제 제기하기 위해서" 인터넷 언거버넌스 포럼 Internet Ungovernance Forum을 설립하였다(Hintz, 2014). 루이스가 언급한 바와 같이, 힌츠는 다중 이해관계 협의 과정은 강력한 집단들에 의해 진행되고 있으며 "시민 사회는 정반대의 이익을 가진 집단들이 주도하는 의제들에서 자신의 의견을 중요하게 개진하지 못하며 대신 무가치한 것을 합법으로 만드는 역할을 하는 데 그치고 있다"(Hintz, 2014)고 주장한다. 다중 이해관계 통치 체제가 국가와 기업의 강고한 힘에 의해 만들어진 문제들에 대한 실행 가능한 해결책이라고는 아직 증명되지 않은 듯하다.

인터넷 규제의 민영화?

인터넷이 '규제' 혹은 '탈규제'되었다는 주장은 그다지 유용하지 않은 이분법에 불과하다. 이러한 주장이 단순히 구식일 뿐 아니라(이는 당연히 인터넷의 발전에 대해 논의하기에 충분한 방법이 아니었다) 시장 자유주의, 국가 통제 및 동의의 의사 결정을 결합시키는 통치 체제의 복합적인 특성을 놓치고 있다는 점에서 그러하다. 따라서 우리는 '비규제'와 '규제'라는 불필요한 양극으로부터 벗어나 여러 형태의 규제들 사이에 존재하는 더 미묘한 구분으로 이동해야 한다. 이를테면 법적/자발적, 공식적/비공식적, 국가적/초국가적, 위계적/분산적 형태 등이 그에 포함된다. 이를 실행함에 있어서 유념할 점이 두 가지인데 첫째, '정부' 및 '비정부' 접근 방식 간의 불분명한 경계와 둘째, 전통적인 형태의 커뮤니케이션 규제와 새로운 형태의 통치 체제 방식 사이의 연속성이다.

예를 들어 리퍼블릭닷컴Republic.com에서 정치적 당파성에 균형을 이루기 위해 온라인 공간의 규제 강화를 주장해 자유주의자들의 분노를 일으켰던 카스 서스테인Cass Sustein은 2007년 그의 논조를 완전히 바꾸었다. 살롱닷컴Salon.com과의 인터뷰에서 그는 인터넷이 이미 기존의 법 체제를 통해 높은 수준의 규제를 받고 있기 때문에 새로운 법규는 불필요하다고 주장했다. "금지는 침해와 동등하다. 인터넷 상에서 우리는 타인을 명예 훼손할 수 없으며 기만할 수도 없다. 따라서 더 이상은 규제하지 않는 것이 바람직하다"(Van Heuvelen, 2007에서 인용). 한편 영국의 법학자인 제이콥 로보텀Jacob Rowbottom은 온라인 표현에서 위계 차등이 존재한다며, "소규모의 '연합적' 활동은 규제되어서는 안 되지만, 상당한 경제적 자원을 지닌 소수의 발언자들은 앞으로도 계속 대중을 지배할 것이다. 결과적으로, 매스 미디어 규제의 적절한 대상이 되는 온라인 발언자 유형이 따로 존재한다"고 보았다(2006: 501). 리처드 콜린스Richard Collins(2009)는 많은 규제 관련 문헌들이 인터넷을 모든 기존의 압력에 대해 면역력을 갖춘 완전히 새로운 기술 환경으로 취급하는 실수를 범한다고 주장한다. 이에 대신하여 그는 인터넷과 유산 미디어 사이의 '상호 의존성interdependence'을 강조한다. 그리고 인터넷 규제의 다층위성을 반영하는 위계의 '그림자'는 언제나 시장과 네트워크 통치 체계 위에 드리워져 있으며 종종 그 통치 체계 안에서 행위자들의 행동 약식을 형성한다고 논한다(2009: 61).

지트레인, 벤클러, 레식 모두 어떻게 이러한 위계의 '그림자'가 정보의 생성과 교환에 있어 필요한 핵심 자원을 배제적으로 획득하고 규정하는 움직임에 연관되는지를 상세히 설명한다(Benkler, 2006: 384). 미국의 1996년 통신법과 영국의 2010년 디지털경제법 같은 국가적 도구, 미국의 온라인저작권보호법(Stop Online Piracy Act: SOPA)과 IP보호법(Protect IP Act: PIPA), 유럽의 복제방지교역협정(Anti-Counterfeiting

Trade Agreement: ACTA)같이 저지된 규제 방식들은 모두 디지털 시대에 맞추어 규제 역시 지속적으로 갱신되도록 하기 위해서 그리고 무엇보다도 국가 및 그 동조자들의 이익을 위해 인터넷 포획을 보편화시키기 위해서 고안되었다. 벤클러에 따르면 이러한 규제 기류의 전환은 배타적인 독점권 주장에 바탕을 두고 있는 사업 모델과 생산 관행에 호의적인 방향으로 진행됨으로써 생태계를 왜곡시킨다. 즉 이들은 확장되어 시행될 경우 대규모의 수익을 올리게 되는 기업들의 로비 대상이 되어 왔다(2006: 470). 선라이트재단Sunlight Foundation의 연구 결과에 의하면 2005~2013년 사이에 망 중립성에 반대하는 로비스트들이 그 반대 진영보다 다섯 배 많은 돈을 썼으며 세 배나 많은 보고서를 출간했고 이 가운데 가장 적극적이었던 다섯 기업은 모두 망 중립성에 반대하는 입장에 있었다(Drutman & Furnas, 2014).

레식(Lessig, 2006)이 상기시키는 바와 같이 인터넷은 규제 권력의 원천과 범위에 대한 재고를 촉진했다. 정부는 코드 기반 규제의 영향과 함께 강력한 기업 행위자들을 대변하며 재규제를 하고 있을 뿐 아니라 실제로 규제 책임과 시책을 민간 기업들에 위임하고 있다. 신자유주의 국가는 규제 영역에서 탈출하고 있다기보다는 이른바 '네트워크화된 통치 체제'의 과정 내에서 하급 파트너로서 역할을 맡는 합작투자를 시작하고 있다고 봐야 한다. "위임된 검열, 위임된 감시, 위임된 저작권 집행, 그리고 위임된 법 집행은 통치 체제를 사적인 매개자들로 개선 혹은 개악했다"(DeNardis, 2014: 13). 신자유주의 국가는 자신이 '네트워크화된 지배networked governance'의 과정이라고 부르는 사안에 있어서만큼은 규제 영역을 풀어놓기보다는 스스로 하급 파트너가 된 연합 기획을 육성한다. 예를 들어, 국가는 "더 이상 집행의 수단을 독점적으로 제공하는 자가 아니다. 갈수록 공과 민의 파트너십이 공공의 질서와 연관된 다수의 기능들을 수행하는 정도가 커지고 있다"(Brousseau et al., 2012: 5). 미국과 영국 같은 국가들이 여전히 '안보 위험'을 이야기하며 인터넷 트래픽을 감시하는 데 몰두하는 반면 "핵심적인 제왕적regal 기능들"(2012: 5)에서 물러서서 그 기능들을 기꺼이 보안 업체, 인터넷 서비스 공급자들, 소셜 미디어 플랫폼들에 넘길 것이다.

디지털 네트워크에 대한 '치안 유지policing'는 '자유주의' 정부들이 꺼리는 방식의 접근법이다. 감시 장치들이 훨씬 더 은밀하게 작동하는 동안, 정부는 공동 규제co-regulation 체계의 구성 등을 통하여 콘텐츠와 접근을 규제하려는 목적으로 검색 엔진, 인터넷 서비스 공급자들, 소셜 미디어 플랫폼 같은 디지털 매개자에게 훨씬 더 많은 '인센티브를 부여하며 관리하고자' 한다. 골드스미스와 우의 말을 빌면 이는 "지역 매개자들을 통해 치외법권적 지배"를 달성하는 것이다(2006: 68). 이러한 맥락에서, 공동 규제란 이번 장의 앞부분에서 거론한 자율적이거나 동업자들이 수행하는 자기 규제가 아니라 국가가 의제 설정 및 '백스톱'(집행) 권력을 가지고 행하는 방식을 뜻한다.

예컨대, 경제개발협력기구(OECD)가 개최한 '공공 정책 목표 발전에 관한 인터넷 매개자 역할'이라는 워크숍에서 다음과 같이 논의된 바 있다. 매개자의 책임 제한이 인터넷의 발전을 돕긴 하지만 그럼에도 불구하고 "저작권 침해나 아동 포르노를 관리하고 사이버 보안 등을 향상시키기 위해 인터넷 매개자의 비중을 늘리려는 정부, 지적재산권 소유자, 일부 이용자 집단의 국내, 국제적 압력이 점점 커지고 있다"(OECD, 2010: 3). 달리 말하면, 안전하게 작동하는 네트워크를 만들기 위해선 직접적이고 강압적인 행동보다 매개자들이 더욱 효과적인 규제 체제를 제공한다고 여겨지는 것이다. 정부의 목표는 경제적으로 바람직한 행동들을 자극하는 것과 프라이버시와 안전을 위한 개인적 권리를 지키는 것 사이에 올바른 규제적 균형을 찾는 것이다(물론 여전히 정보 당국들이 대량 정보 보유의 중핵이라는 사실 속에서). 미국의 OECD 대사는 이 워크숍의 개막 연설에서 "월경하는 정보의 흐름들과, 검열 및 프라이버시 문제들의 증가 상황 속에서 공공 입안자들에게 '불간섭주의hands-off' 정책을 유지하라는 압력이 증대하고 있다"(2010: 7)고 강조했다. 환언하면, 매개자들은 정부가 인터넷 환경에 대한 전체적 전략적 감시망을 유지할 수 있도록 기능하는 가장 중요한 조직들로서 이들은 정부를 대신하여 '현장에서' 사적 운영자들에 대한 일상적인 통제를 담당한다.

뮬러(2010: 7)에 의하면 이러한 종류의 통치 체제는 인터넷 기업들이 직접 정책을 수립하고, 통과되어야 할 부분과 차단되어야 할 부분을 교섭하고 인증되거나 그렇지 못하는 모든 것들을 자기들 스스로 담당하고 있는 상황을 가리킨다. 또한 이들은 규제의 사적 자원과 공적 자원들, 그리고 자기 규제와 공동 규제를 구분하기는 점점 더 힘들어진다는 점에서 규제 권력만의 새로운 역동성을 예고한다. 만약 우리가 인터넷상의 접근 및 콘텐츠 형성의 구조화 능력이라는 관점에서 규제에 대해 생각한다면 이로부터 강력한 새로운 규제자들의 출현을 예견할 수 있다. 컴캐스트Comcast,[76] 버라이존Verizon, AT&T가 아닌 페이스북, 아마존, 야후, 그리고 구글이 당연히 그러한 새로운 규제자들

76 미국 최대 케이블 TV 회사로 인터넷 서비스 등을 제공하는 다국적 미디어 기업이다. — 옮긴이

이 된다. 제프리 로젠Jeffrey Rosen은 온라인 게이트키퍼들의 중요성을 논하며 구글 같은 민간 행위자들이 온라인 표현 영역에서 지구상의 어떤 이들보다도 더 큰 영향력을 행사한다고 주장한다(Rosen, 2008). 소규모에 불과한 법률 팀이 구글의 검색 엔진이나 유튜브에서 배포되기에 적합한 콘텐츠에 대한 최종적인 결정을 내린다는 사실은 상당히 경직된 성격의 위계적 통치 체제가 구글에도 존재한다는 사실을 알려준다. 사실 로젠에 따르면 자발적인 자기 규제는 다름 아닌, 구글의 부자문위원인 니콜 웡Nicole Wong과 그의 동료들이 가까운 미래에도 계속적으로 전 지구적인 온라인 발언권에 대해 엄청난 권력을 행사하게 될 것임을 의미한다(Rosen, 2008). 프랭클린은 이러한 종류의 게이트키핑 권력이 공공 규제와 민간 규제 사이의 구분을 더 어렵게 만든다고 주장한다. 구글은 인터넷 이용자들의 활동을 점점 더 많이 규제하고 보다 넓은 온라인 공간을 통제하고 있다. 우리가 일상적으로 머무르고 탐색하는 사이버 공간에 대한 기업 행위자들의 권력 및 영향력의 정도는 여전히 논쟁적이지만, 대체로 권력 및 영향력과 동등한 수준이라고 할 수 있다(Franklin, 2010: 77).

따라서 규제란 단순히 민간 기업들에게 하청 계약된 것이 아니라 기술의 '규제' 안에 단단히 내재화되어 있는 것이다. 지트레인은 온라인상의 표현에서 가장 즉각적인 위험은 정부의 검열이 아니라 '울타리가 쳐진 정원walled gardens'과 같은 장치와 공간(애플 워치와 아이폰과 같이)들이 이용자와 연결의 범위를 제한함으로써 우리의 행동에 제약을 가하는 방식들에 있다고 역설한다(2009: 106). 애플 워치나 아이폰 애플리케이션과 같이 어떠한 수정도 허용하지 않는, '울타리가 쳐진 정원'에 대한 높은 인기는 추가적인 온라인 환경의 울타리나 잠재적인 '제재lockdown'가 추가될 수 있다는 점을 암시한다. 지트레인이 제시한 바와 같이 "서비스로 묶여 있는 기기와 소프트웨어는 코드의 가벼운 기술적 조정이나 서비스의 요청만으로도 잠재적으로 중요한 규제로의 개입을 가능하게 한다"(2009: 125). 즉 업그레이드, 복제 방지 제도와 같은 작은 기술적인 결정도 심대한 규제 효과를 낳을 수 있다는 것이다.

이러한 '제재'의 위협을 물리치기 위하여 소셜 미디어, 협력적 플랫폼 혹은 지트레인이 "현대화의 강력한 사회적 추진력이 된 정신"이라고 표현한 '관대'의 힘을 여전히 신뢰하고 있는 많은 이들이 존재한다(2009: 246). 전통적이든 새로 출현하든, '관료적'이든 '혁신적'이든, 소프트웨어 관련이든 하드웨어 관련이든 간에 이들은 공유 기반 미디어의 위협을 약화시키거나 이러한 뚜렷한 특징을 영리 모델로 동화시키려는 기업의 힘을 낮춤으로써 균형을 잡으려 한다. 앞 장에서 살펴본 바와 같이, 인터넷이 컴퓨서브Compuserve, AOL에서 마이스페이스MySpace, 베보Bebo, 그리고 더욱 최근엔 구글, 페이스북에 이르기까지 '다음의 엄청난 일next big thing'이 될 빠르게 변화하는 일련의 사이트들을 출현시켰지만 여전히 남아 있는 문제는 엄청난 온라인 및 오프라인 자본의 집중에서 강화되는 시장의 '승자 독식' 구조다. 아마도 정말 새롭고 핵심적인 결과는 한편으로는 기술적인 특성 때문에 다른 한편으로는 전 지구적 신자유주의 때문에 인터넷이 한 시대를 주도할 수 있었는데 규제를 지속적으로 책임졌던 주체는 정치인이나 프로그래머뿐 아니라 바로 자본이 규제하는 성격이 갈수록 강해지고 있다는 사실이다.

인터넷이 공공과 민간 이익을 모두 대변하는 최초의 기술적 체계인 것은 아니다. 공적 대화를 촉진하는 방송이나 언론의 능력 또한 시장에 의해 전적으로 활용되고 있다. 인터넷은 경쟁의 압력에 특히 취약하다. 공공 기관에 의해 수립되었고 개방 프로토콜에서 계속 운영되고 있지만, 대부분 인터넷의 중추와 접근 지점은 민간이 소유, 운영한다. 이러한 양분성에 대한 한 가지 반응은 공공과 민간(혹은 독점 및 비독점) 사이의 긴장 관계가 사전에 정해진 기술적인 논리를 따라서 실행된다는 주장을 수용하는 것이다. 이 논리는 모든 정보 기반 혁신이 누군가의 취미에서 누군가의 산업으로, 실험 장치에서 번지르르한 생산 업적으로, 자유롭게 접속 가능한 채널에서 단일의 기업 혹은 카르텔에 의해 통제되는 하나의 엄격한 통제 채널로, 개방에서 폐쇄 체계로 전환된다고 설명한다. 이는 너무나 통상적인 나머지 불가피해 보이는 변화다(Wu, 2010: 7~8). 우는 이를 '주기cycle'로 표현하였으며, 이와 유사하게 앤더슨은 "산업화의 자연적인 경로(즉 발명, 전파, 채택, 통제)"라고 해석했다(Anderson, 2010: 126). 드보라 스파Deborah Spar 역시 기술적 발전의 필연적인 네 단계를 제시한다. 혁신, 상업화, '창의적 무정부 상태,' 마지막으로 규칙의 도입(Spar, 2001: 11)이 그것이다. 기술은 어지러운 상태에서 시작해 결국 길들여진 상태로 종결된다.

특정한 관점과 신념을 바탕으로 인터넷의 확고한 발전에 대응하려 시도하는 적극적 활동과는 거리를 둔 채 규제가 기정사실이 된 후에는, 기술적 진화에 대해 결정론적인 해석을 적용하려는 위험성도 나왔다. 그 관점에 따르면 프라이버시 침해, 소프트웨어 필터의 검열, 지적인 대중의 소멸 등 코드 기반의 환경적 재앙들이 인간이 아니라 신에 의해 생성된 것처럼 간주된다(Lessig, 2006: 338). 하지만 이러한 종류의 운명론은 무용하다. 인터넷은 영적이거나 초월적인 객체가 아니라 여러 설계자들의 비전과 행동을 바탕으로 만들어진 환경이다. 뮬러는 인터넷 역사가 미리 결정되지 않았으며 인터넷의 미래는 유동적이라고 정확하게 지적했다. "국가가 이 영역에서 자연스럽게 소멸되어 가리라 예상한 이들은 명확히 틀렸다. 국가에 의한 경계 설정 및 통제 가능한 인터넷으로의 회귀를 불가피한 것으로 합리화하는 이들도 분명히 잘못됐다. 어떠한 것도 불가피하지 않다. 어떤 일이 발생하든지 간에 우리가 그 일을 발생시키는 것이다"(Mueller, 2010: 254).

인터넷의 민주주의적 가능성을 보존하고, 발전시키기 위해 우리는 온라인 공간의 울타리화를 중단시키는 목적을 가진, 공익을 위한 규제라는 개념을 견고하게 구성할 필요가 있다. 우리의 현 상황에서처럼 모든 규제가 콘텐츠를 금지하고, 이용자를 감시하거나 독점적인 자산 관계를 강제하는 것일 필요는 없다. 인터넷의 개방성과 독립성의 근본적인 원칙들이 심각한 위협을 받았을 때 전통적으로 정부의 관여를 선호하지 않는 이들을 포함한 많은 비평가들까지도 정부의 지원에 의지했다는 점은 흥미롭다. 예를 들어 지트레인은 선의를 가진 사람들의 너그러움으로 갈등을 해결할 수 없을 때 전통적 규제자들이 필요할 수 있다고 주장한다(2009: 246). 웹 창시자인 팀 버너스 리 역시 이러한 원칙들이 소셜 네트워크, 독점 프로그램, 격리된 애플리케이션의 '울타리가 쳐진 정원'과 '폐쇄된 저장고'에 의해 위협을 받을 때 망 중립성은 역동적이고, 혁신적이고, 평등주의적인 인터넷을 보존하는 데 필수적인 원리가 된다고 강조한다(Berners-Lee, 2010).

온라인 집중도가 늘어나는 정도, 신생의 저널리즘 기업의 취약성과, 구글과 다른 온라인 포식자들이 그들의 콘텐츠와 자료를 제공하는 지배적인 방식을 감안하면, 공익을 보호하기 위한 강력한 목표의 적극적 개입을 위한 분명한 계기들은 존재한다. 이는 정보 수집, 기업의 이익, 정부의 우선순위에 굴종하지 않고 특정한 이해관계에 따라 공익이 왜곡되는 사태를 막기 위해 필요한 규제의 형태에 대한 이해와 헌신을 요청한다. 민주적으로 책임이 있고 완전한 대표성을 가지는 국가 이외에 누가 이를 제공할 수 있는가? 이것이 현재 우리의 국가가 아닐 수 있고 현재 우리에게 가해지는 방식의 규제는 아닐 수 있지만 우리가 열망해야 하는 것임에는 분명하다.

5장

나(와 나의 '친구들')의 인터넷

내털리 펜튼

소셜 미디어의 명암

소셜 네트워크 사이트와 이를 이용하는 정도가 획기적으로 증가하고 있다. 2015년 5월 페이스북은 구글에 이어 세계에서 가장 인기 있는 웹사이트가 되었다(http://www.alexa.com/topsites). 이는 2004년 페이스북이 시작한 이래 매우 짧은 기간에 이룩한 성과다. 2015년 3월 페이스북의 하루 평균 이용자 수는 9억 3600만 명이고 이용자는 날마다 평균 12.58개 페이지를 방문하며 평균 19.37분을 할애한다(www.alexa.com/siteinfo/facebook.com). 또한 알렉사Alexa는 유튜브를 세계에서 세 번째로 인기 있는 사이트로 선정했다. 닐슨 조사(2010, 2012)에 따르면 2012년 사람들은 개인 컴퓨터를 통해 총 시간 중 20%, 모바일 기기를 통해 30% 정도 소셜 미디어에 할애한다. 오프콤의 조사(2015)에 따르면 영국은 인터넷 이용자의 72%가 적어도 하나의 소셜 미디어 계정을 가지고 있으며 81%는 적어도 하루에 한 번은 소셜 미디어 사이트에 방문하는 것으로 나타났다. 이에 비해 수년 전 소셜 미디어 계정 소유자 비율은 2007년 22%, 소셜 미디어 사이트의 매일 방문자 비율은 2005년 30%였다. 다른 조사 결과인 애드위크(http://www.adweek.com/socialtimes/time-spent-online/613474)에 의하면, 전 세계의 소셜 미디어 사이트 이용 시간이 하루 평균 2013년 1.66시간에서 2014년 1.72시간으로 증가했다. 간단히 말해서, 소셜 미디어는 지난 10년간 엄청나게 성장했으며, 인터넷 이용자 대부분의 일상적인 미디어 이용을 구성하는 중요한 요소로 자리 잡았다.

소셜 네트워크 활동은 젊은이들 사이에서 훨씬 더 인기 있다. 예를 들어 퓨리서치센터(Lenhart, 2015) 보고서에 따르면, 미국 10대 청소년의 24%가 '거의 항시적'으로 온라인에 접속해 있으며, 92%는 매일 접속한다. 온라인 사이트에 대한 인기와 이용 시간은 새로운 커뮤니케이션 의례를 낳고 있으며, 미디어 이론가들은 매스 커뮤니케이션의 전통적인 맥락과 전형적인 (그리고 이전에는 줄곧 분리되어 있었던) 생산, 텍스트, 수용 방식에 관련된 문제들을 재고하기에 이르렀다. 이렇듯 새로운 커뮤니케이션 맥락에서 수용자들은, 온라인 활동의 창의적이고 상호 작용적인 특성을 설명하려는 관점에서 "생용자pro-users"(Bruns, 2008)나 "생비자"(Tapscott & Williams, 2008: 124~150)로 묘사된다.

디지털 미디어, 특히 인터넷은 우리의 정보 수집 및 소통 양식을 변화시키고 있으며, 창의적인 생산 활동을 통해서 이 두 실천 영역은 더욱 발전하고 있다. 정보 관점에서 보면 인터넷은 분명히 '보통' 시민들이나 자원이 부족한 사회와 정치적 집단들이 상상할 수 있는 거의 모든 주제들에 관해 이용 가능한 정보를 광범하게 확보하고 있으므로 모든 인터넷 이용자들의 정보 획득 및 전문 능력에 영향을 미칠 잠재력을 지닌다(Bimber, 2002). 소통의 관점에서 보면, 페이스북이나 유튜브(동영상 공유 사이트), 웨이보Weibo(중국의 소셜 네트워크 사이트) 같은 사이트들은 매우 짧은 기간에 주로 '입소문'을 통해, 혹은 적어도 온라인 접속으로 이루어지는 수백만 개의 커뮤니케이션을 통해, 수십억 명의 이용자들을 끌어 모았다. 이들은 타인과 연결하고 생각을 공유하고 사안에 대해 토론하며, 호혜적인 관심사와 활동을 나누면서 집단을 형성하고 힘을 연대한다. 사람들이 서로 연결되어 최대 140자로 된 메시지로 교환되는 커뮤니케이션을 통해 생각의 흐름을 따라가도록 하는 마이크로블로깅microblogging[77] 사이트인 트위터는 현재 기준으로(2015년 4월) 매월 3억 200만 이상의 이용자를 확보하고 있으며 5억 개 이상의 트윗이 매일 전달되면서 특정한 정보 질서와 화제가 형성, 부각되도록 한다(http://about.twitter.com/company).

소셜 네트워크 사이트는 전통적으로 구분되었던 공적 영역과 사적 영역의 경계를 해체하고, 이용자의 손에 권력을 안겨 준다. 그 결과 우리의 내밀한 사적 사안이 공적으로 조망되는 한편, 제도 정치 및 기관 부문을 포함하는 공적 영역을 사적 시민들이 훨씬 쉽게 감시할 수 있도록 한다(Papacharissi, 2009). 이리하여 소셜 네트워크 활동은 공중을 위한, 공중에 의한 소통의 도구를 창출했다고 평가된다(이를테면 Rheingold, 2002; Gillmor, 2004; Beckett, 2008; Shirky, 2008). 이 입장의 이론가들은 소셜 네트워크 사이트나 개인 대 개인, 대중적 자아 커뮤니케이션(Castells, 2009)이 기존의 사회적 연결망을 유지하고 공통의 관심 및 정치적 관점과 행동을 바탕으로 낯선 이들이 새롭게 연결될 수

77 한두 문장 정도의 짧은 메시지를 이용하여 여러 사람과 소통할 수 있는 블로그의 한 종류로, 미니블로그miniblog라고도 불린다. — 옮긴이

있도록 돕는다는 식의 긍정적인 해석을 제시한다. 이렇게 본다면 소셜 네트워크 사이트는 새롭고 침투력이 강하며 유익한 행위자다.

반면에 현재 진행되는 커뮤니케이션의 형식과 속성에 대해 비판적인 입장이 존재한다. 이 시각에서 소셜 네트워크 활동은 공적인 사안을 개인화하고 탈정치화하며 온라인 마케팅, 비즈니스 홍보, 개인 정보 착취 등을 일삼는 기업들이 필요로 하는 데이터들을 제공함으로써 기존의 뿌리 깊은 불평등을 재강화하는 '데일리 미daily me'[78]의 또 다른 형태에 불과하다고 간주한다(Sustein, 2007). 이는 시민적 사유주의civic privatism를 추구하는 반민주적 전환 양상의 일종에 불과하다고 설명된다. 이 입장은 정치경제학적인 관점을 강조하며, 인터넷은 지구적 자본주의를 극복하지 못하고 있을 뿐 아니라 그것이 지지하는 기업적 이해관계와 자본주의 및 신자유주의 담론에 대중을 매몰시키는 방식으로 자본주의에 깊이 개입한다고 주장한다(4장을 보라).

2014년 페이스북의 연 매출액은 120억 4600만 달러였고 1사분기 광고 수익은 35억 9400만 달러(이는 미국 디지털 광고 시장의 7.6%에 해당한다)였다. 트위터의 연 매출액은 14억 300만 달러였고, 1사분기 광고 수익은 4억 3200만 달러였다. 이런 식으로 소셜 네트워크 활동은 매우 상업화되는 동시에 사회적 관계 증식에 기여하는 매개 형식을 더욱 촉진시킨다고 평가된다. 한편 이러한 플랫폼에서 형성된 사회성은 기업들이 우리의 개인 정보에서 가치를 창출할 수 있도록 하고 이용자들이 자기 홍보를 내세우는 사회성을 추구하도록 부채질한다는 주장도 제기된다. 달리 말해, 소셜 미디어가 개인화된 사회 정치적 맥

78 개인의 취향대로 선별된 뉴스를 자동으로 제공하는 서비스를 뜻한다. — 옮긴이

락 안에 존재하고 항상적인 커뮤니케이션과 온라인 접속을 부추기는 발전된 기술 환경 안에 자리 잡고 있는 서구 선진 민주 국가들에서 소셜 네트워크 사이트는 신자유주의 이데올로기에 대항하기보다는 그것을 확장한다.

새로운 기술(라디오, 텔레비전, 컴퓨터 등)에 대한 논의는 줄곧 긍정주의자와 비관주의자가 대립하는 척박한 이분법에서 출발한다. 그러나 서로 분리된 두 갈래의 접근 방식은 모두(기술에 대한 관계에서든, 정치경제학적인 요인에 관련해서든) 환원주의적이며 막상 그들이 궁극적으로 논하고자 하는 커뮤니케이션의 형태를 충분히 담아내지 못한다. 그 결과 각 접근 방식은 미디어(이 경우는 디지털 소셜 미디어가 해당된다)의 성격과 그것이 현 사회 및 정치 지형에 미치는 효과를 오해하며, 미디어의 사회 · 정치적인 속성 및 그에 내재하는 권력의 복잡성을 제대로 설명하지 못하는 한계를 지닌다. 이러한 오류는 부분적으로 사회적이고 정치적인 삶을 심층적이고 비판적으로 맥락화하기를 거부하는 미디어 중심주의media centrism에 기인한다. 쿨드리(2003)가 제안했듯이, (어느 형태이든) 미디어가 자기를 사회의 중심으로 내세우고 우리가 미디어를 기준으로 삼아 생활을 조직하고 일상의 일과 의례들을 행할수록 "미디어 중심주의라는 신화myth of the mediated centre"(2003: 47)에 빠질 위험이 있다. 미디어 의례는 미디어의 중요성을 강조할 뿐 아니라 '미디어 안에' 있음의 중요성, 그리고 당신이 다른 사람과 메시지를 소통할 수 있음의 중요성(그 중요성이 경제적, 정치적, 사회적 성취의 그 어느 것이든 간에)을 시사한다. 당신이 권력과 영향력을 크게 지닐수록 메시지 유통에서도 보다 유리한 위치에 서게 된다. 인터넷과 소셜 네트워크 활동은 이러한 주장을 한 단계 더 상승시킨다. 소셜 네트워크 사이트를 이용하는 무수한 사람들은 무한한 창의적 잠재성을 보유한 매개 사회라는 신화 속에 살고 있는 셈이다. 이 안에서 사람들은 주류 미디어보다 소셜 네트워크 사이트에 더 큰 통제력을 가지며 이동적이고 상호 작용적인 삶을 산다고 믿게 된다. 인터넷과 소셜 미디어의 편재성에 대한 주장은 항시적인 온라인 이용 및 접속의 중요성을 강조한다. 이렇듯 미디어 중심적인 신화가 낳는 유혹적인 권력은 사회를 흘러 다니면서 신자유주의 사회의 지배적인 가치가 재생산되는 현실을 모호하게 흐린다.

이러한 깨달음은 미디어 이론에도 함의를 지닌다. 이 인식은 특히 생산자와 소비자를 구분하는 오래된 경계를 해체, 변화시키는 미디어 형식을 물신화하지 않으면서도 소통적인 삶을 인식하고 설명할 수 있는 보다 넓고 깊은 맥락 안에 위치 짓는 작업에 유용하다. 우리는 물신화된 미디어 중심주의에 저항하는 가운데 구조와 행위자의 관계, 정치 경제학적 시각과 그 개인의 창조적인 역량과의 관계, 주체성의 중요성, 정체성의 적합성 등의 문제를 다시 생각해 볼 수 있다. 매개화 및 그것이 사회 문화적인 실천과 가지는 관계는 이렇듯 비판적이고 맥락적인 프레임에 근거해 이해되어야 한다. 이어지는 절들에서는 인터넷과 소셜 네트워크 활동을 이러한 신화의 중심에 세우기를 도모하는 네 가지 주요 주장들을 비판적으로 검토한다.

소셜 미디어는 정보라기보다는 소통에 가깝다

소셜 네트워크 사이트는 유기적인 네트워크를 통해 작동한다. 개별 이용자는 특정한 커뮤니티에 가입하라는 초대장을 개인 또는 집단 전체에 보내면서 그들 역시 이 메시지를 네트워크 친구들에게 더 퍼뜨려 달라고 요청한다. 이런 식으로 네트워크는 매우 빠르게 확장된다(예를 들어 Haythornthwaite, 2005). 파파차리시가 지적했듯이(2010) 소셜 미디어에는 가족 및 친구들과 강한 관계를, 동시에 다양한 범위로 약한 관계를 활발히 맺고 촉진시키려는 능력과 노력이 투입된다(Ellison, Steinfeild & Lampe, 2007). 디지털 자아 커뮤니케이션digital self communication이 많은 사람들의 일상적 의례의 한 부분이 되었다는 사실에는 의심의 여지가 없다. 일상적인 리듬과 삶의 활동들이 소셜 미디어에 의해 지시되고 정규화되며 습관화된다. 자신의 사진을 인스타그램에 올리고 최근 영화에 대해 페이스북에서 이야기하고 페이스북이 소유한 왓츠앱에서 농담을 공유하고 트위터에서 정보들을 사람들에게 알리면서 우리는 그곳에서 진행되는 무언가에 참여하고 있다는 느낌을 갖는다. 또한 단선적인 방향으로 제공되는 정보를 통해 무엇을 하거나 생각하도록 지시받지 않고 대신 디지털 소셜 커뮤니케이션의 역동적인 네트워크를 통해 대화에 합류할 수 있다.

이는 직접적인 상호 작용이나 단순한 네트워크 참여가 아니며, 개인적이거나 공적인 그리고 사회, 정치, 문화 또는 이 모두를 추구하는 복합적인 목적성을 띤 소통 행위에 대한 참여라고 말할 수 있다(Papacharissi, 2010). 이 경험은 융합 환경에서 인터넷이 탑재된 휴대폰으로 소셜 네트워크 사이트에 접속해서 뉴스 사이트, 유튜브 동영상, 블로그, 트위터들에 클릭하고 링크할 수 있도록 하는 소셜 미디어의 다면성을 보여 주는 한 사례다. 네트워크를 구성하고 성찰적, 이동적, 수행적인 정체들과 대화할 수 있도록 하는 프로토콜 및 행위 방식에 대한 공유된 이해를 통해서 감정적 개입이 유발되는데, 이러한 소유권ownership을 제공하는 요인은 참여 의식에 기반을 둔 소통 경험이다(Donath, 2007). 소통적 개입이 1차적 동기이며 그 목표는 언제, 어디서든 어떤 양식에서든 송신자가 규정하는 방식대로 자아를 수행하는 것이다. 분명히 소통이란 단지 소통하는 행위에만 한정되지 않으며 소통에 대한 욕망과 정보에 대한 필요 역시 함축한다. 그러나 소셜 네트워크 활동에서는 접속의 필요, 연결감, 상호 작용 및 자아 표현에 대한 통제감, 그리고 궁극적으로는 자기 홍보의 독창성이 중시된다.

이러한 견해는 소셜 미디어에 대해 많은 사람들이 지니고 있는 지식이나 실천과 일치하며, 현재 우리가 경험하는 매개화를 이해하는 데 중요한 요소인 소통의 정서 차원을 부각시킨다. 내용보다는 행위가 중시되는 미디어 형식은 미디어 내용의 공적 이용에 관한 정치학적 측면보다는 상호 작용 및 참여에 대한 심리적이고 개인적 동기들과 긴밀하게 관련된다. 소셜 미디어가 우선적으로 연결적인 소통 형태라는 주장은 소셜 미디어에 관한 초기 논의에서 지배적이었다. 소셜 미디어는 사교적이며 개인 이용자가 소통하고자 하는 상대방을 원하는 대로 선택할 수 있다는 느낌을 주기 때문에 화자에게 고도의 자율성을 부여한다. 점차로 더욱 폭넓은 관점들에 접하고 다양한 네트워크 안에서 자유롭게 숙의할 수 있게 됨으로써 이렇듯 한층 더 향상된 사회성은 우리에게 새로운 앎의 경험들을 가져다 줄 것으로 설명된다. 이 강화된 자율성은 더욱 고양된 수준의 권력과 통제력을 이용자들에게 부여하리라고 간주된다. 그러나 사람들이 막상 가장 중요한 사안에 대해서는 그다지 민주적으로 진작되지 않으며 인터넷을 정보 획득보다는 오락적인 목적으로 사용한다는 사실을 우리는 기억해야 한다(Althaus & Tewksbury, 2000; Shah et al., 2001; Blank & Groselj, 2014). 동시에 소셜 미디어의 소통 강도를 강조하느라, 이렇듯 증강된 사회성이 발생될 수 있도록 한 정치, 경제적인 맥락의 중요성을 간과해서는 안 된다.

다시 말하면 소통의 욕망과 동기로서 (소셜 네트워크 활동의 주요 측면이자 그것의 거대한 성공의 일부를 이루는 요소인) 타인과 연결되고 관계 맺어야 할 필요를 강조하느라 누가 누구와 무엇을 소통하는가라는 문제의 중요성을 축소시키는 덫에 걸려서는 안 된다. '누가' 소통하는가라는 문제는 진지한 통찰을 요한다. 소셜 미디어의 이용은 참여자들 간에 매우 불균등하게 나타나며 대부분의 콘텐츠는 소수 사람들이 지배한다. 하버드 경영대학원의 조사(Heil & Piskorski, 2009)를 보면 트위터 이용자의 10%가 콘텐츠의 90% 이상을 생산했고 대부분의 사람들은 트윗을 단 한 번 보냈을 뿐이었다. 트윗 송신자의 상위 10%는 유명 인사나 CNN 같은 주요 미디어 기업이 해당된다. 최근 다른 연구들에서도(Bruner, 2013) 트위터 이용자 60%가 100명 이하의 팔로어를 가지고, 1000명 이상의 팔로어 소유자가 97번째 백분위수에 머무는 반면, 케이티 페리Katy Perry 같은 팝스타들이 팔로어 7030만 명을 확보하며 전 세계 트위터 순위의 상위에 자리 잡고 있는 것으로 나타났다(http://twittercounter.com/pages/100). 여전히 참여란 특권을 가진 소수의 전유물인 듯하다.

더욱이 자동화된 소프트웨어(봇bots)에 의해 작동하는 유사 계정이 부상하고 있는데, 혹자는 활동 중인 계정 20개 중 하나가 이에 해당한다고 추정한다. 이것은 트윗과 리트윗을 하도록 프로그램화되어 있으며 사회성을 지니고 그 자체의 온라인 역사를 생성한다. 또한 사람들 사이에 회자되는 인기 높은 내용을 걸러내어 콘텐츠를 만들어 낼 수 있다. 심지어 수면-각성 양식으로 작동함으로써 더욱 믿을 만하다는 느낌을 준다(Ferrara et al., 2015). 이러한 로봇은 팔로어들에게 잠입하고 주식 시장에 영향을 미치며 정치적 담론을 동요시키는 한편 마케팅 캠페인을 크게 띄우기도 한다. 중국 소셜 네트워크 플랫폼인 '웨이보' 연구(Xie, 2014)에 따르면 470만 개의 계정이 특정 상품의 지지를 조작하는 캠페인에 관여하고 있다. 보스턴 마라톤 폭발 사건[79]을 둘러싼 트위터에 관한 한 연구(Gupta et al., 2013)에서는 검증되지 않은 정보를 자동으로 리트윗하는 봇이 작동한 결과, 사건 발생 이후에 잘못된 고발 내용들이 광범하게 트윗으로 유포된 과정이 보고된 바 있다. 마치 인조 잔디[80]가 진짜처럼 보이기를 꾀하듯이, 온라인에서 벌어지는 가짜 풀뿌리 시민운동은 메시지가 공중에서 전달된 것처럼 위장해 후원자들을 기만하는 소프트웨어를 이용함으로써 특정한 사상이나 상품에 폭넓은 지지가 있는 듯한 인상을 제공한다. 이처럼 소셜 미디어 트래픽이 기업 및 상업적인 행위자와 사안을 중시하는 상황에서 '누가' 소셜 미디어에서 커뮤니케이션하고 있는가를 분별하는 문제는 처음에 생각했던 것처럼 간단치 않다.

소셜 네트워크에서 '무엇'이 소통되는가라는 문제 역시 그다지 수월치 않다. 봇이나 인조 잔디를 제외하고서라도 자기표현의 수단들이 계급 연계(Papacharissi, 2002a; 2002b; 2009)와 취향 문화(Liu, 2007)를 중심으로 구조화되어 자아의 인상 관리를 위해 세심하게 통제되는

79 2013년 4월 15일 발생한 폭발 사건으로 수백 명의 사상자를 낳았다. 체첸 출신의 미국인으로 이슬람교 극단주의자인 차르나예프 형제가 일으킨 것으로 밝혀졌다. — 옮긴이

80 풀뿌리 시민운동의 모조라는 의미에서 사용된 표현이다. — 옮긴이

현실이 조사된 바 있다. 이 연구들은 소셜 미디어가 소통의 지평을 넓히고 숙의적인 이해를 확장하기는커녕, 기존의 사회적 위계를 강화하고 나아가 친밀하거나 혹은 폐쇄적인[81] 공동체를 강화하는 기능을 하고 있음을 제시한다. 이러한 걸러내기와 파편화는 우리의 소통이 '링크'에서 '라이크'로 이행하는 현상에서 더욱 악화된다. 2010년 4월 페이스북은 선호도를 표시하고 추천을 알려 주기 위한 도구로 '좋아요Like' 장치를 도입했다. 링크 대신 '좋아요'가 선호되는 경향은 또한 검색이 점차 자기재귀성self-referentiality으로 대체되는 현상에 상응한다(Lovink, 2012). 서로 통하는 눈짓으로, 그것은 '얼마나 많은 우리가 동일하게 생각하는지 보자'라고 말하며, 이미 존재하는 공동체를 더욱 강화한다. 더욱이 소셜 네트워크 사이트가 우정이나 공동체 형성보다는 소비를 우선시하는 방식으로 콘텐츠의 내용을 결정한다는 시각도 제기되었다. 마윅(2005)은 이렇게 주장한다.

> 첫째, 견고한 프로파일 구조가 이용자 대신 애플리케이션에 의해 구성된 방식에 따라 자신을 표현하도록 유도한다. [……] 둘째, 프로파일이 구조화된 방식은 중립적이지 않다. 오히려 권력은 전체 애플리케이션에 다양한 방식들로 심어져 있다. 일반적으로 이용자는 시민으로서가 아니라 소비자로 간주된다…… 애플리케이션은 사람들이 스스로 소비하는 음악, 영화, 책, 텔레비전 프로그램 등의 오락물로 자신을 규정하도록 부추긴다…… 이용자들이 소비자로 다루어질 뿐 아니라, 그들 또한 우정이나 공동체 형성보다는 사회적 자본을 우선시하는 네트워크 활동 개념 안

81 필자는 close(d)라고 표기함으로써 이 단어에 함축된 '친밀'과 '폐쇄' 두 의미를 모두 나타내고 있다. — 옮긴이

에서 타인들을 소비하도록 독려된다. 사업 관점에서 볼 때 '네트워킹'이란 사회적 관계망이 가능한 한 많은 사람들과 연결되고 사업적인 유리함을 얻기 위해 지속적으로 확장되어야 하는 목표 지향적 과정을 뜻한다. [……] 셋째, 소셜 네트워크 사이트는 본성적으로 세계 인구의 특정 부분을 배제한다. 예를 들어 소셜 네트워크의 주요 사이트들은 미국의 이용자들을 우선적으로 끌어들이는 미국산 애플리케이션이다(Marwick, 2005: 9~11).

카스텔(2009)은 인터넷의 상업화를 목표로 하는 세계적 미디어 기업 네크워크와 인터넷에 대한 시민 통제력을 높이고 기업 통제나 개입 없이 소통적 자유의 권리를 확립하고자 애쓰는 '창의적인 수용자' 사이의 갈등으로 인터넷이 구성된다고 말한다. 그는 거대 기업에 대해 이렇게 서술했다.

인터넷에 기반을 둔 자율적인 대중적 자아 커뮤니케이션을 재상업화할 방법이 강구되고 있다. 그들은 광고 지원을 받는 사이트, 유료 사이트, 무료 스트리밍 비디오 포털, 유료 포털 등을 실험하고 있다. …… 웹 2.0 기술은 소비자들에게 스스로 콘텐츠를 생산하고 유통시키는 능력을 선사했다. 이러한 기술의 성공은 입소문을 통해 전통적인 소비자들의 생산력이 미디어 조직에 의해 구속되고 활용되도록 이끈다(Castells, 2009: 97).

세계적 미디어 기업이 온라인 세계를 지배하는 상황에 대해 비판적이기는 하지만 카스텔은 여전히 소셜 미디어가 소통 양식에 전례 없는 자율성을 부여하며 다수의, 그리고 다양한 목소리들을 구현할 역량이 있다고 힘주어 말한다. 그리고 이것이 소셜 미디어 생태계 내의 생용자가 지닌 생산적인 창의성의 핵심적인 모습이라고 주장한다. 그러나 우리가 온라인에 드나드는 모든 행위는 추적, 분석, 상업화될 수 있는 디지털 발자국으로 남는다. 소셜 미디어 애플리케이션은 우리의 모든 온라인 행위로부터 가치를 생산하고자 한다. 우리의 선택, 우리가 방문하는 사이트, 우리가 대화하고 팔로하는 사람들, 이 모든 사항은 수익을 위해 추적되어 제삼자에게 판매될 데이터를 창출한다.

게버란(2009) 역시 소셜 마케팅이 인터넷에서 부상하는 경향에 주목한다. 마케터들은 페이스북이나 마이스페이스 같은 온라인 소셜 네트워크를 이용해서 일반 고객을 그의 친구들에게 선보이는 방식의 홍보성 메시지를 보낸다. 이러한 메시지는 고객의 검색 및 소비 패턴을 노출하며 암묵적으로 동의함을 함축하기 때문에, 사생활 노출 및 정보의 질 그리고 자신의 정체성이 상업적으로 이용당하는 것을 막을 만한 개인 역량 등에 관해서 심각한 우려를 낳고 있다.

나아가 맥체스니(2014)는 새로운 디지털 산업이 매우 빠른 속도로 경쟁 체제에서 독과점 체제로 이행하는 현상에 주목하면서, 오늘날 소수의 세계적 거대 기업이 인터넷을 장악하는 데에서 알 수 있듯이 신생 디지털 유통업자가 역사상 가장 거대한 독점을 누리게 되었다고 지적한다. 맥체스니는 우리가 현재 접하는 온라인에서 초상업주의나 광고와 독점 시장이 자본주의를 해체하기는커녕 더욱 강고히 만들며, 정부 규제가 공익보다는 기업화된 미디어의 수익 극대화를 우선시하는 방향으로 작동함으로써 탈정치적이고 비민주적이며 상업적인 미디어 정책을 야기한다고 주장한다(4장을 참조하라). 프리드먼(2014: 101)은 디지털 네트워크가 "개인 행위자들의 힘을 강화하기보다는 기업의 이해를 키우기 위해 고안된 축적 전략을 선호"한다고 주장하면서 인터넷이 권력을 "중심에서 주변으로, 엘리트에서 일반 이용자와 개발자들"로 이행시킨다는 주장에 반박한다(앞의 글). 국가와 그에 대항하는 사람들 사이에 여전히 힘의 불균형이 크게 존재하며 디지털 감시에 대해서라면 오히려 국가는 세계 최대 커뮤니케이션 서비스 제공자들과 공모 관계에 있다는 것이 그의 주장이다. 이러한 맥락에서 볼 때, 카스텔의 주장처럼 '창조적인 수용자'들이 '자율적인 대중적 자아 커뮤니케이션'에 참여함으로써, 진보적인 사회 변화를 창출하리라고 확신하기는 어렵다.

자율성의 개념은 오랜 역사적 과정에서 형성되었으며 줄곧 저항 행위와 연결되거나 지배적인 이데올로기를 넘어서 '당신 자신이 될 수 있는' 능력과 관련지어 생각되어 왔다. 이 지점에서 코르넬리우스 카스토리아디스Cornelius Castoriadis(1991)가 제안했듯이, 개인주의적인 자율성, (참여의 평등을 통한) 사회적 자율성, (상상력을 자유롭게 하는) 정치적 주체성으로서의 자율성의 구분이 유용하다. 이 자율성 비판에서 카스토리아디스는 (개인주의적인) 신자유주의적 자본주의의 체제를, 그러한 체제에 도전하는 (사회적) 자율성 혹은 (정치적 주체성을 통해) 그러한 체제를 초월하고자 노력하는 자율성과 대비시킨다. 물론 이러한 이론적 구분이 자율성 개념의 탐구에 유용하긴 하다. 그렇지만 일상에서 우리는 융합된 미디어의 이용을 통해 이 세 가지 형태의 자율성에 동시에 관계하고 있다. 소셜 네트워크 사이트에 들어가 최근 유명인의 가십에 대해 이야기하고, 어린이 빈곤을 끝내자는 청원에 클릭한 후 링크를 걸어 내가 방금 무엇을 했는지 그리고 어떻게 하면 이 세상이 더 나아질 수 있을지에 대한 생각을 블로그에 업데이트한다.

이러한 활동들은 사적 자율성과 공적 자율성을 관통하며 서로 간에 영향을 미친다. 다시 말하면 자율성은 언제나 특정한 사회적, 정치적 맥락 안에 존재하며 그 맥락을 충분히 살펴본 후에라야 다양한 양상을 이해할 수 있다. 소비주의 사회의 소통 중심적인 미디어를 통해 실행되는 자율성이란 자신을 상품화하고 자기 이익 추구를 위해 온갖 방법을 동원하여 자기를 재생산함으로써, 개인주의를 확인하고 자신을 우선시하는 신자유주의의 확장에 불과하다. 그 과정에서 우리는 자신의 데이터를 남겨두게 되는데, 구글과 같은 기업이 그렇게 만들어진 우리의 정보를 다른 사람에게 판매하여 돈을 벌어들이고 다시 그들의 상품을 우리에게 되파는 일이 반복된다.

디지털 시민들은 결코 자본으로부터 자유롭지 않다. 우리는 예전에 댈러스 스마이드Dallas Smythe가 광고업자들에게 판매되는 "수용자 상품"이라고 불렀던 바로 그것이 되어 가고 있으며(Smythe, 1994), 아울러 자기 상품화까지 수행하고 있다. 전통적인 매스 미디어의 수용자 상품과 인터넷의 수용자 상품 간의 차이는 인터넷 이용자들이 동시에 콘텐츠 생산자의 역할을 겸한다는 사실에 있다. 오늘날 등장한 '이용자 제작 콘텐츠'는 온라인에서 지속되는 창조 행위, 커뮤니케이션, 커뮤니티 구축, 콘텐츠 제작을 모두 아우르는 표현이 되었다. 그러나 이러하다고 해서 우리가 4장에서 주장했던 바대로 이용자의 행위가 상품화되는 현실로부터 자유로워질 수 있는 건 아니다. 실상 그토록 많은 일상적 습관과 의례가 IT 형태를 띠게 됨에 따라, 더욱 명백하고도 깊숙하게 우리는 상품화되고 있다. 사실 일상 습관이나 행위가 정보 기술 형태로 변형되면서 우리는 더욱 지나치게 그리고 그 어느 때보다도 심각하게 상품화되어 가고 있다. 로빙크(2014: 34)는 소셜 미디어 이용을 빗대어, "자아를 알고리즘식으로 공정하는 초개인주의"라고 표현한다. 이 맥락에서 생산자로 전환된 이용자는 참여적 체계를 위한 미디어 민주주의의 표상이 아니다. 이는 자본으로부터 자율성을 허락하지 않으며 오히려 온라인 인간 창조성이 사이버 세계에 종속되도록 하는 상업화를 야기한다. 따라서 혁명적이라 찬미되는 참여와 자율성이란 소비자 프로필을 자동으로 협력 생산하는 일에 불과하다(예를 들어 Hamelink, 2000; Turrow, 2001). 낸시 베임Nancy Baym의 주장처럼(2015), '소셜 미디어'라는 용어 자체가 "사람들이 이미 해오고 있던 일을 포착하고 활용하되 (우리 행위의 일부를) 더 쉽게 다룰 수 있는 '콘텐츠'의 이름으로 부름으로써 수익 흐름으로 전환할 수 있는 방법을 발견했을 때 생겨났다."

소셜 미디어는 다수성과 다중심성의 논리로 숙의와 대항을 불러일으킨다

커뮤니케이션에 대한 강조, 나아가 오늘날 다양한 사람들의 소셜 미디어 활동과 더불어 나타날 수 있는 커뮤니케이션의 다양한 방식은 앞에서 서술했듯이 사회적 관계의 복수화pluralisation를 의미한다. 그러나 소셜 미디어는 또한 숙의와 대항을 가능토록 하는 공간의 수적 증가를 통해 민주주의에 기여한다고 평가되기도 한다. 이 입장은 일자가 다자에게 방송하는 매스 미디어 시스템의 제약으로부터 해방되며 가능해진 정보의 풍부성을 주장한다.

온라인 토론 분야의 일부 연구자들은 인터넷 소통이 다양한 의견과 신념을 가진 사람들에게 토론의 장을 풍부히 제공함으로써 우리의 지평과 이해를 확장한다고 주장한다. 홀트(Holt, 2004)는 상이한 배경을 지닌 사람들을 통합하는 인터넷의 능력이 시민의 여론 공간에서 논쟁과 토론을 성장시킬 수 있는 커다란 잠재력을 가진다고 말한다. 더불어 온라인의 정치 토론이 상이한 입장을 지닌 사람들을 상호 노출시킨다는 연구 결과도 제시되었다(Brundidge, 2006). 그러나 대립적인 입장들을 공동의 장에서 합치시켜 주고 다른 의견들에 노출될 수 있도록 하는 인터넷의 잠재력에도 불구하고, 이러한 일들이 반드시 일어나는 것은 아님을 시사하는 상이한 관점의 연구들도 존재한다.

인터넷 구조가 미디어 콘텐츠에 대해 선별적인 노출을 유도하는 특정한 조건을 제공한다는 점이 지적된 바 있다(Bimber & Davis, 2003). 예컨대 프렌드스터Friendster[82]와 마이스페이스에서는 특정한 문화 취향과 준거 요소들이 세심하게 전시되고 관리되어, 특정 문화 및 특정 집단과 연계된 감각이 뚜렷하게 표현된다(Liu, 2007). 정치적 토론장에서 선별적인 노출이 이루어져서 정치적 양극화를 유발한다는 증거도 제시되었다. 이를테면 일부 학자들은 가상 공동체가 가치와 관점의 측면에서 매우 동질적이며(Dahlberg & Siapera, 2007), 온라인 토론 참여자들이 서로 간에 비교되는 정치적 관점을 그대로 유지한다는(Wilhelm, 1999) 점에 주목해 왔다. 숄즈만 등(2010: 487)은 대체로 교육 수준이 매우 높은 중산층이 정치적 항의를 위해 사용한다는 근거에서 인터넷은 "강한 자의 무기"라고 말한다. 마찬가지로 옥스퍼드인터넷 연구소Oxford Internet Institute의 블랭크와 그로셀즈 연구(2014)는 온라

82 말레이시아에서 개발된 소셜 네트워크 서비스 게임이다. — 옮긴이

인에서의 정치 참여가 거의 정확하게 사회 계급 및 교육 수준의 지표와 상응한다는 점을 보여 준다. 즉 현재 세계 인구의 절반 정도가 온라인에 살고 있지만, 정치적 목적을 위해 인터넷을 이용하는 사람들은 여전히 대체로 중산층의 고학력자다.

뉴스에 관한 일상적 습관과 의례가 변화함에 따라 이용 가능한 정보의 다수성과 양적 풍부성이 오히려 잘못된 정보의 파급 및 이해 부족을 낳는다는 주장이 제기되기도 했다(Patterson, 2010). 사람들은 더 이상 매일 정해진 시간에 텔레비전을 보거나 아침식사를 하면서 신문을 읽지 않는다. 대신 뉴스를 간식처럼 소비한다. 아울러 여기에는 '건강에 좋은' 뉴스 간식이 즉각적으로 만족을 주는 오락거리로 급속하게 대체되는 유혹적인 경향까지 덧붙여지는 것이다. 더욱 심각하게는 패터슨의 패턴 분석에 따르면 고도의 미디어 선택적인 환경에서 식견이 낮은 사람들은 오락 장르를 선택하는 반면 상대적으로 유식한 사람들이 뉴스의 강소비자로 나타남으로써 더 배운 자와 덜 배운 자 사이의 지식 불평등이 심화된다고 한다. 또한 패터슨(2010: 20)은 정규적으로 일간지 독자의 약 60%가 신문 읽기에 적어도 30분을 할애하는 반면, 온라인 신문 독자는 단지 40%만이 이 수준을 지키므로 속도가 "자극적 감각을 강화하는 반면 학습은 감소시킨다"고 주장한다.

이로부터 장르 구분이 흐려지고 때로는 분리조차 불가능한 소셜 미디어 세계 안에서 뉴스와 정보 이용에 관한 중요한 문제가 제기된다. 당신은 뉴스와 (비록 맥락화되고 논쟁적인 개념이긴 하지만) 견해, 의견, 선전으로 만들어져 끊임없이 증식되고 확산되는 잡음을 구분하는가? 이와 관련해서 〈인포메이션 위크Information Week〉에 실린 알렉산더 울프Alexander Wolfe의 칼럼은 실시간 생중계되는 시민 저널리즘의 압도적인 효과에 관해 다음과 같이 논한 바 있다.

> 실제로 '뭄바이'에 관한 엄청난 양의 트윗들은 그 안에서 어떤 가치 있는 정보를 쉽게 얻을 수 있으리라는 기대를 뒤집는다. 11월 26, 27, 28일간 게시된 트윗들의 기록 100페이지를 불과 몇 시간 안에 읽어 볼 수 있었는데, 그 과정에서 실질적인 정보는 거의 찾을 수 없었다.

물론 동일한 논리를 띤 반대 의견이 개진되기도 한다. 즉 온라인 수용자들이 올린 수많은 콘텐츠가 기자들로 하여금 더 넓은 세계를 보고 더 넓은 범위의 뉴스원에 개입하도록 하여 궁극적으로 뉴스 생산 자체의 민주화를 이끈다는 주장이다. 그러나 외르네브링(Örnebring, 2008: 783)은 뉴스 기사의 생산 수단으로 소셜 미디어 같은 자원에서 얻어진 수용자 콘텐츠가 활용된다 하더라도 이는 매우 제한된 범위 내에서 적용된다는 점을 발견했다. 즉 "대부분의 이용자들에게 있어 뉴스/정보 콘텐츠보다는 대중 문화 지향적인 콘텐츠와 사적/일상생활 지향적인 콘텐츠를 생산하는 능력이 신장되는 것이 일반적인 경향이다." 24시간 방송되는 텔레비전 뉴스 방송에 관한 워들 등의 연구(Wardle et al., 2014)는 이용자 제작 콘텐츠는 단지 이용할 수 있는 다른 이미지가 없을 때, 뉴스 에이전시의 이미지가 미처 제공되기 이전에 임시방편으로 사용되고 있음을 밝혔다.

영국의 카네기트러스트재단 연구소가 수행한 연구(2010)에서는 저항성의 주변화와 함께 공중의 숙의를 위한 논쟁의 장이 축소되고 있음을 보여 주는 증거가 발견되었다. 이 현상은 특히 자신의 생각을 발언할 능력이나 확신을 결여한 사람들 또는 비주류적인 견해를 가진 사람들에게서 나타났다. 이렇게 본다면 매개된 공간의 확장, 미디어 플랫폼의 다수화, 그리고 상호 작용, 속도, 온라인 소통의 국제화에 관한 주장들에도 불구하고 공론장은 축소되는 듯하다.

누구나 웹사이트를 만들 수 있는 환경 안에서 권력의 확산을 의미하는 개념인 다원적 중심성polycentrality 역시 사회 정치적인 엘리트 집단이 사적 이익을 위해 소셜 미디어의 힘을 마음껏 활용할 수 있는 문화 · 경제 자본을 더 많이 가진다는 근거에서 비판받을 수 있다. 특히 어떤 기술 형식이, 만약 그것이 없었다면 메시지 활동에 참여하지 않았을 사람들을 연결하고 정보를 전달하기에 유용한 도구로 판단되면, 정치 엘리트는 필사적으로 자신의 이익을 위해 그 기술 형식을 활용할 방법을 찾을 것이다. 따라서 정치 지도자는 유튜브에 비디오 블로그를 올리고 고위 정치인들은 임기 중 공적 업무를 수행하면서 트윗을 통해 자신을 알리고자 한다. 2008년 12월 30일에 뉴욕 주재 이스라엘 총영사관은 트윗을 실시간 기자회견의 무대로 이용하며 이스라엘 폴리틱Israel Politik이라는 뉴스 및 논평 블로그를 선보였다. 뉴욕 주재 이스라엘 총영사관의 미디어 및 시사 담당자인 데이비드 사란가David Saranga는 이스라엘과 가자를 비롯한 중동 관련 문제에 관해 응답했다. 질문은 그의 트윗인 @IsraelConsulate에 전달되었고, 응답은 140자 이내의 트윗 메시지로 제공되거나 긴 내용의 응답은 이스라엘 폴리틱 블로그에 포스팅되었다. 왜 트위터를 선택했느냐는 질문에 대해 데이비드 사란가는 트위터의 논쟁 과정에서 공신력이 떨어지는 정보를 가진 사람들이 있음을 알게 되었으며 이에 대응하는 공적인 목소리를 싣기에 알맞은 방법으로 트위터를 생각하게 되었다고 답했다. 이는 오늘날 흔히 일어나는 현상이다.

버락 오바마의 트위터는 선거 전후한 시기에 미국 대통령 당선자의 생활과 행동에 관한 정보를 시시각각 전달했다. 다른 대통령 후보자들도 곧 소셜 미디어 행렬에 합류했고 자신의 메시지를 공중에게 전하고자 여타의 마이크로블로깅 도구들과 함께 블로그와 트위터를 계속해서 활용하며 차세대의 '투명한' 정치인 이미지를 창출했다. 이와 유사하게, 다른 융합 미디어들과 직접적으로 연동되는 매스 미디어인 인터넷이 다른 미디어와 동일한 상업적 이해관계 안에서 그들의 통제 및 기능 방식을 그대로 모방함으로써 현존 구조에 도전하기보다는 콘텐츠의 동질성을 재생산한다는 주장이 제기되기도 한다(Margolis, Resnick, & Tu, 1997; McChesney, 1996). 이러한 관점의 연구들(예를 들어 Agre, 2002; Hindman, 2009)은 흔히 생각되는 바와 달리 소셜 미디어가 다수성과 다중심성을 가지거나 해방적인 잠재력을 발휘하지 않는다는 점을 지적한다. 오히려 과거와 미래의 시민 참여를 낭만적으로 그려내면서 현재 매개화의 현실을 왜곡하는 언어와 기대가 인터넷에 부여되고 있을 뿐이라고 주장한다. 보다 정확하게 안드레예빅(Andrejevic, 2008: 612)은 "상호 작용성의 전복적인 힘에 대한 예찬은 소비자 노동의 생산성을 자극하면서도 혁명을 찬양하는 '대중 사회 억압 이론mass society repressive hypothesis'으로 묘사될 법한 담론을 형성한다"고 주장한다.

물론 그렇다고 해서 권위주의 체제나 발전 도상에 있는 민주주의 사회에서 대항적 표현을 위한 잠재적 경로로 기능하는 소셜 미디어의 역할이 무시되어서는 안 된다. 성숙한 자본주의 체제의 신자유주의적 민주주의 사회에서 개인의 생활을 스스로 조절할 필요성은 있지만 정보 이용이 어렵거나 정치적인 주체성을 표현하는 것도 위험한 억압적인 체제에서 통제를 요구하는 것과는 완전히 다르다. 후자의 국가들에서는 명백하게 인터넷은 소셜 미디어가 없었다면 억압되었을 목소리들이 들려질 수 있도록 한다. 2005년 2월, 네팔 정부는 국왕이 계엄령을 내린 후 인터넷의 모든 국제 연결을 잠시 차단했다. 그전까지 기술을 창의적으로 활용하는 많은 사람들은 소셜 미디어 채널을 통해 정보에 접근할 수 있었다. 2007년 미얀마 정부가 국내외적으로 인터넷 연결을 차단했을 때, 블로그, 트위터, 플리커 등의 소셜 미디어 수단을 통해 인터넷 커뮤니케이션과 소셜 미디어의 지하 네트워크를 형성하여 전 세계로 미얀마 상황에 관한 뉴스와 정보를 내보내려는 노력이 해외로부터 쏟아졌다(6장을 보라). 이와 유사하게 2011년 이집트에서는 시위자들이 시위에 참여하기 위한 힘을 모으고 세계 전역에 혁명에 관한 뉴스를 알리고자 페이스북과 트위터 같은 소셜 미디어를 이용했다. 이집트 당국이 인터넷 접속을 차단했을 때, 메시지를 기록한 후 해시태그 #Egypt를 이용해서 트위터에서 즉각적으로 송출할 수 있는 스피크2트윗speak2tweet 서비스를 이용해서 사람들은 메시지를 교환할 수 있었다.

2011년 스페인의 인디그나도스Indignados/15M 사회 운동이 탄생할 수 있었던 일부 원인은 '지금 진정한 민주주의를Democracia Real Ya! Real Democracy Now'이라는 온라인 사이트가 주도한 정치적 행동의 요청에 대한 부응이었다. 이어 그해 5월 15일에 2만~5만 명이 스페인 전역의 많은 도시들에서 항의 데모를 벌였다(6장을 보라). 그들은 경찰의 폭력적인 진압에 맞부딪혔는데, 이 소식은 스페인 도시들의 주요 광장들을 점령하라는 메시지와 함께 트위터, 페이스북, SMS를 통해 급속하게 전파되었다(Sloam, 2014). 15M 운동은 예산 감축에 반대하여 일어났는데, 이후 주택 거주자 퇴출 및 재소유, 의료보험 민간화, 교육 예산 감축, 급여 하락, 노동 조건 항의를 포함한 여러 사안들을 다루는 많은 연계 시위들(사람들은 이를 물결이라고 불렀다)로 확대되었다. 15M은 스페인과 해외에 있는 대내외적인 지지자들과 소통하기 위해 소셜 미디어에 많이 의존했다. 그리고 사회 · 경제적 불평등 및 기업과 금융사들이 정부에 미치는 영향력에 대응하기 위한 '점령하라' 시위가 개시될 수 있도록 영감을 주었다.

소셜 미디어는 대중 수용자들이 행하는 자아 커뮤니케이션에 바탕을 둔다

카스텔은 현대 사회 커뮤니케이션의 새로운 성격을 대중적 자아 커뮤니케이션이라고 표현한다. 이 개념은 다수성과 다중심성에 대한 긍정적인 확신에 기초하면서도 직접적인 형태로 강화된 개인 권력을 핵심 요소로 취한다.

> 유튜브의 비디오 포스팅, RSS 링크로 많은 웹 자료들을 보유한 블로그와 대량의 이메일 리스트로 전송되는 메시지들은 잠재적으로 전 지구적 수용자들에게 도달할 수 있기에 매스 커뮤니케이션이다. 동시에 이들은 자아 커뮤니케이션이기도 한데, 메시지가 자기 발생적으로 생산되고 잠재적 수용자들이 재귀적으로 정의되며 월드 와이드 웹이나 전자 네트워크에서 특정한 메시지나 콘텐츠의 선택이 자기 선별적으로 이루어지기 때문이다. 세 가지 형태의 커뮤니케이션(대인 커뮤니케이션, 매스 커뮤니케

이션, 대중적 자아 커뮤니케이션)은 하나가 다른 하나를 대체하기보다는 공존하고 상호 작용하며 상보적이다. 사회 조직화와 문화적 변동에 관한 상당한 함의를 지니면서도 역사적으로 새로운 점은, 이 모든 커뮤니케이션 유형들이 인간의 상호 작용으로 전달되는 전 범위의 문화적 표현을 자신의 다양성 안에 포용, 혼합, 재결합하는 구성적이고 상호 작용적인 디지털 하이퍼텍스트로 접합된다는 사실에 있다(Castells, 2009: 55).

소셜 미디어가 제공하는 개인화된 콘텐츠와 공적으로 사적이고 사적으로 공적일 수 있는 능력(Papacharissi, 2009)은 시민성보다 자아와 개성을 강조한다. 사람들은 (각자 설정한) 사적 영역에서 공유된 사회, 정치, 문화적 사안에 근거하여 타인과 연결된다. 여기서 중요한 점은 그들이 선진 자본주의 사회의 다른 영역에서는 결여된 상호적인 호혜성, 친밀감, 공감을 체험한다는 사실이다(Coleman, 2005). 소셜 미디어의 공간은 이동적이지만(그곳은 기차역, 카페, 직장, 버스일 수 있다) 사람들이 스스로 통제하고 있으며 자율성을 지니고 자아를 표현하고 있다고 자각할 수 있도록 하는 연결 행위가 허용된다. 소셜 미디어는 지역, 국가, 지구적인 네트워크 내부에서 혹은 그것을 가로지르며 대면적인 상호 작용의 대안으로 이용되며 사회적 자본의 생성에도 활용된다(Hampton & Wellman, 2001, 2003). 자아 표현의 가치가 더욱 강조되는 현실은 확실히 새로운 사회적 습관이 발전하고 있음을 보여 준다. 그리고 공적 · 사적 영역들이 점차 하나의 온라인 세계 안에서 중첩되고 있다는 사실에 동의한다면, 그들은 또한 상호 연결을 통해 특정한 정치적 효과들을 낳을 수 있다.

카스텔은 대중적 자아 커뮤니케이션을 "창조적 수용자"(2009:

127)가 행하는 "상호 작용적인 의미 생산"(2009: 132)으로 간주하며 이러한 창조적인 과정 속에서 자아가 실현될 수 있으리라 본다. 그는 대중적 자아 커뮤니케이션에서는 전통 방식의 접근 통제가 적용되지 않는다고 주장한다. 누구나 인터넷에 동영상을 업로드할 수 있고 블로그에 글을 쓰며 토론장을 개시하고 이메일 리스트를 생성할 수 있다. 바꾸어 말하면 그들은 창조적 자율성을 지닌다(Fuchs, 2009a를 보라). 이 경우에 인터넷 접속이 기준이고 접근 차단은 예외가 된다(Castells, 2009: 204). 그러나 이 말은 옳을 수도 있지만, 원칙적으로 모든 사람들이 인터넷에 힘입어 수월하게 정보를 생산하고 유통할 수 있다 하더라도 모든 정보가 균등하게 가시화되거나 주목을 받지는 않는다. 소셜 미디어가 표현적이고 독창적인 자기 소통의 형태를 창출한다는 점을 인정하더라도, 대중 수용자를 향한 자아 커뮤니케이션이란 여전히 조직을 뛰어넘어서 스스로 들려지기를 도모하는 개인이나, 큰 조직보다 더 크게 소리 지르려 애쓰는 작은 조직에 해당하는 일일 뿐이다. 소셜 미디어는 계층화된 온라인 시각 경제eyeball economy를 벗어날 수 없으며 그야말로 그것의 한 부분을 이룬다. 아울러 이 경제에서는 전통적이고 주류적인 세력이 여전히 지배적이다.

특정 유명 인사와 엘리트가 가장 큰 네트워크를 생성하듯이 주류 뉴스 및 정보 사이트가 가장 많은 트래픽을 끌어모은다. 온라인에서 이용 가능한 정보가 풍부함에도 불구하고 기성의 주류 뉴스 제공 조직들은 모든 플랫폼을 가로지르며 갈수록 동질화되는 뉴스 콘텐츠를 가지고 여전히 우리의 뉴스 소비를 지배하고 있다. 9개국의 뉴스 웹사이트에 관한 커런 등의 연구(2013)에서 "세계적으로 선도적인 웹사이트가 정통한 미디어로 자리 잡고 동일한 유형의 뉴스를 생산하고 있다. 이들 웹사이트는 운동 단체나 일반 시민들보다는 권위와 전문성을 지닌 목소리를 선호"하는 것으로 나타났다. 2014년에 발표된 10개국의 디지털 뉴스 소비를 조사한 로이터스 디지털 뉴스 보고서Reuters Institute Digital News Report에 따르면, 구글, 페이스북, 트위터를 통해서 그 콘텐츠에 접근할지라도, 사람들은 대부분의 온라인 뉴스를 여전히 익숙하고 신뢰하는 브랜드들에서 취한다고 한다. 영국에서 트위터는 뉴스를 검색, 공유, 논쟁하기 위한 중요한 네트워크로 성장해왔음에도 여전히 뉴스 이용자의 단지 12%만이 트위터를 뉴스 자원으로 여긴다. 이 12% 중에서 48%가 한 저널리스트를 팔로하고 있으며 가장 인기 높은 다섯 명의 저널리스트는 대규모 주류 뉴스 조직 소속이다. 더욱이 연예/오락 뉴스 유통을 위한 트위터 이용이 경성 뉴스를 위한 경우를 훨씬 앞선다. 로이터스 연구(2014)에 의하면 1만 1559개의 트위터 계정이 아카데미 시상식 관련 소식을 트윗한 반면 겨우 1500개 트윗만이 유럽 여론 조사European Referendum에 관한 야당 대표의 발언을 다루었다. 오래되고 익숙하며 신뢰받는 뉴스 기업이 트위터 공론장Twittersphere에서도 변함없이 지배적인 위치를 차지하고 있다. 또한 뉴스 조직들은 광고주에게 수용자 도달률을 보이고자 어떤 기사가 인기 있는지를 파악해야 해서 강박적으로 온라인 사이트 트래픽을 분석하는데, 이 상황에서 인기를 추구하는 대세에 저항하기란 더욱 어려워진다. 그래서 소셜 미디어를 통한 '대중적 자아 커뮤니케이션'이 분명히 현존하고 부가적이거나 실험적인 사유의 중요한 원천을 이루지만, 정보 제공과 연관되면 결국 우세한 시장 위치를 점하려는 기성의 강력한 미디어 행위자들의 영향력에 의해 틀지어지고 종속된다. 뉴 미디어 시대에서조차 다국적 미디어 기업의 힘은 분산되지 않으며 오히려 새로운 형태의, 그리고 새로운 방식의 미디어 자본이 되어 전면에 등장한다.

또한 대중의 자아 커뮤니케이션은 그것이 일부분으로 속해 있는 사회 정치적 맥락 안에서 이해되어야 한다. 신자유주의의 특성이기도 한 개인주의가 지배적인 미국이나 영국 등 서구 선진 자본주의 사회에서 소셜 미디어를 통한 대중적 자아 커뮤니케이션이란 대부분 자기 준거적이며 물질주의적이고 시장 지배적인 문화에 조응하는(Scammell, 2000; Gilbert, 2014) 개인적인 자아 실현(Scammell, 2000)의 동기에 기인한다(Kaye, 2007; Papacharissi, 2007, 2010a, 2010b, 2015). 이 맥락에서 소셜 미디어는 비록 네트워크화된 개인들이 모인 대중이기는 하지만, 마거릿 대처의 유명한 표현인 "사회라는 것은 없다. 단지 개인들만이 있을 뿐"이 뜻하는 신자유주의적 자아 창출이라 불릴 만한 개념에 정확히 들어맞는다. 자기표현적이고 네트워크로 촘촘하게 연결된 개인들이 적어도 소셜 미디어 '친구들'을 지니는 한, 그들은 혼자일 수는 있지만 외롭거나 고립되지는 않는다. 다수의 타인들과 무한정한 연결을 뜻하는 네트워크 개념은 자아 커뮤니케이터self-communicator라는 개인에 근거하지만 온라인 불평등이라는 더욱 심화된 구조를 부인하는 계기가 될 수도 있다. 이와 유사한 관점에서 밀러(Miller, 2008: 399)는 다음과 같이 말한다.

> 블로그에서부터 소셜 네트워크 사이트와 마이크로블로깅에 이르는 공간들을 탐색하다 보면, 충실한 콘텐츠 교환의 증진을 목적으로 하는 네트워크 행위자들의 대화와 소통이 점차 사라지고 네트워크 자체의 유지가 우선이 되는 상황으로 변화하고 있음을 알 수 있다. 여기서 소통은 지속

> 적으로 확장하는 네트워크 및 연결 속의 현존 상태를 단순 유지하는 일에 매달리게 된다…… 블로그에서 소셜 네트워크와 마이크로블로깅으로 이동하는 현상은 커뮤니티와 서사를 중시하는 충실한 커뮤니케이션에서 벗어나 네트워크와 데이터베이스를 중심으로 하는 친교적 커뮤니케이션 phatic communication으로 이행함을 뜻한다.

친교적 커뮤니케이션은 정보 교환이나 대화 대신 순전히 사교적 인맥 쌓기 활동에 집중한다. 이러한 자기표현은 자율성과 독창적인 상상력을 자유롭게 발휘하는 기회를 제공할 수 있지만 동시에 권력 제도로부터 파편화되고 단절되는 결과를 낳을 수도 있다. 카스텔의 지적처럼(2009), 우리는 발화와 그 잠재적 도달 범위가 확장되는 가운데 문화적 표현의 형식들을 혼합하고 재조합하는 커뮤니케이션 형식 간의 모든 접합 방식이 근본적으로 변화하는 패러다임 변동 과정 안에 있다. 그러나 소셜 미디어 안에서 등장한 자아가 단지 커뮤니케이션 형식의 기술력으로 환원되어서는 안 된다. 사회 문화적인 맥락이 신자유주의의 소비주의적이고 개인주의적인 이데올로기를 구성한다면, 자기표현 수단의 확장이 해방적 잠재력을 지닌다는 식의 주장은 극도로 세심하게 다뤄져야 한다.

소셜 미디어는 사회적 말하기의 새로운 형식을 제공한다

더튼(Dutton, 2007)은 전통적인 뉴스 미디어가 국가 기관을 감시하는

제4부의 기능을 한다고 여겼던 이전의 시각과 달리, 뉴 미디어는 전통적인 미디어의 한계를 극복하는 새로운 '친사회적pro-social'인 성격이 강하여 기존 제도의 한계를 넘어서고 가로지르는 '제5부'로 기능한다고 본다. 또한 시민이 공적 사안 및 사적 기업 감시를 수행하게 하는 대안적인 뉴스 취재원으로 자리 잡고 있다고 주장한다. 이렇듯 뉴 미디어는 사회적 말하기의 새로운 형식을 제시한다.

이 논의는 초의회적extra-paliamentary이고 권력 감시적인 메커니즘이 급성장하면서 정치인, 정부, 정당을 긴장하도록 만드는 '포스트 대의 정치post representative politics'의 다수 유형 중 하나인 감시 민주주의monitorial democracy(Keane, 2009)의 개념과 밀접하면서도 다양한 방식들로 연관된다. 킨(Keane, 2009: 15)은 감시 민주주의가 멀티미디어로 포화된 디지털 사회와 긴밀하게 연관된다고 설명한다. 이는 "소통의 풍요라는 에토스로 정의되는 새로운 미디어 은하계에서 작동하는 감시 제도에 의해 사회의 권력 구조가 계속적으로 '물어뜯기bitten'게" 되는 상황을 의미한다. 소셜 미디어는 공개적으로 사적인publicly private 방식을 통해 감시하고자 하는 노력을 실행한다. 실제로 트위터가 특정 의제를 입소문으로 확산시켜 기성의 주류 미디어, 기업, 정치 권력이 그 문제를 재검토하도록 만든 여러 사례들이 존재한다.

영국의 타블로이드 신문인 〈데일리 메일Daily Mail〉의 한 논평가가 남성 밴드인 보이존Boyzone의 게이 팝 스타인 스티븐 게이틀리Stephen Gately의 사망이 그의 동성애와 관련된다고 주장하자 스티븐 프라이와 데런 브라운Derren Brown[83] 등을 비롯한 유명 인사들의 주도

83 영국의 유심론 마술을 전문으로 하는 마술사다. — 옮긴이

하에 거대한 반대 시위가 트위터에서 일어났다. 프라이는 다음과 같이 트위터에 썼다. "나는 조금이라도 양식이 있는 사람이라면 가만히 참고 있지 않을 정도로 혐오스럽고 비인간적인 글을 쓴 역겨운 인물을 주시하고 있다. 〈데일리 메일〉의 잔 모이르에 분노하는가? 항의하라. 그녀는 코드 1, 3, 5, 12번을 위반했다"(2009년 10월 17일에 〈가디언〉에 실린 부스Booth의 기사에서 인용). 이어 언론불만처리위원회에 전례 없이 빠른 속도로 항의가 빗발쳐서 그 웹사이트가 다운될 정도였다. 여러 주요 신문들이 이러한 반향에 관해 보도했고, 이 문제는 BBC1 정치 토론 프로그램인 〈퀘스천 타임Question Time〉의 토론 주제로도 다루어졌다. 동성애 혐오에 반대하는 감정이 폭발하면서 발생한 이 사건으로 인해 잔 모이르나 〈데일리 메일〉이 반성을 했는지 여부는 알 수 없지만, 이 사건은 매우 짧은 시간 동안에 특정 사안에 대한 여론이 형성될 수 있고 어떤 (바람직하지 않은) 담론은 소셜 미디어 세계에서 크게 비판받을 수 있음을 알려 준다.

소셜 미디어가 민주주의 성취에 기여했음을 보여 주는 유사한 사례로서, 석유 무역 회사인 트라피규라Trafigura가 코트디부아르 지역에 유독성 폐기물을 유출한 사실을 보도하려는 〈가디언〉 신문을 법원의 비밀 유지 명령을 이용해 저지하려던 시도를 웹 이용자들과 의회가 연합해 좌초시켰던 사건을 들 수 있다. 〈가디언〉이 민튼 보고서Minton Report[84]에 실린 처참한 내용을 폭로하기 위해 5주간의 법률 전쟁에 휘말려 있던 중, 한 하원의원이 법원의 비밀 유지 명령의 존재를 드러내는 의회 질문서를 상정했다. 변호사들은 석유 회사를 위해서 움직였

84 2009년 트라피규라 기업이 유해 폐기물을 유출했음을 밝힌 보고서다. — 옮긴이

고, 트라피규라사 측의 변호사 카터 럭은 만약 의회에서 논의된 정보를 신문이 보도한다면 이는 법원 모욕에 해당한다고 〈가디언〉에 즉시 경고했다. 〈가디언〉이 의회의 처리 과정에 있는 사건에 관한 보도가 저지되고 있음을 알리는 기사를 싣자 그로부터 12시간도 채 되지 않아 블로거들은 보도 금지에 관한 정보를 발견했고(이 행동의 대부분은 일부 국가에서 법원이 금지한 정보를 공개하려는 내부 고발자들이 종종 이용하는 위키리크스 웹사이트를 통해서 이루어졌다) 많은 사람들이 해당 보고서에 대해 알게 되면서 트라피규라는 인터넷에서 가장 많이 검색되는 단어 중 하나가 되었다. 사적 기업이나 정부로부터 비밀 정부를 빼내어 공개하기 위해 소셜 미디어 플랫폼을 활용하는 사례는 이제 흔한 일이 되었고 이제 그것은 전통적인 기관에 균열을 일으키거나 위협을 가하고, 논쟁을 불러일으키기 위해 사용되는 상대적으로 손쉬운 수단이 되었다.

분명히 이 두 가지 사례는 모두 주류 뉴스 미디어로부터 비롯됐다. 그럼에도 이러한 말하기 방식에서 새로운 점들을 찾을 수 있다. 누구 혹은 무엇인가가 아카이브 또는 도서관으로서 인터넷의 검색 기능을 통해 '발견되기까지' 걸리는 속도의 빠름은 새로운 현상이다. 인터넷에 연결된 컴퓨터에 접속한 누구든지 말하기에 기여할 수 있다는 사실 역시 새로운 현상이다. 그리고 특정 사안이나 관심사에 대해 공개 및 정치적 대응을 촉구하는 분위기를 형성하는 말하기 방식도 새롭다. 트위터의 커다란 강점은 세계 어디에서든 그 누군가가 제기한 토론 주제에 관해 실시간 스냅숏을 제공하는 능력에 있다. 예컨대 2009년 10월 (영국의 극우 신파시스트 정당인) 영국 국민당 대표 닉 그리핀Nick Griffin은 BBC1 텔레비전 토론 프로그램 〈퀘스천 타임〉에 출연해 논란을 불러 일으켰다. 당시 구글에서 '닉 그리핀'을 검색하면 BBC 웹사이트에 실린 그의 프로파일과 〈가디언〉의 사설을 포함한 흥미로운 결과들을 쉽게 얻을 수 있었다. 그렇지만 같은 단어를 트위터에서 검색하면 사안 전체에 대해 많은 사람들이 지니는 다수 관점들에 관해 상세하고도 진지한 통찰을 얻을 수 있었다.

웹 공동체에서 이루어지는 지구적인 대화에 우리를 초대하여 지구의 맥박이 되려 하는 트위터의 야망은 유혹적이지만, 이 특수한 주목의 체제 역시 소수의 특권층 중심으로 구조화되어 있다(Heil & Piskorski, 2009). 인터넷과 미국인 생활에 관한 퓨 조사The Pew Internet and American Life Project(Smith, 2010)는 교육 수준이 높을수록 트위터를 이용하는 정도가 높다는 사실을 밝혀냈다. 또한 앞에서 지적되었듯이 정치 참여를 위한 소셜 미디어의 이용은 사회 계급 및 학력 정도와 상관관계를 이룬다. 즉 학력이 높고 중산 계층일수록, 그리고 온라인상에서 정치적으로 적극적일수록 정치 참여를 위한 소셜 미디어 이용 정도 역시 높다(Blank & Groselj, 2014). 이와 유사하게 셀란 존스Cellan-Johnes(2009)는 런던에서 일어난 G20 반대 시위에서 트위터가 주로 주류 미디어가 제공한 메시지를 릴레이로 전달하는 방송의 형식으로 이용되었음에 주목한다. 그렇다면 트위터의 인기가 흔히 말해지듯이 양방향적이고 평등한 P2P 커뮤니케이션 네트워크의 대대적인 폭발이기보다는 커뮤니케이션에 대해 작동하는 권력의 집중 현상을 대변한다는 주장도 가능하다.

2009년 10월 트위터는 '트윗'이 포스팅되면 그 즉시 각 검색 엔진에 포함되도록 하는 내용의 계약을 구글 및 마이크로소프트와 맺었다. 그 결과 트윗의 실시간 검색이 가능해졌고 두 검색 엔진 사이에 경쟁이 심화됐다. 트위터와의 제휴에 힘입어 이 두 개 사이트가 클릭 한 번만으로 생각과 의견들을 접할 수 있는 기성 패키지 제품을 실시간 제공하게 되면서, 그 사이트의 수많은 능동적 이용자들이 생성하는 데이터가 영향을 받게 되었다. 구글과 마이크로소프트는 트위터 자체의 검색 서비스처럼 포스팅을 최근의 시간 순서대로 제시할 뿐 아니라 이용자들이 가장 적합하다고 생각하리라 판단되는 유형의 메시지들을 분별하는 자사 고유의 알고리즘을 이용한다. 문제는 바로 여기에 있다. 어떻게 구글과 마이크로소프트는 특정 트윗이 다른 것보다 더 중요하다고 판단할까? 그들은 자신의 야심이나 광고 수익만큼이나 민주적인 목표를 지니는가?

그렇다면 소셜 미디어는 과연 새로운 말하기 형식을 제공하는가? 우리는 다시 누가 누구에게 무엇을 말하는가의 문제로 되돌아와야 한다. 말하기를 행하는 인물은 주로 소수의 고학력층으로, 이들은 이미 규정된 뉴스에 응답하는 일만큼이나 뉴스 어젠다를 만들 수도 있다. 또한 그들은 뉴스 프레임은 거의 바꾸지 않는다. 무엇을 말하는가? 그들이 허구를 말하는가 혹은 진실을 말하는가? 속도가 본질인 환경에서 사실 확인이란 사소한 일이 되어 버리기 마련이다.

다수의 목소리들이 온라인 불협화음을 만드는 새로운 사회적 말하기의 형식에서 디지털 현존을 만드는 힘은 시장 권력과 사회 권력에서 나온다. 역설적으로, 작은 목소리로는 속삭이기도 어렵고 누군가 엿듣는 일을 막기도 힘들다. 정보를 확인하고 추적하는 능력과 아울러 그 정보를 송신한 개인들 역시 감시와 통제의 권위와 제도에게 무엇이 누구에 의해 언급되고 있는가를 '말해 준다.' 이 문제는 미국 국가안보국이 전 세계적으로 6만 1000건의 인터넷 감시 및 전화 감청을 해 왔음을 전직 국가안보국 요원 에드워드 스노든이 밝혔을 때 공적 사안으로 제기되었다. 영국의 정보통신본부(Government Communications Headquarters: GCHQ)[85] 역시 매일 6억 개의 전화 통화 내용을 감청할 수 있는 능력을 보유하고 있음이 밝혀졌다(4장을 보라). 이렇듯 소셜 미디어는 새로운 이야기 방식을 제공하기는 하지만 그럼으로써 감시와 검열의 기능에도 이바지한다. 이는 그들을 보는 우리를 보는 그들을 보는 우리에 해당하는 경우다. 나아가 소셜 미디어는 일탈자, 범죄자, 테러리스트들을 분별하기 위한 통제 및 권력 기술과 결합되어 왔다. 로즈와 차오(Rhoads & Chao, 2009)는 이란 정부가 시민 감시 및 행동 계획 예측, 저항자 색출과 탄압을 위해 어떻게 소셜 미디어를 활용하는지를 논한다. 그들은 이란 정부가 인터넷을 열어 두는 것은 그렇게 함으로써 훨씬 더 풍부한 시민 감찰용 정보를 얻을 수 있기 때문이라고 주장한다. 프리덤 하우스Freedom House[86]가 2011년에 발간한 보고서 〈네트의 자유Freedom on the Net〉에 따르면 세계적으로 인터넷에 가해지는 제약의 정도와 유형이 증가하고 있다. 칼링어트(Calingaert, 2012: 159)는 이러한 인터넷 제약에 "소셜 미디어 애플리케이션 금지, 인터넷 접속 거부, 서비스 제공자의 중개 책임, 온라인 감시, 디지털 공격"이 포함된다고 밝혔다. 다이베르트와 로호진스키(Deibert & Rohozinski, 2012)는 '멀웨어malware'(혐의 없는 이용자의 컴퓨터 사용을 범죄, 감시, 사보타주 목적으로 통제할 수 있는 악의적 소프트웨어

85 영국 내 정보를 담당하는 보안국(Military Intelligence Section 5: M5), 해외 정보를 대상으로 하는 비밀정보국(MI6)과 함께 영국 3대 정보기관 중 하나다. — 옮긴이

86 민주주의, 정치적 자유, 인권을 위한 활동을 하는 비정부 기구로 미국 워싱턴 D.C.에 있다. 1980년부터 세계 각국의 언론 자유도를 수치화하여 발표하고 있다. — 옮긴이

malicious software)의 이용 정도가 합법적 소프트웨어의 그것을 넘어선다고 진단했다(Diamond, 2012).

이러한 논쟁들은 개인 정보 이슈를 전면에 드러낸다. 영국 오프콤(2009)은 11~16세 영국 청소년 중 54%가 개인의 온라인 정보 비밀 유지에 관한 청소년 지도가 필요하다고 생각한다는 내용의 조사 결과를 발표했다. 보다 심화된 오프콤 연구(2015)에 따르면, 성인 인터넷 이용자의 26%(2013년 21%에서 증가한 수치다)가 인터넷에 관련된 개인 정보 계약 조건을 읽지 않는 편이라고 응답했고 열 명 중 일곱 명은 원하는 것을 얻기 위해 기업들에게 자신의 온라인 개인 정보를 넘겨주어도 상관없다고 답했다(Ofcom, 2015). 한편 페이스북은 실제 이용자 9억 3600만 명의 정보를 매일 업데이트해 구글이나 마이크로소프트 같은 거대 기업에게 트위터보다 훨씬 풍부한 정보를 제공할 수 있다. 페이스북 이용자는 매일 5500만 개 이상의 개인 정보를 생산한다. 이들 정보의 대부분은 사적인 것이고 검색 엔진으로부터 차단되어 있지만 페이스북은 이용자들 스스로 자신의 정보를 공개하도록 장려하는 캠페인을 벌임으로써 우리의 주목을 끌어모아 상업적 수익 창출에 기여하는 데이터에 접근하고자 한다. 그러나 데이비드 하비David Harvey의 지적에 따르면(2005: 3), "모든 인간 행동을 시장의 영역으로 흡수하려는 신자유주의의 시도는 세계적 시장에서 결정을 도출하기 위해서 활용되는 거대 데이터베이스를 축적, 저장, 전달, 분석, 이용할 수 있는 능력[을 필요로 한다]. 이에 네트워크화된 텔레커뮤니케이션과 세계화된 신자유주의는 완벽한 동반자가 된다."

따라서 우리는 사회적 비평이면서 감시 민주주의이고 새로운 말하기 방식이기도 한 소셜 미디어의 급진적 잠재력 안에서 자본과 비판은 복잡한 관계를 지닌다는 사실을 인식해야 한다. 볼탄스키와 치아펠로(Boltanski & Chiapello, 2005)는 비판이 자본주의를 강화하는 동시에 변화시킨다고 주장한다. 비판은 언제나 지배적인 권력 구조 안에서 형성되므로 그 탄생부터 이미 사회 역사적인 기록성을 내포하고 있다. 마찬가지로 비판은 언제나 지배적인 체제 — 영국과 미국의 경우에 이는 신자유주의를 의미한다 — 내부에서 투쟁해야 한다. 기술이며 커뮤니케이션 수단인 인터넷은 신자유주의의 문제점을 노출할 수 있는 잠재력을 가지지만 그 한 부분에 속하며 신자유주의를 초월하지는 않는다. 이 맥락에서 볼 때, 소셜 미디어는 사회적 불평등을 해방하기보다는 그것을 재생산하고 견고하게 만들 가능성이 크다. 마윅은 이렇게 설명한다.

> 소셜 네트워크가 인간 행태를 분리시켜 설명할 수 있다는 가정은 젠더, 섹슈얼리티, 인종, 계급 등과 관련된 체계적인 권력 관계가 행태에 미치는 영향뿐 아니라, 실제적인 행동을 취할 수 있는 주체의 능력이 자신이 처한, 보다 큰 범위의 상호 연관된 맥락의 영향을 받는다는 사실을 간과한다. 소셜 네트워크 애플리케이션은 정체성의 자기표현 및 인맥을 노출하면서도 이와 같은 '권력의 그물망'은 소거함으로써 네트워크에서 가치와 의미를 제거하는 결과를 낳는다(Marwick, 2005: 12).

그러나 단지 자원에 대한 접근이 아니라 소셜 네트워크의 흡수라는 점에서 더욱 심각한 우려가 제기된다. 〈와이어드〉(2009년 6월호)에 페이스북의 세계 점령 계획에 관해 다음과 같은 기사가 실렸다.

> 지난 십여 년간, 웹은 구글의 알고리즘에 의해 정의되어 왔다. 온라인 세계에 냉정한 아틀라스를 짓기 위해 온라인 행위의 모든 바이트를 실용적으로 분석하는 엄격하고 효율적인 공식들이 그것이다. 반면 페이스북의 CEO 마크 주커버그는 더욱 개인화되고 유머러스한 웹을 상상했다. 그곳에서는 마치 오프라인에서처럼 우리의 친구, 동료, 또래 집단, 가족이 일차적인 정보원이 된다. 주커버그의 전망에 의하면 이용자들은 의사, 가장 좋은 카메라, 직원을 구하기 위해 구글 검색의 차가운 수학 공식을 두드리는 대신, '소셜 그래프'를 찾을 것이다.

이 현상은 우리의 친구, 즉 소셜 미디어로 활성화된 우리의 소셜 네트워크가 일차적인 정보원이 되고 있는 초지역화된 친밀 네트워크의 폭발을 통해 이미 현실화되고 있다. 다르게 말하면 소셜 미디어를 통해 활성화된 친구 집단과 소셜 네트워크가 우리의 일차적인 정보원이 될 것이다. 온라인 네트워크가 비슷한 마음을 지닌 사람들 사이의 교류를 강화하고 확장시킨다는 주장을 전적으로 받아들인다면 이 현상은 잠재적으로 중대한 문제를 낳는다. 계급, 인종, 젠더의 기준에서 배제되는 지역에 대한 불평등이 그대로 유지된다. 이처럼 실재하는 반증들에도 불구하고, 어째서 우리는 네트워크들의 네트워크가 어떻게든 이전의 불평등을 극복하리라고 생각하는가? 미디어 이용의 습관은 변하더라도 인터넷 이용과 목적은 확실히 사회 정치적인 맥락 및 개인이 과거로부터 지금까지 수행해 온 시민 활동에 의해 가동된다는 사실이 분명함에도 불구하고(Jennings & Zeitner, 2003), 왜 우리는 이전의 미디어 수용 연구들이 저지른 실수와 마찬가지로 인터넷을 독립적인 요소로 믿는 생각의 덫에 여전히 빠져 있는가?

이와 상관적으로 인터넷 경험 자체가 눈앞에서 펼쳐지는 현실을 은폐하고 우리가 지구적 사회의 특권 계층의 입장에 동조하도록 유도하여 급진적인 변화의 필요성에 둔감해지도록 만들 수 있다. 소셜 미디어를 통한 자기 재현의 결과로서 적극적인 시민으로서가 아니라 매개된 자기표현 도구만을 통해서 상상하는 능력만이 신장될 수 있다(6장을 보라). 혹은 우리가 온라인에서 정치적 시민성을 발휘할 때, 즉 청원에 참여하고 정치적 이슈에 관해 블로그를 쓰고 비판적 웹사이트 링크를 트위터로 보내고 페이스북에서 시위에 관한 상세 정보를 공유할 때, 우리는 대부분 정치적 감수성을 공유하는 사람들로 엮어진 소셜 네트워크가 사회적이고 정치적인 부당성을 변화시킬 수 있다고 착각하는 환상에 빠지게 된다. 그래서 자기만의 아늑한 메아리방에서 이미 당연히 알고 있는 이야기를 반복하며 인기몰이에 힘쓰기로 결심한다. 그 과정에서 빈자는 더욱 가난해지고 부자는 더욱 부유해지며 환경적 조건은 빠르게 저하된다.

인터넷의 점진적 잠재성과 사회적 맥락성

> 우리는 정보 사회가 아니라 …… 소통 사회Communicational Society를 생각해야 한다. …… 정보 통신 기술이 사회적 존재의 핵심에 가장 직접적으로 침투해 들어오는 것은 우리의 상호 소통을 통해서기 때문이다(Silverstone & Osimo, 2005).

실버스톤의 소통 사회 개념은 (사회 정치적 조건이 허락하는 한에서) 사회에 내재하면서 정보 및 정보 기술에 의해 잠재적으로 진보하는, 새로운 초월적 공간 혹은 협력적 사회(즉 참여 민주주의의 형태)를 기약한다. 그러나 자본주의 체제에서는 협력과 경쟁 사이에 본연적인 적대가 있기에, 이렇듯 선하고 평등한 (그리고 숙의적인) 사회가 커뮤니케이션 수단을 통해서 저절로 성취되지 않으며(Andrejevic, 2007) 커뮤니케이션 수단은 참여 민주주의를 향한 소통 사회의 잠재력을 위협한다. 커뮤니케이션 수단은 경쟁을 없애는 잠재력도 생성하지만 동시에 새로운 형태의 지배와 경쟁을 낳기도 한다. 디지털 미디어는 융합적 플랫폼과 융합적 실천을 낳았다. 소비자는 생산자이며 직접 의미 생산을 할 수 있다. 의미 생산은 더 이상 순수하게 해석 영역에만 머물지 않고 제작/생산의 행위와 연결되지만, 이 역시 특정한 사회, 경제, 정치 맥락 안에서 이루어지는 것이다. 여기서 맥락이란 서구 선진 국가의 경우에 있어서는 신자유주의적 자본주의의 맥락을 가리킨다.

인터넷이 대항적 힘과 자율적인 공간 창출의 '가능성'들을 제공한다는 카스텔의 강조(2009)는 옳을 수 있다. 그러나 이러한 가능성들은 세계가 국가 통제와 감시 및 기업의 이해관계에 따라 데이터가 조작되는 환경으로 이행해 가는 과정 안에 존재한다(Lovink, 2012). 그렇다고 해서 대항적 공간들이 장차 쇠멸한다는 뜻은 아니며 다만 이러한 공간들이 어떻게 존재할 수 있을지를 이해하기 위해서는 그것을 저해하는 요소들에 대한 비판적 분석이 필요하다.

카스텔(2009)이 대중적 자아 커뮤니케이션의 일부로 본 감시 권력monitorial power, 즉 감시, 제시, 계량화하는 능력은 공간적으로 확장되고 시간이 가속화하는 디지털 시대에 크게 향상되었다. 그러나 이러한 발전은 지배자들이 "자신의 특정한 이해관계를 위해 대중적 자아 커뮤니케이션의 잠재력을 특권적으로 활용하는"(2009: 414) 맥락 안에서 발생한다. 한편 카스텔은 자본과 국가의 강고한 지배력을 인정하면서도 온라인에서 표출되는, 기업 권력에 도전하고 정부의 권위를 와해시키는 잠재력을 지닌 창의성에 주목한다(2009: 420). 이 주장은 본질적으로 생산에 대한 접근의 정치학에 근거한다. 접근이 구조화되는 조건에 대해서는 적절한 고려 없이 당신이 일단 가지고만 있다면, 소통의 자유는 당신 것이라고 말하는 셈이다. 누구나 발언할 수 있고 누구나 블로그할 수 있고 누구나 생산자가 된다면 이 얼마나 멋진 다원성이며 행복인가. 그러나 그런 다원성과 자유를 통해 부여되는 권력이란 일시적인 빈껍데기일 수 있다. 누구나 동등하게 요구하는 권력이지만 무한정으로 분배될 수는 없다. 권력이 민주적인 목적으로 사용되기 위해서는 너무 많이 가진 사람들로부터 쟁취해 너무 적게 가진 사람들에게 재분배돼야 한다. 온라인 세계의 다원주의와 자유가 저항 세력이 숨을 쉬고 자라날 수 있는 자율성과 공간을 선사한다고 주장하면서 우리는 기술에 희망을 건다. 그리고 이처럼 모든 증거에 반하는 주장이 받아들여지기도 한다.

후기 근대 신자유주의적 사회에서 확장된 개인주의와 자기표현의 가치는 시민 참여의 기초로 기능하는 사적 영역과 조화롭게 화합한다. 또한 사적 영역의 이동성으로 인해 우리의 일상이 조밀하게 연결되어 생활이 강력하게 통제될 정도로 개인에 대한 항상적인 접근이 가능해진다(Castells et al., 2006; Ling & Donner, 2009). 조디 딘Jodi Dean(2009)의 지적처럼, 다수성, 다원성, 자율성, 접근, 참여의 수사에 기초한 지배적 담론을 생산하면서 자동적으로 다원화된 사회와 고양된 민주주의로 이행해 가리라고 주장하는 뉴 미디어 개방성의 신화적 차원은 지구적으로 전개되는 극단적인 기업화, 금융화, 사유화 경향과 합치한다.

노발(Norval, 2007: 102)이 일깨워 주듯이, "모든 목소리가 들려질 수 있는 정치의 틀이 존재한다고 전제하면서 그 틀의 구조화 방식 및 주체의 가시성이 구조화되는 방식을 간과"하는 오류를 피해야 한다. 창조적 자율성이 물질적 빈곤, 착취, 억압의 조건 안에서 표현되기란 매우 어렵다. 개별적 특수성과 정치적 욕망들은, 그들이 서로 접합되거나 새로운 커뮤니케이션 기술에 의해 활성화된다 하더라도, 새로운 정치 질서의 표현 및 유지에 필요한 제도를 요구하거나 재건하지는 않을 것이다.

진정한 민주화는 억압받거나 배제되는 자들의 실제적이고 실질적인 참여를 필요로 하며, 이와 함께 대항의 공간 및 민주화의 의미에 대한 이해와 응답을 요구한다. 이것은 단순히 만인의 포용, 다수성, 참여나 창조적 자율성을 위한 주장만은 아니다. 그 요소들이 행동의 역학 안에서 가능한 변화를 암시할 수는 있다. 그러나 이러한 논의가 참여, 자율, 창의성의 개념에 의존한 기술의 물신화 논리로 대체되어서는 안 된다.

네트워크가 본질적으로 해방적인 것은 아니다. 네트워크의 개방성이 즉각적으로 민주화로 이어지는 것도 아니다. 뉴 미디어의 실천이 이용자에 대해 해방적일 수는 있으나 반드시 사회에 대해 민주적인 것은 아니다. 네트워크가 형성되고 존재하는 보다 넓은 사회적 맥락이 인터넷에 선재하는 정치적 구조political architecture를 지니고 있다는 점을 기억해야 한다. 창의적 자율성에 대한 강조는 진보적인 사회 변화를 저해하는 개인주의적 정치에 지나칠 정도로 깔끔하게 편입된다. 사회적 네트워크의 힘이 생산자와 소비자에게 변화를 가하고 사회 정치적인 공적 영역을 흐리고 있지만, 이것이 충분히 이해되기 위해서는 맥락 안에서 고려돼야 한다. 어떤 특정한 맥락 안에서는 네트워크화된 커뮤니케이션 미디어의 확장이 발언, 의견, 참여를 물신화해 민주주의 수사의 패권을 강화한다(Dean, 2010). 당신이 페이스북에서 확보한 친구 수나 블로그의 조회 수가 성공의 지표라고 말해진다. 이렇듯 네트워크화된 커뮤니케이션은 대항의 가능성을 넓히기도 하지만, 주류 미디어의 특권과 이해관계를 정치 현실에 더욱 깊숙이 강화할 수도 있다. 나아가 기업과 금융의 영향력, 정책 결정 구조에 대한 접근이나 정치적 투쟁의 협소화에 대한 관심은 리얼리티 오락으로 분산되는 동안 상업적 미디어의 규범과 가치는 강화된다.

핵심적인 질문은 바로 이것이다. 소셜 미디어는 단지 자기중심적인 필요에 봉사하고 자아를 둘러싸며 구조화된 실천 양상들을 반영할 뿐인가? 시민적인 동기를 지녔지만 동시에 자신에게 몰두하는 소셜 미디어 이용자들은 사회적 질서의 진부함과 대립되는 온라인 연결의 무한한 가능성을 인식하고 있다. 이러한 동기는 종종 자신을 사회와 연결시키고자 하는 욕망으로 채워진다. 그러나 위에서 논했듯이 소셜 미디어의 우선적인 중요성이 사회적 선이나 정치 참여에 있지는 않다. 그 일차적 기능이 표현하기에 있는 만큼, 소셜 미디어는 구조 재형성의 관점에서보다는 그들이 구성 요소인 (종종 모순적인) 정치적 환경의 역동을 접합하는 잠재력의 관점에서 이해해야 한다.

6장

급진 정치와 인터넷

내털리 펜튼

온라인과 대항 운동

단일 국가나 국제적인 차원에서 지배적인 정치 구조에 맞서는 저항적 정치 네트워크를 구축하고 가동시키는 인터넷의 역량에 대해서는 이미 충분히 관찰되었다(예를 들면 Downey & Fenton, 2003; Hill & Hughes, 1998; Keck & Sikkink, 1998; Gerbaudo, 2012; Roberts, 2014; Castells, 2015). 그러나 이러한 연구들은 관찰의 초점을 개인에게 둔 채(연결된 세계 안의 개인이기는 하지만), 일상에서 습관적으로 하는 인터넷 소통의 범위를 넘어서 진행되는 온라인 정치 운동mobilisation의 급진적이고 집합적인 가능성에 대해 논한다. 그리고 '아랍의 봄'(2장을 보라)과 '점령하라 운동'(이하에 상술됨)으로 실체화되었듯이 인터넷이 급진적 진보 정치의 성격 자체를 변화시켜 왔다고 주장한다(Castells, 2009, 2015; Juris, 2008). 이리하여 매개의 형식, 시위와 항쟁을 조직하는 수단, 정치적 열정과 욕망의 소통은 21세기 급진 정치의 부활에 대한 주장으로 확대되기에 이른다(예를 들면 Roberts, 2014; Hands, 2011; Alexander, 2011;

Juris, 2008).

이 장은 인터넷이 특히 현대 초국적인 정치 행동주의에 적합하다고 여기도록 이끈 인터넷의 기술 특성에 대한 생각에서 출발한다. 다양한 문헌 검토를 바탕으로 해서, 온라인 행동주의와 급진 정치에 대한 세 개의 연관된 주제 쌍들이 논의된다. 첫 번째 주제는 속도와 공간이다. 인터넷은 비정부 조직들(NGOs) 간의 국제적 소통을 활성화함으로써 시위자들이 최소한의 자원과 조직만을 가지고 지역 사건에 대해 국제적 차원에서 신속하게 응답할 수 있도록 한다고 여겨진다. 두 번째 주제는 연결성과 참여다. 인터넷은 사람들에게 경각심을 불러일으키고 발언권이 없는 사람들에게 목소리를 부여하고 참여를 통해 사회적 역량을 높이고 분산된 사람들과 운동들이 자발적으로 연대하며 초국적인 수준에서 동맹을 조직할 수 있도록 함으로써 궁극적으로는 사회 변동의 수단으로 이용된다고 주장한다. 마지막 주제로 다양성과 수평성이 제시된다. 인터넷은 조직화의 도구 이상의 것으로 설명되어 왔다. 인터넷은 국제적이면서 다양한 이해관계를 지녔으며 항상 경합의 대상이 되는 공동의 목표를 품은, 탈중심화된 정치 투쟁의 새로운 형태를 보여 주는 조직화의 모델이다.

이 세 쌍의 주제들은 지구적이고 쌍방적인 인터넷 기술과 국제적이고 탈중심화되고 참여적인 형태의 급진 정치 사이에 존재하는 위풍당당한 친화성을 보여 준다. 이러한 급진 정치는 '점령하라 운동' 및 그와 유사한 사건들에서 경험되었으며 정치의 새로운 수단means과 의미meaning를 제시했다고 평가된다. 이러한 주장은 새로운 기술을 정치적 존재론 안에서 일어나는 변화와 연결함으로써, 그것이 정치 동원에 기여하는 향상된 커뮤니케이션이라는 식의 단순한 가설을 넘어선다. 다시 말하면 정치의 본질과 실천의 변화를 주장하는 것이다. 그러나 이 주장들은 종종 저항과 정치 동원을 발생시킨, 복잡한 사회, 정치적 역사를 쉽게 얼버무리는 오류를 범하곤 한다. 또한 급진적인 진보 정치는 어떤 장소나 맥락이 지닌 정치적 역사와 결코 지울 수 없는 깊은 연관성을 지닌다. 기술은 뿌리 깊게 각인된 규범, 사회, 정치, 경제적 힘들에 배태되어 있다. 따라서 이 장은 다음과 같은 질문을 제기하면서 급진 정치를 근본 맥락에 연관 짓고자 한다. 뉴 미디어와 급진 정치의 관계는 무엇인가? 또한 오늘날 어떤 조건에서 정치는 경합과 개선의 공간으로 개진되어 나아갈 수 있는가?

뉴 미디어와 초국적 행동주의: 정치적 행동주의의 가속화 및 공간의 확장

디지털 미디어 정경에서 정치 참여가 확대되었다는 점, 현재 인터넷이 정치적 정체성의 매개화를 이해하고 정치적 신념을 실행하는 데 중심이 된다는 점에 대해서는 거의 의심의 여지가 없다. 클라인(Klein, 2000, 2002)은 인터넷이 비정부 조직들 사이의 국제적 소통을 활성화하고 시위자들이 최소한의 자원과 조직 체계를 가지고서도 지역 사건에 대해 국제 차원에서 대응할 수 있도록 돕는다고 주장한 거의 첫 세대 논평가다. 이 일들은 초국적인 기반 위에서 지역 운동을 알리고 그 역량을 향상시키는 경험과 전술을 공유하는 과정에서 이루어졌다. 클라인에 따르면, 인터넷은 새로운 정치 시위 조직화 모델, 즉 국경을 가로지르고 지도자가 없으며 비위계적이고 차이를 수용하는 모델이 부상하도록 이끌었다. 클라인의 주장 이후 10여 년 후에 스페인의 인디그나도스 운동에 관련해서도 유사한 주장이 제기되었다(Castells, 2015). 이 운동은 2008년 금융 위기 이후 심화된 신자유주의적 긴축 정치 상황에서 발생했다. 스페인 국가 전역에서 일련의 시위가 일어났으며 이는 인터넷을 통해 전 세계로 알려졌다. 이 운동은 이후에 뉴욕의 금융 심장부인 월 스트리트에서 사회 · 경제적 불평등에 반대하기 위해 시작되었으며 이후 전 세계 많은 지역으로 파급된 '점령하라 운동'이 일어날 수 있도록 영감을 주었다고 평가되었다. 또한 2011년 아랍과 북아프리카 지역을 관통하며 전개된 항쟁의 도미노를 탄생시킨 혁명적 기량이 인터넷에 한껏 주입되었다(Mason, 2012). 이러한 류의 모든 시각들은 다이아몬드(Diamond, 2012: xi~xii)가 제안한 "개인들에게 힘을 불어넣어 주고 독립적인 커뮤니케이션과 조직화를 활성하고 현재 부상 중인 시민 사회를 강화"하는 '해방적 기술liberation technology'의 논리를 바탕으로 해서 뉴 미디어를 급진 정치 가능성에 연결시킨다.

이처럼 대항적인 목적을 지향하는 인터넷 이용이란 사람들에게 경각심을 불러일으키고, 발언권이 없는 사람들이 목소리를 획득하고, 참여를 통해 사회 역량을 높이고, 분산된 사람들과 운동들이 자발적으로 연대하여 초국적 수준에서 동맹을 조직하는 행위다. 이는 궁극적으론 사회 변동의 수단으로 이용되는 매개 활동으로 묘사된다. 국경을 넘어 파급되고 지속적으로 변화하는 공통의 주제 아래 다양한 소재들을 결합하는 대항적인 정치 운동 건설에 기여한다고 여겨지는 인터넷의 능력이란 바로 네트워크를 구성하고 동맹을 수립할 수 있는 한 번의 마우스 클릭으로 집약된다. 때때로 급진 정치는 그 자체가 혼종적이고 모순되며 우발적이고 매우 다양한 목소리와 경험을 포괄하는 식의, 새로운 사회 운동 형태를 취한다. 또한 대항 정치는 정치적 친화성을 지닌 집단, 조직, 개인들이 특정 계기에 합쳐진 일시적인 동맹 정도로 보이기도 한다.

급진 정치에 잘 어울리는 인터넷의 또 다른 특징이 있다. 인터넷이 젊은 세대와 쉽게 연결되는 가운데(예를 들어 Livingstone & Bovill, 2002; Loader, 2007) 젊은 세대는 갈수록 주류 정치에서 이탈하고(예를 들어 Park, 2004; Wilkinson & Mulgan, 1995; Sloam, 2014) 인터넷에 강하게 몰입한다(Livingstone et al., 2005; Ofcom, 2010). 청년 세대 및 정치에 관한 연구 분야는 대체로 두 진영으로 나뉘는데, 그중 하나는 냉담한 청년들에 관한 것이고 다른 하나는 시민의 해체에 관한 것이다(Loader, 2007).

전자에 속하는 연구들은 전통적인 정당 및 정치 선거에 참여하는 청년 유권자들의 수가 감소하는 현상을 그들이 사회의 핵심적인 제도로부터 소외되고 있는 현실을 알려 주는 지표로 보고 이것이 장차 야기할 장기적 위험성에 대해 경고한다(Wilkinson & Mulgan, 1995). 후자의 입장에서 이는 주권 국가에 근거한 전통적인 정치 참여가 점차 쇠퇴하는 현상으로 설명된다.

> 오늘날 젊은이들이 정치에 대해 이전 세대에 비해 관심을 덜 갖는 것은 아니다. 단지 이들은 현대 청년 문화에 관해 발언하기에는 전통적인 정치 행위가 더 이상 적합하지 않다고 느낄 뿐이다(Loader, 2007: 1).

이처럼 시민 사회 또는 그 일부분이 공적 참여를 위한 대안적 유격장으로 전면에 등장한다(Sloam, 2014). 정치적 열정을 지닌 젊은이들은 대체로 NGO나 새로운 사회 운동들이 활발한 지점에 집결하는 양상을 보이므로 지배적인 공적 영역의 주변부에서 활동하는 정치적 행동주의의 대안적 형태로 간주되기도 한다. 또한 이들은 오늘날 온라인에서 더욱 쉽게 찾아볼 수 있는 비주류적인 정치 격전장을 지향한다고 설명되곤 한다(Roberts, 2014; Sloam, 2013; Kahn & Kellner, 2004, 2007; Bennett, 2005; Hill & Hughes, 1998). 이러한 공간들이 열리면서 더욱 다양한 관점들이 표명된다. 나아가 이러한 형태의 정치 참여가 시민들이 체감하는 사회적 파편화 및 개인주의화의 경험에(Loader, 2007), 그리고 젊은 세대가 공통적으로 친숙하게 느끼는 미디어인 인터넷을 통한 소통의 구조와 성격에 더 조화롭다고 주장한다. 또한 5장에서 논했듯이 이 현상은 무엇보다도 중개자 없이, 즉 미디어 엘리트들에 의해 편집되거나 왜곡되지 않고 정치적 경험이 전달된다고 느끼도록 하는 표현적 미디어로서의 인터넷 특성과 연관된다. 이 공간은 대체로 (그리고 상당히 순진하게) 개방적이며, 국가나 기업의 통제에서 자유롭다고 인식된다. 이는 주류 뉴스에서 소외되거나 잘못 재현되고 있다고 느끼지만 자신의 정체성과 온라인 정치 영역에서는 더 큰 통제력을 지니는 젊은이들에게 큰 호소력을 지닌다(Wayne et al., 2010; Ofcom, 2007).

기술의 시공간, 청년, 전통에 대항적인 정치counter-traditional politics라는 상호 연결된 요소들(이들은 각자가 서로를 촉진한다)에 의거해서, 인터넷은 현대 (초국적인) 정치적 행동주의에 특히 적합한 것으로 부각된다. 공간 확장과 가속화 덕분에, 시위 집단은 과거에는 불가능했을 정도로 광범위한 지역에 흩어져 있는 사람들과 소통하면서,

단일 국가 또는 국제적 차원에서 더욱 강력한 연대가 형성될 수 있는 가능성을 확보한다. 또한 지속적이면서 실시간으로 동맹을 이루고 시위를 조직하면서 협력적인 행동을 펼 수 있는 잠재력을 키운다. 시위 절정의 순간에 어떤 사건이 발생하면 시위 참여자들이 거리의 사람들에게 즉시 동영상과 기사를 제작해 전달하므로, (디지털 휴대폰을 포함한) 뉴 미디어는 더욱 폭넓은 공중이 이 현장을 목격하고 정치적 분위기를 한층 더 고양시킬 수 있도록 기능한다. 이 같은 방식으로 초국적 사회 운동에 의해 매개되는 현대 급진 정치는 집합 행동과 개인적 반응의 결합체가 된다.

이것이 전적으로 새로운 현상은 아니다. 급진 정치란 항상 집회와 시위를 동원하는 전위에 있었다. 그러한 정치적 행동주의에 참여하려는 의지와 욕망이 바로 '급진적임'을 정의하는 특징 중 하나다. 그렇다면 현재의 현상만이 지니는 새로움은 이러한 일들이 초국적인 기반 위에서 빠른 속도로 진행되며, 그 결과로 강렬하게 표현적이고 매우 개인화된 형태의 대항적 행동주의가 결합된 복잡한 네트워크가 창출된다는 사실에 있다(Bennett & Segerberg, 2013). 급진 정치는 심대하게 표현적, 감정적, 감응적인 동시에 공공의 숙의적인 반향을 이끌어 내는 소셜 미디어의 소통 역량을 통해 가열되고 유지된다. 그것은 매우 개인화되어 있지만(Bennett & Segerberg, 2013) 동시에 연대와 희망을 전파한다(Fenton, 2008).

그러나 인터넷의 속도와 공간이 정치 운동가들에게만 유리하게 부여되는 혜택인 것은 아니다. 정치권력을 쥔 자나 경제적 지배력을 지닌 엘리트 집단도 이러한 소통 능력을 이용하며, 더 많은 자원을 가질수록 더 강력하게 사용할 수 있다. 뉴 미디어가 해방적 목적을 위해 사용되는 것과 마찬가지로, 5장에서 살펴보았듯이, 국가 검열, 인터넷 필터링, 감시를 통해 대항 세력을 탄압하기 위해서도 사용되는 것이다(Calingaert, 2012; Diamond, 2012). 다이베르트와 로호진스키(2012) 역시 권위주의 혹은 민주주의 정부들이 특정한 형태의 온라인 합의를 제한하고 위협하기 위해 여러 조치를 통해 의도적으로 개입하고 있음을 제시한 바 있다. 이를테면 인터넷 서비스 제공자에게 문제를 일으키리라고 추정되는 특정 콘텐츠나 조직을 감시하거나 제거하도록 압력 가하기, 대항 조직들을 무력화시키기 위해서 선별적이거나 전반적인 감시를 행하고 심지어 핵심적인 정치적 순간에는 디도스 공격을 통해 '적정 시간just-in-time'에 차단하기 등의 수법이 사용된다. 소셜 미디어는 대항 행위에 대해 검열이나 제한이 행해질 때, 시민에 관한 데이터를 정부 기관이나 정보원과 공유하는 식으로 협력하는 경향을 보이므로 결코 정부로부터 독립적이라고 할 수 없다. 플랫폼 소유 기업들은 또한 이용자들에게 공급을 차단하거나 네트워크 전체의 공급을 끊을 수 있는 힘을 가지고 있다. 이는 드문 경우일 수 있지만 적절한 효과를 거두기 위해서 충분히 사용될 가능성이 있다. 이를테면 시위 기간에 휴대폰 메시지 소통에 장애를 일으키고 온라인에서 활동 중인 시위자들을 추적, 체포, 고문하는 방식이 권위주의 체제에서 대체로 공통적으로 나타나는 현상이다(Morozov, 2011; Mackinnon, 2012; Deibert & Rohozinski, 2912). 매키넌(Mackinnon, 2012: 78)은 인터넷 경찰 5만 명이 광범한 억압 전술을 가하고, 인권 운동가들의 지메일 계정에 사이버 공격이나 기기 및 네트워크 통제를 가하고, 지역별 단절과 제약이 존재하며, 온라인에 친정부적인 글을 올리도록 다수의 사람들을 고용하는 등의 사례를 근거로 해서 현재 중국의 상황을 '네트워크화된 권위주의'에 가깝다고 묘사했다. 그러나 중국만을 지목 대상으로 삼으면 사안이 지나치게 단순화된다. 엘머(Elmer, 2015)는 캐나다의 경찰이 소셜 미디어를 이용해서 어떻게 시위의 범위, 기간, 효과를 제한할지를 계획하는 사례를 소개했다. 이 점에서 유독 캐나다가 예외적인 것은 아니다.

소통의 무한성 혹은 정치적 순진성?

앞의 논쟁을 억압 아니면 해방의 논리로 바라보는 시각은 옳지 않다. 매개된 실천에는 두 측면이 함께 공존하는데, 이 특성은 상이한 맥락과 다양한 사회 정치적 역사에서 기인한다. 카스텔(2009: 300)은 대항 정치에 참여하는 사회 운동, 즉 "정치 제도에 입각한 논리와 단절하면서 정치 변화(제도 변화)를 도모하는 과정"이 다양한 원천들로부터 뻗쳐 나와 공적인 공간에 진입함으로써 변화를 창출할 기회를 낳았다고 주장한다. 여기서 여러 문제가 제기된다. 정확히 어떤 방식으로 그들이 이 일을 해나가는가? 이러한 투쟁이 실제 정치 현실로 변형되는 방식을 고려하지 않고 그 가능성과 장애물을 검토하지 않은 채, 그저 인터넷이 제공하는 무한적 소통의 잠재력이 미래에 정치 변화를 창출하리라고 말하는 것만으로는 충분하지 않다. 시위 참여 양상은 쉽게 알아볼 수 있지만 정치 변화는 그만큼 뚜렷하지 않다.

카스텔의 주장에 따르면, 수많은 사회적 결절들로부터 생성된 개입 및 조정의 가능성들은 상호 결합하며 지배적인 재현의 형태를 변화시키는 새로운 상징적 대항력을 낳는다. 오프라인에서도 도저히 무시될 수 없을 정도로 성장한 온라인 대항 정치의 대응력은 이제 역으로 매스 미디어에 채택된다. "그들은 제도적 권력, 재정적 자원, 상징적 정당성의 면에서는 종속적 위치에서 출발하지만"(Castells, 2009: 302) 그들의 이미지와 메시지를 전달하는 수평적인 커뮤니케이션 네트워크 및 주류 미디어를 활용해서 사회 정치적인 변화를 실행할 기회를 증대시켜 나간다. 카스텔은 정치 변화를 실행하는 "정치 운동 및 운동가들의 실제적인 실천"뿐 아니라 "문화적, 정치적 특수성"(2015: 309)을 고려하는 방향으로 논의를 모아가면서 "확신컨대…… 적절한 때가 되면 유의미한 정치 변화가 네트워크화된 사회 운동에서 일어날 것이다. 자유로운 소통의 바람으로 열어젖히고 두려움 없는 젊음으로 힘을 키우며 실천을 불러일으키는 마음들이 그 주역"이라고 말한다 (2015: 312).

그리하여 커뮤니케이션의 기술적 편이성이 정보의 풍요로움을 낳고 이는 자동적으로 정치적 승리로 이어진다고 설명된다. 이러한 해석은 정치적 요구를 충족시키고 이러한 요구가 제도적 변형을 거쳐 실제 정치로 이행되게 하는 하나의 동력으로 네트워크화된 커뮤니케이션 권력을 보고 이에 막중한 책임을 부여한다. 그러나 만약 변화가 커뮤니케이션 수단에 의존하게 된다고 말해 버린다면 우리는 시민이 기업과 국가 권력으로부터 권력을 탈환하고 민주주의가 번영하며 사회 정치적인 변화를 창출하기 위해 요구되는 조건에 대한 깊이 있고 폭넓은 이해를 간과할 위험이 있다. 사회, 정치, 경제적 맥락(과 분석)이 가진 결함에 대한 해결책으로 기술을 지나치게 강조하게 되는 셈이다. 만일 맥락, 즉 급진적인 정치적 요구에 응답하고 그 안에서 진보 정치가 출연하여 신뢰를 획득하게 되는 조건이 단지 배경인 양 축소된다면 우리에게는 그저 근본이나 실체를 잃은 정치 개념만이 남아 있게 될 뿐이다. 이러한 설명 방식은 종종 지배적인 정치를 구성하는 거대 구조를 살펴보기를 회피하며 대안적인 사회와 정치 형성 및 환경 조건에 관한 중요한 질문을 망각시킨다.

더욱이 카스텔은 다국적 기업의 경제적 지배에 관해 심층적으로 분석하지만 그러한 지배가 사회 질서의 신화라는 더욱 큰 신화로 유지되며 정치 변화를 저해하는 방식에 대해서는 논의하지 않는다. 그의 연구는 정치를 개인주의적 가치관에서 해석하는 매우 성공적인 시도인 신자유주의 담론에 대해 문제화하기를 기피하면서 경제적 지배만을 중시한 나머지 급진적인 진보 정치 관점에서 성장한 사회 변화 이론을 탈각시키는 결과를 낳았다.

자본에 종속된 세계적 정치

논의의 핵심은 급진 정치를 더 큰 사회적 맥락에서 이해하기에 있다. 이는 현재 신자유주의 시대의 기성 사회 질서가 정치 변화가 일어날 수 없게 제동을 걸고 있음을 파악한다는 뜻이다. 실질적인 정치 기반을 획득하기 위한 정치 투쟁의 주요 공간은 국내 차원에 존재한다. 그러나 오늘날 세계의 많은 지역에서는 경제에 관련된 사안의 국가 주권이 국가 기관으로부터 유럽중앙은행European Central Bank, 국제통화기금(International Monetary Fund: IMF), WTO 같은 초국적 권력으로 이행했다. 이 점은 2008년 세계 금융 위기를 거치며 고통스럽게 깨닫게 된 사실이기도 하다. 그간 이러한 조직들은 개인적 빚을 매개로 해서 경제 성장하는 방식을 강하게 밀어붙였는데(즉 사람들이 도저히 갚지 못할 정도의 대출 신용도를 부여하는 방법), 막상 애초에 자신들이 일으킨 문제를 해결하기 위한 방법으로 각 국가에 빌려준 자금을 회수할 때는 각 융자 국가들에게 경제 운영 방식을 명령해야 할 정도로 상황이

나빠져 있었다. 이 사실은 2015년 그리스가 공적 부문의 임금을 삭감하는 혹독한 긴축 재정 상황에서 구제용 패키지로 대출받은 융자금을 상환하지 못하는 사태에 이르러 분명해졌다. 포퓰리스트 좌파인 시리자 정당이 집권했을 때 그리스 정부는 다음 예산(그리고 정부의 형태까지도)이 어떠해야 하는지에 관해서 선출되지도 않았고 책임성도 결여한 금융 채권단의 지도를 받았다.

그 와중에 WTO 같은 기구들은, 공중과 국가 이해관계를 지키려는 국가 정책의 '개입'에도 아랑곳없이 만약 개별 국가가 자신의 요구에 협력하지 않는다면 그들 국토 내 사업을 철수하겠다고 위협하는 거대 세계적 기업의 이익을 위해서 국제 무역의 자유로운 흐름을 극대화하고자 했다. 여기에 해당하는 최근 사례는 범대서양 무역투자동반자협정(Transatlantic Trade and Investment Partnership: TTIP)인데, 이는 현재 EU와 미국이 비밀리에 교섭 중인 자유 무역 및 투자에 관한 총괄적인 조약이다. TTIP의 주 목표는 대서양 양편에 위치한 범대서양 기업들의 잠재적인 수익을 제한하는 규제적 '장벽'을 제거하는 것이다. 그러나 여기서 '장벽들'이란 실상 노동권, 식품 안전성 규칙, 유해 화학물질 사용 규제, 디지털 개인 정보 법률, 2008년 금융 위기의 재발을 막기 위해 도입된 새로운 온라인 은행 보호 장치에 이르기까지, 우리의 가장 훌륭한 사회적 기준 및 환경 규제 산물에 속한다. 그러나 기업의 신자유주의적 조약은 초국적 무역의 요구에 따라 민주적인 제도를 경제적 제도로 포획하고 그로부터 모든 정치적 의미를 제거함으로써 우리의 삶을 통치하는 가장 중요한 결정에서 공중의 의미를 희석시킨다. TTIP가 성공할지 여부는 미지수이지만, 공중의 정치적 힘과 경제의 사적인 힘 사이의 구조적 탈각을 심화하고 있다.

밀러(2014)는 엘리트와 기업 권력이 우리가 눈치 채지 못하는 방법으로 작동하고 있다고 강조한다. 그는 우리가 무의식적으로 동의하는 상태에서가 아니라 아예 우리가 미처 알지 못하는 지점에서 권력이 구축된다고 말한다. 따라서 (시위 공중을 포함한) 공중이 근본적으로 민주적인 역할을 수행한다고 설명하는 이론은 사실 우리의 합의란 매우 특정한 조건에서만 요구된다는 중요한 사실을 놓친다. 더욱이 강력하고 대중적이고 심지어 지구적 수준으로까지 널리 확산된 시위라 할지라도 권력자는 이를 무시할 수 있고 또 자주 무시한다. 밀러는 수백만 명이 참여한 이라크 전쟁에 관한 지구적 시위가 아무런 효과를 거두지 못했던 사례를 상기시킨다. 이들은 아무런 정치 기반이나 결과를 갖추지 못한 채, 더욱 나쁘게는 민주주의에 대한 환영과 정치에 대한 환상을 양산하면서, 실제 정치를 하는 사람들에 쏠리는 관심을 편리하게 분산시키는 역할을 할 따름이다.

IMF나 WTO 같은 초국적 조직들은 민주적으로 보이려는 노력조차 하지 않는다. 따라서 WTO에 반대하는 일련의 지구적 시위가 방어적인 침묵에 직면하게 되는 현상은 별로 놀랍지 않다. 이러한 정치적 괴리, 즉 자본의 지구적 흐름이 국가 정치와 분리되어 전개됨으로써 급진적이고 진보적인 사회 변화를 실현하려는 정치적 가능성은 극심한 제약을 받게 된다. 정부 체계 안에서 정치 변화를 이끌 수 있는 능력은 국가에 기반을 두고 있는 반면, 자본의 지구화 조건에서는 국가가 경제적 수단을 통제할 수 있는 권한을 상실하기 때문이다. 이처럼 정치 변화 창출에 관한 권력을 상실한다면, 인터넷의 혁명적 잠재력이란 단지 제한적이라는 사실을 깨닫게 된다.

바우만과 보르디니(Bauman & Bordini, 2014)는 국가가 사건의 발생 흐름을 구성할 수 있는 능력의 대부분을 상실했다고 주장한다. 우리가 겪는 문제의 대부분은 지구적 차원에서 야기되지만 개별 주권 국가가 운용할 수 있는 권력의 크기는 직면한 탈영토적 문제에 대처하기에 턱도 없이 부족하다. 권력("사안을 진행하고 완료할 수 있는 능력," 2014: 11)과 정치("사안의 완료 시점과 지구적 수준에서 처리되어야 할 사안을 결정하는 능력," 앞의 책)의 탈구는 새로운 유형의 마비를 낳는다. 위기 극복을 위해 행동해야 하는 정치 행위자가 약화되고 정부가 약속을 실현할 수 있으리라는 시민의 믿음이 붕괴된다. 정부의 무능은 시민의 냉소와 불신을 증가시킨다. 정부는 금융, 투자 자본, 지구적 노동시장, 상품 순환 등의 새로운 사회 경제적 현실을 관리할 능력을 결여하게 된다.

다음에 제시된 바우만과 보르디니의 분석 내용은, 대의 메커니즘에 기업 권력과 영향력이 침범해 들어옴으로써 국가의 권력이 공동화되는 상황이 야기된다는 크라우치(Crouch, 2004)의 '탈민주주의' 개념과 공명한다. 이들은 탈민주주의의 주요 특성을 다음과 같이 제시한다(Bauman & Bordini, 2014: 140).

a 탈규제란 경제 관계와 금융 및 주식 시장의 우월성을 통치하는 규칙의 철회를 뜻함
b 시민의 정치 생활 및 선거 참여의 감소
c 경제적 자유주의의 복귀(신자유주의)와 함께 국가의 기능 및 관리 업무가 사적 영역으로 위임됨
d 복지 국가의 쇠퇴와 함께 기본 복지는 오로지 극빈층에게만 제공됨. 즉 기본 복지가 시민의 보편적 권리가 아니라 예외 상황으로 적용됨

e 자신의 권력을 키우고 자신이 원하는 방향으로 정책을 유도할 수 있는 로비의 창궐

f 합의 구축을 위해 광고 기술이 활용되고 지도자의 지배력이 이미지 권력, 시장 조사, 정확한 소통 기획에 의존하는 정치의 쇼 비즈니스

g 공공 투자의 축소

h 민주주의를 '형식적인' 차원에서 유지, 즉 적어도 자유 보장이라는 외형은 유지됨

이 모든 요인들은 서로 연관되어 있지만, 특히 첫 번째 사항은 그 다음에 나오는 사항들에 전반적인 영향을 미친다. 이들은 모두 현재 직면한 문제와 점차 훼손되고 있는 민주주의를 개선할 능력을 거의 가지지 않은 채 허약해지고 있는 주권 국가들의 실상을 알려 준다. 국가가 가지고 있던 권력은 그것이 맞서 균형을 맞추어야 할 음험한 경제 권력들에게 오히려 박탈당했으며, 국가에게 남은 역할이라고는 여론을 가능한 한 잘 유지하기 위해 노력하는 일뿐이다. 크라우치의 분석은 극단적인 시각을 취하면서 국가가 훈육 및 치안의 역할을 통해 기능을 확장해 왔다는 견해를 간과하는 경향이 있다. 이 분석은 아무런 위안을 주지 않는다. 국가가 영토 밖에서 진행되고 있는 더 큰 수준의 경제 동학에 대한 통제권을 잃은 채 이후에 파생된 문제들을 해결하고자 시도하는 모습으로만 그려지기 때문이다. 와캉(Wacquant, 2009)은 국가가 사회 복지 서비스를 민영화하면서, 일할 수 없는 자들은 포획하고 일할 수 있는 자들은 훈육하는 '처벌 방망이'를 강화함으로써 결과적으로 종속된 집단들의 정치 행위 수행 능력을 약화시킨다고 주장한다. 이 정책은 감시, 반노조 입법화, 시위의 범죄화, 감금의

방법으로 불만을 제어하기 위해 고안되어 엄청나게 증가하고 있는 다른 정책들과 병행된다.

이러한 현상은 급진 정치 조직과 운동에 이중의 충격을 가한다. 현재 비가시적이면서 매우 비민주적으로 경제를 통제하고 있는 초국적 금융 기구와 기업들에 영향을 미치기란 상상할 수 없을 정도로 어렵다. 또한 국내법 차원에서 시위를 범죄화하는 경향이 더욱 심해지면서 시위를 개시하거나 투쟁을 지속하는 일은 더욱 까다로워졌다. 이런 제약들은 전 지구적인 저항의 온라인 네트워크에 힘입어 활성화되고 있긴 하지만 현실 사회에서는 제대로 작동하지 않는 급진 정치가 원천적으로 작동시켜야 할 더 큰 맥락이 있음을 보여 준다. 이러한 맥락이 자주 망각되는 현실에서 알 수 있듯이, 디지털 시대의 변동의 정치에 관한 우리의 이해란 매우 부족한 수준에 머물러 있다.

수평성과 다양성

다수의 사람들을 포용적이고 비위계적인 방식으로 동원할 수 있다고 할지라도 앞에서 제시한 유형의 제약이 기술 형태를 통해 극복될 수 있는 방법을 상상하기란 어렵다. 그러나 인터넷의 수평성과 다양성은 온라인에서 일어나는 대항적 정치 운동의 해방적 잠재력을 진작시킨다고 주장된다. 네트워크들의 네트워크를 통해 순환하는 이러한 형태의 급진 정치는 어느 누구도 다른 사람을 대변하지 않고 차이가 전적으로 환영받는 비대의성non-representation을 지닌다. 이러한 급진 정치는 계급과 정당에 기반을 두는 전통적 정치보다 더 유연하고 비공식적인 행동 네트워크에 기초를 둔다. 이러한 투쟁은 그들이 포용하는 사회관계의 다양성을 정치적으로 체화한다는 특징이 있다. 또한 일부 운동가들이 철 지난 이해와 가치의 흔적이라고 간주하는 전통적 좌파의 지배적인 정치 서사에 강하게 저항한다. 이 맥락에서 그들은 지도자가 없는 개방 프로토콜을 근거로 비위계적이고 개방적인 커뮤니케이션, 그리고 정보 및 정체성의 직접적인 생산을 주장한다. 온라인에서 활성화되는 동원 활동은 이러한 유연성과 비공식성을 반영한다고 해석된다. 예컨대 이들은 종종 비정부 조직, 새로운 사회 운동, 노동조합, 종교 집단, 상이한 배경을 가진 다양한 정치 운동가 등 다기한 요소들이 다채롭게 엮이어 만들어진 무지개 동맹을 과시한다. 정치에 대한 다양한 접근들 안팎으로 차이와 갈등이 존재하지만 동시에 특정한 사안에 대해 집합적으로 단합해서 대응해야 하므로 종종 운동가들 사이에서 정치적 딜레마가 발생하기도 한다. 그러나 이러한 딜레마는, 기존의 독트린에 의존하는 전통적인 계급 정치와 달리, 다양한 위치와 관점들을 가지고 개인화된 행동 방식을 취하는 정치 형태의 탄력성을 이루는 본질이다. 이러한 네트워크는 대체로 반관료적이며 반중심주의적이고, 대규모로 형식화되고 제도화된 정치에 회의적이며, 자신이 오류라고 생각하는 실수들을 정치 실천 과정에서 반복하기를 거부한다. 이러한 주장들은 역시 고정되고 장기적인 정치 기획보다는 시위와 연계되는 온라인 정치의 성격(Fenton, 2008)에 연관된다. 이는 단일한 접근 방식이나 직접적인 정치 효과 또는 어떤 집단이나 연대 안에서 배제 또는 위계를 낳을 수 있는 특정한 범주에 대한 결정, 심지어 그 결정에 대한 전제조차 애초부터 거부하는 참여와 목소리에 대한 제안이기도 하다. 그리고 인터넷의 구조는 이렇듯 다양하고 지도자가 없으며 수평적인 정치의 발생과 번영에 기여한다고 주장된다.

하트와 네그리(Hardt & Negri, 2004)의 연구를 통해서 '네트워크'는 항상적으로 열린 정치 공간이라는 특별한 의미를 부여받게 되었다. 이 관점에서 네트워크는 단순히 네트워크로 엮인 개인들을 가리키는 표현이 아니라 자기 형성적이고 비위계적이며 연대에 기반을 둔 관계의 표명으로 이해되는데, 이는 국경을 넘어서까지 확장되어 자율(누구나 자신의 정치적 정체성을 표현할 권리가 있다)과 연대(권력/신자유주의의 극복)의 결합 가능성을 핵심으로 삼고 있다(Graeber, 2002: 68). 이 시각에 따르면 인터넷은 수평성과 다양성에 입각한 좌파-급진 정치와 더불어 상이한 유형의 커뮤니케이션을 개시하리라고 전망된다. 여기서 뉴 미디어 공간은 더욱 광범한 목소리와 내용들이 더욱 광범한 수용자들을 향해 특정한 사안에 관한 연대를 표현하는 일 이외에는 어떠한 정치 신념이나 방향에 순응하거나 추종해야 하는 제약적 조건 없이 소통될 수 있도록 한다. 이는 정당의 명칭이나 특정한 이념으로 규정될 수 없으며 때로는 형태, 접근, 목표가 급속하게 변화하는 정치 형태를 가리킨다. 그래서 에너지의 박동에 따라 가동되며 의도적으로 불규칙하고 통제 불가능하게 움직인다. 많은 논자들은 이 시각을 확장하여, 사회주의나 공산주의 같이 단일한 이념에 따라 조직되어 온 오래된 정치의 메타 서사가 탈토대 정치post-foundational politics로 대체되는 현상이라고 주장한다(Marchart, 2007).

현대 급진 정치를 탈토대주의로 옹호하는 입장은 이질적인 정치 공간에서 활동하는 새로운 정치적 주체의 실체를 부각시킨다. 뿐만 아니라, 정치적 '실체'의 정치적 변형의 과정, 즉 전통적 대의 체제에 대한 형식적 참여에서 카스텔(2015)의 비판 사회학에서 예시된 네트워크화 행위로의 이행을 주장한다. 이러한 주장들은 급격한 기술 변화라는 맥락 안의 특정한 국면에서 정치적 시대정신을 이해하려는 거대 서사에 해당한다.

다양성 혹은 동일성?

수평성과 다양성이 미래의 급진 정치를 사유하기에 매력적인 개념이긴 하지만, 온라인에서 제공되는 무한정한 다양성이 흔히 생각하듯 그다지 넓은 폭을 포용하지는 않는다. 디지털 격차에 대한 연구 결과에 따르면 인터넷 이용자는 젊은 편이고, 비이용자들에 비해 교육 수준이 높고 경제적으로 부유하며, 여성보다는 남성의 비중이 크고, 도시에 거주하는 경향을 띤다(Norris, 2001; Warschauer, 2003; Haight et al., 2014). 이 문제는 단순히 인터넷 접근 영역이나 지구의 북반구와 남반구 사이에 존재하는 엄청난 격차 영역에 한정되지 않는다. 이는 선진국 내에서 행해지는 온라인 행위, 그리고 공적인 담론을 지배하는 고학력의 중산층과 주변화되거나 배제된 사람들 사이에 존재하는 전통적인 격차에도 적용된다(Hindman, 2008). 이렇게 볼 때 다양성이란 확실히 특권층을 위해서 존재한다.

디지액티브DigiActive가 실시한 디지털 행동주의에 관한 조사 결과에 따르면(2009), 디지털 운동가, 특히 개발도상국가의 디지털 운동가들은 전체 인구 집단에 비해 훨씬 더 많은 액수의 인터넷 이용료를 매월 지불하면서 가정에서 인터넷을 이용하고 고속의 인터넷을 연결할 수 있는 경제적 여유가 있으며 인터넷이 이용 가능한 사무직종에 근무하는 경향을 보였다. 간단히 말해 디지털 운동가들은 부유한 편에 속한다. 연구자들은 또한 단순 접속보다 이용의 강도가 디지털 행동주의에 본질적인 결정력을 지닌다는 사실을 발견했다. 이렇듯 높은 수준의 인터넷 이용은 지불할 능력이 있거나 일상적으로 인터넷에 접속할 수 있는 사무직 종사자 집단에게만 가능하다. 이와 유사하게 휴대폰의 활용 정도(인터넷, 비디오, GPS 등)가 큰 응답자들이 정치적 운동을 위해 휴대폰을 이용하는 것으로 나타났다. 이는 정치 참여에서 재정 자원이 지니는 중요성을 알려 주는 중요한 지표인데, 양적으로는 기술 접근이라는 측면에서 그리고 질적으로는 더 우수한 (모바일) 하드웨어라는 점에서 그러하다. 결론은 간단하다. 인터넷은 다양할 수 있지만, 그 차별화 효과는 대체로 세계적 중산층에게 한정되어 나타난다. 그럼에도 커뮤니케이션의 다양성 주장은 다수의 소속 범주들(수평적 네트워크를 통해 중첩적인 소속성을 지니는 사람들)과 유연한 정체성들(교차 수정cross-fertilisation에 대한 포용적이고 긍정적인 강조) 안에서 부상하는 정치 개념에 적용될 수 있다(Tarrow & della Porta, 2005).

수평성 혹은 카오스?

다수의 관점과 다양한 정체성을 포용하는 급진 정치에 대한 주장에 대해서도, 수평성을 정치적 포용성보다는 정치적 분산과 파편화로 해석하는 반론이 제기되었다(Habermas, 1998). 다이아몬드(2012: 4)의 지적처럼 "다원주의와 불협화음, 옹호와 편협, 공적 영역의 확장과 절망적인 파편화 사이에는 아주 엷은 경계선이 있을 뿐이다." 온라인의 대항 정치가 지닌 정치적 효능감을 부인하는 이들은 네트워크 사회가 지역화, 분산, 파편화, 다양성, 그리고 분화된 정치적 정체성을 만들어 낸다고 주장한다. 따라서 정치 변화가 실현될 수 있을 방법을 상상하거나 그에 대한 글을 쓰기란 여간 어렵지 않다. 이란의 그린 혁명[87]에서 나타난 소셜 미디어 이용 현상에 대한 글에서 야히아네자드와 게이탄치(Yahyanejad & Gheytanchi, 2012) 역시 다이아몬드와 유사한 시각을 보인다. 이들은 "소셜 미디어가 사회적 운동의 풀뿌리 기반을 넓힐 수 있다고 보지만, (개방적이고 수평적인 성격을 가진) 어떤 미디어는 훈련, 전략, 그리고 어느 정도 중앙적 리더십이 필요한 복잡한 사안과 전술을 다룰 필요가 있을 때 혼란을 야기하기 쉽다"고 지적한다(Yahyanejad & Gheytanchi, 2012: 151).

더욱이 이탈리아의 퍼플 운동Purple movement(포폴리아 비올라 Popolia Viola)과 페이스북 이용에 관한 분석에서 코레티(Coretti, 2014)는 네트워크가 개방적이고 포용적이라는 신화가 여전히 강세라는 점을 인정한다. 그러나 그 신화는 대규모의 동원을 가능하게 하는 한편 그 기능을 통해 조직의 중앙 집중화 및 사회 운동의 파편화를 야기할 수 있는 상업적 소셜 네트워크 플랫폼의 커뮤니케이션 프로토콜을 위장하는 기능을 한다고 주장했다. 포폴리아 비올라는 실비오 베를루스코니Silvio Berlusconi 정부에 대항하기 위해 2009년 페이스북을 매개로 조직되었다. 이 홈페이지의 회원 46만 명과 이탈리아 국내외적으로 존재하는 수많은 페이지 및 그룹 회원들이 당시 이탈리아 총리의 퇴진이라는 목표를 지지하기 위해 페이스북에 모였다. 페이스북은 그 운동에 독려와 폐해를 모두 부여했다. 페이스북은 소셜 네트워크 플랫폼이긴 하지만 개인의 자기 홍보를 기반으로 설계되었고(5장을 보라), 이용자 소비를 극대화하기 위한 방향으로 작동한다. 상품 및 정보 판매를 통해 개인들로부터 가치를 추출하는 비즈니스 모델 안에서 알

87 2009년 아랍의 봄 시기에 이란에서 독재자 마무드 아마디네자드 대통령의 퇴진을 요구하며 일어난 혁명이다. — 옮긴이

고리즘이 작동한다. 이에 비해 퍼플 운동가들은 공동으로 동의한 가치에 따라 페이스북 페이지와 그룹을 관리할 능력이 없었으므로, 운동 내부에 수직적인 권력 구조가 양산되었고 이는 내적 분화와 연대의 와해로 이어졌다. 이러한 파편화가 단지 기술에서 비롯된 문제는 아니며 정치 행위자들 자신의 가치와 이해관계를 반영한 결과이긴 하지만 어쨌거나 기술은 문제 해결에 도움이 되지 못했다. 다른 (구조적) 통제력과 아울러, 온라인은 한 조직의 리더십과 위계질서 구축에 필수불가결한 요소다. 물론 정치 조직이 비대화적인 정치를 도모한다면 어떠한 네트워크 역량도 이를 바꾸지는 못할 것이다. 정치와 정치 조직은 역사 안에서 형성되며 역사는 결코 기술 때문에 사라지지는 않는다. 사실 기술 자체가 많은 사회 운동이 지향하는 해방적 이상과 대립적인 방향으로 작동하는 정치에 깊숙하게 침투해 있다.

오늘날 많은 정치 운동들은 실질적인 다중 정치를 실행하고 사회 정치 변화를 이끌어내는 목표를 핵심 사안으로 품고 있다. 스페인의 인디그나도스 운동은 한편으로는 네트워크화된 사회 운동의 포용성과 수평성을 유지하면서도, 다른 한편으로는 영구적인 사회 · 정치 제도적 변화를 성취해야 하기에 관습적인 정치 수단을 이용해서 국가 권력을 쟁취해야 하는 모순을 충실히 극복한 초기 사례 중 하나다. 그 내용을 이어서 살펴보겠다.

포데모스의 사례

2008년 금융 위기는 스페인에 엄청난 타격을 주었다. 1999년 유로존에 합류한 후 금리가 하락했고 신용 거래가 스페인 은행에 이어 주택 시장으로 흘러들어가며, 건축업자와 주택 구매자들을 대상으로 하는 저렴한 대출에 의존한 부동산 붐과 건축 버블이 거대하게 일어났다. 2004~2008년 주택 가격이 급상승하면서 곧이어 버블은 꺼졌다. 스페인의 건축 산업은 붕괴했다. 과도하게 대출한 주택 소유자들이 파산 위기에 처했고 은행에는 부실한 모기지 대출이 쌓여갔다. 따라서 스페인 정부가 상대적으로 낮은 수준의 빚을 가지고 있다 하더라도 부동산 폭락 사태를 해결하기 위해서 막대한 자금이 유입되어야 했다. 2011년 세금이 인상되었고 공적 부문의 지출이 동결되면서 긴축 조치가 취해졌다. 실업률이 25%까지 치솟았고 불평등이 심화되었는데, 옥스팜Oxfam 보고서에 따르면 스페인에서 최고 부자 20명의 수입이 최하위 빈민층 1400만 명의 소득에 맞먹는다(Oxfam, 2014). 정치인들은 은행의 명령을 받들고 있었다. 인디그나도스/15M 운동은 이러한 위기 속에서 탄생했다. 이 운동은 '이제 진정한 민주주의를!Democracia Real Ya!'이라는 이름 아래, 엑스넷XNet과 어나니머스Anonymous 같은 그룹들을 연대하는 페이스북 그룹에서 출발했다. 2011년 5월 15일 그들은 스페인 거리 곳곳에서 수많은 시민들에게 시위에 참여하기를 독려했다. 5월 16일 사람들은 바르셀로나의 카탈루냐 광장을 점령하고 수개월 동안 머물며 지역 선거에서 무시되어 온 사안들에 관해 논쟁했다. 이 사건은 스페인 내에 100여 개 도시들, 이어 전 세계 800여 개 도시들에서 유사한 점령 행위들을 일으키며 확산되었다. 이 운동은 15M 또는 인디그나도스라는 이름으로 알려졌는데, 여기에는 공식적인 지도자가 존재하지 않았고 처음에는 대체로 주류 미디어로부터 무시당했다. 사람들은 인터넷을 이용해서 담론을 확산했고 정기적으로 광장에 나와 참여했다. 그러나 정세국면이 좋지 않았거나 민주주의 붕괴의 부당함이 느껴지지 않았거나 빈곤이 가시화되지 않았다면, 실업이라는 공통의 경험이 없었다면, 정치적 타락이 충분히 무르익지 않았더라면, 인터넷은 아무런 변화도 만들어 내지 못했을 것이다. 15M은 감축에 반대하는 캠페인을 벌이는 한편 거주민 방출 및 주택 재소유, 보건 복지의 민영화, 교육비 감축, 임금 감축, 노동 조건 등을 포함한 다수 사항들에 반대하는 (물결이라고 알려진) 많은 시위운동들을 창출했다.

15M은 4년 동안 포데모스의 발전을 위해 노력했고, 그 과정에서 시위대의 분노가 정치 변화를 추구하는 명시적 정책으로 발전했다(그들의 첫 번째 선언문의 제목은 '나아가자: 분노를 정치 변화로'였다). 포데모스는 참여적인 대중 정치의 이념에 헌신하고자 긴축 조치에 반대하는 정당이다. 2014년 정당 설립 이후에, 포데모스(포데모스는 '우리는 할 수 있다'라는 의미다)는 (수평적으로 조직된 지역 모임인) 1000여 개의 서클을 운영하고 여론 조사를 자주 실시하면서 당원 20만 명을 확보한 스페인의 대중주의적 좌파 정당이 되었다. 정당 설립 후 5개월이 지난 2014년 5월 포데모스는 125만이라는 놀라운 득표수를 거두며 유럽 선거에서 5명의 유럽의회의원직(Member of the European Pariliament: MEP)을 획득했다(이는 스페인 인구의 8% 득표율에 해당한다). 그 이후 포데모스는 프랑코 정권 이후 스페인 정치를 지배했던 스페인 사회주의 노동당(Spanish Socialist Workers Party: PSOE)과 현재 집권 보수 여당인 인민당(People's Party: PP)을 중심으로 하는 양당 지배 체제에 대응하는 상당한 도전력을 갖추게 되었다. 이 두 개의 당은 서로 다른 듯 보이지만 실상 점차 비슷해지고 있었다. 예컨대 스페인 노동자들의 권리

를 무시하고 IMF의 입맛에 맞추며 트로이카[88]의 긴축 재정에 맞장구를 치는 방향으로 스페인 헌법을 개정하기로 합의했던 것이다. 반면 포데모스는 무언가 다른 것을 약속했다.

마드리드의 콤플루텐스대학 철학 교수이자 포데모스의 국제 대표자인 에두와르도 마우라Eduardo Maura는 이렇게 말한다.

> 사회 운동이 지각을 바꾸었고 사람들은 각자 개인 문제라고 생각해 왔던 것들이 집합적이고 정치적인 대응을 필요로 하는 공통 문제임을 깨달았다. 유럽 선거에 참가하는 포데모스의 역량은 사회 운동을 통해 누적된 사회 권력에 크게 의존한다(Dolan, 2015에서 재인용).

같은 인터뷰에서 마우라는 운동은 자율적이고 자기 규제적인 형태로 유지되어야 하는 반면, 정당은 더욱 책임성이 크고 운동가와 동일시하지 않거나 스스로 좌파라고 생각하지 않는 이들을 포함해서 훨씬 더 광범한 사람들에게 호소할 수 있어야 하므로 운동과 정당 간의 분리가 유지되어야 한다고 주장한다. 더 넓은 범위의 유권자들에게 도달하고 비참여적이거나 비정치적인 사람들에게 다가간다는 의식은 포데모스가 내세우는 '대중 통합popular unity'(Maura, Parker et al., 2014에서 재인용)의 개념과 연결된다. 대중 통합은 신자유주의의 지배적 담론에 대항하는 새로운 공통성을 창조하기 위해 필요한 인식이다. 대중성을 획득하기 위해서 그들은 좌파나 우파 같은 이름을 버리고, 권리 박탈, 분노, 기득권층, 물질적 박탈 등, 긴축 경험에 대한 실제 체험을

88 유럽연합에서 지배적인 힘을 발휘하는 세 조직을 가리킨다. 유럽연합 집행위원회, 유럽중앙은행, 국제통화기금이 이에 속한다. — 옮긴이

말하는 민주주의 및 '대중'의 담론을 선택해야 한다. 이를 통해 그들은 지지자의 1/6 정도가 인민당 지지자들로부터 나올 만큼(2015년 1월 기준) 전통적으로 보수적인 다수 유권자의 지지를 획득했다.

포데모스는 15M과 인디그나도스 운동의 급진 정치가 지닌 수평성과 다수성을 포착했다. 그들은 좌파의 전통적인 주된 관심인 생산 및 노동보다(오늘날 생산과 노동은 너무나 파편화되고 불안정하여 조직화되기가 어렵다) 일상생활의 정치가 더욱 유용하다는 점을 깨달았다. 하비가 말하듯(Watson, 2015), 이는 우리가 일하는 공간이 아니라 우리가 사는 공간들을 중심으로 조직되는 정치다. 포데모스는 특이성과 보편성의 연결을 강화하려는 시도로서, 사람들의 필요에 주목하고 민주화를 고양시키기 위해 공적 서비스를 개선했다. 이런 방식으로 포데모스는 단순한 수평성과 다양성의 수준을 넘어서, 여전히 논쟁과 차이에 열려 있으면서도 공통적인 정치 목표를 중심으로 결집하는 요구사항들에 대처했다.

디지털 시대의 정당으로서 그들은 스스로 '해커 논리'라고 부르는 방식을 채택했다. 개별 지역마다 특정한 사안을 논의하기 위한 포데모스 서클을 구성하기 위해 회비를 낼 필요는 없다. 단지 페이스북 계정, 이메일 주소, 그리고 만남이면 충분하다. 핵심 원칙은 일단 구성원들로부터 최대한의 참여를 이끌어 내면, 이후 그들이 정당 발전에 힘쓰고 기여하게 된다는 것이다. 비록 이러한 원칙이 민주적 실천을 희원하는 여타 조직의 건설 방식과 그다지 다르지 않지만 그들은 시민 집회Citizen's Assembly를 통해 참여와 책무성의 수준을 높이기 위해 인터넷을 적극 활용했다. 그들은 대부분의 절차들에서 소셜 네트워크 사이트인 레딧을 이용했지만 투표와 어젠다 수립을 위해 앱을 개발하기도 했다. 기안 보고서들은 조직, 윤리(포데모스는 금융 기관으로부터의 지원 기금 수령을 거부하며 당 대표자들은 특권 및 임금에 관해 매우 엄격한 제한을 받는다), 정치 등의 세 범주로 구성된 온라인 사이트에 제출되면 논쟁을 거쳐 재작성된다. 특정 사안(이는 전략적이거나 선언적인 사안과 구별된다)에 대해 결정이 이뤄지는 기간을 가진 다음 투표가 실시된다. 기안은 7000명이 참가하는 대면 회의에서 논의되며 이후 1주일 동안 온라인 투표가 진행된다. 포데모스 정당 대표자를 선출할 때는 후보들의 토론 및 1인 1표 방식의 선거 과정이 실시간 스트리밍으로 방송된다. 이 과정에는 반드시 가장 열정적으로 참여하는 운동가, 관심 정도가 모호한 사람, 할애할 시간이 별로 많지 않은 사람들, (회의 참석을 위해) 이동을 할 수 있는 물적 자원이 부족한 사람들 모두가 참여할 수 있어야 한다.

그러나 포데모스는 이미 그리고 불가피하게, 그것이 엘리트들로 구성된 정당이고 풀뿌리 인민들과 분리되고 있으며 기존의 정당들이 지녔던 문제들을 반복하고 있다는 비판을 운동가들로부터 받고 있다. 이들이 기득권에 속하는 수정주의자들이고 국가 중심적인 정치 공간에 진입한 허위적인 부르주아들이라는 것이다. 15M은 엑스넷의 한 부분을 이루는데, 엑스넷은 민주주의를 지향하고 부패에 반대하기 위한 운동 집단으로 100여 명의 정치인들과 금융인들이 재판을 받아 부정부패의 죄목으로 구속되도록 하는 데 성공한 바 있다. 대체로 크라우드 펀딩을 받거나 시민의 협력 및 기부로 운영되는 이 조직은 금융 및 재정 사기 사건을 고발해 왔다. 이 조직 역시 포데모스에 대해 비판적인데, 15M과 다르게 '포데모스는 그람시를 중심으로 하는 지독한 구식 좌파'의 일종으로서 순수 시민 참여를 차단하는 전통적인 정치 모델 안에서 작동한다고 보기 때문이다. 포데모스의 인터넷 사용이란 결국 중앙 집중식이고 자기중심적인 정치 행태를 감추기 위한 전략이라고 비난받는다. 실질적인 문화 자본을 가진 이들(특히 남성 경제학자나 교수들)이 당내 상위 직위를 장악한 점은 사실이다. 그러나 포데모스당은 긴축에 관한 지배 담론을 해체하고 대안 정치를 실현하기 위해 노력한다. 이렇게 함으로써 포데모스당은 진보적이고 급진적이지만, 대체로 이미 한물가서 현대와는 어울리지 않는다고 간주되는 '주의들isms'(예컨대 사회주의, 공산주의)과는 결별하는 정치를 창조했다. 그 와중에 거대 기업의 지지를 받는 주류 미디어들은 포데모스가 미친 혁명론자들의 경제적 지주이며 정치적 대표자에 불과하다고 비난해 대기 시작했다. 또한 '깡패법gang law'이라는 별칭이 붙은 새로운 법이 만들어져 의회나 정부 기관 건물 앞에서 열리는 시위가 불법으로 간주되면서 3만 유로의 벌금 처벌을 받게 되었다. 시설물, 교통 집결지, 원자핵 발전소나 유사한 설비 주변에서 열리는 자발적인 시위에 참여하는 사람들에게 60만 유로라는 엄청난 벌금이 부과될 수 있다. (보호 수단으로 활용하기 위해 시위 참여자들이 종종 찍는) 법 집행 기관이나 경찰의 사진 이미지를 '허락받지 않고 사용'하면 역시 3만 유로의 벌금을 내야 한다. 이러한 조치들은 기록물을 자유롭게 이용하기 어렵게 한다.

이 사례는 인터넷이 짧은 시간 내에 많은 사람들을 동원하여 참여할 수 있도록 할지라도 정치를 창출하지는 못한다는 점을 알려 준다. 인터넷이 포데모스를 만든 것은 아니다. 포데모스의 정치는 선거나 이미 심각한 문제를 야기한 긴축 정책을 나락으로 떨어뜨린 양당 제도의 결함에서 비롯했다. 이러한 비판적인 맥락에 대한 고찰 없이 수평성과 다양성만을 강조하면 현실적인 문제 제기를 봉쇄하거나, 차이에 대한 자유주의적 관용이나 실질적 변화를 저해하는 무정부주의적, 자율적, 그리고 종국에는 개인주의적인 정치로 흐를 위험이 있다.

연결성과 참여

앞에서 서술한 두 개의 주제, 즉 속도와 공간, 수평성과 다양성은 또한 네트워크 시대에 제공되고 찬미되는 연결성의 기술적인 역량과 관련 있다. 인터넷의 연결성은 동맹과 연합을 강화하고, 집단의 조직 및 활동 방식을 개선한다고 알려진 최선의 실천 방식이나 효과적인 캠페인 기법을 공유함으로써 사회 운동의 내적 조직화에 긍정적 효과를 낳을 수 있다.

인터넷의 연결적인 역동connective dynamics은 보다 직접적으로 참여라는 정치적 개념과 연결된다. 카펜티어(Carpentier, 2011: 10)는 참여의 개념이 "정치적, 이념적, 민주적인 것과 긴밀하게 연결되며 본질적으로 권력과 연관된다"고 말한다. 새로운 커뮤니케이션 기술에 의한 참여의 활성화는 초국적인 인터넷 행동주의의 핵심적인 요인으로 간주되는데, 이 사고는 모든 인터넷 이용자들이 동일한 선상에서 수평적인 정치를 수행하며, 모든 사람들이 자기 목소리를 내면서 운동 전개 과정에 참여한다는 생각에 기반을 두고 있다. 이렇게 근본적인 온라인 상황에서 연결성과 상호 작용성을 극대화하는 능력이 정치적 행위로 간주된다. 이는 참여적으로 진행되는 의사 결정 방식을 중시하거나 권력 집중의 해체를 요구하는 입장을 강조하는 분위기를 반영한다(Gilbert, 2008). 참여 행위 자체 및 특정 주제에 대한 개입은 사회 개혁이나 직접적인 정책 효과보다는 정치적 목표로 강조되었다.

그러나 다른 한편으로 온라인상의 연결성과 참여는 급진 정치를 약화시키고 실제적 참여 대신 환영적인 의사 참여pseudo-participation를 제공한다고 강하게 비판받기도 한다(Dean, 2010). 다시 말하면 인터넷이 획기적으로 살아 있는 대항 정치 문화라기보다는, 서명 클릭 한 번만큼의 거리를 유지하면서 쉽게 오고가는 정치easy-come easy-go politics를 실행한다(클릭행동주의clicktivism).[89] 이 특이한 기술적 형식은 사안이 그저 부유하면서, 사람들이 한 사안에서 다른 사안으로, 하나의 웹사이트에서 다른 웹사이트로 무책임하게 떠돌도록 만든다(슬랙티비즘slacktivism).[90] 여기에서 집합적인 정치 정체성은 짧게만 유지되고 쉽게 사라지는 기억을 가질 뿐이다. 집합적인 연대는 개인적 행동주의에 대한 입증으로서 자기 현시에 기여하는 해시태그인 '좋아요'나 충동적인 포스팅 업데이트에 의존하는 가시성의 정치로 대체된다. 아바즈Avaaz 같은 온라인 캠페인 조직들이 이러한 비판을 면치 못하고 있다.

아바즈는 "사람들이 지지하는 정치가 어디에서든 의사 결정 단계로까지 고양될 수 있도록 돕는 지구적 웹 운동"이라고 스스로 소개하고 있다(http://www.avaaz.org/en/about.php). 유럽, 중동, 아시아의 여러 언어에서 '목소리'를 뜻하는 말인 아바즈는 2007년 설립된 이래 여섯

89 컴퓨터 마우스를 클릭함으로써 정치 운동 및 사회 캠페인에 참여했다고 믿는 이들을 가리키는 용어다. — 옮긴이

90 프로젝트나 명분만을 위한 운동으로, 마우스를 클릭하는 식의 최소한의 노력만 요구하는, 소극적인 온라인 운동 방식을 가리키는 신조어다. — 옮긴이

대륙에서 핵심 팀을 배치하고 수많은 자원봉사자들을 확보하고 있다. 2012년 8월 기준으로 전 세계 194개국에 걸쳐 회원 1537만 8229명을 보유하고 있고, 첫 개시 이래 8777만 2473건에 대해 행동을 취했다. 아바즈는 믿기 어려울 만큼 빠른 속도로 지구적 대중 지지를 획득하는 온라인 청원을 조직하는 기술로 가장 유명하다. 또한 그들의 행동 양식은 미디어 캠페인과 직접적인 행동 후원, 이메일, 정부를 향한 압력과 회유, 오프라인 시위 및 이벤트 조직의 범위로까지 확장되는데, 이 모든 기획은 일반적인 대중의 관점과 가치가 정책 결정자들에게도 중요하게 인식되도록 만들려는 의도를 띤다. 그들은 캠페인 활동을 하는 과정에서, 위기 또는 성공이 결정되는 핵심 순간에 주목하며 탁월하게 기민하고 유연하게 움직인다고 자평한다. 매년 그들은 전 회원이 참여하는 투표를 통해 어떤 이슈에 집중할지를 정한다. 매주 무작위로 선정된 1만 명 회원들이 참여하는 이메일 교환을 통해 캠페인 아이디어들이 투표되거나 검토된다. 이 투표에서 강한 지지를 얻은 캠페인은 행동으로 옮겨지고, 다수의 회원들은 수시간 내지 수일을 할애해서 캠페인에서 분담된 역할을 수행한다.

2012년 1월 아바즈는 미국의 인터넷 검열 법안Internet Censorship Bill에 반대하기 위한 전 세계 규모의 청원 캠페인을 벌여 300만 명의 서명을 받았다. 아바즈는 서명을 전달하기 위해 백악관 관료들과 만났다. 그들은 그 덕분에 백악관이 해당 법안을 비판하며 지지를 철회하게 되었다고 주장한다. 2012년 8월에 아바즈는 시리아, 예멘, 리비아의 민주주의 운동 지도자들과 협력하여 그들이 하이테크 전화기와 위성 방송 인터넷 모뎀을 확보하여 세계 최고 수준의 미디어 조직과 연결되고 커뮤니케이션 전략에 관한 자문을 제공받을 수 있도록 조치했다. 그들은 우리는 모두 인간이며 서로를 존중하고 세계에 대한 책임을 진다는 일반적이고 모호한 이상을 지향할 뿐 이보다 더 중요한 다른 목표나 임무는 책정하려 하지 않는다. 그들은 상이한 회원들 간에 합의가 이루어지도록 굳이 애쓰지 않는데, 그 이유는 이런 시도가 종종 운동, 조직, 협력의 분열을 야기하기 때문이라고 설명된다. 단지 각 회원들이 각자 바라는 만큼 지지해 주기를 요청할 따름이다.

이와 유사한 조직인 영국의 38도38 Degrees는 회원 300만 명을 보유하고 있다(The Guardian, 2014. 9. 24, p.42). 38도는 눈사태가 발생하는 각도다. 그들은 인터넷의 힘을 통해 눈사태 같은 변화가 일어나기를 희망한다. 그들 역시 전자 청원e-petition이나 국회의원에게 이메일하기 등의 온라인 행동주의 기술로 알려져 있으며, 이와 아울러 캠페인에 대한 광고를 신문에 게재하기 위한 자금 마련, 국회의원과 집담회 조직, 토론회 개최 등의 전술을 활용한다. 그들은 캠페인 아이디어에 대해 토론하고 투표하기 위해 페이스북, 트위터, 블로그, 웹사이트 등을 이용하는데, 이 여론 조사에는 모든 회원들이 참여해서 투표한다. 이 조직은 순전히 회원들의 기부금으로 운영되기에 이 모든 협의 절차를 신중하게 진행하는 일이 매우 중요시된다. 국가 소유의 삼림이었던 산림위원회의 토지를 정부가 매각하는 안에 반대하기 위해 50만 명의 서명, 국회의원에게 수백 통의 이메일 전송, 신문에 광고 게재, 전국에 포스터 배포 등의 캠페인을 수행했다. 수주 후에 정부는 매각 계획을 철회했다. 38도는 스스로 "아무런 선언이나 주된 캠페인 방향은 가지고 있지 않다. 그런 것들은 캠페인의 도구에 불과할 뿐 운동이 아니다"라고 힘주어 강조한다(The Guardian, 2014. 9. 24, p.42). 그들의 목표 역시 광범하다.

> 우리는 우리 모두에게 영향을 미칠 결정들에 개입하고자 다수의 우리들에게 단순하고 효과적인 도구들을 제공한다. 우리는 공정성을 방어하고 법적 권리를 보호하고 평화를 고양하고 세계를 지키고 민주주의를 고양한다(http://www.38degrees.org.uk/pages/faq).

그들은 영국 내에서 매월 진행한 청원 1500개 중에서 800개를 성공시킴으로써 50% 이상의 성공을 거두는 소기의 목적을 달성했다고 밝혔다. 그러나 정치인들은 자신의 이메일함에 쌓이는 막대한 이메일 양에 불평하며 온라인 청원에 참여하기를 거부하기 시작했다.

미국의 무브온MoveOn.org과 체인지Change.org나 오스트레일리아의 겟업!Getup! 같은 그룹들도 이와 유사한 기반 위에서 움직인다. 이들은 모두 쉽게 판단될 수 있고 승률이 높은 성격의 단일 사안에 집중한다. 즉 한두 개의 간단한 단락으로 구성되어 이메일을 통해 빨리 공유되고 승리를 거둘 수 있는 목표를 설정한다. 탐욕스런 토지 개발업자의 이익을 위해서 삼림을 민영화하는 계획에 대해 클릭행동주의자들은 쉽사리 작업에 착수할 수 있다. 그렇지만 이러한 캠페인에서 보다 복잡다단하며 단번에 시정되거나 즉시 만족할 수 없는 성격의 사안들은 어떻게 될까? 캠페인 포퓰리즘은 분명히 권력에 저항하고 공적 사안이 들려질 수 있도록 발언하지만 그럼에도 장기간의 투쟁보다 즉시적인 반응과 개선을 선호하는 다수의 조직들이 피해 가기 어려운 덫이다. 사회 정치적 체제에 대한 복잡하고 심층적인 논의는 기피하는 체크표 정치tick-box politics[91]다. 여기에서는 순수한 정치적 대안보

91 깊이 있는 숙의와 토론은 하지 않으면서 간단한 찬성/반대 표시로 사안을 결정짓는 식의 피상적이고 편의주의적인 정치 행태를 비판하기 위한 표현이다. — 옮긴이

다는 임시방편의 거친 해결책이 나오기 쉽다. 진정성을 결여하고 고려할 만한 가치조차 없는 정치적 스팸이라고 쉽사리 무시될 수 있는 사안들에 대해 과연 정치인들이 얼마나 진지하게 응대할 것인가? 이런 형태의 온라인 행동주의가 더 나은 세계를 추구하는 장기적인 투쟁과 전투의 캠페인이 계속될 수 있도록 영감과 용기를 전해 주는 변화와 가능성의 분위기를 키워 줄 것인가? 혹은 기득권에게 이롭고 한 번의 클릭으로 정치적 양심이 구원되었다고 믿는 자기만족 외에는 아무것도 아닌, 그저 소비주의와 선택 논리에 의존하는 정치 발전에 기여할 것인가?

투펙시(Tufekci, 2014)는 디지털 연결로 가능해진 커뮤니케이션과 동원화 비용 저렴화가 전 세계 사회 운동의 역량을 강화하지만 동시에 그 이후에 올 것들에 대처하기 위해 필요한 조직적 인프라 구조는 갖추지 못한 채 화려한 조명을 받게 함으로써 전체 역량을 약화시킨다고 주장한다. 따라서 소셜 미디어는 운동이 성장하고 외형상 지도자 없는 수평적 정치에 대한 열망이 실현될 수 있도록 기여하지만 조직적 깊이가 결여되도록 하는 부정적 영향을 미치기도 한다. 속도가 빠르지만 얇게 퍼지는 대항 정치인 것이다.

연결성은 우리로 하여금 사건에 빠르게 응답하고 대규모 시위에 쉽게 참여하도록 돕는다. 그러나 대응의 경쟁 과정 속에서 숙의적 운동이 발전하고, 참여자들 사이에 친밀한 관계와 신뢰가 형성되고, 장기적인 목표, 전략, 전술을 고려하는 능력이 건설될 수 있도록 하는, 완만한 정치 조직의 활동성이 무시될 수 있다. 그러나 이 모든 것은 정치적 행동주의가 효과적으로 수행되기 위해 필요한 항목들이다. 소셜 미디어는 이용자를 빠른 속도의 반복 행위 안에 몰아넣지만 그렇다고 반드시 민주적 실천으로 이끌지는 않는, 즉시적이고 실시간의 항상적인 생산성을 증진시키는 알고리즘 설계에 따라 작동한다(Barassi, 2015; Kaun, 2015). 따라서 운동은 이전의 경험이 없는 상태에서 곧이어 다음의 문제 해결을 고민해야 하는 상황에 너무나 빨리 직면하게 된다고 투펙시(2014)는 주장한다. 장기간의 조직적 역량 대신 빠른 속도를 취하게 되는 식의 맞바꾸기 거래는 시위 정치가 정치적 운동으로 나아가도록 하는 역량 발달을 저해할 위험이 있다. 투펙시(2014)의 지적처럼 수평적 조직과 온라인에 익숙한 시위자들의 경우, 시위 현장의 막다른 골목에서 겪는 흥분과 에너지가 사그라진 뒤에는 자신이 이제 무엇을 해야 할지 결정할 수 없는 상황에 빠진다.

> 게지 파크Gezi Park 운동[92] 당시 막다른 지점에 부딪혔을 때 정부는 시위자들을 대신해서 협상에 나설 대표를 요청했다. 일부 시위자들은 이것이 불순한 움직임이라고 생각한 데 비해 다른 사람들은 타협하고자 했다. 그러나 공원에는 공식적인 지도자 메커니즘이 전혀 없었고 대부분의 시위자들 역시 이를 느끼고 있었다. 느슨하게 조직된 위원회가 이 운동의 여러 측면들을 관리하고자 했지만 이들에 대한 공식적인 승인 절차가 부재하므로 공식적인 정당성 역시 부재했다. 누가 대표가 되어야 하는가에 대한 많은 논쟁 끝에, 두 번에 걸쳐 일종의 정부를 세워서 상이한 세대에 속하는 인물을 공원 지도자로 선임하기로 했다. 첫 번째 세대 집단은 운동 내에서 매우 부적격한 사람들로 구성되어 적합하지 않는 것으로 판정되었다. 두 번째 선정된 사람들은 오랫동안 운동에 참여해 왔고 매우 가

92 2013년 터키 이스탄불 게지 파크에서 일어난 시위를 말한다. — 옮긴이

시적인 역할을 적극적으로 수행했기에 더 많은 인정을 얻을 수 있었다. 그러나 이 둘 역시 너무 비공식적인 메커니즘을 지녔던 터라 역부족이었다. 따라서 두 번째 대표단은 타협하거나 사태를 전진시키기 위한 전략적인 계획을 세울 수 없었다. 결국 다수의 사람들과 몇몇 집단은 머물기를 원했지만 시위에 참여했던 한 조직이 운동을 상징하는 텐트만을 남겨 둔 채 시위 참여를 중단하기로 결정함에 따라 어떠한 결론에도 도달할 수 없었다. 이는 더 많은 혼란을 낳았고 곧이어 정부가 개입했다. 대규모 경찰이 투입되었고 캠프는 무력으로 해산되었다(Tufekci, 2014: 14).

게지 파크 운동의 역량은 시위를 조직하는 인상적인 능력 말고는 여러 면에서 분명한 한계를 드러냈다. 투펙시는 게지 파크 운동을 1963년에 발생했던 시민권 운동인 '워싱턴 행진'[93]에 비교한다. 워싱턴 행진은 지도자 없이 수평적 운동으로 행동하기를 도모했다. 그러나 이용 가능한 커뮤니케이션 수단이 없는 상황에서 그들에게 지도자나 조직이 없었다면, 실무 차원에서 그 행진이 개진되기란 너무나 어려웠을 테고, 따라서 대규모의 행진은 결코 일어나지 않았을 것이다. 권력자들의 입장에서 볼 때 행진이 지닌 생성력과 조직력의 의미는 뚜렷하게 표명되었고 그것이 암시하는 위협의 위력 또한 컸다. '점령하라 운동'은 이와 달랐다. 그 규모는 거대했지만(전 세계 900여 개 도시에서 일어났다) 매우 단기간에 조직되었고 어떠한 유의미한 정책 변

93 1963년 8월 28일에 20여만 명의 미국 시민들이 워싱턴에 운집하여 전개한 정치 행진을 가리키며 일명 '직업과 자유를 위한 워싱턴 행진'이라고 불린다. 많은 시민 단체와 종교 집단들이 주축이 되어 조직된 이 정치 행진은 특히 미국 내 흑인들의 정치 및 사회적 권리 증진을 주장했다. 마틴 루터 킹 목사의 "내게는 꿈이 있습니다"라는 유명한 연설이 여기서 행해졌으며 인종적 정의와 평등을 추구하는 시민운동의 상징적 시초를 이룬다. — 옮긴이

화도 이끌지 못했다. 이렇듯 수월하게 동원된 조직력이 권력자들에게 지니는 위협의 수준이란 결코 워싱턴 행진과 동일하지 못했다.

소통 수단이 중요하긴 하지만, 그것이 결코 정치 운동의 형태, 강도, 수명을 결정하는 유일 요소가 되지는 않는다. 시위가 일어나기 전에 정치가 구상되지 않은 상태라면, 그리고 조직적 인프라 구조가 부재한다면, 시위 정치는 결국 아무런 정치가 되지 못한다. 시위는 우선적으로 징후에 대한 응답으로 발생하며 때로는 지배적인 사회 체제에서 야기되는 문제들에 대한 적나라한 대응이기도 하다. 시위 정치는 사회 질서에 대해 거의 도전하지 않는데, 보완적 해결책 말고는 어떠한 대안적 명제도 가지고 있지 않기 때문이다. 북친(Bookchin, 2015: 180)은 "시위 항쟁에서 혁명 항쟁으로 전진하고자 하는 혁명적 좌파는 조직화의 문제에 결연하게 대응해야 한다"고 주장한다. 이는 어떠한 조직화의 형태가 지속 가능하며 어떻게 일상에서 실천 가능한 사회 변화 프로그램을 발전시킬 수 있을지에 대한 물음이라고 볼 수 있다. 정치 조직이 유지되고 역량을 발전시키기 위해 어떠한 조건(소통의 조건을 포함하여)이 요구되는가? 과연 지도자가 없는 형태의 (탈)조직화에 대한, 익히 이해할 수 있는 욕망은 정치적 저해가 될 정도로 수평성과 다양성을 물신화해 왔는가? 뉴 미디어와 정치 참여에 관한 저술들에 넘쳐나는 연결성과 참여에 관한 논의들은 다른 중요한 결함을 노정하기도 한다. 그들이 준거로 삼는 연결성과 참여는 온라인 환경에는 주목하는 반면 매개된 실천이나 정치적 실천에 내재하는 사회적 동학은 회피하거나 무시하는 경향이 있다. 무엇이 사람들을 한데 묶고 왜 그들은 연대하는가와 같은, 정치적 삶에 내재하는 사회적 차원을 이해하는 작업은 매개된 정치적 삶을 이해하는 데 핵심을 이룬다. 이는 그리스의 시리자Syriza 사례에서 잘 나타난다. 시리자는 유럽연합 집행위원회, 유럽중앙은행, IMF로 구성된 트로이카에 맞서고자 한 유럽 내 첫 정당이 되었다.

시리자의 사례

2008년 12월 6일 아테네에서 경찰이 당시 16세 학생이었던 알렉시스 그리고로풀로스를 살해했다. 이 사건을 계기로 학생과 노동자들은 거리를 점령하는 대규모 시위를 일으켰고, 이어 몇 주 동안 집회와 행진, 경찰서 점거 농성, 뉴스 방송 시간에 TV 방송사 점거, 공연 중 관객 토론을 위한 극의 중단, 약탈과 반란 등 엄청난 저항의 물결이 이어졌다. 국제 앰네스티는 최루탄과 유사 수류탄으로 시위자들을 진압하는 그리스 경찰의 잔혹성을 비판했다. 학생의 죽음이 있은 지 4일 후 그리스 노동자의 절반 정도가 소속된 그리스노동자총연합(General Confederation of Greek Workers: GSEE)과 공무원연합(Civil Servants' Confederation: ADEY)은 정부의 경제 정책에 반대하기 위한 1일 총파업을 실시했고 이들은 일하는 대신 시위자들과 연대했다.

2005년 파리 교외와 2007년과 2012년 런던에서 발생한 시위 사례에서도 알 수 있듯이, 시위는 개인의 극적인 죽음에서 촉발되지만 그 원인들은 훨씬 더 깊고 복잡한 역사에 기인한다. 시위에 대한 응답으로 코스타스 카라만리스 총리가 인정했듯이 "능력의 결여, 일상생활의 붕괴, 사회 불평등 같이 오랫동안 해결하지 못한 문제들이 청년들을 실망시켰다"(Kriakidou & Flynn, 2008: Reuters US online). 카라만리스 총리는 소득세를 인하할 것이라고 밝혔다. 그러나 그는 높은 기대를 하지 말라고 경고하면서 그리스는 GDP의 5%에 해당하는 120억 유로를 들여 빚을 갚아야 한다며 "우리의 우선 과제는 가장 고통 받는 사람들을 지원하는 일이다…… [그러나] 이 빚은 현재의 중요한 시기에 정부의 유연성을 제한하는 커다란 장애"라고 말했다(앞의 글). 사회 불안은 계속되었고 2009년 11월 우파 정부의 사임 및 선거 패배로 이어졌다. 그 결과 파판드레우스 사회주의자들이 의회의 과반수를 차지했는데, 이들은 금융 위기에 대한 신자유주의적 해결 방안을 지지함으로써 긴축 조치의 폐해를 초래하게 된다.

긴축 조치는 2015년 실업 인구가 26%에 이르고 그중 절반이 청년 실업에 해당할 정도로 그리스 사회에 엄청난 분열과 혼란을 낳았다. 빈곤에 분노한 대중은 좌파 포퓰리즘에 힘을 실어 주었고, 그 결과 시리자 정당의 선거 득표율이 2009년 5% 이하에서 2012년 6월 27%로 급증했다. 매우 특이하게도 2015년 시리자 정당은 포퓰리스트 우파 정당인 독립 그리스당과 연합하여 집권에 성공했다. 시리자 정당 혼자만으로는 득표율 36.3%로, 단독 정부를 구성할 수 있는 과반수 좌석 기준에서 단 2석이 모자랐던 것이다. 이념 차이에도 불구하고, 두 정당은 유럽연합 집행위원회/IMF/유럽중앙은행이 빚에 허덕이는 아테네를 '구제하기' 위해 내린 감축 명령을 종결시키려는 욕망을 공유하고 있었다. 마침내 IMF와 유럽연합이 주장한 강력한 긴축 조치를 수용하기로 한 후, 25명의 국회의원이 시리자를 탈퇴해 대중통합당Popular Unity Party을 구성했고 2015년 9월에 총선거가 열렸다. 낮은 투표율 가운데 시리자는 35.5%의 득표율을 확보하며 독립 그리스당과 연정 정부를 재구성했다.

시리자는 급진 좌파 연합의 약자다. 2004년에 모택동주의자, 좌파 사회민주주의자, 녹색당, 페미니스트, 게이와 사회적 권리 네트워크, 트로츠키주의자 등의 소규모 조직들이 연합해서 2013년 7월 단일 정당으로 탄생했다. 이 중에서 가장 큰 그룹은 시나스피스모스Synaspismos로, 그 지도자인 알렉시스 치프라스Alexis Tsipras가 시리자를 이끌게 되었다. 치프라스는 반세계화 운동, WTO에 반대하기 위한 대규모의 제노바 시위, 세계와 유럽의 사회 포럼 등에서 정치 경험을 습득하며 성장한 세대에 속한다(Wainwright, 2015). 이러한 경험들이 특정한 이념에 충실하고, 다양성의 포용을 강조하고, 개방적이고 협력적인 노동을 선호하는 특성을 지닌 시리자의 정치를 형성했다. 이들은 베를린 장벽의 붕괴와 소비에트 연합의 해체를 경험했고 낡아빠진 좌파의 정치 논리를 대신해서 현재 맥락에 적합한, 그러나 아직은 알려지지 않은 자본주의 대안을 발전시키고자 한 세대였다.

시리자가 그리스에서 집권할 수 있었던 맥락은 복잡하다. 시민들이 분노하여 정치 변화를 갈망하도록 이끈 요인은 (주류 미디어의 과점체제는 물론이고) 뿌리 깊은 사회적 위기와 엘리트 집단의 부패에 있었다. 2008년 첫 시위 시기부터 그리스에서는 노동조합, 좌파 정당, 사회 운동가들 사이에 연대가 성장하고 있었다. 그 결과 저항 시위에 참여한 사람들은 매우 다양했지만 기성 정치 질서로부터 단절하려는 욕망에 있어서는 집합적 정체성을 공유했다. 이를 이루기 위해 모든 고난에도 불구하고 정당을 넘어서는 연대를 새로이 구성하기, 단순한 '좌파' 이상의 더 폭넓은 정치적 접근을 행하기, 단합된 사회적 전위를 세우기 등의 목표를 향해 노력했다. 형성 단계에서부터 시리자는 단지 거리나 지역 모임에서 캠페인을 벌이는 수준에 만족하지 않았다. 그들은 '연대 부엌'과 바자를 운영하고 의료 사회단체에서 일하고 골든 던Golden Dawn 파시스트 그룹(이들은 2015년 선거에서 7%의 득표율을 얻었다)으로부터 이민자들을 보호하고, 전기 공급 감축에 반대하는 운동을 지지하고, 주택 대출 비용을 줄이기 위한 법적 자문을 제공하고, 노동조합과 새로운 관계를 발전시켰다. 그들은 오프라인과 커뮤니티와의 대면을 통해 사회적 필요에 직접 호응한 것이다.

달리 말해 시리자는 정당이기보다는 운동의 형태로 활동했고 역설적이게도 이러한 특성 때문에 그들의 정치가 전면적으로 부상할 수 있었다. 그들은 새로운 정당 회원을 모집하거나 특정 노선을 따라 통제력을 장악하는 일보다 현실적 해결책을 가지고 공유된 원칙에 대해 감각을 형성하는 일을 가장 우선시했다. 시리자는 선거에서의 권력 획득 외에 사회 변화를 위한 운동을 추진하는 일이 어떤 의미를 지니는지를 이해하고 있었다. 이 운동은 대중적 지원과 폭넓은 참여를 필요로 했기에 긍정적 해결책을 보여 주는 현실적인 대안을 제시해야 했다. 이러한 목표를 위해 그들은 주로 독일과 프랑스로부터 얻은 빚을 가급적 많이 탕감하기를 원했다. 세금을 내지 못해 에너지 공급이 끊긴 가구에 에너지를 재공급해 주거나 실업자들에게 식품 공급을 하는 조치 등의 인도주의적 방식으로 위기를 해결하고자 했다. 국가 경제 재건을 위해 노동자들의 협력을 촉진하면서 은행 및 민영화된 시설들을 국유화하고 공공 인프라 구조에 재투자하고자 했다. 또한 그들은 부패 추방을 위해 국가를 재구조화하고 세금 기피를 혁파하고 군대화된 경찰을 무력화하고 미디어 독점을 해체함으로써 그리스의 정치 구조를 재건하고자 했다.

이 프로그램들은 시리자 당원과 지지자들이 2012년 출간한 보고서에 담겨 있다. 이 포용적 제도는, 혁신을 장려하면서 부패의 원천이 되고 있는 위계질서를 타파하고자 각 부처 내 다양한 시민 공무원들로 구성된 집회를 구성하는 방식으로 정부 제도 내에서 재차 활용되었다. 이후 이 방식은 시리자가 여전히 야당이었던 2014년, 정부의 국가 재구조화 계획인 테살로니키Thessaloniki 프로그램[94]으로 변형되었다. 하나의 선언으로서 그것은 좌파와 우파 양쪽으로부터 심한 비판을 받았다. 그들은 모두 권력에 의해 왜곡되고 풀뿌리로부터 단절된 채 하나의 정당으로 굳어 버리게 될 위험을 인지하고 있었기에, 시리자가 새로운 생각을 창출하고 정당의 방향을 구상하면서 구성원들에게 개방적인 상태로 남아 있어 주기를 원했다. 경제 계획이 발표되자 이 정당의 제안서를 논의하기 위한 공공 집회가 열렸다. 또한 시리자에 동감하는 다양한 그룹들이 서로 연결되어 정보와 지식을 활발히 교환할 수 있는 하나의 포괄적인 집단으로 '모두를 위한 연대Solidarity4All'를 결성했다.

모든 어려움에도 불구하고 시리자는 유지, 운영되었고 세 번째 구제 프로그램(경제 조정 프로그램Economic Adjustment Programme)의 일환인 새로운 융자 동의서에 대한 협상에 이르기까지 시리자는 운동에 의해 촉발되는 정치를 대표했다. 동시에 시리자는 그토록 기꺼이 빌려주었던 돈을 되돌려 받고자 고투하는 유럽연합, IMF, 유럽 중앙 정부로부터 긴축 재정 요구의 압력을 강하게 받고 있는 정부이기도 하다. 트로이카의 힘을 견제하기란 여간 힘들지 않다. 시리자는 스페인의 포데모스 같은 단체들에게 채권자 반대 연합에 대한 확신을 안겨

94 시리자 정당이 2014년 9월 13일에 채택한 선언문이다. 균형적인 재정을 유지하면서도 긴축 재정 기조에 반대하는 일련의 정책들을 담았다. — 옮긴이

줄 정도로 정치적 위기를 드러냈다. 유럽연합은 은행이 제시한 경제 조건을 재교섭하려는 시리자에게 경고를 보내는 식으로 대응했다. 그 이상의 기금은 보류되었고 그리스 은행이 파산에 직면하면서 시리자가 이끄는 정부는 유로존에서 탈퇴하는 방식으로 탈출구를 찾고자 했다. 그리스의 알렉시스 치프라스 총리는 투표를 실시했고 그리스인들은 압도적으로 긴축 조치에 반대하는 입장을 보였다. 그러나 국가가 실시한 민주적 투표는 무시되었고 채권자들은 긴축 정치가 경제 회복을 가져다주지 않을 것이며 더 많은 빚으로 이어지리라는 점을 충분히 알면서도 더 많은 민영화와 반노동조합 입법화를 즉시 실시하라는 내용의 국가 정책 및 더욱 강력한 긴축 정치를 그리스에 요구했다. 코니그는 다음과 같이 지적했다(Koenig, 2015: 1).

> 주권 국가의 시민인 그리스인들은 민주적으로 사회주의 정부를 선출하는 대담성을 지녔다. 그러나 그들은 현재 고통을 겪고 있다. 그들은 공공 서비스와 공공 재산에 대해 무제한의 지구적 민영화를 추진하는 신자유주의적 제국이 부여한 규칙에 순응하지 않는다. 자신의 이익을 극대화하는 엘리트 집단은 공공 재산을 노골적으로 갈취하는 도적이다.

빚–긴축–민영화로 이어지는 악순환은 그리스가 과잉 지출하여 결국 붕괴하리라는 비난조의 서사를 끊임없이 만들어 내는 그리스의 주류 미디어 때문에 더욱 악화되었다. 주류 미디어에서는 자비로운 은행이 그들에게 돈을 빌려주었지만 타락한 그리스 정부가 잘못 사용한 결과라는 논조가 제시되었다(Efimeros, 2015). 그리스의 모든 미디어 플랫폼들은 은행을 방어했다. 트로이카가 시행 연기를 승인했던 조치

중 하나가 텔레비전 광고에 세금 20%를 물리는 정책이었음을 이해한다면 이러한 주류 미디어의 태도는 그다지 놀랍지 않다. 그들은 TV 방송사들이 세금을 납부하지 않으면서 무료로 방송 허가를 받아왔다는 사실을 간과했다. 주류 미디어는 트로이카가 승리하기를 원했는데, 그렇지 않다면 대형 미디어 기업들이 피해를 보게 될 것이기 때문이었다. 주류 미디어들은 수익을 창출하는 공공 자산이 지구적 기업과 과점 기업들에게 매각되었다고 주장하면서, 은행들이 그리스에게 버텨낼 수 없는 대출을 강요했다는 사실은 말하지 않았다. 공익보다 자신의 이해관계를 지키기 위한 선전을 가동하는 그리스의 주류 미디어들을 접하면서 공중은 타락한 엘리트 집단에 역겨움을 느꼈다. 그리스 텔레비전은 공중의 95%가 시청하고 있다(Efimeros, 2015). 그러나 시리자는 자신의 메시지를 파급할 수 있는 소셜 미디어를 오랫동안 발전시켜 왔다. 트위터는 대항 서사를 창출하는 중요한 원천이 되었고, 그들의 해시태그 #ThisIsACoup은 최종 구제 대책이 논의되었던 날 세계에서 두 번째로, 그리고 독일에서는 가장 많이 유통된 해시태그가 되었다. 그러나 그리스의 인터넷 이용자 비율은 전 인구의 60% 정도에 머문다(Internet World Stats., 2015). 시청자들 모두가 텔레비전을 끄고 나서 인터넷으로 몰려가지는 않는다. 대부분의 사람들은 부족한 식품을 채우려 슈퍼마켓에 가거나 전기도 들어오지 않는 집 안에 머물러 있기 마련이다. 소셜 네트워크가 연대와 분노를 표현할 수 있고 온라인의 대항 서사가 일부 사람들에게 어느 정도의 희망을 줄 수는 있지만 그렇다고 해서 결코 트로이카의 목조르기 전략에 맞붙을 수 있는 상대가 되진 못한다.

시리자는 온라인의 연결성과 참여를 넘어서야 하는 중요성을 깨달았다. 집합 행동은 소셜 미디어를 통해 제공되는 식의 상업화된 형태의 관계성을 넘어서는 정치적 연대를 필요로 한다. 마토니와 보기아초글로(Mattoni & Vogiatzoglou, 2014)는 그리스의 대항 정치가 시위 행동에서 서비스 제공의 방식으로 이행하고 경제 위기에 대한 저항의 한 형태로서 상호 호혜주의로 복귀한 점을 지적한다. 지극히 시장화되고 지구화된 경제 조건에서 시리자는 사회 정의가 오로지 아래로부터 나오고 지역 수준에서 출발한다는 점을 이해했다. 이는 연결성보다 더 큰 의미를 지닌다. 상호 호혜성과 연대의 정신 안에서 단결하고, 일상생활에서 부딪히는 기본 문제들(주택, 전기 공급, 복지 혜택, 식품 부족)을 해결함으로써 붕괴된 커뮤니티에 존엄성이 회복되어야 할 필요를 알린다. 정치인에 대한 존경이 나날이 사라지고 정당이 중산층을 장악하고 선거 공약을 지키지 못하면서 선거의 비적절성은 높아지고 트로이카의 반민주적인 위협이 커지는 가운데, 시리자는 급진적인 진보 정치는 자원의 (더욱) 공정한 배분에 대한 근본적인 요청과 재연결되어야 한다는 점을 이해했다. 사회적 공간과 특수한 현장을 찾아가고 기본적인 사회적 필요를 보장하는 일이 곧 정치를 대중의 품안에 되돌려주는 일로 이어졌다. 여기서 정치는 수년에 한 번씩 투표하고 몇몇 온라인 청원에 서명하는 일 따위가 더 이상 아니다. 정치란 적어도 얼마간 지속되는 행위와 존재가 된다.

기술은 중립적이지 않다

이 장은 단지 인터넷 경로를 따라 진행되는 저항을 찬미하고 그 기술적 능력의 일부 잠재력을 숭배하는 태도는 충분치 않다는 주장을 제시했다. 새로운 커뮤니케이션 기술은 분산된 시위 집단이 초국적 연대와 동맹으로 확장할 수 있게 해 주므로 우리는 정치의 수단과 의미를 새로운 방식으로 사유하기를 요구하는 요소들, 즉 속도와 공간, 수평성과 다양성, 연결성과 참여 등을 특징으로 하는 새로운 정치를 만날 수 있다. 인터넷은 새로운 형태의 정치적 행동이 생성될 수 있도록 했지만 그 결과가 반드시 민주적 성과를 의도하거나 제공하는 것은 아니다. 네트워크가 본질적으로 해방적인 것은 아니다. 인터넷이 우리를 민주주의로 직접 인도해 줄 개방성이라는 본질을 함축하고 있지는 않다.

기술은 그 개념에서부터 실현에 이르기까지 그 자체가 일부를 이루는 경제·정치적 맥락 안에서 작동한다. 기술은 절대로 중립적이지 않다. 그것은 자신이 내재하는 권력 체계 안에 섞여 있다. 핀버그(Feenberg, 1995; 2002)가 주장하듯이, 그리고 이 책의 1장에서 4장까지 다양하게 서술되었듯이, 기술과 자본주의는 상호 관계 안에서 발전해 왔다. 이와 마찬가지로 소셜 미디어의 이용이 개인 이용자들을 자유롭게 해 주지만 반드시 민주화를 가져오는 것은 아니다. 소셜 미디어 플랫폼을 구축한 초상업주의hyper-commercialism는 지구적 자본주의를 해체하지 않고 오히려 강화시킨다. 그것은 사회적이고 집합적인 정치보다 개인적이고 연결적인 호응을 장려한다. 디지털 시대에 인터넷은 서로 경쟁 중인 정치적 정체성들과 정치적 동원의 형태들이 동시대적으로 재현되고 접합되는 방식을 이해하는 데 중요한 역할을 하는 구성 요소다. 그러나 인터넷은 그 역할을 수행하는 많은 요소 중 하나일 뿐이다. 우리가 기술에만 몰두하게 되면 현안들이 실재하는 지점에 대한 관심을 잃게 된다.

급진 정치는 물론 커뮤니케이션을 넘어서고 커뮤니케이션의 참여를 넘어선다. 그것은 시위에 대한 것이고, 사회 · 정치 · 경제 변화에 관한 것이다. 스페인과 그리스에서 투쟁을 거치며 출현한 새로운 진보 정치는 급진 정치가 어떻게 가능할지의 문제를 다루기 시작했다. 이 장의 서두에서 제기되었던 문제, 즉 오늘날 정치가 경합과 개혁에 붙여질 수 있는 조건은 무엇인가라는 질문을 상기한다면 우리는 적어도 기술이 답을 찾을 수 있는 최선의 지점은 아니라고 대답할 수 있다. 시리자 사례가 이 점을 명확히 보여 준다. 경제 변동과 관련해서 은행, 금융 기구, 기업이 실상 그들을 떠받치고 있는 우리의 경제 및 국가 정책을 명령하고 있다는 사실을 깨달을 수 있다. 자본의 지구적 흐름이 정치로부터 분리되며 나타나는 정치적 괴리는 정치가 우리에게 진보적 사회 변화를 제공할 수 있는 가능성을 크게 제한한다. 민주적 주권이 국가로부터 제거되고 국가가 긴축 정치의 악효과만을 파생시킴에 따라, 자본은 시민 불복종 행위에 대해서 격렬하게 그리고 때로는 폭력적인 방식으로 더욱 가혹하게 대응하고 진보적인 민주 정치가 유보되도록 제약을 가한다.

우리는 정치적 해결책의 가능성 조건이 무엇일지 생각해야 한다. 알랭 바디우Alain Badiou는 저항이 권력에 의해 생성, 이용되는 현상과 좌파의 무력함을 지적하면서도, 2011년 세계 곳곳에서 발생하여 이윽고 근본적인 비관주의로 전환한 시위, 반란, 폭동의 잔재가 다시금 혁명적인 부활을 꾀할 것이라고 주장한다(Badiou, 2012). 이 우울한 전망은, 처음에는 좌파의 재기 가능성을 희망차게 믿었으나 결국엔 비관주의와 냉소주의에 빠지게 된 많은 급진적 이론가들에게서 공통적으로 나타난다. 케이길(Caygill, 2013: 208)의 《저항에 대하여On Resistance: A Philosophy of Defiance》는 다음과 같은 우울한 어조로 끝맺는다.

> 저항은 이미 존재하거나 잠재적인 지배에 대항적인 탈정당화와 관련되는데, 여기에는 혁명적 또는 수정주의적인 결실이나 해결책으로 위장하며 나타나는 최종 산물에 대한 전망이 부재해야 한다. 저항의 정치란 목표를 설정하지 않은 채 환영을 탈피함을 뜻한다.

이렇듯 일반화된 비관주의는 신자유주의를 구조화하는 힘 또는 진정한 정치적 대안을 결여한 상태와 다를 바 없다. 그러나 주체는 항상 지배 권력에 종속되지만, 동시에 개인적이고 집합적인 정체성은 항상 저항으로부터 생성될 수 있고 생성된다. 저항적 주체의 탄생이란 보통 부당성, 그리고 무언가가 잘못되었으며 수정되어야 한다는 통렬한 느낌에 수반된다. 가령 나와는 무관한 긴축 조치 때문에 내 가족이 빈곤하게 살아가고 굶주려야 한다는 것은 부당하다, 또는 내가 무상 보건 복지 혜택을 받을 수 없다는 것은 부당하다, 국가가 공공 공원을 파괴하는 일은 부당하다, 나의 인종, 섹슈얼리티, 젠더, 종교 때문에 차별당하는 일은 부당하다 같은 느낌들이다. 이런 일들은 보통 어떤 사안과 결부된 특정한 주장 형태로 나타날 수 있을지언정, 정의가 어떻게 보편적으로 요구되고 적용될 수 있는지에 관해 형식적으로 잘 구성된 기획의 형태로는 구현되기 어렵다. 따라서 단일한 좌파 급진 전위가 쉽사리 형성되지 않는 현상은 당연하다. 대안적이고 규범적인 위치의 씨앗이 뿌려져서 '다른 세계가 가능하다'라는 믿음이 실현되어 더욱 광범한 공중의 참여를 요청하는 일은 특정한 권력 구조에 대항하는 특정한 행동을 통해서만이 가능하다.

소통이란 이 과정의 한 부분이지 정치 운동의 형태, 강도, 수명을 결정하는 유일한 요소는 아니다. 정치 행동과 정치가 조직의 형태를 구성하듯이 조직의 형태가 정치 행동과 정치를 구성한다. 시위의 정치는 시위가 발생하기 이전에 정치가 무르익지 않거나 조직적 인프라 구조가 부재한다면 아무런 정치도 이루지 못하는 채로 끝날 수 있다. 진보 정치는 구조와 계기가 모두 필요하다. 시위는 가장 우선적으로 징후에 대한 응답으로 발생하는데, 때로는 지배적인 사회 체제의 문제들에 대한 적나라한 반응으로 나타나기도 한다. 시위 정치 그 자체로서는 사회 질서에 대해 거의 도전이 되지 못하는데, 이는 보완적인 해결책 외의 대안적인 명제란 부재하기 때문이다. 따라서 다음과 같은 물음을 제기하게 된다. 어떠한 조직화의 형태가 지속 가능하며 어떻게 일상에서 실천 가능한 사회 변화 프로그램을 발전시킬 수 있는가? 정치 조직이 유지되고 역량을 발전시키기 위해 어떠한 (소통의 조건을 포함해) 조건이 요구되는가? 어떻게 사회가 보다 동등하고 공정하고 민주적일 수 있는지, 어떻게 미디어, 권력, 정치를 진보적인 목적에 합당하게 되찾을 수 있는지를 이해하고자 한다면, 우리는 기술을 사회, 경제, 문화, 정치적 역사와의 관계 속에서 함께 놓고 보는 통합적이고 맥락화된 분석을 실행해야 한다. 이렇게 될 때만이 민주적 지평을 심화하고 급진화하기를 목표로 삼는 해방적 기획을 개진할 수 있다.

이 장은 우리가 살아가는 사회의 복잡한 맥락 안에 인터넷을 위치시키면서 인터넷이라는 소통적 · 기술적 체계의 특정한 유형에 관련된 사안들을 논하고자 했다. 또한 우리는 현대 인터넷이 그 자체로 민주주의적 공간이 될 수 없음을 주장했다. 현대 인터넷과 사회의 복잡한 상호 관계 속에는 민주적 그리고 비민주적 형성의 가능성들이 모두 존재한다. 이러한 상호 관계를 정확하게 분별함으로써 특정한 맥락에서 특정한 전략이 정치의 진보적 변화에 적합한지를 설명할 수 있을 것이다. 이런 점에서 수익보다는 공공을, 생산성보다는 인내를, 경쟁보다는 협력을 중시하는 새로운 형식의 국가 관계와 더불어, 진정한 시민 참여 및 생활 공간 통제의 메커니즘을 정립할 필요성이 실질적이고 운영적인 차원에서 제기된다.

7장

우리가 원하는 인터넷

제임스 커런, 데스 프리드먼, 내털리 펜튼

이 책은 두 개의 중심 주제로 구성되었다. 그중 하나는 인터넷 기술에 대한 협소하고 탈맥락화된 초점이 그 효과를 오인하도록 이끈다는 사실이다. 이 논점은 1장에서, 인터넷이 사회를 어떻게 변화시킬 것인가에 관한 네 가지 기술 중심적인 예언을 살펴보고 실제로 일어난 일들을 검토하는 방식으로 서술되었다. 인터넷은 지구화에 관한 생각들을 애초에 기대되었던 방식대로 추진하지 못했는데, 이는 인터넷이 점차 불평등, 언어적 차이, 가치들 간의 갈등, 현실 세계의 이해관계를 반영하게 되었기 때문이다. 인터넷은 기약했던 대로 민주주의를 확산시키거나 갱신하지 못했다. 그 이유 중 하나는 대체로 권위주의 체제가 인터넷 통제의 방식을 발견해 냈으며 정치적인 과정으로부터의 소외가 인터넷의 해방적인 잠재성을 제한했기 때문이다. 인터넷이 경제를 변화시키지 못한 부분적인 이유는 기업 집중에 기여하는 불평등 경쟁이라는 근원적인 동학이 그대로 유지되었기 때문이다. 마지막으로 인터넷은 저널리즘의 르네상스를 개진하지 못했다. 오히려 지금까지 인터넷은 주도적인 언론사 브랜드가 여러 기술들을 아우르며 자신의 지배력을 더욱 강화하도록 이끈 반면 설상가상으로 새로운 형식의 저널리즘에 있어선 질의 저하를 유도했다. 이처럼 네 가지 예언이 모두 어긋난 이유는 이들이 인터넷의 효과를 오로지 기술에서 끌어왔을 뿐 인터넷의 영향력이 사회의 구조와 과정에서 걸러진다는 사실을 간파하지 못했기 때문이다. 이 사실은 인터넷의 영향력이 상이한 맥락에서 다르게 나타나는 이유를 설명한다.

이 책의 두 번째 중심 주제는 인터넷 자체가 단지 그 기술에 의해서가 아니라, 재원 및 조직화, 설계 · 상상 · 사용, 규제와 통제의 방식들에 의해서 형성된다는 점이다. 인터넷의 역사를 다룬 2장에서는 인터넷이 군사 관련 개념들을 따라 원형이 구성되었고 이후 과학, 저항 문화, 유럽의 공영 서비스의 가치에 의해 형성되는 과정을 제시했다. 그러나 이렇듯 대체로 시장화 이전의 형태를 지녔던 인터넷이 이후 상업화 및 점차 국가 검열의 손에 놓이게 되었다. 우리는 지금, 서구뿐만이 아니라 전 지구적인 차원에서 인터넷의 정신을 지키기 위한 전쟁의 한복판에 있다.

인터넷의 영향에 관한 두 번째 주제는 중반부의 장들에서 더욱 충실히 개진되었다. 3장은 '제3물결'이라 알려진바, 크리스 앤더슨과 제프 자비스같이 인터넷을 새로운 경제 형태와 존재 방식을 가져다줄 기술로 본 이론가들의 논의를 검토했다. 이들은 인터넷이 희소성보다 풍부함을 중시하고, 표준화 대신 다양성을 제공하고, 위계성을 참여와 민주화로 대체한다고 보았다. 그러나 인터넷의 비상업적인 발전에 관련된 공동체주의자들의 입장과 달리, 이러한 해석들은 모두 인터넷의 시장 모델에 기초하고 있다. 이들은 시장에 기반을 둔 인터넷이 증식시켜 온 무수한 왜곡들, 이를테면 기업 지배, 시장 집중화, 게이트키퍼의 통제, 피고용자 착취, 조작적인 권리 관리, '기기 상품 묶음tethered appliance'을 통한 경제적 배제, 정보 공유지 침해 등의 문제들을 간과한다. 세밀히 살펴보면 인터넷 시장은 비규제적 자본주의와 연관된 많은 문제점들을 안고 있다.

그렇다면 우리는 그저 더 이상 생각해 보아야 소용없다고 여기며 인터넷을 다르게 관리하는 방식이나 고민해야 할까? 이 물음은 엄청난 칭송을 받고 있는 현재 우리가 갖춘 체제를 모욕하는 듯 보인다. 이 체제는 억압적인 국가 통제보다 부드러운 통치를, 억압적인 관료 체제보다 전문가와 이용자에 의한 자기 규제를 수반하므로 이상적이라고 말해진다. 그러나 최근의 한 분석은 이렇듯 자기만족적인 현시가 은폐하는 실상을 드러낸다. 실제로 서구 국가들의 정부는 겉에서 보는 것처럼 부재하지 않으며, 군사적 · 경제적인 중요도가 점증하는 컴퓨터 네트워크에 대한 전략적 감시를 지속적으로 실행하고 있다. 이는 위키리크스의 당황스런 폭로를 막기 위해서 위키리크스에 대한 비용 지급을 거부하도록 신용 카드 회사에 압력을 가했던 미국 정부의 사례에서처럼 자의적인 개입의 형태나, 전직 국가안보국 요원인 에드워드 스노든이 고발한 내용처럼 확장적인 감시 네트워크의 형태로 나타날 수 있다. 더욱이 인터넷 통제는 소프트웨어 및 하드웨어를 제한하는 강력한 인터넷 기업들의 관할로 점차 넘어가고 있다. 자기 규제란 종종 통신망의 자유와 공공선의 요소를 위협하는 기업 규제 형태를 의미한다. 따라서 정부와 시장 통제로부터 독립적인, 더 좋은 규제 제도가 마련되어야 한다는 현재의 고려는 정당하다. 이 문제는 뒤에서 다시 다루어진다.

5장과 6장은, 소셜 미디어가 사회적 관계를 근본적으로 변혁하리라는 전망을 낳은 소셜 미디어의 획기적인 부상 현상에 주목했다. 개인들과 사회적 네트워크에 소통의 수단을 안겨 준 기술은 분명히 집합적인 힘을 증강시킨다고 주장되어 왔다. 자율, 접근, 참여, 다수성, 다원성처럼 긍정적인 개념들이 반복적으로 등장하면서 변화를 이끄는 힘이라는 이미지를 강화한다. 소셜 미디어가 자아 표현과 사회적 연결에 기여하는 즐거운 수단을 제공하고 사람들로 하여금 미디어 권력이라는 거점에 응대할 수 있도록 하고 (스페인에서처럼) 특정한 상황에서 급진적인 대항 공중counter-public 창출에 이바지하는 점은 사실이지만, 이에 대해 5장에서는 회의적인 견해가 제시되었다. 대체로 소셜 미디어는 집합적이기보다는 개인적인 해방에, 사회 변화보다는 (소비주의적이거나 개인화된 관점에서) 자아를 그럴듯하게 꾸며 전시하는 일에, (여전히 올드 미디어가 지배하는) 정치적 소통보다는 오락과 놀이에, 급진적인 대안보다는 엘리트와 기업 권력에 의해 정립된 사회적 의제에 연관된다. 예를 들어 트위터는 정치 변화보다 유명인의 생각을 엿듣는 일에 이용된다. 다시 말하면 소셜 미디어는 사회를 변화시키는 자율적 힘으로 기능하기보다는 그것이 위치한 더 넓은 환경에 의해 형성된다.

그렇다면 인터넷과 급진 정치는 어떻게 연결될까? 전통적인 정당 정치를 거부하고, 계급적인 사안을 떠나 급진적인 정체성 정치로 이행하고, 탈국경적으로 정치적 관심과 희망을 표현하는 젊은 세대는 조직화와 운동을 위한 수단으로 인터넷을 채택했다. 전 지구적이고 상호 작용적인 기술인 인터넷과, 보다 국제적이고 탈중심적이며 참여적인 정치 형태 사이에는 본성적인 친연성이 있다. 그러나 이러한 정치는 인터넷의 산물이기보다는 인터넷을 수단으로 이용해서 가능해진 것이다. 일부 사례 검토를 통해서 인터넷을 활용한 시위들에는 보다 근본적인 다른 원인들이 존재했음을 알 수 있었다. 예를 들면 주류 정치에 대한 실망, 높은 실업률과 계속되는 긴축 정치가 스페인의 포데모스같이 인터넷에 매우 능숙한 정당이 탄생할 수 있는 배경을 제공했다. 또한 아바즈와 38도의 사례에서 보듯이 인터넷에 힘입어 시위 동원에 새로운 차원의 창조적 자율성과 효율성이 도입되었지만 그와 연계된 급진 정치에는 많은 한계점이 보인다. 시위에서 드러난 다수의 목소리들은 연대를 구성하는 대신 그것을 파편화할 수 있다. 유연하고 의제에 기반을 두며 덜 제도적인 정치는 사회를 변화시키기 위한 협력의 기획에 그다지 큰 기여를 하지 못할 수 있다.

인터넷이 변화적인지 혹은 그렇지 않은지, 인터넷이 현존하는 정치 세력을 강화하는지 아니면 약화시키는지와 같은 이분법의 덫이 지닌 위험성을 인정하면서 그리고 인터넷을 매우 특정한 정황 안에서 평가하는 접근의 중요성을 인정하면서, 앞서 언급한 우리 자신의 경고에도 불구하고 모든 사항들을 맥락화하기란 매우 어렵다는 사실을 우리는 깨닫게 되었다. 특히 우리가 제시한 예들과 사례 연구는 매우 협소한 범위의 국가와 관점들에서 선별되었으므로 이와 상반된 견해들도 가능할 것이다.

그러나 우리는 지금까지 추진해 온 접근과 결론을 여전히 주장한다. 즉 인터넷이 단독으로 세계를 바꾸리라고 과거부터 지금까지 항상 말해져 왔지만 이는 옳지 않다. 이전의 모든 기술과 마찬가지로, 인터넷의 이용, 통제, 소유 그리고 과거의 발전과 미래의 잠재력은 모두 맥락에 따라 달라진다. 인터넷 개척자들의 꿈을 실현시키고자 한다면, 그 맥락에 도전해서 온라인 네트워크에 대한 공중의 감시 및 참여를 강화할 수 있는 새로운 방안을 요구해야 한다.

앞서 주장했듯이 인터넷은 본래 수익이 아니라 협력과 소통을 위해 발전되어 온 공공 정책의 산물이다. 그것은 오랫동안 정부, 시장, 코드, 공동체에 의해 규제되어 왔다. 그러나 그 지속적인 발전 과정에서 근본적인 변화를 겪으면서, 모든 시민을 위한 인터넷의 협력적이고 소통적인 잠재력은 폐쇄되고 사유화되었다. 이에 대해 팀 버너스리의 말은 귀 기울일 만하다.

> 웹이 여러 경로로 위협을 받고 있다. 그곳의 가장 성공적인 거주민들 몇몇이 그 원칙들을 조금씩 파먹기 시작했다. 거대 소셜 네트워킹 사이트들은 자신의 사이트 이용자들이 올린 정보를 웹의 다른 영역과 차단시킨다. 무선 인터넷 제공자들은 자신이 거래하지 않는 사이트들로 향하는 트래픽을 늦추려 한다. 전체주의적이든 민주적이든 각국 정부는 국민의 온라인 행태를 감시함으로써 주요 인권들을 위험에 빠뜨리고 있다 (Berners-Lee, 2010).

이 상황에서 인터넷과 유사하게 결정적 교차로에 직면했던 다른 산업, 예컨대 금융 분야에서 야기된 논쟁의 사례를 참조할 수 있다. 2008년 리먼 브라더스의 붕괴 및 연이어 발생한 금융 위기 이후에, 거시적인 입장을 지닌 논평자와 규제자들은 이 부문에 공적인 신뢰와 안정성을 회복하기 위해서 진지한 개혁이 필요하다는 점을 인식했다. 런던시를 규제하는 금융서비스위원회 의장인 어데어 터너Adair Turner 경도 그러한 인물이다. 그는 2009년 연설에서 금융 부문이 유사한 재난의 재발생을 예방하려면 실수로부터 배워야 하며 비즈니스 수행 방식을 변화시켜야 한다고 주장했다. "우리에게는 근본적인 개혁이 필요하다. 규제자들은 근본적으로 새로운 규제 및 감독 방식을 설계해야 하겠지만 우리 역시 과거의 규제 철학 전반에 새롭게 도전해야 한다"고 주장했다(Turner, 2009). 2년 후 (국제금융안정위원회의 설립 및 보다 강화된 은행 자체적인 통제 장치에도 불구하고) 개혁의 부진함에 실망한 그는 새로운 세금 제도 및 은행 운영에 대해 국가 개입의 가능성을 포함하는 '급진적 정책 선택radical policy options'을 포용하도록 금융계에 재차 촉구했다.

이 내용이 인터넷에 적용된다면, 그러한 조치가 창의성에 족쇄를 채우고 시장 원리를 왜곡시키리라는 반론이 첫 번째로 제기될 수 있다. 실제로 터너는 이러한 반대 주장을 정확하게 인식하며, 비판자들이 이러한 제안을 "유동성, 제품 개혁, 가격 책정, 시장 효율성에 '냉각 효과'를 가져온다는" 이유에서 습관적으로 거부해 왔다고 말했다(Turner, 2011). 이어 런던 시정에 몸담고 있는 사람으로서는 다소 놀랍게도 그는 "모든 금융 행위가 사회적으로 유용한 것은 아니며" 자유롭고 경쟁적인 금융 체계가 "항상 안정성이나 할당적 효율을 제공하는 것은 아니라"는 근거에서 이러한 반대 의견에 반박했다. 이는 은행 부문의 규제 완화가 소비자에게 폐해를 낳고 금융 체계 전체를 붕괴할 수 있다는 의견을 완곡하게 표현한 것이다.

우리가 이러한 주장들을 소개하는 이유는 금융 부문이 개혁되었거나 (실제로 개혁되지 않았다) 금융 산업 부문이 인터넷을 위한 모델로 적용되어야 하기 때문이 아니라(그렇게 되어서는 안 된다), '사회적으로 유용한' 결과를 산출하고 시장이나 정부에 자리 잡은 무책임한 세력들의 권력을 감시하기 위해서 핵심적인 공공 자원에 대한 규제가 가능하고 바람직하다는 점을 제안하기 위해서이다. 따라서 우리는 특정한 형태의 개입을 촉구한다. 그것은 경제학자인 코스타스 라파비차스Costas Lapavitsas가 국제 금융 위기에 대한 분석(2010)에서 제안했던 '시장 무력화 규제market-negating regulation'다. 급진적인 경제학자들이 충분한 근거를 가지고 금융 부문에 제안하는 바, 국가의 가격 규제, 이율 제한, 자본 시장 통제 등 공익의 이름 아래 있는 모든 항목들을 인터넷에 적용 못할 이유가 없다. 라파비차스는 우리가 너무나 '나쁜' 성격의 규제책을 가지고 있다고 주장했는데(그는 이를 '시장 순응적 규제market-conforming regulation'라고 부른다), 정확히 이는 인터넷과 관련해서 정부, 초국적 조직, 대규모 텔레콤 및 인터넷 기업이 공중 전반이 아니라 자신들을 위해서 합의한 거래, 관습, 실행에서 그대로 나타나는 현상이기도 하다.

이는 물론, 미국과 영국의 프리즘과 템포라 같은 거대 감시 프로그램에서 드러났듯이 (선출 여부와 무관하게) 정부가 디지털 공간을 독점하거나 디지털 공간에서 일어나는 일들을 지도하기 위해 권력을 사용하는 일이 일어나서는 안 된다는 점에서 '국가 무력화의 규제'로도 이어져야 한다. 그러나 정부 통제와 반대되는 의미에서, 공공 개입을 높이기 위해서 국가 권력이 이용될 수 있다는 생각은 새로운 것이 아니다. 예컨대 미국의 메디케어Medicare(노인 의료 보험 제도), 프랑스의 보건 보험 체계, 영국의 BBC 등을 생각해 보면, 이들은 국가에 의해 세워졌으나 어느 개별적인 행정부의 자산이 아니다. 우리는 국가와 일정 거리를 독립적으로 유지하면서 공공 재원으로 운영되는 (여러 상이한 사회 영역들이 참여하는) 조직과 국가로부터 독립적인 거리를 유지하는 (공적 책무를 지니는) 감독 기구 설립이 가능하다고 믿는다.

각국에 존재하는 인터넷의 상황적 특성을 고려할 때, 모든 요소들을 전부 포괄하는 일반화된 권고 사항을 제시하기란 어렵다. 따라서 발로의 자유주의적인 무장 요청 이후 약 15년이 흐른 오늘날 공익적 규제의 부활이나 본래 그들이 봉사해야 하는 공익에는 거의 관심을 두지 않은 채 기업과 정부의 권력 축적을 위해서만 기능하는 현 시장과 국가의 관계를 역전시키고자 우리 나름의 사이버 공간을 위한 선언을 제안하겠다. 이 접근은 개방성, 협력, 윤리적 행위의 원칙을 수호하기 위해 다양한 조직과 개인이 제안했던 이전의 많은 권리 장전들과 상충되지 않는다(Internet Rights & Principles Coalition, 2014; Jarvis, 2011을 보라). 이는 불투명성, 불평등, 비윤리적인 행위가 갈수록 악화되는 환경에서 본래의 목표들이 보호되고 배양될 수 있는 메커니즘을 찾으려는 시도다.

우리는 재분배적redistributional 공적 개입으로 다음 사항들이 강화되어야 한다고 요청한다.

- 우리가 과도하게 노출되고 있는 고속의 처널리즘churnalism이 아니라, 보다 많은 수의 취재원으로 보강되고 독자와 뉴스 보도를 더욱 잘 연결할 수 있는 인터넷의 능력을 활용한 온라인 저널리즘. 이렇듯 유의미한 새로운 저널리즘을 위한 실험 비용은 광고료 세금으로 충당될 수 있다. 예컨대 크리스티안 푹스는 미국, 영국, 독일 등의 국가에서 광고료에 세금 10%를 부과할 경우에 수십억 유로에 달하는 재원이 만들어질 수 있다고 예측한다(Fuchs, 2015). 이는 오로지 공익 저널리즘 발전을 위한 자금으로 엄격하게 분리되어 사용돼야 한다.
- 경제적 불확실성의 시기에 정부의 요망에 따라 민간이 건설하는 유

료 도로가 아니라, 시민의 필요에 봉사하기 위해 공적 시설로 건설된 광대역 인프라 구조. 여기에는 1930년 경제 불황에 대처하기 위해 세워졌던 미국의 공적 사업 기획의 수준에 버금가는 새로운 인터넷 진흥 기구Internet Works Progress Administration의 설립이 포함된다.

- 정부와 기업의 감시와 광고를 목적으로 사용되는 상품으로서가 아니라 보건, 교통, 공공 서비스를 위한 비수익용 협력체로서의 '빅 데이터' 이용. 이는 에브게니 모로조프의 주장처럼 데이터 센터를 '사회화'함을 의미한다. 즉 시민들이 '자신의 삶을 보다 공동 방식으로 운영할 수 있도록' 데이터의 법적 지위를 변경하는 것이다.
- 개인 정보 보호 및 데이터의 보호. 많은 도시들에서 민간 개발업자들을 상대로 시민이 이용 가능한 가격 수준의 주택을 건설하기를 요구하는 방안들이 활성화되고 있듯이 인터넷에도 개인 정보를 위협하고 데이터를 상업화하는 쿠키나 추적 장치 없이 사람들이 전적으로 자유롭게 사용할 수 있는 공간을 공급하도록 하는 디지털 중개업자 의무 조항이 만들어져야 한다.
- 공공 재원으로 운영되는 범국가 범위의 사이트를 통해서 집합적인 관심의 사안을 이야기할 수 있는 시민 역량이 신장되어야 한다. 이는 브랜드화된 소비자로 만들어지는 인위적인 국제 공동체와 다르다. 이에 필요한 비용은 거대 첨단 기술 기업들이 현재는 매우 낮은 정도의 세금만 내고 있는데, 여기서 남은 부수입을 공중을 대표하는 재정 단체에 재투자하도록 하는 납세 체계의 개혁을 통해서 충당될 수 있다.
- 구글이나 페이스북같이 매우 열악한 감시 및 책임 체계를 갖춘 주류 인터넷 기업에 의해 통제되지 않으며 대신 공중의 이름으로 규제되는 네트워크에서 콘텐츠(오락, 뉴스, 정보, 교육 등) 유통. 이는 '보통

의' 패킷 대신 '프리미엄' 유통이 예외적인 특혜를 받는 경우 따위를 허용하지 않는, 굳건한 망 중립성을 의미한다.

우리가 악독한 디지털 부호들로부터 인터넷을 구원할 획기적인 무엇인가가 하늘에서 떨어져 주기를 바라는 것은 아니다. 다만 보다 민주적인 인터넷의 조건을 창출하기 위해 구성 가능하고 성취 가능한 개입, 즉 공적 의지가 살아 있는 숙의적인 공공 정책을 요청한다.

이는 재분배적 정책에 대한 주장이라고 말할 수 있다. 그 내용은 개방적 네트워크와 공영적인 콘텐츠를 위한 재원 마련을 위해 사적 커뮤니케이션 기업에 세금과 추가 부담금을 부과하는 방안을 발전시키고, 오픈 액세스로 제공되어야 마땅한 네트워크로부터 이용자들의 배제를 야기하는 차단 및 저작권 기제를 제어하고, 디지털 권리 관리 등의 행태를 금지함으로써 지적 재산권 체제를 개선하는 방안, 경제 수준 · 지역 · 배경 · 연령에 무관하게 인터넷 이용자들이 혜택을 누릴 수 있도록 인터넷의 재원 및 규제 조건을 각국의 특수성에 맞추어 창출하는 방식 등을 가리킨다. 우리는 각국 상황에서 가능한 정도에 따라 개입의 양상이 달라지리라고 생각하지만 이러한 변화가 불가능하다고는 믿고 싶지 않다. 결론적으로 우리는 경제와 사회의 여타 핵심 분야에서 적용되어 왔듯이(예컨대 미국 자동차 산업, 영국의 금융, 아르헨티나의 항공, 미국의 담보 대출 제공 등) 핵심적인 자원에 대한 공공의 통제를 요구한다.

무엇이 가능할지에 대해 한 가지 사례를 들어보자. 국제적 발전의 목표를 지원하기 위해 국제적 금융 거래에 부과되는 세금인 토빈세 Tobin Tax[95]를 지지하는 목소리가 세계적으로 높아가고 있다. 개방적인 인터넷 환경의 발전이 21세기 정책에서 우선성을 지닌다는 점에 동의한다면, 정보와 소통에 대한 수요로부터 수익을 얻는 이들이 그러한 환경의 건설과 유지를 위해 전적으로 충실히 기여하는 메커니즘을 요구하지 못할 이유가 있겠는가? 〈포춘Fortune〉의 500개 기업 리스트에 포함된, 컴퓨터 소프트웨어와 하드웨어, 인터넷 서비스와 판매, 오락과 텔레커뮤니케이션 부문들에 속한 미국 기업들의 영업 수익의 1%에 세금을 물리기만 해도 매년 17억 달러 이상의 금액을 거둘 수 있다. 이것을 인터넷이 기본적으로 가능하도록 만든 프로토콜의 창시자로 알려진 빈트 서프를 기리는 의미에서 서프세Cerf Tax라고 부르기를 우선 제안하지만, 물론 다양한 방식으로의 세계적 변용이 가능하다. 이 자금은 비수익성 기구의 참여적인 평가를 통해서 예컨대 비소유적 콘텐츠, 커뮤니티 광대역 사업, 공공 저널리즘 스타트업, 공공 소프트웨어 랩의 발전을 지원하는 방식으로 분배될 수 있다.

인터넷은 전환기를 맞고 있다. 많은 사람들이 인터넷의 실제 효과와 의미에 대해 과장하고 혼란스러워하지만, 그 발전은 분명 이해되고 보호되고 가치가 부여되어야 하는 지극히 중요한 기술이라는 점을 이 책은 강조했다. 시장이나 국가에 의한 차별 없이 공익을 위해 운영되는 인터넷을 요구할 때가 되었다. 이는 우리가 노선의 방향을 전환하여 인터넷을 책임지고 있던 기존의 제도적 지도자들의 손으로부터 인터넷을 해방시켜야 함을 의미한다. 정치인, 군사 전문가, 회계사들에게 맡겨 두기에는 인터넷은 너무나 중요하다. 인터넷은 공공 영역에서 태어났으며 그 미래의 가정도 바로 그곳에서 찾아져야 한다.

---

95 노벨 경제학상 수상자인 제임스 토빈James Tobin이 1978년에 주장한 세제로 단기성 외환거래에 부과하는 세금이다. — 옮긴이

참고 문헌

한국어판 머리말

BBC (2014). "FCC votes to proceed with net neutrality rules," BBC News, 15 May. Available HTTP: 〈http://www.bbc.co.uk/news/technology-27426937〉 (accessed May 2014).

Cha, H-J. (2012). "News Tapa Announces the Re-birth of Dying Journalism," worldyannews.com, 2012/02/03.Available HTTP: 〈http://www.worldyannews.com/news/quickViewArticleView.html?idxno=1843〉 (Accessed 20 May 2014).

Choe, Sang-Hun (2013). "Prosecutors Detail Attempt to Sway South Korean Election," *New York Times*, November 21, 2013 Available HTTP: 〈http://www.nytimes.com/2013/11/22/world/asia/prosecutors-detail-bid-to-sway-south-korean-election.html?_r=0〉 (accessed 20 May 2014).

Curran, J. et al. (2013). "Internet Revolution Revisited: A Comparative Study of Online News," *Media, Culture and Society*, 35 (7) 2013, 880～897.

Doucette, J. & Koo, S-W. (2014). "Distorting Democracy: Politics by Public Security in Contemporary South Korea," *Asia-Pacific Journal*, 12 (8), online update. Available HTTP: 〈http://doam.org/index.php/projekte/frieden-und-sicherheit/geteiltes-korea/2275-2013now-in-korea-distorting-democracy〉 (accessed 20 May 2014).

Economist (2014). "Now or Naver," *Economist*, 1 March. Available HTTP: 〈http://www.economist.com/news/business/21597937-home-south-koreas-biggestweb-portal-has-thrashed-yahoo-and-kept-google-bay-now-its〉 (accessed May 2014).

Economist (2014). "Success Abroad but Scandal at Home," May 1 Available HTTP: 〈http://www.economist.com/news/asia/21597947-success-abroad-scandal-home-president-spying-trouble〉 (accessed 20 May 2014).

Greenwald, G. (2014). *No Place to Hide: Edward Snowden, the NSA, and the Surveillance State*. New York: Metropolitan Books.

Internet Rights & Principles Coalition (2013). Charter of Human Rights and Principles on the Internet. Available HTTP: 〈http://internetrightsandprinciples.org/site/wp-content/uploads/2014/02/IRP_booklet_2nd-Edition14Nov2013.pdf〉 (accessed May 2014).

Koetsier, J. (2013). "Facebook, Google, Groupon, and Twitter led all companies in private acquisitions in 2012," VB News, 7 February. Available HTTP: 〈http://venturebeat.com/2013/02/07/facebook-google-groupon-and-twitter-led-all-companies-in-private-acquisitions-in-2012/〉 (accessed May 2014).

Korean Internet & Security Agency (2013). Survey on the Internet Usage, December. Seoul: MSIP/KISA. Available HTTP: 〈http://isis.kisa.or.kr/eng/board/?pageId=040100&bbsId=10&itemId=326〉 (accessed May 2014).

Lee, Y. (2013). "Disclosure of South Korean Offshore Secrecy Raises Demand for Tax Investigation," Available HTTP: 〈The Global Muckraker, http://www.icij.org/blog/2013/05/disclosure-south-korean-offshore-secrecy-raises-demand-tax-investigation〉 (accessed 20 May 2014).

Penny, L. (2014). "David Cameron's internet porn filter is the start of censorship creep," *Guardian*, 3 January. Available HTTP: 〈http://www.theguardian.com/commentisfree/2014/jan/03/david-cameron-internet-porn-filter-censorship-creep〉 (accessed May 2014).

Song, K-H. & Lee, W. (2013). "South Korean 'Paper Companies' Found in Onshore Tax Haven," Available HTTP: HanGyeReg, 〈http://www.hani.co.kr/arti/english_edition/e_business/588742.html〉 (accessed 20 May 2014).

Tiffen, R. et al. (2014). "Sources in the News: A Comparative Study," Rodney Tiffen, Paul K. Jones, David Rowe, Toril Aalberg, Sharon Coen, James

Curran, *Journalism Studies*, Volume 15, 2014–Issue 4, pp.374~392.

We Are Social (2014). "Internet Penetration by Country," 8 January. Available HTTP: 〈http://www.slideshare.net/wearesocialsg/social-digital-mobile-around-the-world-january-2014〉 (accessed May 2014).

1장

Aalberg, T. et al. (2013). "International TV News, Foreign Affairs Interest and Public Knowledge," *Journalism Studies*, 14 (3): 387~406.

Aalberg, T. & Curan, J. (2012) (eds). *How Media Inform Democracy*, New York: Routledge.

Advertising Association/Warc (2015). "Drive to Digital sends UK Advertising to its Highest Growth for Four Years," *Advertising Association* 21 April. Online. Available HTTP: 〈http://expenditurereport.warc.com/FreeContent/Q4_2014.pdf〉 (accessed 13 June 2015).

Agre, P. (1994). "Networking and Democracy," *The Network Observer*, 1 (4). Online. Available HTTP: 〈http://polaris.gseis.ucla.edu/pagre/tno/april-1994.html〉 (accessed 4 May 2011).

Ahearn, C. (2009). "How Will Journalism Survive the Internet Age?," *Reuters*, 11 December. Online. Available HTTP: 〈http://blogs.reuters.com/from-reuterscom/2009/12/11/how-will-journalism-survive-the-internet-age/〉 (accessed 10 June 2011).

Akdeniz, Y. (2009). *Racism on the Internet*, Strasbourg: Council of Europe Publishing.

Anderson, C. (2006). *The Long Tail*, London: Random House Business Books.

Anderson, J. (2005). *Imagining the Internet*, Lanham, MD: Rowman and Littlefield.

Antonio, A. & Tuffly, D. (2014). "The Gender Digital Drive in Developing Countries," *Future Internet*, 6: 673~687.

Atkinson, R., Ezell, S. J., Andes, S. M., Castro, D. D. & Bennett, R. (2010). "The Internet Economy 25 Years After. Com: Transforming Commerce and Life," The Information Technology & Innovation Foundation. Online. Available

HTTP: 〈http://www.itig.org/files/2010-25-years.pdf〉 accessed 2 February 2011)

Back, L. (2001). "White Fortresses in Cyberspace," *UNESCO Points of View*. Online. Available HTTP: 〈http://www.unesco.org/webworld/points_of_views/back.shtml〉 (accessed 4 June 2011).

Bar, F. with Simard, C. (2002). "New Media Implementation and Industrial Organization," in L. Lievrouw & S. Livingstone (eds), *The Handbook of New Media*, London: Sage.

Barry, E. & Flint, J. (2010). *Self-Esteem, Comparative Poverty and Neighbourhoods*, York: Joseph Rowntree Foundation.

Barthel, L. M. (2008). *Unequal Democracy: The Political Economy of the New Guilded Age*, Princeton: Princeton University Press.

Barthel, M. (2015). "Newspapers: Fact Sheet," *State of the News Media 2015*, Pew Research Center, April. Online. Available HTTP: 〈http://www.journalism.org/2015/04/29/newspapers-fact-sheet/〉 (accessed 16 June 2015).

Bauman, Z. (2001). *The Individualised Society*, Cambridge: Polity Press.

Beckett, C. (2008). *Supermedia*, Oxford: Blackwell.

Benkler, Y. (2006). *The Wealth of Networks*, New Haven, CT: Yale University Press.

Bennett, L. W. (2003). "Communicating Global Activism," *Information, Communication & Society*, 6(2): 143~168.

Berger, J. & Morgan, J. (2015). "The ISIS Twitter Census: Defining and Describing The Population Of ISIS Supporters On Twitter," Brookings Center for Middle East Policy. Online. Available HTTP: 〈http://www.brookings.edu/~/media/research/files/papers/2015/03/isis-twitter-census-berger-morgan/isis_twitter_census_berger_morgan.pdf〉 (accessed 22 May 2015).

Bimber, B. (2014). "Digital Media in the Obama Campaigns of 2008 and 2012: Adaptation to the Personalized Political Communication Environment," *Journal of Information Technology & Politics*, 11(2): 130~150.

Birch, S., Gottfried, G. & Lodge, G. (2013). "Divided Democracy: Political Inequality in the UK and Why it Matters," IPPR. Online. Available HTTP:

〈http://www.ippr.org/assets/media/images/media/files/publication/2013/11/divided-democracy_Nov2013_11420.pdf?noredirect=1〉 (accessed 23 May 2015).

Blinder, A. (2015). "Why Did We Learn from the Financial Crisis, the Great Recession, and the Pathetic Recovery?," *The Journal of Economic Education*, 16(2): 135~149.

Blodget, H. (2008). "Why Wall Street Always Blows It···," *The Atlantic Online*. Online. Available HTTP: 〈http://www.theatlantic.com/magazine/archive/2008/12/whywall-street-always-blows-it/7147/〉 (accessed 12 February 2011).

Boas, T. C. (2006). "Weaving the Authoritarian Web: The Control of Internet Use in Nondemocratic Regimes," in J. Zysman & A. Newman (eds.), *How Revolutionary Was the Digital Revolution? National Responses, Market Transitions, and Global Technology*, Stanford, CA: Stanford Business Books.

Boczkowski, P. (2010). *News at Work*, Chicago: University of Chicago Press.

Bohman, J. (2004). "Expanding Dialogue: The Internet, the Public Sphere and Prospects for Transnational Democracy," *Sociological Review*, 131~155.

Bordo, M., Jonung, L. & Markiewicz, A. (2013). "A Fiscal Union for the Euro: Some Lessons from History," *CESifo Economic Studies*, 59(3): 449~488.

Boulianne, S. (2015). "Social Media Use and Participate: A Meta-analysis of Current Research," *Informatiom, Communication & Society*, 18(5): 524~538.

Bucchionim P., Liu, X. & Weidenhamer, D. (2015). "Quarterly Retail E-Commerce Sales, 4th Quarter 2015," U.S. Census Bureau News, U.S Department of Commerce, Washington, D.C., 17 February. Online. Available HTTP: 〈http://www.census.gov/retail/mrts/www/data/pdf/ec_current.pdf〉 (accessed 12 May 2015).

Bulashova, N. & Cole, G. (1995). "Friends and Partners: Building Global Community on the Internet," paper presented at the Internet Society International Networking Conference, Honolulu, Hawaii, June.

Cairncross, F. (1997). *The Death of Distance*, Boston: Harvard Business School Press.

Cammaerts, B. (2008). "Critiques on the Participatory Potentials of Web 2.0,"

Communication, Culture and Critique, 1(4): 358~377.

Cassidy, J. (2002). *Dot.con: How America Lost its Mind and Money in the Internet Era*, New York: Harper Collins.

Castells, M. (2001). *The Internet Galaxy*, Oxford: Oxford University Press.

Castells, M. (2012). *Networks of Outrage and Hope*, Cambridge: Polity Press.

Castells, M. (2015). *Networks of Outrage and Hope*, (2nd ed.), Cambridge: Polity Press.

Cattaneo, O., Gereffo, G. & Staritz, C. (2010). "Global Value Chains in a Postcrisis World: A Development Perspective," Washington, D.C.: The World Bank. Online. Available HTTP: 〈http://www.chhc.duke.edu/pdfs/Gereffo_GVCs_in_the_Posrcrisis_World_Book.pdf〉 (accessed 15 June 2015).

Cellan-Jones, R. (2001). *Dot.bomb: The Rise and Fall of Dot.com Britain*, London: Aurum.

Chadwick, A. (2006). *Internet Politics: States, Citizens and New Communication Technologies*, Oxford: Oxford University Press.

Chysostome, E. & Rosson, P. (2004). "The Internet and SMES Internationalization: Promise and Illusions," paper delivered at Conference of ASAC, Quebec, Canada, 5 June. Online. Available HTTP: 〈http://libra.acadiau.ca/library/ASAC/v25/articles/Chtysostome-Rosson.pdf〉 (accessed 23 Octorber 2011).

Cingano, F. (2014). "Trends in Income Inequality and its Impact on Economic Growth," OECD Social, Employment and Migration Working Papers, No.163, OECD Publishing. Online. Available HTTP: 〈http://dx.doi.org/10.1787/5jxrjncwxv6j-en〉 (accessed 15 June 2015).

Coleman, S. (1999). "New Media and Democratic Politics," *New Media and Society*, 1(1): 62~74.

Coleman, S. & Blumler, J. (2008). *The Internet and Democratic Citizenship*, Cambridge: Cambridge University Press.

Commission on Poverty, Participation and Power (2000). "Listen Hear: The Right to be Heard," Report of the Commission on Poverty, Participation and Power, Bristol: Policy Press. Online. Available HTTP: 〈http://www.jrf.org.uk/publications/listen-hear-right-be-heard〉 (accessed 10 January 2011).

Conway, M. (2006). "Terrorism and the Internet: New Media — New Threat?," *Parliamentary Affairs*, 59(2): 283~298.

Cook, E. (1999). "Web Whiz-kids Count Their Cool Millions," *Independent*, 25 July, p.10.

Cook, C., Sirkkunen, E. & Pekkala, P. (2012). "Conclusions," Chasing Sustainability on the Net: International Research on 69 Journalistic Pure Players and Business Models, Sirkkunen, Esa and Cook, Clare (eds), Tampere Research Centre for Journalism, Media and Communication. Online. Available HTTP: 〈http://tampub.uta.fi/birstream/handle/10024/66378/chasing_sustainability_on_the_net_2012.pdf?sequence=1〉 (accessed 13 June 2015).

Couldly, N. (2010). "New Online Sources and Writer-Gatherers," in N. Fenton (ed.), *New Media, Old News*, London: Sage.

Couldry, N., Livingstone, S. & Markham, T. (2007). *Media Consumption and* Public Engagement, Basingstoke: Palgrave Macmillan.

Crouch. C. (2004). *Post-Democracy*, Cambridge: Polity Press.

Curran, J. (2002). *Media and Power*, London: Routledge.

Curran, J. (2011). *Media and Democracy*, London: Routledge.

Curran, J. (2012). "The Internet and the Transformation of Journalism" in J. Lloyd & J. Winter (eds.), *Media, Politics and the Public*, Stockholm: Ax: son Johnson Foundation.

Curran, J., Lund, A., Iyengar, S. & Salovaara-Moring, I. (2009). "Media System, Public Knowledge and Democracy: A Comparative Study,"*European Journal of Communication*, 24 (1): 5~26.

Curran, J. & Hayashi, K. (2013). "Politically Disinterested," *Society Now*, 17, 22~23.

Curran, J. et al. (2013). "Internet Revolution Revisited: A Comparative Study," *Media, Culture and Society*, 35(7): 880~897.

Curran, J. et al. (2014). "Reconsidering 'Virtuous Circle' and 'Media Malaise' Theories of the Media: An 11–Nation Study," *Journalism*, 15(7): 815~833.

Dahlgren, P. (2005). "The Internet, Public Spheres, and Political Communication:

Dispersion and Deliberation," *Political Communication*, 22: 147~162.

Daniels, J. (2008). "Rase, Civil Rights, and Hate Speech in the Digital Era" in A. Everett (ed.). *Learning Race and Ethnicity: Youth and Digital Media*, The John D. & Catherine T. Mac Arthur Foundation Series on Digital Media and Learning, Cambridge, MA: MIT Press, 129~154.

Davies, N. (2008). *Flat Earth News*, London: Chatto and Windus.

Davis, A. (2010). *Political Communication and Social Theory*, London: Routledge.

Deighton, J. & Quelch, J. (2009). *Economic Value of the Advertising-Supported Internet Ecosystem*, Cambridge, MA: Hamilton Consultants Inc.

Dencik, L. (2011). *Media and Global Civil Society*, Basingstoke: Palgrave Macmillan.

Deuze, M. (2009). "The People Formerly Known as the Employers,"*Journalism*, 10(3): 315~318.

Di Genarro, C. & Dutton, W. (2006). "The Internet and the Public: Online and Offline Political Participation in the United Kingdom," *Parliamentary Affairs*, 59(2): 299~313.

Downie, L. & Schudson, M. (2010). "The Reconstruction of America Journalism," *Columbia Journalism Review*. Online. Available HTTP: 〈http://www.cjr.org/reconstruction/the_reconstruction_of_american.php〉 (accessed 10 January 2010).

Dranove, B. & Schaefer, S. (2010). *Economics of Strategy*, (5th ed.). Hoboken, NJ: John Wiley.

du Rausas, P., Manyika, J., Hazan, E., Bughin, J., Chui, M. & Said, R. (2011). "Internet Matters: The Net's Sweening Impact on Growth. Job and Prosperity," McKinsey Global Institute. Online. Available HTTP: 〈www.mckinsey.com/Insights/MGI/Research/Technology_and_Innovation/Internet_matters〉 (accessed 5 May 2014).

Dutton, W., Blank, G. with Groselj, D. (2013). "Cultures of the Internet: The Internet in Britain," Oxford Internet Survey 2013. Oxford Internet Institute, University of Oxford. Online. Available HTTP: 〈http://oxis.oil.ox.ac.uk/wp-content/uploads/214/11/OxIS-2013.pdf〉 (accessed 18 May 2015).

Edmunds, R., Guskin, E. & Rosenstiel, T. (2011). "Newspapers: Missed the 2010 Media Rally," *The State of the News Media 2011*, Pew research Center's Project for Excellence in Journalism. Online Available HTTP: 〈http://stateofthemedia.org/2011/newspaprer-sessay/〉 (accessed 20 August 2011).

Ehlers, V. (1995). "Beyond the Cyberhype: What the Internet Means to the Congressman of the Future," *Roll Call*, 1 October.

Elmer-Dewitt, P. (1994). "Battle for the Soul of the Internet," *Time*, 144(4): 50~57.

Eskelsen, G., Marcus, A. & Ferree, W. K. (2009). *The Digital Economy Fact Book*, 10th edn, The Progress and Freedom Foundation. Online. Available HTTP: 〈http://www.pff.org/issues-pubs/books/factbook_10th_Ed.pdf〉 (accessed 2 April 2011).

Farwell, J. (2014). "The Media Strategy of ISIS," *Survival: Global Politiccs and Strategy*, 56: 6, 49~55.

FCC (2011). "The Information Needs of Communities: The Changing Media Landscape in a Broadband Age," Federal Communications Commission. Online. Available HTTP: 〈http://apps.fcc.gov/edocs_public/attachmatch/DOC-307406A1.pdf〉 (accessed 17 June 2015).

Fenton, N. (2008). "Mediating Hope: New Media, Politics and Resistance,"*International Journal of Cultural Studies*, 11: 230~248.

Fenton, N. (ed.) (2010a). *New Media, Old News: Journalism and Democracy in the Digital Age*, London: Sage.

Fenton, N. (2010b). "NGOs New Media and the Mainsteam News: News from Everywhere" in N. Fenton (ed.). *New Media, Old News*, London Sage.

File, T. & Ryan, C. (2014). "Computer and Internet Use in the United States: 2013," U.S. Department of Commerce, U.S. Census Bureau. Online. Available HTTP: 〈〈http://www.census.gov/content/adm/Census/library/publications/2014/acs/acs-28.pdf〉 (accessed 22 May 2015).

Forrester Research (2014). "Digital Ad Spend to Reach $103B by 2019," Media Resources, 4 November. Online. Available HTTP: 〈http://www.forrester.com/digital+ad+spend+to+reach+103b+by+2019/-/e/pre7448〉 (accessed 13 June 2015).

Foster, J. & McChesney, R. (2011). "The Internet's Unholy Marriage to Capitalism," *Monthly Review* (March). Online. Available HTTP: 〈http://monthlyreview.org/110301foster-mchesney.php〉 (accessed 4 June 2011).

Foster, J., McChesney, R. & Jonna, R. (2011). "Monopoly and Competition in Twenty-First Century Capitalism," *Monthly Review*, 62: 11.

Fraser, N. (2007). "Transnationalizing the Public Sphere: On the Legitimacy and Efficacy of Public Opinion in a Post-Westphalian World," *Theory, Culture and Society*, 24(4): 7~30.

Freuburger, T. & Crane, J. S. (2008). "A Systematic Examination of Terrorist Use of the Internet," *International Journal of Cyber Criminology*, 2(1): 309~319.

Fukuvama, F. (2002). *Our Posthuman Future*, New York: Farrar, Straus and Giroux.

Gates, B. (1995). "To Make a Fortune on the Internet, Find a Niche and Fill it," *Seattle Post-Intelligencer*, 6 December.

George, C. (2005). "The Internet's Political Impact and the Penetration/Particpation Paradox in Malaysia and Singapore," *Media, Culture and Society*, 27 (6): 903~920.

George, C. (2007). *Contentious Journalism and the Internet*, Seattle: University of Washington Press.

Gerstenfeld, P. B., Grant, D. R. & Chiang, C. (2003). "Hate Online: A Content Analysis of Extremist Internet Sites," *Analyses of Social Issues and Public Policy*, 3 (1): 29~44.

GFK and IAB (2014). "Original Digital Video Consumer Study," GFK Media & Entertainment, April, Online. Available HTTP: 〈http://www.jab.net/media/file/GfKIAB2014OriginnalDigitalVideoReport.pdf〉 (accessed 24 May 2015).

Ghoshal, S. (1992). "Global Strategy: An Organizing Framework," in F. Root & K. Visudtibhan (eds.), *International Strategic Management: Challenges and Opportunities*, New York: Taylor and Francis.

Gilder, G. (1994). *Life After Television*, New York: Norton.

Gray, G. & Caul, M. (2000). "Declining Voter Turnout in Advanced Industrial Democracies, 1950 to 1997: The Effects of Declining Group Mobilization,"

Comparative Political Studies, 33 (9): 1091~1112.

Groot, Sietske de (2011). Small Businesses and Online Trading, Federation of Small Businesses. Online. Available HTTP: 〈http://www.fsb.org.uk/policy/assets/fab1144%20online%20trading%20report_web.pdf〉 (accessed 14 May 2015).

Grossman, L. K. (1995). *The Electronic Republic: Reshaping Democracy in the Information Age*, New York: Viking.

Hahn, H. (1993). *Voices from the Net*, 1.3, 227 October. Online Available HTTP: 〈http://www.spunk.org/library/comms/sp000317.txt〉 (accessed 7 November 2010).

Hay, C. (2007). *Why We Hate Politics*, Cambridge: Polity Press.

Hill, K. & Hughes, J. (1998). *Cyberpolitics*, Lanham, MD: Rowman and Littlefield.

Hindman, M. (2009). *The Myth of Digital Democracy*, Princeton: Princeton University Press.

Hirsch, D. (2007). "Experiences of Poverty and Educational Disadvantage,"Joseph Rowntree Foundation. Online. Available HTTP: 〈http://www.jrf.org.uk/publications/experiences-poverty-and-educational-disadvantage〉 (accessed 5 January 2011).

Horgan, G. (2007). "The Impact of Poverty on Young Children's Experience of School," Joseph Rowntree Foundation. Online. Available HTTP: 〈http://www.jrf.org.uk/publications/impact-poverty-young-childrens-experience-school? (accessed 20 January 2011).

Hunt, J. (2011). "The New Frontier of Money Laundering: How Terrorist Organizations use Cyberlaundering to Fund Their Activities, and How Governments are Trying to Stop Them," *Information & Communications Technology Law*, 20 (2): 133~152.

Hvistendahl, M. (2014). "Study Exposes Chinese Censors' Deepest Fears,"*Science*, 345 (6199): 859~860.

IAB Canada (2014). "2013 Actual + 2014 Estimated Canadian Internet Advertising Revenue Survey," Interactive Advertising Bureau of Canada, 17 September. Online. Available HTTP: 〈http://iabcanada.com/files/Canadian-Internet_AdRew-Survey_2013-14.pdf〉 (accessed 13 June 2015).

Ibrahim, Y. (2006). "The Role of Regulations and Social Norms in Mediating Online Political Discourse," PhD dissertation, LSE, University of London.

Inquest (2009). "Briefing on the Death of Ian Tomlinson," *Inquest*, June 2009. Online. Available HTTP: 〈inquest.org.uk/pdf/INQUEST_ian_tomlison_briefing_jun_2009.pdf〉 (accessed 14 October 2015).

Intel (2013). "Women and the Web: Bridging the Internet Gap and Creating New Global Opportunities in Low and Middle-Income Countries,"Online. Available HTTP: 〈http://www.intel.com/content/www/us/en/technology-in-education-women-in-the-web.html〉 (accessed 18 May 2014).

International Telecommunications Union (2010). "ITU Calls for Broadband Internet Access for Half of the World's Population by 2015," ITU News, 5 June. Online. Available HTTP: 〈http://www.itu.int/net/itunews/issues/2010/05/pdf/201005_12.pdf〉 (accessed 10 January 2011).

Internet World Stats (2015a). "Internet Users in the World: Distribution by World Regions." Online. Available HTTP: 〈http://www.internetworldstats.com,stats.htm〉 (accessed 18 May 2015).

Internet World Stats (2015b). "Internet World Statistics: Usage an Population Statistics." Online, Available HTTP: 〈http://www.internetworldstats.com/stats4.htm〉 (accessed 17 May 2015).

Interent World Stats (2015c). "Internet World Statistics: The Pig Picture."Online. Available HTTP: 〈http://www.internetworldstats.com/stats.htm〉 (accessed 16 May 2015).

Internet World Stats (2015d). "Internet World Users by Language." Online. Available HTTP: 〈http://www.internetworldstats.com/stats7.htm〉 (accessed 22 May 2015).

Internet World Stats (2015e). "Asia Internet Users." Online Available Htttp 〈http://www.internetworldstats.com/asia.htm〉 (accessed 16 July 2015).

Jackson, D. & Moloney, K. (2015). "Inside Churnalism: PR, Journalism and Power Relationships In Flux," *Journalism Studies* (ahead-of-print), 1~18.

Jackson, J. (2013). "Datawatch: Global Newspaper Circulation in Decline as Disruption Reaches Emerging Economics," The Media Briefing, 11 February

2013. Online. Available HTTP: 〈http;//www.themediabriefing.com/article/datawatch-circulation-decline-developing-economies,' (accessed 11 July 2013).

Jipguep, J. (1995). "The Global Telecommunication Infrastructure and the Information Society," Proceedings ISOC INET '95. Online. Available HTTP: 〈http://www.isoc.org/inet95/proceedings/PLENARY/L1-6/html/paper.html〉 (accessed 10 January 2010).

Johnson, N. (2014). "Nielsen Data Report: April 2014," Mediatel Newsline, 10 June. Online. Available HTTP: 〈http://mediatiel.co.uk/newsline/2014/06/10/nielsen-data-report-april-2014/〉 (accessed 11 June 2015).

Joyce, M. (2007). "The Citizen Journalism Web Site 'OhmyNews' and the 2002 South Korean Presidential Election," Available HTTP: 〈http://cyber.law.harvard.edu/site/cyber.law.harvaard.edu/files/Joyce_South_Korea_2007.pdf〉 (accessed 24 July 2011).

Juris, J. (2005). "The New Digital Media and Activist Networking within Anti-Corporate Globalization Movements," *The Annals of the American Academy*, 597: 189~208.

Juris, J. (2012). "Reflections' on #Occupy Everywhere: Social Media, Public, Space, and Emerging Logics of Aggregation," *American Ethnologist*, 39 (2): 259~279.

Jurkowitz, M. et al. (2013). "The Changing TV News Landscape," The State of the News Media 2013, The Pew Research Center's Project for the Excellence in Journalism. Online. Available HTTP: 〈http://www.stateofthemedia.org/2013/special-reports-land-ing-page/the-changing-tv-news-landscape/〉 (accessed 17 June 2015).

Kalapese, C., Willersdorf, S. & Zwillenburg, P. (2010). The connected Kingdom, Boston Consulting Group. Online. Available HTTP: 〈http://www.connected-kingdon.co.uk/downloads/bcg-the-connected-kingdom-oct.pdf〉 (accessed 14 August 2011).

Kalathil, S. & Boss, T. C. (2003). *Open Networks, Closed Regimes: The Impact of the internet on Authoritarian Rule*, Washington, D.C.: Carnegie Endowment for International Peace.

Kelly, K. (1999). "The Roaring Zeros," *Wired*, September. Online. Available HTTP: 〈http://www.wired.com/archive/7.09/zeros.html〉 (accessed 10 December 2010).

Kenyon, A. (2010). "Investigating Chilling Effects: News Media and Public Speech in Malaysia, Singapore and Australia," *International Journal of Communication*, 4: 440~467.

Kim, E.-G. & Hamilton, J. (2016). "Capitulation to Capital? OhmyNews as Alternative Media," *Media, Culture and Society*, 28 (4): 541~560.

King, G., Pan, J. & Roberts, M. (2013). "How Censorship in China Allows Government Criticism but Silences Collective Expression," *American Political Science Review*, 107 (2): 1~18.

Klotz, R. J. (2004). *The Politics of Internet Communication*, Lanham, MD: Rowman and Littlefield.

Knight Foundation (2015). "Gaining Ground: How Nonprofit News Ventures Seek Sustainability." Online. Available HTTP: 〈http://knightfoundation.org/features/non-profintnews-2015-summary/〉(accessed 16 June 2015).

Kohut, A., Doherty, C., Dimock, M. & Keeter, S. (2012). "In Changing News Landscape, even Television is Vulnerable," Pew Internet & American Life Project. Online. Available HTTP: 〈http://www.people-press.org/2012/09/27/in-changing-news-land-scape-even-television-is-vulnerable/〉 (accessed 30 May 2015).

Lancee, B. & Van de Werfhorst, H. (2012). "Income Inequality and Participation: A Comparison of 24 European Countries," *Social Science Research*, 41: 1166~1178.

Lane, D. (2004). *Berlusconi's Shadow*, London: Allen Lane.

Lauria, J. (1996). American Online Frenzy Creates Overnight Billionaires,"*Sunday Times*, 26 December.

Leadbetter, C. (2009). *We-think*, 2nd edn, London: Profile Books.

Lee-Wright, P., Phillips, A. & Witschge, T. (2011). *Changing Journalism*, London: Routledge.

Lister, R. (2004). *Poverty*, Cambridge: Polity Press.

Livingstone, S. (2010). "Interactive, Engaging but Unequal: Critical Conclusions from Internet Studies," in J. Curran (ed.), *Media and Society*, 5th edn, London: London: Bloomsbury Academic.

Mackinnon, R. (2012). "China's 'Networked Authoritarianism'" in L. Diamond & M. Platter (eds.), *Liberation Technology*, Baltimore: Johns Hopkins University Press.

Mandel, M. J. & Kunii, I. M. (1999). "The internet Economy: The World's Next Growth Engine," *Business Week* Online, 4 October. Online. Available HTTP: 〈http://www.businessweek.com/1999/99_40/b3649004.htm?scriptFramed〉 (accessed 2 Febuary 2011).

Marquand, D. (2008). *Britain Since 1918*, London: Phoenix.

McNeily, Gerry (2012). "Policing the Right to Protest: G20 Systemic Review Report," Office of the Independent Police Review Director, Independent Police Review Director. Online. Available HTTP: 〈www.oiprd.on.ca/EN/PDFs/G20-Systemice-Review-2012_E.pdf〉 (accessed 27 May 2015).

Milberry, K. & Clement, A. (2014). "Policing as Spectacle and the Politics of Surveillance at the Toronto G20," in K. Milberry & A. Clement (eds.), *The state on Trial: Policing Protest*, Vancouver, BC: UBS Press, 127~147.

Mitchell, A. & Page, D. (2014). State of the News Media 2014, Pew Research Center, 26 March. Online. Available HTTP: 〈http://www.journalism.org/files/2014/03/Overview.

Mitchell, A. & Page, D. (2015). "State of the News Media 2015," Pew Research Center, April. Online. Available HTTP: 〈http://www.journalism.org/files/2015/04/FINAL-STATE-OF-THE-NEWS-MEDIA1.pdf〉 (accessed 6 June 2015).

Monaghan, J. & Walby, K. (2012). "'They Attacked The City': Security intelligence, the sociology of protest policing and the anarchist threat at the 2010 Toronto G20 summit," *Current Sociology*, 60 (5): 653~671.

Morozov, E. (2011). *The Net Delusion*, London: Allen Lane.

Mosco, V. (2005). *The Digital Sublime*, Cambridge, MA: MIT Press.

Murdoch, R. (2006). "Speech by Rupert Murdoch at the Annual Livery Lecture at the Worshipful Company of Stationers and Newspaper Makers," News Corporation, 3 March. Online. Available HTTP: 〈http://www.newscorp.com/news/news_285.html〉 (accessed 1 September 2010).

Naughton, J. (2012). *From Gutenberg to Zuckerberg*, London: Quercus.

Negroponte, N. (1995; 1996). *Being Digital*, rev. edn, London: Hodder and Stoughton.

Nel, F. (2010). *Laid Off: What Do UK Journalists Do Next?* Preston: University of Central Lancashire. Online. Available HTTP: 〈http://www.journalism.co.uk/uploads/laidoffreport.pdf〉 (accessed 10 June 2015).

Nerone, J. (2009). "The Death and Rebirth of Working-class Journalism," *Journalism*, 10 (3): 353~355

Newman, N. & Levy, D. (2014). "Reuters Institute Digital News Report 2014: Tracking the Future of News," Reuters Institute for the Study of Journalism, Universitiy of Oxford. Online. Available HTTP: 〈http://reutersinstitute.politics.ox.ac.uk/sites/default/files/Reuters%20Institute%20Digital%20News%20Report%202014.pdf〉 (accessed 10 June 2015).

Nielsen, R. & Schrøder, K. (2014). "The Relative Importance of Social Media for Accessing, Finding, and Engaging with News," *Digital Journalism,* 2 (4): 472~489.

O'Donnell, P., Zion, L. & Sherwood, M. (2015). "Where do Journalists Go After Newsroom Job Cuts?," *Journalism Practice* (ahead-of-print),1~17.

OECD (2011). "Divided We Stand—Why Inequality Keeps Rising' in An Overview of Growing Income Inequalities in OECD Countries: Main Findings," OECD. Online. Available HTTP: 〈www.oecd.org/els/social/inequality〉 (accessed 14 June 2015).

OECD (2013). "Measuring the Internet Economy: A Contribution to the Research Agenda," OECD Digital Economy Papers, No.226, OECD Publishing. Online. Available HTTP: 〈http://dx.doi.org/10.1787/5k43gjg6r8jf-en〉 (accessed 12 May 2015)

OECD (2014a). *Measuring the Digital Economy: A New Perspective,*

OECD Publishing. Online. Available HTTP: 〈http://dx.doi.org/10.1787/9789264221796-en〉 (accessed 12 May 2015).

OECD (2014b). "Focus on Inequality and Growth — December 2014," Online. Available HTTP: 〈www.oecd.org/social/inequality-and-proverty.htm〉 (accessed 18 May 2015).

Ofcom (2010a). "Perceptions of, and Attitudes towards, Television: 2010," PSB Report 2010 — Information Pack H, 8 July. Online. Available HTTP: 〈http://stakeholders.of.com.org.uk/binaries/broadcast/reviews-investigations/psb-review/psb2010/Perceptions.pdf〉 (accessed 8 November 2010).

Ofcom (2010b). *International Communications Market Report*, London: Ofcom. Online. Available HTTP: 〈http://stakeholders.ofcom.org.uk/binaries/research/cmr/753567/icmr/ICMR_2010.pdf〉 (accessed 23 August 2011).

Ofcom (2010a). "News Consumption in the UK: 2014 Report," Online. Available HTTP: 〈http://stakeholders.ofcom.org.uk/binaries/research/tv-research/news/2014/News_Report_2014.pdf〉 (accessed 6 June 2015).

Ofcom (2014b). "Adults' Media Use and Attitudes Report 2014," Ofcom, April. Online. Available HTTP: 〈http://stakeholders.ofcom.org.uk/binaries/research/media-literacy/adults-2014/2014_Adults_report.pdf〉 (accessed 31 May 2015).

Office for National Statistics (2014). "Internet Access — Households and Individuals 2014," 7 August. Online. Available HTTP: 〈http://www.ons.gov.uk/ons/dcp171778_373584.pdf〉 (accessed 24 May 2015).

Olmstead K., Mitchell, A. & Rosenstiel, T. (2011). "Navigating News Online," Pew Research Center, Project for Excellence in Journalism. Online. Available HTTP: 〈http://pewresearch.org/pubs/1986/navigating-digital-news-environment-audience〉 (accessed 20 August 2011).

ONS (2008). *Internet Access 2008: Households and Individuals*, London: Office of National Statics.

OpenDemocracy (n.d.). "About OpenDemocracy." Online. Available HTTP: 〈http://opendemocracy.net/node/440〉 (accessed 9 October 2008).

OpenSecrets (2012). "2012 Presidential Race," Opensecrets.org. Online. Available HTTP: 〈http://www.opensecrets.org/pres12/〉 (accessed 30 June 2015).

Oser, J., Hooghe, M. & Marien, S. (2013). "Is Online Participation Distinct from Offline Participation? A Latent Class Analysis of Participation Types and Their Stratification," *Political Research Quarterly*, 66 (1): 91~101.

Oxfam (2015). "Wealth: Having it all and Wanting More," Oxfam Issue Briefing. January. Online. Available HTTP: 〈http://www.oxfam.org/sites/www.oxfam.org/files/file_attachments/ib-wealth-having-all-wanting-more-190115-en.pdf〉 (accessed 18 May 2015).

Pak, J. (2015). "IMDB: The Case That's Riveting Malaysia," BBC News online, 8 July 2015. Online. Available HTTP: 〈http://www.bbc.co.uk/news/world-asia-33447456〉 (accessed 16 July 2015).

Panitch, L. & S. Gindin (2012). *The Marketing of Global Capitalism*, London: Verso.

Papathanassopoulos, S. et al. (2013). "Online Threat, But Television is Still Dominant: A Comparative Study of 11 Nations," *Journalism Practice*, 7 (6): 690~704.

Park, M.-Y., Kim, C,-N. & Sohn, R.-W. (2000). "Modernization, Globalization and the Powerful State: The Korean Media," in J. Curran and M. -Y. Park (eds.), *De-Westernising Media Studies*, London: Routledge.

Perry, B. & Olsson, P. (2009). "Cyberhate: The Globalization of Hate,"*Information & Communications Technology Law*, 18 (2): 185~199.

Pew (2009a). Pew Project for Excellence in Journalism, *State of the News Media 2009*, Pew Research Center Publications, 16 March. Online. Available HTTP: 〈http://www.stateofthemedia.org/2009/narrative_overview_intro.php?cat=0&media=1〉 (accessed 10 December 2009).

Pew (2009b). "Trend Data," Pew Internet & American Life Project. Online. Available HTTP: 〈http://www.pewinternet.org/Static-Pages/Trend-Data/Online-Activities-Daily.aspx〉 (accessed 2 April 2010).

Pew Research Center (2011). "Internet Gains on Television as Public's Main News Source," 4 January. Online. Available HTTP: 〈http://pew research/org/pubs/1844/poll-main-source-national-international-news-internet-television-newspapers〉 (accessed 7 January 2011).

Pew Research Center (2013). "Civic Engagement in the Digital Age." Online. Available HTTP: 〈http://pewinter-net.org/Reports/2013/Civic-Engagement.aspx〉 (accessed 1 June 2015)

Pew Research Center (2015). "Internet Seen as Positive Influence on Education but Negative Influence on Morality in Emerging and Developing Nations." Online. Available HTTP: 〈http://www.pewglobal.org/files/2015/03/Pew-Research-Center-Technology-Report-FINAL-March-19-20151.pdf〉

Piketty, T. (2014). *Capital in the Twenty-First Century*, Cambridge, MA: Belknap Press.

Porter, M. (2008a). *On Competition*, Boston: Harvard Business School Press.

Porter, M. (2008b). "The Five Competitive Forces that Shape Strategy,"*Harvard Business Review*, January: 79∼93.

Portlandia (n.d.). "Social Bankruptcy" (season 4, episode 3 excerpt) reproduced on YouTube.

Poster, M. (2001). *What's the Matter with the Internet*, Minneapolis: University of Minnesota Press.

Postill, J. (2014). "A Critical History of Internet Activism and Social Protest in Malaysia, 1998∼2011," *Asiascape: Digital Asia Journal*, 1∼2: 78∼103.

Price, R. (1998). "Reversing the Gun Sites: Transnational Civil Society Targets Land Mines," *International Organization*, 52 (3): 613∼644.

Qing, X. (2012). "The Battle for the Chinese Internet," in L. Diamond & M. Plattner (eds.), *Liberation Technology*, Baltimore: Johns Hopkins University Press.

Redden, J. & Witschge, T. (2010). "A New News Order? Online News Content Examined," in N. Fenton (ed.), *New Media, Old News*, London: Sage.

Rodan, G. (2004). *Transparency and Authoritarian Rule in Southeast Asia*, London: RoutledgeCurzon.

Rohlinger, D. & Brown, J. (2008). "Democracy, Action and the Internet after 9/11," *American Behavioral Scientist*, 53 (1): 133∼150.

Ryan, J. (2010). *A History of the Internet and the Digital Future*, London: Reaktion Books.

Schlozman, K. L., Verba, S. & Brady, H. (2012). *The Unheavenly Chorus: Unequal*

Polictical Voice and the Broken Promise of American Democracy, Princeton: Princeton University Press.

Schudson, M. (1997). *The Good Citizen: A History of American Civic Life*, New York: Simon and Schuster.

Schwartz, E. I. (1994). "Power to the People: The Clinton Administration is Using the Net in a Pitched Effort to Perform an End Run Around the Media," *Wired*, 1 January. Online. Available HTTP: 〈http://www.wired.com/wired/archive/2.12/whitehouse_pr.html〉 (accessed 10 January 2010).

Scott, E. (2004). "'Big Media' Meets the 'Bloggers': Coverage of Trent Lott's Remarks at Strom Thurmond's Birthday Party," *Kennedy School of Government Case Study C14-04-1731.0*, Cambridge, MA: John Kennedy School of Government, Harvard University.

Scott, T. D. (2008). "Blogosphere: Presidential Campaign Stories that Failed to Ignite Mainstream Media," in M. Boler (ed.), *Digital Media and Democracy: Tactics in Hard Times*, Cambridge, MA: MIT Press.

Seybert, H. & Reinecke, P. (2013). "Internet Use Statistics — Individuals,"Statistics in Focus, Eurostat, European Commission. Online. Available HTTP: 〈http://ec.europa.eu/eurostat/statistics-explained/index.php/Internet_use_statistics_-_individuals〉 (accessed 31 May 2015).

Shirky, C. (2010). *Cognitive Surplus*, London: Allen Lane.

Simon Wiesenthal Centre (2011). "2011 Digital Terrorism and Hate Report Launched at Museum of Tolerance New York." Online. Available HTTP: 〈http://www.wiesenthal.com/site/apps/nlnet/content2.aspx?c=lsKWLbPJLnF&b=4441467&ct=9141065〉 (accessed 8 July 2011).

Sklair, L. (2002). *Globalization*, 3rd edn, Oxford University Press.

Slevin, J. (2000). *The Internet and Society*, Cambridge: Polity Press.

Smith, A. (2013). "Civic Engagement in the Digital Age," Pew Research Center. Online. Acailable HTTP: 〈http://pewinter-net.org/Reports/2013/Civic-Engagement.aspx〉 (accessed 1 June 2015).

Smith, A., Scholzman, L., Verba, S. & Brady, H. (2009). "The Internet and Civic Engagement," Pew Internet & American Life Project, I September. Online.

Available HTTP: 〈http://www.pewinternet.org/Reportsss/2009/15-The-Interent-and-Civic_Engagement.aspx〉 (accessed 10 May 2010).

Smith, P. & Smythe, E. (2004). "Globalization, Citizenship and New Information Technologies: from the MAI to Seattle," in M. Anttiroiko & R. Savolainen (eds.), *eTransformationin Governance*, Hershey, PA: IGI Publishing.

Solt, F. (2008). "Economic Inequality and Democratic Political Engagement," *American Journanl of Political Science*, 52 (1): 48~60.

Stepinska, A., Porath, W., Mujica, C., Xu, X. & Coohen, A. (2013). "The Prevalence of News: Domestic, Foreign and Hybrid," in A. Cohen (ed), *Foreign News on Television*, New York: Peter Lang.

Stone, C., Trisi, D., Sherman, A. & DeBot, B. (2015). "A Guide to Statistics on Historical Trends in Income Inequality," Center on Budget and Policy Priorities. Online. Available HTTP: 〈http://www.cbpp.org/sites/default/files/atoms/files/11-28-11pov.pdf〉 (accessed 15 June 2015).

Stratton, J. (1997). "Cyberspace and the Globalization of Culture," in D. Porter (ed.). *Internet Culture*, London: Routledge, 253~276.

Sutton, E., Pemberton, S., Fahmy, E. & Tamiya, Y. (2014). "Stigma, Shame and the Experience of Poverty in Japan and the United Kingdon," *Social Policy and Society*, 13 (1): 143~154.

Sutton, L., Smith, N., Deardon, C. & Middleton, S. (2007). "A Child's-eye-View of Social Difference," Joseph Rowntree Foundation: The Centre for Research I Social Policy (CRSP), Loughborough University. Online Available: 〈http://www.jrf.org.uk/publications/childs-eye-view-social-difference〉 (accessed 10 January 2011).

Swedish National Board of Trade (2012). E-commerce-New Opportunities, New Barriers: A Survey of e-Commerce Barriers in Countries Outside the EU. World Trade Organization, Kommerskollegium, 4. Online. Available Http: 〈https://www.wto.org/english/tratop_e/serv_e/wkshop_june13_e/ecom_national-_board_e.pdf〉 (accessed 14 May 2015).

Taubman, G. (1998). "A Not-so World Wide Web: The Internet, China, and the Challenges to Nondemocratic Rule," *Political Communication*, 15: 255~272.

Theocharis, Y. & Quintelier, E. (2014). "Stimulating Citizenship or Expanding Entertainment? The Effect of Facebook on Adolescent Participation," *New Media & Society*, online first edition, 27 August, 1~12.

Thompson, D. (2010). "The Tea Party Used the Internet to Defeat the Internet President," *The Atlantic*, 20 Nobember. Online. Available HTTP: 〈http://www.theatlantic.com/business/archive/2010/11/the-tea-party-used-the-internet-to-defeat-the-first-internet-president/65589/〉 (accessed 22 August 2011).

Tiffen, R. et al. (2014). "Sources in the News: A Comparative Study,"*Journalism Studies*, 15 (4): 374~391.

Toffler, A. & Toffler. H. (1995). *Creating a New Civilization*, Atlanta, GA: Turner.

Tomlinson, J. (1999). *Globalization and Culture*, Cambridge: Polity Press.

Turkle, S. (1995). *Life on the Screen*, Now York: Simon and Schuster.

Turkle, S. (2011). *Alone Together*, New York: Basic Books.

Ugarteche, O. (2007). "Transnationalizing the Public Sphere: A Critique of Fraser," *Theory, Culture and Society*, 24 (4): 65~69.

Valliere, D. & Peterson, R. (2004). "Inflating the Bubble: Examining Investor Behaviour," *Venture Capital*, 4 (1): 1~22.

Volkmer, I. (2003). "The Global Network Society and the Global Public Sphere," *Development*, 46 (1): 9~16.

Walker, R. et al. (2013). "Poverty in Global Perspective: Is Shame a Common Denominator?," *Journal of Social Policy*, 42 (2): 215~233.

Washington Post (2012). "2012 Presidential Campaign Finance Explorer,"Campaign 2012. Online Available HTTP: 〈http://www.washingtonpost.com/wp-srv/special/politics/campaign-finance/〉 (accessed 23 May 2015).

Weeks, D. (2013). "Democracy in Poverty: A View from Below," Harvard University, Edmond J. Safra Center for Ethics, 16 May. Edmond J. Safra Working Papers, No. 10.

Weiss, M. (2014). "New Media, New Activism: Trends and Trajectories in Malaysia, Singapore and Indonesia," *International Development Planning Review*, 36 (1): 91~109.

Wheal, P. R. & Amin, L. H. (2003). "Bursting the Dot. com 'Bubble': A case Study in Investor Behaviour," *Technological Analysis*, 15 (1): 117~136.

Witschge, T., Fenton, N. & Freedman, D. (2010). *Protecting the News: Civil Society and the Media*, London: Carnegie UK. Online. Available HTTP: 〈http://www.carnegieuktrust.org.uk/getattachment/1598111d-7cbc-471e-98b4-dc4225f38e99/Protecting-the-News-Civil-Society-and-the-Media.aspx〉 (accessed 9 June 2011).

Wong, J. (2013). "Tousands of Cuts in the MEdia Industry," *Canadian Media Guide*, 19 November. Online. Available HTTP: 〈http://www.cmg.ca/en/2013/11/19/thousands-of-cuts-in-the-Organization (2013). "E-commerce in Developing Countries: Opportunities and Challenges for Small and Medium-Sized Enterprises." Online. Available HTTP: 〈https://www.wto.org/english/res_e/booksp_e/ecom_brochure_e.pdf〉 (accessed 13 May 2015).

Worthington, R. (2003). *Governance in Singapore*, London: RoutledgeCurzon.

2장

Abbate, J. (2000). *Inventing the Internet*, Cambridge, MA: MTP Press.

Alexa (2015a). "How Popular is Wikipedia.org?," Alexa Traffic Ranks. Online. Available HTTP: 〈http://www.alexa.com/siteinfo/wikipedia.org〉 (accessed 12 July 2015).

Alexa (2015b). "How Popular is Facebook.com?," Alexa.com. Online. Available HTTP: 〈http://www.alexa.com/siteinfo/facebook.com〉 (accessed 12 July 2015).

Alexander, A. (2010). "Leadership and Collective Action in the Egyptian Trade Unions," *Work, Employment and Society*, 24: 241~259.

Alexander, J. (2011). *Performative Revolution in Egypt*, London: Bloomsbury.

Anderson, C. (2006). *The Long Tail*, London: Business Books.

Andrejevic, M. & Gates, K, (2014). "Big Data Surveillance: Introduction," *Surveillance & Society*, 12(2): 185~196.

Bachmann, G. (2008a). "Wonderbar! Nico Nico Douga Goes German —and Some Hesitant Reflections on Japaneseness," London: Goldsmiths Lecerhulme Media Research Centre. Online. Available HTPP: 〈http://www.gold.ac.uk/

media-research-centre/project2/project2-outputs/〉 (accessed 20 June 2011).

Bachmann, G. (2008b). "The Force of Affirmative Metadata," paper presented at the Force of Metadata Symposium, Goldsmiths, University of London, November.

Baker, C. E. (2007). *Media Concentration and Democracy*, New York: Cambridge University Press.

Banks, M. (2008). *On the Way to the Web*, Berkeley, CA: Apress.

Barro, R. & Lee, J-W. (2010). "A New Data Set of Educational Attainment in the World, 1950～2010," NBER Working Paper No. 15903: the National Bureau of Economic Research. Online. Available HTTP: 〈http://www.nber.org/papers/w15902〉 (accessed 12 February 2011).

Bauman, Z., Bigo, D., Esteves, P., Guild, E., Jabri, V., Lyon, D. & Walker, R. B. J. (2014). "After Snowden: Rethinking the Impact of Surveillance," *International Political Sociology*, 8: 121～144.

Beck, U. & Beck-Gernsheim, E. (2001). *Individualization*, London: Sage.

Benkler, Y. (2006). *The Wealth of Nations*, New Haven, CT: Yale University Press.

Benkler, Y. (2011). "A Free Irresponsible Press: Wikileaks and the Battle over the Soul of the Networked Fourth Estate," *Havard Civil Right-Civil Liberties Law Review*, 46: 311～395.

Bergin, T. (2014). "OECD Unveils Proposals to Curb Corporate Tax Avoidance," *Reuters*, 16 September. Online . Available HTTP: 〈WWW.REUTERS.COM/ARTICLE/2014/09/16/us-oecd-tax-idUSKBN0HB18V20140916〉 (accessed 6 July 2015).

Berbers-Lee, T. (2000). *Weaving the Web*, London: Orion.

Boies, S. C. (2002). "University Students' Uses of and Reactions to Online Sexual Information and Entertainment: Links to Online and Offibe Sexual Behaviour," *Canadian Journal of Human Sexuality*, 11(2):77～89.

Cadwalladr, C. (2013). "My Week as an Amazon Insider," *Guardian*, 1 December. Online. Available HTTP: 〈http://www.theguardian.com/technology/2013/dec/01/week-amazon-insider-feature-treatment-employees-work〉 (accessed 29 June 2015).

Cairncross, F. (1997). *The Death of Distance*, Boston, MA: Harvard Business School Press.

Campante, F. R. & Chor, D. (2011). "'The People Want the Fall of the Regime':Schooling, Political Protest, and the Economy," Faculty Research Working Paper Series. Harvard Kennedy School. Online. Available HTTP: 〈http://jrnetsolserver.shorensteincente.netdna-cdn.com/wp-content/iploads/2011/07/RWP11-018_Campante_Chor.pdf〉 (accessed 2 July 2011).

Cassidy, J. (2011). "Prophet Motive," *New Yorker*, 28 February: 32~35.

Castells, M. (2001). *The Internet Galaxy*, Oxford: Oxford University Press.

Castells, M. (2009). *Communication Power*, Oxford: Oxford University Press.

Castells, M. (2015). *Networks of Outrage and Hope*, 2nd edition, Cambridge: Polity Press.

Comer, D. (2007). *The Internet Book*, London: Pearson Education.

Curran, J. (2002). *Media and Power*, London: Routledge.

Curran, J. (2011). *Media and Democracy*, London: Routledge.

Curran, J. & Witschge, T. (2010). "Liberal Dreams and the Internet," in N. Fenton (ed.). *New Media, Old News: Journalism and Democracy in the Digital Age*, London: Sage.

Curran, J. et al. (2013). "Internet Revolution Revisited: A Comparative Study," *Media, Culture and Society*, 35(7): 880~897.

Dariusz, J. (2014). *Common Knowledge: An Ethnography of Wikipedia*, Palo Alto, CA: Stanford University Press.

Dawisha, A. (2013). *The Second Arab Awakening*, New York: Norton.

Deibert, R., Palfrey, J., Rohozinski, J. & Zittrain, J. (eds.) (2008). Access Denied: The Practice and Policy of Global Internet Filtering, Cambridge, MA: MIT Press. Online. Available HTTP: 〈http://opennet.net/accessdenied〉 (accessed 15 May 2011).

DFC Ibtelligence (2010). "Tracking the Growth of Online Game Usage and Distribution," 8 Octorber. Online. Available HTTP: 〈http://www,dfcint.com/wp/?p=292〉 (accessed 19 February 2011).

DSG (Dubai School of Government) (2011). *Arab Social Media Report*, 2. Online.

Available HTTP: 〈http://www.dsg.ae/portals/0/ASMR2.pdf〉 (accessed 25 June 2011).

Durac, V. & Cavatorta, F. (2009). "Strengthening Authoritarian Rule through Democracy Promotion? Examining the Paradox of the US and EU Security Strategies: The Case of Bin Ali's Tunisia," *British Journal of Middle Eastern Studies*, 36(1): 3~19.

Edelman, B. (2009). "Red Light States: Who Buys Online Adult Entertainment?," *Journal of Economic Perspectives*, 23(1): 209~220.

Edwards, P. (1996). *The Closed World*, Cambridge, MA: MIT Press.

El-Naway, M. (2011). *Subway Mirror*, 20 February, 8.

European Commission (2013). "Antitrust: Commission Fines Microsoft for Non-compliance with Browser Choice Commitments," Press Release, 6 March. Online. Available HTTP: 〈http://europa.eu/rapid/press-release_IP-13196_en.htm〉 (accessed 3 July 2015).

European Commission (2015). "Antitrust: Commission sends Statement of Objections to Google on Comparison Shopping Service; Opeans Separate Formal Investigation on Android," Press Release, 15 April, Online. Available HTTP: 〈http://europa.ed/rapid/press-releases_IP-13-196_en.htm〉 (accessed 3 July 2015).

Evans, M. (2011). "Egypt Crisis: The Revolution Will Not Be Tweeted," *Sysomos Blog*. Online. Available HTTP: 〈http://blog.sysomos.com.com/2011/01/31/egyptian-crisis-twitte/〉 (accessed 25 June 2011).

Flichy, P. (2006). "New Media History," in L. Lievrouw & S. Livingstone (eds.), *The Handbook of New Media*, rev. edn, London: Sage.

Flicy, P. (2007). *The Internet Imaginaire*, Cambridge, MA: MIT Press.

Freedom House (2009). "Freedom on the Net: a Global Assessment of Internet and Digital Media." Online. Available HTTP: 〈http://freedomhouse.org/uploads/specialreports/NetFreedom2009/FreedomOnTheNet_FullReport.pdf〉 (accessed 2 August 2011).

Fukuyama, F. (1993). *The End of History and the Last Man*, Harmondsworth: Penguin.

Gabrys, J. (2013). *Digital Rubbish: A Natural History of Electronics*, Ann Arbor, MI: University of Michigan Press.

George, C. (2005). "The Internet's Political Impact and the Penetration/ Participation Paradox in Malaysia and Singapore," *Media, Culture and Society*, 27 (6): 903~920.

Gandhi, J. & Przeworski, A. (2007). "Authoritarian Institutions and the Survival of Autocrats," *Comparative Political Studies*, 40(11): 1279~1301.

Ghannam, J. (2011). "Social Media in the Arab World : Leading up to the Uprisings of 2011," *Centre for International Media Assistance*, CIMA: Washington, D.C.

Gillies, J. & Cailliau, R. (2000). *How the Web Was Born*, Oxford: Oxford University Press.

Glanz, J. (2012). "Power, Pillution and the Internet," *New York Times*, 22 September. Online. Available: 〈http://www,nytimes.com/2012/09/23/technology/data-centers-waste-vast-amounts-of-energy-belying-industry-image.html?pagewanted=all&_r=0〉 (accessed 7 July 2015).

Goggin, G. (2000). "Pay per Browser? The Web's Commercial Future," in D. Gauntlett (ed.). *Web Studies*, London: Arnold.

Golson, J. (2015). "Apple Under Antitrust Investigation Over Revamping og Beats Steaming Music Service," *TechRepublic*, May. Online. Available HTTP: 〈http://www.techrepublic.com/article/apple-under-antitrust-investigation-over-revamping-of-beats-streaming-music-service/〉 (accessed 6 July 2015).

Grant, J (1871~1872). *The Newspaper Press*, 3 vols, London: Tinsley Brothers.

Greenwald, G. (2014). *No Place to Hide: Edward Snowden, the NSA, and the U.S. Survrillance State*, New York: Metropolitan Books.

Groshek, J. (2010). "A Time-series, Multinational Analysis of Democratic Forecasts and Internet Diffusion," *International Journal of Communication*, 4: 142~174.

Gross, L. (2003). "The Gay Global Village in Cyberspace," in N. Couldry & J. Curran (eds.), *Contesting Media Power*, Boulder, CO: Rowman and Littlefield.

GSMA (2015). "The Mobile Economy 2015," GSMA. Online. Available HTTP:

〈http://gsmamobileeconomy.com/global/GSMA_Mobile_Economy_Report_2015.pdf〉 (accessed 13 July 2015).

Hadj- Moussa, R. (2009). "Arab Women: Beyond Politics," in P. Essed, D. Goldberg & A. Kobayashi (eds.), *A Companion to Gender Studues*, Malden, MA: Blackwell.

Hanfner, K. & Lyon, M. (2003). *Where Wizards Stay up Late*, London: Pocket Books.

Hampton, M. (2004). *Visions of the Press in Britain, 1850～1950*, Urbana, IL: University of Illinois Press.

Hamzawy, A. (2009). "Rising Social Distress: the Case of Morocco, Egypt, and Jordan," *International Economics Bulletin*, Carnegie Endowment for International Peace. Online. Available HTTP: 〈http://www.carnegieendowment.org/ieb/?fa=view&id=23290〉 (accessed 15 June 2011).

Harb, Z. (2011). "Arab Revolutions and the Social Media Effect," *M/C Journal*, 14(2). Online. Available HTTP: 〈http://journal.media-culture.org.au/index.php/mcjournal/article/viewArticle/364〉 (accessed 23 October 2011).

Hauben, M. & Hauben, R. (1997). *Netizens*, New York: Columbia University Press.

Haucap, J. & Heimeshoff, U. (2013). "Google, Facebook, Amazon, eBay: Is the Internet Driving Competition or Market Monopolization?,"*International Economics and Economic Policy*, 11: 49～61

Hindman, M. (2009). *The Myth of Digital Democracy*, Princeton, NJ: Princeton University Press.

Hinnebusch, R. (2015). "Introduction: Understanding the Consequences of the Arab Uprising–Starting Points and Divergent Trajectories," *Democratization*, 22 (2): 205～217.

Howard, P. (2011). *The Digital Origins of Dictatorship and Democracy*, New York: Oxford University Press.

Huang, Y. (2008). "Consuming Sex and the City: Young Taiwanese Women Contesting Sexuality," in Y. Kim (ed.). *Media Consumption and Everyday Life in Asia*, Milton Park: Routledge.

Hufton, O. (1995). *The Prospect Before Her*, London: HarperCollins.

Hunt, F. K. (1850). *The Fourth Estate: Contributions towards a History of Newspapers and the Liberty of the Press*, London: David Bogue.

Internet World Stats (2011a). "Usage and Population Statistics: China,"Miniwatts Marketing Group. Online. Available HTTP: 〈http://www,internetworldstats.com/asia/cn.htm〉 (accessed 3 August 2011).

Internet World Stats (2011b). "Usage and Population Statistics: Mid East,"Miniwatts Marketing Group. Online. Available HTTP: 〈http://www.internetworldstats.com/stats5.htm〉 (accessed 4 December 2011).

Internet World Stats (2015). "Internet Usage Statistics: The Internet Big Picture." Online. Available HTTP: 〈http://www,internetworldstats.com/stats.htm〉 (accessed 26 July 2015).

Isaacson, W. (2011). *Steve Jobs*, London: Little, Brown.

Ito, M. (1997). "Virtually Embodied: The Reality of Fantasy in a Multi-User Dungeon," in D. Porter (ed.), *Internet Culture*, New York: Routledge.

ITU (2010). Measuring the Information Society, Geneva: International Telecommunication Union. Online. Available HTTP: 〈http://www.itu.int/ITU_D/ict/publications/idi/2010/Material/MIS_2010_without_annex_4-e.pdf〉 (accessed 19 April 2011).

Joshi, S. (2011). "Reflections on the Arab Revolutions: Order, Democracy and Western Policy," *Rusi Journal*, 156(2): 60～66.

Juris, J. (2012). "Reflections on #Occupy Everywhere: Social Media, Public Space, and Emerging Logics of Aggregation," *American Ethnologist*, 39(2): 259～279.

Kavada, A. (2015). "Creating the Collective: Social Media, the Occupy Movement and its Constitution as a Collective Actor," *Information, Communication & Society*, 18(8): 872～886.

Kent, S. K. (1999). *Gender and Power in Britain, 1640～1990*, London: Routeledge.

Kim, E. & Hamilton, J. (2006). "Capitulation to Capital? OhmyNews as Alternative Media," *Media, Culture and Society*, 28(4): 541～560.

Kim, Y. (2010). "Female Individualization? Transnational Mobility and Media

Consumption of Asian Women," *Media, Culture and Society*. 32: 25～43.

Lametti, D. (2012). "The Cloud: Boundless Digital Potential or Enclosure 3.0?," *Virginia Journal of Law & Technology*, 17(3): 192～243.

Lessing, L. (1999). *Code and Other Laws of Cyberspace*, New York: Basic Books.

Lessing, L. (2001). *The Future of Ideas*, New York: Random House.

Levy, S. (1994). *Hackears*, London: Penguin.

Loiseau, E. & Nowacka, K. (2015). "Can Social Media Effectively Include Women's Voices in Decision-Marking Processes?," OECD Development Centre, March. Online. Available HTTP: 〈http://www.empowerwomen.org/en/～documents/2015/01/17/18/33/can-social-media-effectively-include-womens-voices-in-decision-making-processes〉 (accessed 13 July 2015).

Lyon, D. (2014). "Surveillance, Snowden, and Big Data: Capacities, Consequences, Critique," *Big Data Society*, 1～13.

McChesney, R . (1999). *Rich Media, Poor Democracy*, Urbana, IL: University of Illinois Press.

McVeigh, Brian J. (2003). "Individualization, Individuality, Interiority, and the Internet: Japanese University Students and E-mail," in N. Gottlieb and M. McLelland (eds.), *Japanese Cybercultures*, New York: Routledge.

Magaloni, B. (2008). "Credible Power-sharing and the Longevity of Authoritarian Rule," *Comparative Political Studies*, 41(4/5): 715～741.

Mallapragada, M. (2000). "The Indian Diaspora in the USA and around the World," in D. Gauntlett (ed.), *Web Studies*, London: Arnold.

Miladi, N. (2011). "Tunisia — a Media Led Revolution," Aliazzeera.net. Online. Available HTTP: 〈http://english.aljazeera.net/indepth/opinion/2011/01/2011116142317498666.html〉 (accessed 24 June 2011).

Miller, D. & Slater, D. (2000). *The Internet*, Oxford:Berg.

Miller, V. (2000). "Search Engines, Portals and Global Capitalism," in D. Gauntlett (ed.). *Web Studies*, London: Arnold.

Mosco, V. (2005). *The Digital Sublime*, Cambridge, MA: MIT Press.

Mosco, V. (2014). *To the Cloud: Big Data a Turbulent World*, Boulder, CO: Paradigm.

Movie Picture Association in America (2013). "Theatrical Market Statiostics 2013." Online. Available HTTP: 〈www.mpaa.org/...MPAA-Theatrical-Market-Statistics-2013_032514-v2〉 (accessed 28 July 2015).

Mullany, A(2011). "Egyptian Uprising Plays out on Social Media Sites Despite Government's Internet Restrictions," *New York Daily News*, 29 January. Online. Available HTTP: 〈http://articles.nydailynews.com/2011-01-29/news/27738202_1_election-protests-anti-government-protests-social-media〉 (accessed 20 August 2011).

Myllylahti, M. (2014). "Newspaper Patwalls — the Hype and the Reality,"*Digital Journalism*, 2(2): 179∼194.

Naughton, J. (2000). *A Brief History of the Future*, London: Phoenix.

Naughton, J. (2011). "Smartphones Could Mean the End of the Web as We Know It," *Observer*, 17 July.

Naughton, J. (2012). *From Gutenberg to Zuckerberg*, London: Quercus.

Negropnte, N. (1996). *Being Digital*, rev. edn, London: Hodder and Stoughton.

Newman, N. & Levy, D. (2014). "Reuters Institute Digital News Report 2014: Tracking the Future of News," Reuters Institute for the Study of Journalism, University of Oxford. Online, Available HTTP: 〈https://reutersinsititute.politics.ox.ac.uk/sites/default/files/Reuters%20Institute%20Digital%20News%20Report%202014.pdf〉 (accessed 10 June 2015).

Newzoo (2013) "Global Games Market Report," Online. Available HTTP: 〈http://www.newzoo.com/infographics/global-games-market-report-infographics/〉 (accessed 27 July 2015).

Noman, H. (2013). "Saudi Arabia to Impose Restrictions on Online Content Production, Including In YouTube," OpenNet Initiative.

Morberg, A. & O'Neil, J. (1996). *Transforming Computer Technology*, Baltimore, MD: Johns Hopkins University Press.

Ofcom (2014a). The Communications Market Report, 7 August. Online, Available HTTP: 〈http://stakeholders.ofcom.org.uk/binaries/research/cmr/cmr14/2014_UK_CMR.pdf〉 (accessed 13 July 2015)/

Ofcom (2014b). "Context, The Communications Market Report: United Kingdom."

Online. Available HTTP: 〈http://stakeholders.ofcom.org.uk/market-data-research/market-data/communications-market-reports/cmr14/uk/〉 (assesed 13 July 2015).

ONS (Office of National Statistics) (2007). "Consumer Durables," London: Office for National Statistics. Online, Available HTTP: 〈http://www.statistics.gov.uk/cci/nugget.asp?id=868〉 (accessed 14 February 2008).

ONS (2008). Internet Access 2008, London: Office for National Statistics. Online. Available HTTP: 〈http://www.statistics.gov.uk/pdfdir/iahi0808.pdf〉 (accessed 14 February 2009).

ONS (2010). Internet Access, London: Office for National Statistics. Online. Available HTTP: 〈http://www.statistics.govuk/cci/nugget.asp?id=8〉 (accessed 21 August 2011).

OpenNet Initiative (2011). "Country Profiles," Online, Available HTTP: 〈http://opennet.met/research? (accessed 19 July 2011).

OpenNet Initiative (2015). "Country Profiles," Online. Acailable HTTP: 〈https:opennet.net/research/profiles〉 (accessed 27 July 2015).

Oreskovic, A. (2011). "Google Inc Launched a Special Service," Reuters. Online. Available HTTP: 〈http://www.reuters.com/article/2011/02/01us-egypt-protest-google-idUSTRE71005F20110201〉 (accessd 25 June 2011)

Ottaway, M. & Hamzawy, A. (2011). "Protest Movements and Political Change in the Arab word," Carnegie Endowment for International Peace, Policy Outlook. Online. Available HTTP: 〈http://carnegieendowment.org/files/OttawayHamzawy_Outlook_Jan11_ProtestMovements.pdf〉 (accessed 20 June 2011).

Pew (2014). "Mobile Technology Fact Sheet," Pew Research Center. Online. Available HTTP: 〈http://www.pewinternet.org/fact-sheets/mobile-technology-fact-sheet/〉 (access-sed 13 July 2015).

Poster, M. (1995). *The second Media Age*, Cambridge: Polity Press.

Rainie, L. & Wellman, B. (2012). *Networked: The New Social Operating System*, Cambridge, MA: MIT Press.

Rheingold, H. (2000). *The Cirtual Community*, rev. edn., Cambridge, MA: MIT

Press.

Rodan, G. (2004). *Transparency and Authoritarian Rule in Southeast Asia*, London: Routledge Curzon.

Rosenzweig, R. (1998). "Wizards, Bureaucrats, Warriors, and Hackers: Writing the History of the Internet," *American History Review*, December: 1530～1552.

Rowbortham, S. (1997). *A Century of Women*, London: Viking.

Ryan, J. (2010). *A History of the Internet and the Digital Future*, London: Reaktion Books.

Sakr, N. (ed.) (2004). *Women and Media in the Middle East*, London: I. B. Tauris.

Schechner, S. (2015). "Facebook Privacy Controls Face Scrutiny in Europe," *The Wall Street Journal*, 2 April. Online. Available HTTP: 〈http://www.wsj.com/articles/facebook-confronts-european-probes-1427975994〉 (accessed 3 July 2015).

Schiller, D. (2000). *Digital Capitalism*, Cambridge, MA: MIT Press.

Schiller, D. (2007). *How to Think About Information*, Urbana, IL: University of Illinois Press.

Scholosberg, J. (2013). *Power Beyond Scrutiny*, London: Pluto.

Sharma, R. (2014). "Social Media as a Formidable Force for Change,"*Huffington Post*, 12 November. Online. Available HTTP: 〈http://www.huffingtonpost.com/ritusharma/power-of-social-media-dem_b_6103222.html〉 (accessed 29 July 2015).

Shirazi, F. (2011). "Information and Communication Technology and Women Empowerment in Iran," *Telematics and Informatics* (article in press). Online. Available HTTP: 〈http://www.mendeley.com/reaserch/information-communication-technology-women-empowerment-iran/〉 (accessed 20 June 2011).

Sikka, P. (2015). "No Accounting for Tax Avoidance," *Political Quarterly*, 1～7.

Sima, Y. & Pugsley, P. (2010). "The Rise of a 'Me Culture' in Postsocialist China," *The International Communication Gazette*, 72 (3): 287～306.

Skalli, L. (2006). "Communicating Gender in the Public Sphere: Women and Information Technologies in the MENA Region," *Journal of Middle East*

Women's Studies, 2 (2): 35～59.

Sparks, C. (2000). "From Dead Trees to Live Wires; the Internet's Challenge to the Traditional Newspaper," in J. Curran & M. Gurevitch (eds.), *Mass Media and Society*, 3rd edn., London: Arnold.

Spink, A., Partridge, H. & Jansen, B. (2006). "Sexual and Pornographic Web Searching: Trends Analysis," *First Monday*, 11 (9). Online. Available HTTP: 〈http://firstmonday.org/htbin/cgiwrap/bin/ojs/index.php/fm/article/view/1391/1309〉 (accessed 23 October 2011).

Sreberny, A. & Khiabany, G. (2010). *Blogistan*, London: I. B. Tauris.

Stacher, J. (2015). "Fragmenting States, New Regimes: Militarized State Violence and Transition in the Middle East," *Democratization*, 22 (2): 259～275.

Statistics Portal (2015). "Global Games Market Report." Online. Avaliable HTTP: 〈http://www.newzoo.com/infographics/global-games-market-report-infographics/〉 (accessed 27 July 2015).

Streeter, T (2003). "Dose Capitalism Need Irrational Exuberance? Business Culture and the Internet in the 1990s," in A. Calabrese & C. Sparks (eds.), *Toward a Political Economy of Culture*, Boulder, CO: Rowman and Littlefield.

Tavaana (2011). "Moudawana: A Peaceful Recolution for Moroccan Women." Online. Available HTTP: 〈http://www.tavaana.org/nu_upload/Moudawana_En_PDF.pdf〉 (accessed 21 June 2011).

Taylor, C. (2011). "Why Not Call It a Favebook Revolution," CNN, 24 February. Online. Available HTTP: 〈http://www.articles.cnn.com/2011_2_24/tech/facebook.revolution_1_facebook-wael-fhonim-sicial-media?_s=PM:TECH〉 (accessed 2 March 2011).

Tomchak, A-M. (2014). "BBC trending: How a Million People called to #BringBackOurGirls," BBC News, 6 May. Online. Available HTTP: 〈http://www.bbc.com/news/blogs-trending-27298696〉 (accessed 29 July 2015).

Turkle, S. (1995). *Life on the Screen*, New York: Simon and Schuster.

Turner, F. (2006). *From Counterculture to Cyberculture*, Chicago: University of Chicago Press.

Twigug, G. (2015). "Mobile User Behavior Statistics 2015," mobiForge, 25 June.

Online. Available HTTP: 〈http://mobiforge.com/research-analysis/mobile-user-behaviour-sta-tistics-2015〉 (accessed 13 July 2015).

Weber, S. (2004). *The Success of Open Source*, Cambridge, MA: Harvard University Press.

Wellman, B., Quan-Haase, A., Boase, J., Chen, W., Hampton, K., de Diaz, I. & Miyata, K. (2003). "The Social Affordances of the Internet for Networked Individualism," *Journal of Computer-Mediated Communication*, 8 (3). Online. Avaliable HTTP: 〈http://onlinelibrary. wiley.com/doi/10.1111/j.1083_6101.2003.tb00216.x/full〉 (accessed 23 October 2011).

Wheeler, D. (2004). "Blessings and Sursed: Women and the Internet Revolution in the Arab World," in N. Sakr (ed.), *Women and Media in the Middle East*, London: I. B. Tauris.

Wheeler, D. (2007). "Empowerment Zones? Women, Internet Cafes, and Life Transformations in Egypt," *Information Technologies and International Development*, 4 (2): 89～104.

Wikipedia (2009). "Wikipedia: About." Online. Avaliable HTTP: 〈http://en.wikipedia.org/wiki.Wikipedia:About〉 (accessed 20 February 2009).

Wikipedia (2015). "History of Wikipedia." Online. Avaliable HTTP: 〈http://en.wikipedia.org/wiki/history_of_Wikipedia〉 (accessed 25 October 2015).

Williams, S. (2002). *Free as in Freedom*, Sebastopol, CA: O'Reilly.

Wright, S. (2008). "Fixing the Kingdom:Political Evolution and Socio Economic Challenges in Bahrain," *CIRS Occasional Papers*, No.3, Georgetown University.

Zittrain, J. (2008). *The Future of the Internet and How to Stop It*, London: Allen Lane.

Zook, M. (2007). "Report on the Location of the Internet Adult Industry," in K. Jacobs, M. Janssen & M. Pasquinelli (eds.), *C'lickme: A Netporn Studies Reader*, Amsterdam: Institute of Network Cultures.

3장

Anderson, C. (2009a(2006)). *The Longer Long Tail: How Endless Choice Is*

Creating Unlimited Demand (first published in the US as *The Long Tail*), London: Random House Business Books.

Anderson, C. (2009b). *Free: The Future of a Radical Price*, London: Random House Business Books.

Angelidis, E. (2015). "The internet of things is as important as the world wide web," *Guardian*, 9 January. Online. Available HTTP: 〈http://www.theguardian.com/media-network/2015/jan/09/internet-of-things-important-world-wide-web〉 (accessed28July2015).

Armstrong, S. (2009). "It's Very Dangerous To Go Free," *Media Guardian*, 16 November.

Armstrong, S. (2010). "Bauer's Freelancers up in Arms over New Contracts," *Guardian*, 19 April. Online. Available HTTP: 〈http://www.theguardian.com/media/2010/mer/19bauer-freelance-coontracts-row〉(accessed28July2015).

Battelle, J. (2005). *The Search: How Google and Its Rivals Rewrote the Rules of Business and Transformed Our Culture*, London: Nicholas Brealey.

Bell, D. (1973). *The Coming of Post-industrial Society: A Venture in Society: A Venture in Social Forecasting*, New York: Basic Books.

Benkler, Y. (2006). *The Wealth of Networks: How Social Production Transforms Markets and Freedom*, New Haven, CT: Yale University Press.

Berniker, M. & Lipton, J. (2014). "Atmosphere tense at a Google bus stop in San Francisco," CNBC, 13 February. Online. Available HTTP: 〈http://www.cnbc.com/2014/02/13/atmosphere-at-a-google-bus-stop-in-san-francisco.html〉 (accessed 28 July 2015).

Blair, T. (1998). *The Third Way: New Politics for the New Century, Fabian Pamphlet 588*, London: Fabian Society.

Bock, L. (2015). *Work Rules: Insights from Inside Google that will Transform How You Live and Lead*, New York: Hachette.

Botrsman, R. & Rogers, R. (2011). *What's Mine is Yours: How Collaborative Consumption is Changing the Way We Live*, London: Collins.

Cairncross, F. (1997). *The Death of Distance: How the Communications Revolution Will Change Our Lives*, London: Orion.

Cassidy, J. (2002). *dot.con*, London: Allen Lane.

Comor, E. (2015). "Revisiting Marx's Value Theory: A Critical Response to Analyses of Digital Prosumption," *The Information Society*, 31 (13): 13~19.

comScore (2015). *UK Digital Market Overview*, April. Online. Available HTTP: 〈http://www.comscore.com/Insights/Presentations-and-Whitepapers/2015/UK-Digital-Market-Overview-April-2015〉(accessed28July2015).

Coyle, D. (1997). *The Weightless World: Strategies for Managing the Digital Economy*, Oxford: Capstone.

Diamandis, P. & Kotler, S. (2012). *Abundance: The Future is Better than You Think*, New York: Free Press.

Dowenes, L. (2009). *The Laws of Disruption: Harnessing the New Forces that Govern Life and Business in the Digital Age*, New York: Basic Books.

Downes, L. & Nunes, P. (2014). *Big Bang Disruption: Strategy in the Age of Devastating Innovation*, New York: Penguin.

Economist (2014). "Everyone wants to rule the world," *Economist*, 29 November, 21~24.

Elberse, A. (2008). "Should You Invest in the Long Tail?," *Harvard Business Reviews*, July~August, 1~11.

eMarketer (2014). "Microsoft to Surpass Yahoo in Global Digital Ad Market Share This Year," *eMarketer*, 15 July. Online. Available HTTP: 〈http://www.emarketer.com/Article/Microsoft-Surpass-Yahoo-Global-Digital-Ad-Market-Share-This-Year-1011012〉(accessed 28 July 2015).

eMarketer (2015). "Google Will Take 55% of Search Ad Dollars Globally in 2015," *eMarketer*, 31 March. Online. Available HTTP: 〈http://www.emarketer.com/Article/Google-Will-Take-55-of-Search-Ad-Dollars-Globally-2015/1012294〉(accessed 28 July 2015).

Fistke, J. (1987). *Televison Culure*, London: Methuen.

Fox, J. (2015). "Netflix Wags Its Short Tail," *Bloomberg View*, 17 April. Online. Available HTTP: 〈http://www.bloombergview.com/articles/2015-04-17/former-long-tail-exemplar-netflix-goes-hollywood〉(accessed28July2015)

Freedman, D. (2014). *The Contradictions of Media Power*, London: Bloomsbury.

Fuchs, C. (2014). *Digital Labour and Karl Marx*, New York: Routledge.

Galloway, A. (2004). *Protocol: How Control Exists After Decentralization*, Boston: MIT Press.

Garnham, N. (199). *Capitalism and Communication*, London: Sage.

Gartner (2014). "Gartner Says the Internet of Things Will Transform the Data Centre," press release, 19 March. Online. Available HTTP: 〈http://www.gartner.com/newsroom/id/2684616〉(accessed28July2015).

Google (2004). *2004 Founders' IPO Letter*. Online. Available HHTP: 〈http://invenstor.goolge.com/corporate/2004/ipo-founders-letter.html〉 (accessed 24 October 2011).

Google (2010). *10–K Report*. Online. A vailab HTTP: 〈http://investor.google.com/documents/20101231_10K.html〉(accessed24October2011).

Gore, A. (2013). *The Future: Six Drivers of Global Change*, New York: Random House.

Graham, A (1998). "Broadcasting Policy and the Digital Revolution," *Political Quarterly*, 69 (B): 30～32.

Greengard, S. (2015). *The Internet of Things*, Cambridge, MA: MIT Press.

Guardian (2010). "Factfile UK: Education, Sport and Culture," *Guardian*, 27 April.

Haque, U. (2005). "The New Economics of Media," www.bunnlegeneration.Online. Available HTTP: 〈http://www.scribd.com/doc/12177741/Media-Economics-The-New-Economics-of-Media-Umair-Haque〉 (accessed 20 April 2010).

Henwood, D. (2015). "What the Sharing Economy Takes," *The Nation*, 27 January. Online. Available HTTP: 〈http://www.thenation.com/article/what-sharing-economy-takes/〉(accessed 28 July 2015).

Hesmondhalgh, D. (2015). "Exploitation and Media Labour," in R. Maxwell (ed.), *The Routledge Companion to Labor and Media*, New York: Routledge, 30～39.

Hill, S. (2015). "The Future of Work in the Uber Economy," *Boston Review*, 22 July. Online. Available HTTP: 〈http://www.thenation.com/article/what-sharing-economy-takes/〉(accessed 28 July 2015).

Howard, P. (2015). *Pax Technica: How the Intnet of Things May Set Us Free or*

Lock Us Up, New Haven, CT: Yale University Press.

Isaacson, W. (2014). *The Innovators: How A Group of Hackers, Geniuses, and Geeks Created the Digital Revolution*, New York: Simon and Schuster.

Jarvis, J. (2009). *What Would Google Do?*, New York: Collins Business.

Jarvis, J. (2014). *Geeks Bearing Gifts: Imagining New Futures for News*, New York: CUNY Journalism Press.

Khiabany, G. (2015). "Uneven and Combined Independence of Social Media in the Middle East: Technology, Symbolic Production and Unproductive Labour," in J. Rodgers & N. Strange (eds.), *Media Independence: Working with Freedom or Working for Free?*, London: Routledge, 261~280.

Leadbeater, C. (1999). *Living on Thin Air*, London: Viking

Leadbeater, C. (2009). *We-Think*, London: Profile Books.

Lessig, L. (2002). *The Future of Ideas: The Fate of the Commons on a Connected World*, New York: Vintage.

Machlup, F. (1962). *The Production and Distribution of Knowledge in the United States*, Princeton, NJ: Princeton University Press.

Madrick, J. (2001). "The Business Media and the New Economy,"Research Paper R–24, Harvard University, John F. Kennedy School of Government.

Marx, K. (1918). *Capital: A Critical Analysis of Capitalist Production, Volume One*, London: William Glaisher.

Marx, K. (1973). *Grundrisse: Foundations of the Critique of Political Economy*, New York: Vintage.

Marx, K. & Engels, F. (1875(1848)). *Manifesto of the Communist Party*, Peking: Foreign Languages Press.

Mason, P. (2012). *Why It's Kicking Off Everywhere: The New Global Revolutions*, London: Verso.

Mason, P. (2015a). "Welcome to a new way of living," *Guardian Review*, 18 July, 2~4.

Mason, P. (2015b). "Airbnb and Uber's sharing economy is one route to dotcommunism," *Guardian G2*, 22 June, 5.

Mayer-Schonberger, V. & Cukier, K. (2013). *Big Date: A Revolution That Will*

Transform How We Live, Work and Think, Boston: Houghton Mifflin Harcourt.

McChesney, R. (2013). *Digital Disconnect: How Capitalism is Turning the Internet Against Democracy*, New York: The New Press.

McQuivey, J. (2013). *Digital Disruption: Unleashing the Next Wave of Innovation*, Cambridge, MA: Forrester Research.

Meelen, T. & Frenken, K. (2015). "Stop Saying Uber Is Part Of The Sharing Economy," *Fastcoexist*, 14 January. Online. Available HTTP: 〈http://www.fastcoexist.com/3040863/stop-saying-uber-is-part-of-the-sharing-economy〉 (accessed28July2015).

Milberry, K. (2012). "Hacking for Social Justice: The Politics of Prefigurative Technology," in A. Fennberg and N. Friesen (eds.), *(Re) Inventing the Internet: Critical Case Studies*, Rotterdam: Sense Publishers, 109～130.

Mosco, V. (2009). *The Political Economy of Communication*, (2nd ed.), London: Sage.

Negroponte, N. (1996). *Being Digital*, London: Coronet.

Oreskovic, A. (2010). "Google CEO Says Company Tends to Create Enemies," Reuters.com, 13 April. Online. Available HTTP: 〈http://uk.reuters.com/article/idUKTRE63C0AM20100413〉(accessed7May2010).

Pasquale, F. (2015). *The Black Box Society: The Secrect Algorithms That Control Money and Information*, Cambridge, MA: Harvard University Press.

Petavy, F. (2014). "My Top 10 Global Crowdsourced Campaigns of 2014," *Advertising Age*, 18 December. Online. A vailabal HTTP: 〈http://adage.com/article/digitalnext/top-10-global-crowdsourced-campaigns-2014/296224/〉 (accessed28July2015).

Pew (2015). *Teens, Social Media & Technology Overview 2015*. Pew Research Centre, 9 April. Online. Available HTTP: 〈http://www.pewinternet.org/2015/04/09/teens-social-media-technology-2015/〉(accessed 28 July 2015).

Porat, M. (1977). *The Information Economy*, Ann Arbor, MI: University Microfilms.

Purcell, K., Buchanan, J. & Friedrich, L. (2013). *The Impact of Digital Tools on Student Writing and How Writing is Taught in Taught in Schools*. Pew Research Center, 16 July. Online. Available HTTP: http://www.pewinternet.org/files/old-mesia//Files/Reports/2013/PIP_NWP%20Writing%20and%20Tech.pdf(accessed 28 July 2015).

Rifkin, J. (2014). *The Zero Marginal Cost Society: The Internet of Things, The Collaborative Commons and the Eclipse of Capitalism*, New York: Palgrave Macmillan.

Rose, D. (2014). *Enchanted Objects: Design, Human Desire and the Internet of Things*, New York: Scribner.

Schmidt, E. & Cohen, J. (2013). *The New Digital Age: Reshaping the Future of People, Nations and Businesses*, London: John Murray.

Schneiderman, E. (2014). *Airbnb in the City*. Office of New York State Attorney General. October. Online. Available HTTP: 〈http://www.ag.ny.gov/pdfs/Airbnb%20report.pdf〉(accessed 28 July 2015).

Schneier, B. (2015). *Date and Goliath: The Hidden Battles to Collect Your date and Control Your Wourld*, New York: W.W. Norton.

Scholz, T. (ed.) (2013). *Digital Labour: The Internet as Playground and Factory*, New York: Routledge.

Shirky, C. (2008). *Here Comes Everybody: the Power of Organizations without Organization*, London: Allen Lane.

Smith, T. (2000). *Technology and Capital in the Age of Lean Production*, Albany, NY: SUNY Press.

Sparks, C. (2000). "From Dead Trees to Live Wires: The Internet's Challenge to the Traditional Newspaper," in J. Curran & M. Gurevitch (eds.), *Mass Media and Society*, (3rd edn). London: Arnold, 268~292.

Stephany, A. (2015). *The Business of Sharing: Making it in the New Sharing Economy*, Houndmills: Palgrave Macmillan.

Surowiecki, J. (2004). *The Wisdom of Crowds*, New York: Doubleday.

Sisher, K. (2014). "Man and Uberman," *Vanity Fair*, December. Online. Available HTTP: 〈http://vanityfair.com/news/2014/12/uber-travis-kalanick-controversy〉(accessed 28 July 2015).

Sylvain, O. (2008). "Contingency and the 'Networked Information Economy': A Critique of The Wealth of Networks," *International Journal of Technology, Knowledge, and Society*, 4 (3): 203～210.

Tapscott, D. & Williams, A. (2008). *Wikinomics: How Mass Collaboration Changes Everything*, London: Atlantic Books.

Taylor, A. (2014). *The People's Platform: Taking Back Power and Culture in the Digital Age*, London: Fourth Estate.

Thiel, P. (2015). "Competition Is For Losers," *Wall Street Journal*, 12 September. Online. Available HTTP: 〈http://www.wsj.com/articles/peter-thiel-competition-is-for-losers-1410535536〉(assessed 28 July 2015).

Tode, C. (2015). "80pc of time spent in just five apps: Forrester,"*Mobile Marketer*, 2 February. Online. Available HTTP: 〈http://www.mobilemarketer.com/cms/news/research/19673.html〉(accessed28July2015).

Toffler, A. (1980). *The Third Wave*, London: Pan Books.

Touraine, A. (1971). *The Post-industrial Society: Classes, Conflicts and Culture in the Programmed Society*, London: Wildwood House.

Turow, J. (2011). *The Daily You: How the New Advertising Industry Is Defining Your Identity and Your Worth*, New Haven, CT: Yale University Press.

Vise, D. (2008). *The Google Story*, London: Pan Books.

Wayne, M. (2003). *Marxism and Media Studies*, London: Pluto Press.

Williams, R. (1968(1962)). *Communications*, Harmondsworth: Penguin.

Wolff, M. (2012). "The Facebook Fallacy," *MIT Technology Review*, 22 May. Online. Available HTTP: 〈http://www.technologyreview.com/news/427972/the-facebook-fallacy/〉(accessed28July2015).

Wu, T. (2010). *The Master Switch: The Rise and Fall of Information Empires*, London: Atlantic.

Zittrain, J. (2008). *The Future of the Internet*, London: Penguin.

4장

Anderson, C. (2010). "The Web Is Dead: Long Live the Internet," *Wired*, September.

Ang, P. H. (2008). "International Regulation of Internet Content: Possibilities and Limits," in W. Drake & E. Wilson III (eds.), *Governing Global Electronic Networks: International Perspectives on Policy and Power*, Cambridge, MA: MIT Press, 305～330.

Army Counterintelligence Center (2008). "Wikileaks.org — An Online Reference to Foreign Intelligence Services, Insurgents, or Terrorist Groups?," 18 March, Online. Available HTTP: 〈http://www.wired.com/images_blogs/threatlevel/2010/03/wikithret.pdf〉 (accessed 28 July 2015).

Barlow, J. P. (1996). *A Cyberspace Independence Declaration*, 9 February. Online. Available HTTP: 〈http://w2.eff.org/Censorship/Internet_censorship_bills/barlow_0296.declaration〉 (accessed 28 July 2015).

Bell, E. (2009). "Digital Media Cannot Be Contained by the Analogue Rulebook," *Media Guardian*, 23 March. Online. Available HTTP: 〈http://www.theguardian.com/media/2009/mar/23/regulating-digital-media〉 (accessed 28 July 2015).

Benkler, Y. (2006). *The Wealth of Networks: How Social Production Transforms Markets and Freedom*, Net Haven, CT: Yale University Press.

Berners-Lee, T. (2010). "Long Live the Web: A Call for Continued Open Standards and Neutrality," *Scientific American*, 22 November. Online. Available HTTP: 〈http://www.scientificamerican.com/article/long-live-the-web/〉 (accessed 28 July 2015).

Boffey, D. (2015). "Theresa May keeps snooper's charter secret," *Guardian*, 13 June. Online Available HTTP: 〈http://www.theguardian.com/politics/2015/jun/13/snoopers-charter-theresa-mat-refuse-to-share〉 (accessed 28 July 2015).

Brousseau, E., Marzouki, M. & Meadel, C. (2014). "Governance, networks and digital technologies: societal, political and organizational innovations," in E. Brousseau, M. Marzouki & C. Meadel (eds.), *Governance, Regulation and Powers on the Internet*, New York: Cambridge University Press, 3～38.

Castells, M. (2001). *The Internet Galaxy: Reflections on the Internet, Business and Society*, Oxford: Oxford University Press.

Castells, M. (2009). *Communication Power*, Oxford: Oxford University Press.

Cerf, V. (2002). "The Internet Is for Everyone," *Internet Society*, April. Online. Available HTTP: 〈http://www.ietf.org/rfc/rfc3271.txt〉 (accessed 28 July 2015)

Collins, R. (2009). *Three Myths of Internet Governance: Making Sense of Networks, Governance and Regulation*, London: Intellect.

Daly, M. (2003). "Governance and Social Policy," *Journal of Social Policy*, 32 (1): 113~128.

De Bossey, C. (2005). "Report of the Working Group on Internet Governance," June, 05.41622. Online. Available HTTP: 〈www.wgig.org/docs/WGIGREPORT.pdf〉 (accessed 28 July 2015).

DeNardis, L. (2014). *The Global War for Internet Governance*, New Haven, CT: Yale University Press.

Doctorow, C. (2010). "Digital Economy Act: This Means War,"Guardian.co.uk, 16 April. Online. Available HTTP: 〈http://www.guardian.co.uk/technology/2010/apr/16/digital-economy-act-cory-doctorow?intcmp=239〉 (accessed 28 July 2015).

Downes, L. (2009). *The Laws of Disruption: Harnessing the New Forces That Govern Life and Business in the Digital Age*, New York: Basic Books.

Drutman, L. & Furnas, Z. (2014). "Who's putting the most money against net neutrality?," *Dailydot.com*, 9 September. Online. Available HTTP: 〈http://www.dailydot.com/politics/lobbyists-net-neutrality-fcc/〉 (accessed 28 July 2015).

Dyson, E. (1998). *Release 2.1: A Design for Living in the Digital Age*, London: Penguin.

European Commission (2010). "Audiovisual Media Services Directive (2010/13/EU)," Official *Journal of the European Union*, 15 April, Brussels: European Commission.

European Commission (2014). *Factsheet on the "Right to be Forgotten' Ruling*, C-131/12. Online. Available HTTP: 〈http://ec.europa.eu/justice/date-preotection/files/factsheets/factsheet_data_protection_en.pdf〉 (accessed 28 July 2015).

Foucault, M. (1977). *Discipline and Punish*, London: Allen Lane.

Franklin, M. I. (2009). "Who's Who in he 'Internet Governance Wars': Hail the 'Phantom Menace'?," *International Studies Review*, 11: 221～226.

Franklin, M. I. (2010). "Digital Dilemmas: Transnational Politics in the Twenty-First Century," *Brown Journal of World Affairs*, 16 (2), Spring/Summer: 67～85.

Franklin, M. I. (in press) "Mobilizing for Net Rights: The Charter of Human Rights and Principles for the Internet," in D. Freedman, J. Obar, C. Martens & R. McChesney (eds.), *Strategies for Media Reform: International Perspectives*, Fordham: Fordham University Press.

Freedman, D. (2008). *The Politics of Media Policy*, Cambridge: Polity Press.

Friedman, T. (2000). *The Lexus and the Olive Tree*, London: Harper Collins.

Froomkin, A. M. (2003). "Habermas@Discourse.Net: Towards a Critical Theory of Cyberspace," *Harvard Law Review*, 116 (3), January: 749～873.

Gilmore, J. (1993). John Gilmore's home page. Online. Available HTTP: 〈http://www.toad.com/gnu/〉 (accessed 28 July 2015).

Goldsmith, J. & Wu, T. (2006). *Who Controls the Internet? Illusions of a Borderless World*, Oxford: Oxford University Press.

Greenwald, G. (2014). *No Place to Hide: Edward Snowden, the NSA & The Surveillance State*, London: Penguin.

Halliday, J. (2010). "ISPs Should Be Free to Abandon Net Neutrality, Says Ed Vaizey," guardian.co.uk, 17 November. Online. Available HTTP: 〈http://www.theguardian.com/technology/2010/nov/17/net-neutrality-ed-vaizey〉 (accessed 28 July 2015).

Hals, T. (2010). "Wikileaks Shows Reach and Limits of Internet Speech," Reuters, 9 December. Online. Available HTTP: 〈http://www.reuters.com/article/idUSTRE6B851420101209〉 (accessed 28 July 2015).

Hintz, A. (2014). "Forums on internet governance reveal tensions over how the web should be regulated," *The Conversation*, 11 September. Online. Available HTTP: 〈http://theconversation.com/forums-on-internet-governance-reveal-tensions-over-how-the-web-should-be-regulated-31536〉 (accessed 28 July 2015).

Hulin, A. & Stone, M. (eds.) (2013). *The Online Media Self-Regulation Guidebook*, Vienna: OSCE.

IFEX (2010). "News Media and Websites Censored and Blocked for Carrying Leaked Cables," 20 December. Online. A valiable HTTP: 〈http://www.ifex.org/interna-tional/2010/12/20/news_Websites_censored/〉 (accessed 28 July 2015).

Johnson, D. R. & Post, D. G. (1996). "Law and Borders: The Rise of Law in Cyberspace," *Stanford Law Review*, 48 (5): 1367～1402.

Kelly, K. (1995). *Out of Control: The New Biology of Machines*, London: Fourth Estate.

Koebler, J. (2014). "Net Neutrality Is 'Marxist,' According to This Koch-Backed Astroturf Group," *Vice Motherboard*, 25 August, Online. Available HTTP: http://motherboard.vice.com/read/net-neautrality-is-marxist-according-to-this-koch-backed-astroturf-group (accessed 29 July 2015).

Leigh, D. & Harding, L. (2013). *Wikileaks: Inside Julian Assange's War on Secrecy*, London: Guardian Books.

Lessig, L. (2006). *Code 2.0*, New York: Basic Books.

Lewis, J. (2010). "Sovereignty and the Role of Government in Cyberspace," *Brown Journal of World Affairs*, 16 (2), Spring/Summer: 55～65.

Livingstone, S. (2010). "Interactive, Engaging but Unequal: Critical Conclusions from Internet Studies," in J. Curran (ed.), *Mass Media and Society*, London: Bloomsbury, 122～142

McQuail, D. (2005). *Mass Communication Theory*, (5th edn). London: Sage.

Mathiason, J. (2009). *Internet Governance: The new Frontier of Global Institutions*, New York : Routledge.

Mayo, J. et al. (2010). "How to Regulate the Internet Tap," *New York Times*, 21 April. Online Available HTTP: www.nytimes.com/2010/04/21/opinion/21mayo.html (accessed 28 July 2015).

Mueller, M. (1999). "ICAN and Internet Governance: Sorting through the Debris of 'Self-regulration,'" *Info: the Journal of Policy, Regulation and Starategy for Telecommuications, Information and Media*, 1 (6), December: 497～520.

Mueller, M. (2002). *Ruling the Root: Internet Governance and the Taming of Cyberspace*, Cambridge, MA: MIT Press.

Mueller, M. (2010). *Networks and State: The Global Politics of Internet Governanc*e, Cambridge, MA: MIT Press.

Mueller, M. (2012). "The interconnection regime: property and commons: learning from the telecommunication industry privatization process,' in E. Brousseau, M. Marzouki & C. Meadel (eds.), *Governance, Regulation and Powers on the Internet*, New York: Cambridge University Press, 39～62.

Negroponte, N. (1996). *Being Digital*, London: Coronet.

Obama, B. (2015). "President Obama's Plan For a Free and Open Internet," 26 February. Online. Available HTTP: www.oecd.org/sti/ict/intermediaries (accessed 28 July 2015).

Ofcom (2010). *Traffic Management and 'Net Neutrality*,' Discussion document, 24 June, London: Ofcom.

Ohmae, K. (1995). *The End of the Nation State*, London: Harper Collis.

Ó Siochrú, S., Girard, B. & Mahan, A. (2002). *Global Media Governance: A Beginner's Guide*, Lanham, MD: Rowman & Littlefield.

Palmer, M. (2009). "Google Tries to Avoid the Regulatory Noose," FT.com, 21 May. Online Available HTTP: 〈http://www.ft.com/cms/s/0/cd5cf33c-452b-1 1de-b6c8-00144frabdc0.html#axzz3hJDR3sGn〉 (accessed 28 July 2015).

Pickard, V. (2015). *America's Battle for Media Democracy: The Triumph of Corporate Liberarianism and the Future of Media Reform*, New York: Cambridge University Press.

Raboy, M., Landry, N. & Shtern, J. (2010). *Digital Solidarities, Communication Policy and Multi-stakeholder Global Governance: The Legacy of the World summit on the Information Society*, New York: Peter Lang.

Radu, R., Chenou, J.-M. & Weber, R. (eds.) (2014). *The Evolution of Global Internet Governance*, New York: Springer.

Robbins, P. (2009). Comments to the Westminster eForum, "Taming the Wild Web?," — Online Content Regulation, 11 February. London: Westminster eForum.

Rosen, J. (2008). "Google's Gatekeepers," *New York Times*, 30 November. Online. Available HTTP: 〈http://www.nytimes.com/2008/11/30/magazine/30google-t.thml〉 (accessed 28 July 2015).

Rowbottom, J. (2006). "Media Freedom and Political Debate in the Digital Era," *Modern Law Review*, 69 (4), July: 489~513.

Rushe, D. (2015). "Net neutrality activists score landmark victory in fight to go govern the internet," *Guardian*, 26 February. Online. Available: 〈http://www.theguardian.com/technology/2015/feb/26/net-neutrality-activists-landmark-victory-fcc〉 (accessed 28 July 2015).

Schmidt, E. & Cohen, J. (2013). *The New Digital Age: Reshaping the Future of People, Nations and Business*, London: John Murray.

Siddiqui, S. (2015). "Petition to pardon Snowden rejected by Obama administration," *Guardian*, 28 July. Online. Available HTTP: 〈http://www.theguardian.com/us-news/2015/jul/28/edward-snowden-petition-rejected-obama-administration〉 (accessed 28 July 2015).

Spar, D. (2001). *Ruling the Waves: Cycles of Discovery, Chaos, and Wealth from the Compass to the Internet*, New York: Harcourt.

Sunstein, C. (2002). *Republic.com*, Princeton, NJ: Princeton University Press.

Sylvain, O. (2010). "Internet Governance and Democratic Legitimacy," *Federal Communications Law Journal*, 62 (2): 205~273.

Tambini, D., Leonardi, D. & Marsden, C. (2007). *Codifying Cyberspace: Communications Self-regulation in the Age of Internet Convergence*, New York: Routledge.

Thielman, S. (2015). "FCC's net neutrality rules challenged in lobbyist lawsuit," *Guardian*, 14 April. Online. Available HTTP: 〈http://www.thehuardian.com/techmology/2015/apr/14/fcc-lobbyists-net-neutrality-internet〉 (accessed 28 July 2015).

Van Heuvelen, B. (2007). "The Internet is Making Us Stupid," salon.com, 7 November. Online. Available HTTP: 〈http://www.salon.com/news/feature/2007/11/07/sunstein〉 (accessed 28 July 2015).

Warman, M. (2010). "Ed Vaizey: My Overriding Priority is An Open Internet," telegraph.co.uk, 20 November. Online. Available HTTP: 〈http://www.telegraph.co.uk/technology/internet/8147661/Ed-vaizey-My-overriding-priority-is-an0open0internet-html〉 (accessed 28 July 2015).

Webster, F. (2006). *Theories of the Information Society*, (3rd edn). London: Routledge.

Williams, F. (1974). *Television: Technology and Cultural Form*, London: Fontana.

Wu, T. (2010). *The Master Switch: The Rise and Fall of Information Empires*, New York: Knopf.

Yugas, A. (2015). "NSA reform: USA Freedom Act passes first surveillance reform in decade — as it happened," *Guardian*, 2 June. Online. Available HTTP: 〈http://www.theguardian.com/us-news/live/2015/jun/senate-nsa-surveillance-usa-freedom-act-congress-live〉 (accessed 28 July 2015).

Zittrain, J. (2009). *The Future of the Internet*, London: Penguin.

5장

Agre, P. E. (2002). "Real-time Politics: The Internet and the Political Process," *Information Society*, 18 (5): 311~331.

Althaus, S. L. & Tewksbury, D. (2000). "Patterns of Internet and Traditional Meadia Use In a Networked Community," *Political Communicaton*, 17: 21~45.

Andrejevic, M. (2004). "The Web Com Subculture and the Digital Enclosure," in N. Couldry & A. McCarthy (eds.), *Media Space: Place, Scale and Culture in a Media Age*, Oxon: Routledge, 193~209.

Andrejevic, M. (2007). *iSpy: Surveillance and Power in the Interactive Era*, Lawrence, KS: University of Kansas Press.

Andrejevic, M. (2008). "Thoery Review: Power, Knowledge, and Governance: Foucault's Relevance to Journalism Studies," *Journalism Studies*, 9 (4): 605~614.

Barber, B., Mattson, K. & Peterson, J. (1997). *The State of Electronically Enhanced Democracy: A Survey of the Internet*. A report for the Markle Foundation. New Brunswick, NJ: Walt Whitman Center for Culture and

Politics of Democracy.

Baron, N. (2008). *Always On: Language in an Online and Mobile World*, Oxford: Oxford University Press.

Baym, N. (2015). "Social Media and the Struggle for Society,"*Social Media and Society*, 1 (1): http://m.sms.sagepub.com/content/1/1/2056306115580477.

Beckett, C. (2008). *SuperMedia: Saving Journalism So It Can Save the World*, Oxford: Wiley-Blackwell.

Bell, D. (2007). *Cyberculture Theorists: Manuel Castells and Donna Haraway*, New York: Routledge.

Benkler, Y. (2006). T*he Wealth of Networks: How Social Production Transforms Markets and Freedom*, New Haven, CT: Yale University Press.

Best, S. J., Chmieleswski, B. & Krueger, B. S. (2005). "Selective Exposure to Online Foreign News During the Confict with Iraq," *Harvard International Journal of Press/Politics*, 10 (4): 50～70.

Bimber, B. (2000). "The Study of Infomation Technology and Civic Engagement," *Political Communication*, 17 (4): 329～333.

Bimber, B. (2002). *Infomaition and American Democracy: Technology in the Evolution of Political Power*, Cambridge: Cambridge University Press.

Bimber, B. & Davis, R. (2003). *Campaigning Online: The Internet in U. S. Elections*, New York: Oxford University Press.

Blank, G. & Groselj, D. (2014). "Dimensions of Internet Use: Amount, Variety and Types," *Information, Communication and Society*, 17 (4): 417～435.

Boltanski, L. & Chiapello, E. (2005). *The New Spirit of Capitalism*, (trans.). G. Elliott, London: Verso.

Brodzinsky, S. (2008). "Facebook Used to Target Colombia's FARC with Golbal Rally," *Christian Science Monitor*, 4 February. Online. Available HTTP: 〈http://www.csmonitor.com/2008/0204/p04s02-woam.html〉 (accessed 22 November 2008).

Brundidge, J. (2006). "The Contribution of the Internet to the Heterogeneity of Political Discussion Networks: Does the Medium Matter?," Pater presented at the annual meeting of the International Communication Association,

Dresden International Congress Centre, Dresden, Germany, 16 June. Online. Available HTTP: 〈http://www.allacademic.com/meta/p_ mla_apa_research_citation/0/9/2/6/5/p92653_index.html〉 (accessed 1 November 2015).

Bruner, J. (2013). "Tweets loud and quiet." Online. Availabel HTTP: 〈http://radar.oreilly.com/2013/12/tweets-loud-and-quiet.html〉 (accessed 1 November 2015).

Bruns, A. (2008). *Blogs, Wikipedia, Second Life and Beyond*, New York: Peter Lang.

Calingaert, D. (2012). "Challenges for International Policy," in L. Diamond & M. F. Plattner (eds.), *Liberation Technology: Social Media and the Struggle for Democracy*, Baltimore, MD: Johns Hopkins University Press, 157～174.

Carnegie Trust UK (2010). *Enabling Dissent*, London: Carnegei Trust UK.

Castells, M. (1998). *The Information Age. Economy, Society and Culture*, Cambridge, MA: Blackwell.

Castells, M. (2009). *Communication Power*, Oxford: Oxford University Press.

Castells, M. Fernandes-Ardevol, J., Linchuan Qiu, J. & Sey, A. (2006). *Mobile Communication and Society*, Cambridge, MA: MIT Press.

Castoriadis, C. (1991). *Philosophy, Politics and Autonomy: Essay in Political Philosophy*, New York: Oxford University Press.

Cellan-Jones, R. (2009). "Do Anarchists Tweet?," BBC News website, 2 April. Online. Available HTTP: 〈http://www.bbc.co.uk/blogs/technology/2009/04/do_anarchists_tweet.html〉 (accessed 22 October 2011).

Coleman, S. (2005). "The Lonely Citizen: Indirect Representation in an Age of Networks," *Political Communication*, 22 (2): 180～190.

comScore (2007). "Social Networking Goes Global." Online. Available Http: 〈http://www.conscore.com/press/release.sap?press=555〉 (accessed 7 July 2009).

Couldry, N. (2003). *Media Rირuals: A Crirical Approach*, London: Routledge.

Council of Foreign Relations (2008). "FARC, ELN: Colombia's Left-Wing Guerrillas." Online. Available Http: 〈http://www.cfr.org/publication/9272/〉 (accessed 23 May 2008).

Curran, J., Coen, S., Aalberg, T., Hatashi, K., Jones, P., Splendore, S.,

Papathanassopoulos, S., Rowe, D. & Tiffen, R. (2013). "Internet Revolution Revisitied: A Comparative Stury of Online News," *Media, Culture and Society*, 35 (7): 880～897.

Current.com (2008). "Facebook Users Spawn Grassroots Pretest of Colombia's Farc." Online. Available Http: 〈http://current.com/items/88832752/facebook_users_spawn_grassroots_protest_of_colombia_s_farc.htm〉 (accessed 23 November 2008).

Dahlberg, L. & Siapera, E. (eds.) (2007). *Radical Democracy and the Internet: Interrogating Theory and Practice*, London: Palgrave Macmillan.

Davis, R. (1999). *The Web of Politics: The Internet's Impact on the American Political System*, Oxford: Oxford University Press.

Dean, J. (2009). *Democracy and other Neoliberal Fantasies: Communicative Capitalism and Left Politics*, Durham, NC: Duke University Press.

Deibert, R. & Rohozinski, R. (2012). "Liberation vs. Control: The Future of Cyberspace," in L. Diamond & M. F. Plattner (eds.), *Liberation Technology: Social Media and the Struggle for Democracy*, Baltimore, MD: Johns Hopkins University Press, 18～32.

Diamond, L. (2012). "Introduction," in L. Diamond & M. F. Plattner (eds.), *Liberation Technology: Social Media and the Struggle for Democracy*, Baltimore, MD: Johns Hopkins University Press, ix～xxvii.

Donath, J. (2007). "Signals in Social Supernets," *Journal of Computer-Mediated Communication*, 13 (1): article 12. Online. Available Http: 〈http://jcmc.indiana.edu/vol13/issu1/donath.html〉 (accessed 15 August 2011).

Dutton, W. (2007). *Through the Network of Networks: The Fifth Estate*, Oxford: Oxford Internet Institute.

Ellison, N., Steinfield, C. & Lampe, C. (2007). "The Benefits of Facebook 'Friends': Social Capital and College Students' Use of Online Social Network Sites," *Jounal of Computer-Mediated Communication*, 12 (4): 43～68.

Facebook Group (2008). "One Million Voices Aginst FARC" (English version). Online. Available HTTP: 〈http://www.facebook.com/group.php?gid=21343878704〉 (accessed 23 May 2008).

Facebook, Inc. (2008a). Create a Group. Online. Available Http: 〈http://www.facebook.com/groups/create.php〉 (accessed 27 April 2008).

Facebook, Inc. (2008b). Press Room. Online. Available Http: 〈http://www.facebook.com/press/info.php?statistics〉 (accessed 26 April 2008).

Facebook Statistics (2008). Online. Available Http: 〈http://www.facebook.com/press/info.php?statistics〉 (accessed 23 April 2008).

Fenton, N. (ed.) (2010). *New Media, Old News: Journalism and Democracy in the Digital Age*, London: Sage.

Ferrara, E., Varol, O., Davis, C., Menczer, F. & Flammini, A. (2015). "The Rise of Social Bots," Online: arXiv: 1407.5225v2 (cs.SI).

Freedman, D. (2014). *The Contradictions of Media Power*, London: Bloomsbury.

Geveran, W. (2009). "Disclosure, Endorsement, and Identity in Social Marketing," *University of Illinois Low Review*, 1105. Online. Available HTTP: 〈http://home.law.uiuc.edu/Irev/publications/2000s/2009/2009_4/McGeveran.pdf〉 (accessed 17 August 2011).

Gilbert, J. (2014). *Common Ground: Democracy and Collectivity in the Age of Individualism*, London: Pluto Press.

Gillmor, D. (2004). *We the Media: Grassroots Journalism by the People, for the Peole*, Sebastopol, CA: O'Reilly Media.

Golumbia, D. (2009). *The Cultural Logic of Computation*, Harvard, MA: Harvard University Press.

Gupta, A., Lamba, H. & Kumarauru, P. (2013). "#BostonMarathon #Pray-ForBoston: Analyzing fake content on Twitter," In *eCrime Researchers Summit (eCRS)*. IEEE, 1~12.

Habermas, J. (1996). *Between Facts and Norms: Contributions to a Discourse Theory of Law and Democracy*, Cambridge: Polity Press.

Hamelink, C. (2000). *The Ethics of Cyberspace*, London: Sage.

Hampton, K. (2002). "Place-based and IT Mediatied 'Community,'" *Planning Theory and Practice*, 3 (2): 228~231.

Hampton, K. & Wellman, B. (2001). "Long Distance Comuunity in the Network Society — Contact and Support Beyond Netville," *American Behavioral*

Scientist, 45 (3): 476～495.

Hampton, K. & Wellman, B. (2003). "Neighboring in Netville: How the Internet Supports Community and Social Capital in Wired Suburb," *City and Community*, 2 (4): 277～311.

Harvey, D. (2005). *A Brief History of Neoliberalism*, Oxford: Oxford University Press.

Haythornthwaite, C. (2005). "Social Networks and Internet Connectivity Effects," *Infomation, Communication and Society*, 8 (2): 125～147.

Heil, B. & Piskorski, M. (2009). "New Twitter Research: Men Follow Men and Nobody Tweets," Online. Available HTTP: 〈http://blogs.harvardbusiness.org/cs/2009/06/new_twitter_research_men_follo.html〉 (accessed 4 October 2011).

Herman, E. S. & McChesney, R. W. (1997). *The Global Media: The New Missionaries of Global Capitalism*, London: Cassell.

Hill, K. A. & Hughes, J. E. (1998). *Cyberpolitics: Citizen Activism in the Age of the Internet*, Lanham, MD: Rowman & Littlefield.

Hindman, M. (2009). *The Myth of Digital Democracy*, Princeton, NJ: Princeton University Press.

Holguín, C. (2008). "Colombia: Networks of Dissent and Power," *OpenDemocracy. Free Thinking for the World*, 4 February. Online. Available HTTP: 〈http://www.opendemocracy.net/article/democracy_power/politics_protest/facebook_farc〉 (accessed 22 November 2008).

Holt, R. (2004). *Dialogue on the Internet: Language, Civic Identity, and Computer-mediated Communication*, Westport, CT: Praeger.

Holton, R. J. (1998). *Globalization and the Nation-state*, London: Macmillan Press.

Infographic (2010). "Infographic: Twitter Statistics, Facts and Figures,"Online. Available HTTP: 〈http://digitalbuzzblog.com/infographic-twitter-statistics-facts-figures/〉 (accessed 6 May 2010).

Internet World Stats (2007). http://www.internetworldstats.com/sa/co.htm (accessed 22 May 2008).

Jennings, M. K. & Zeitner, V. (2003). "Internet Use and Civic Engagement: A

Longitudinal Analysis," *Public Opinion Quarterly*, 67: 311∼334.

Kaye, B. K. (2007). "Blog Use Motivations," in M. Tremayne (ed.), *Blogging, Citizenship and the Future of the Media*, New York: Routledge, 127∼148.

Keane, J. (2009). *The Life and Death of Democracy*, London: Simon and Schuster.

Khiabany, G. (2010). "Media Power, People Power and Politics of Media in Iran," paper presented to the IAMCR conference, Braga, Portugal.

Kohut, A. (2008, January). "Social Networking ang Online Videos Take off: Internet's Broader Role in Campaign 2008," The Pew Research Center for the People and the Press. Online. Available HTTP: 〈http://www.pewinternet.org/pdfs/pew_MediaSources_jan08.pdf〉 (accessed 23 March 2008).

Lenhart, A. (2015). Pew Research Center, *Teens, Social Media and Technology Overview 2015*. Online. Available HTTP: 〈http://www.pewinternet.org/files/2015/04/PI_TeensandTech_Update2015_0409151.pdf〉 (accessed 3 November 2015).

Ling, R. & Donner, J. (2009). *Mobile Communiscation*, Cambridge: Polity.

Liu, H. (2007). "Social Networking Profiles as Taste Performances," *Journal of Computer-Mediated Communication*, 13 (1): article 13. Online. Available HTTP: 〈http://jcmc/indiana.edu/vol13/issue1/liu.html〉 (accessed 3 October 2010).

Lovink, G. (2012). *Networks Without a Cause: A Critique of Social Media*, Cambridge: Polity Press.

McChesney, R. (1996). "The Internet and US Communication Policy Making in Historical and Critical Perspective," *Journal of Computer-Mediated Communication*, 1 (4). Online. Available HTTP: 〈http://jcmc.indiana.edu/vol1/issue4/mcchesney.html〉 (accessed 3 October 2010).

McChesney, R. (2014). *Digital Disconnect: How Capitalism is Turning the Internet Against Democracy*, New York: The New Press.

Margolis, M., Resnick, D. & Tu, C. (1997). "Campaigning on the Internet: Parties and Candidates on the World Wide Web in the 1996 Primary Season," *Harvard International Journal of Press and Politics*, 2: 59∼78.

Marwick, A. E. (2005). *Selling Your Self: Online Identity in the Age of a*

Commodified Internet, Washington, D.C.: University of Washington Press.

Miller, V. (2008). "New Media, Networking, and Phatic Culture,"*Convergence*, 14 (4): 387～400.

Nielsen (2010). "Social Networks/Blogs Accounts for One in Every Four and a Half Minutes Online." Online. Available HTTP: 〈htttp://blog.nielsen.com/nielsenwire/online_mobile/social-media-accounts-for-22-percent-of-time-online/〉 (accessed 24 October 2011).

Nielsen (2012). "State of the Media: The Social Media Report 2012." Online. Available HTTP: 〈http://www.nielsen.com/us/en/insights/news/2012/social-media-report-2012-social-media-comes-of-age.html〉 (accessed 2 May 2015).

Norris, P. (2004). "The Digital Divide," in F. Webster (ed.), *The Infomation Society Reader*, New York: Routledge, 273～286.

Norval, A. (2007). *Aversive Democracy*, Cambridge: Cambridge University Press.

Ofcom (2009). "Children's and Young People's Access to Online Content on Mobile Devices, Games Consoles and Portable Media Players."Online. Available HTTP: 〈http://www.ofcom.org.uk/advice/media_literacy/medlitpub/medlitpubrss/online_access.pdf? dm_i=4KS,1QAM,9UK2L,64F1,1〉 〈accessed 10 January 2010).

Ofcom (2015). *Adults' Media Use And Attitudes*, London: Ofcom.

Örnebring, H. (2008). "The Consumer as Producer of What? User-generated Tabloid Content in The Sun (UK) and Aftonbladet (Sweden)," *Journalism Studies*, 9 (5): 771～785.

Papacharissi, Z. (2002a). "The Self Online: The Utility of Personal Home Pages," *Journal of Broadcasting and Electronic Media*, 44: 175～196.

Papacharssi, Z. (2002b). "The Presentation of Self in Virtual Life: Characteristics of Personal Home Pages," *Journalism and Mass Communication Quarterly*, 79 (3): 643～660.

Papacharissi, Z. (2007). "The Blogger Revolution? Audiences as Media Producers," in M. Tremayne (ed.), *Blogging, Citizenship and the Future of the Media*, New York: Routledge, 21～38.

Papacharissi, Z. (2009). "The Virtual Geographies of Social Networks: A

Comparative Analysis of Facebook, LinkedIn and ASmollWorld," *New Media and Society*, 11 (1~2): 199~220.

Papacharissi, Z. (2010a). *A Private Sphere: Democracy in a Digital Age*, Cambridge: Polity Press.

Papacharissi, Z. (2010b). *A Networked Self: Identity, Community and Culture on Social Network Sites*, New York: Rouledge.

Papacharissi, Z. (2015). *Affective Publics: Sentiment, Technology and Politics*, Oxford: Oxford University Press.

Patterson, T. (2010). "Media Abundance and Democracy," *Media, Journalismo e Domocracia*, 17 (9): 13~31.

Pew Internet and American Life Project (2008). *The Internet's Role in Campaign 2008*. Online. Available HTTP: 〈http://www.pewinternet.org/Reports/2009/6-The-Internets-Rolein-Campaign-2008.aspx〉 (accessed 5 October 2011).

Porta, D. D. & Tarrow, S. (2005). "Transnational Process and Social Activism: An Introduction," in D. D. Porta and S. Tarrow (eds.), *Transnational Protest and Global Activism*, Lanham, MD: Rowman & Littlefield, 1~19.

Poster, M. (2006). *Infomantion Please. Culture and Politics in the Age of Digital Machines*, Durham, NC: Duke University Press.

Puopolo, S. (2000). "The Web and U. S. Senatorial Campaigns 2000,"*American Behavioral Scientist*, 44: 2030~2047.

Quantcast (2008). Facebook.com. Online. Available HTTP: 〈http://www.quantcast.com/facebook.com〉 (accessed 30 June 2008).

Rainie, L. & Madden, M. (2005). "Podcasting," Pew Internet and Life Project, Washington, D.C. Online. Available HTTP: 〈http://www.pewinternet.org/pdfs/PIP_podcasting2005.pdf〉 (accessed 3 October 2007).

Reuters Institute (2014). *Digital News Report 2014*, Oxford: Reuters Institute.

Rheingold, H. (2002). *Smart Mobs. The Next Social Revolution*, Cambridge, MA: Perseus Books Group.

Rheingold, H. (2008). "From Facebook to the Streets of Colombia," in *SmartMobs. The Nest Social Revolution. Mobile Communication, Pervasive Computing, Wireless Networks, Collective Action*. Online. Available HTTP: 〈http://

www.smartmobs.com/2008/02/04/fromfacebookto-the-streets-of-colombia/〉 (accessed 22 May 2008).

Rhoads, C. & Chao, L. (2009). "Iran's Web Spying Aided by Western Technology," *Wall Street Journal*, 22 June. Online. Available HTTP: 〈http://online.wsj.com/article/SB124562668777335653.html〉 (accessed 7 October 2009).

Sassen, S. (2007). "Electronic Networks, Power, and Democracy," in R. Mansell, E. Avgerou, D. Quah & R. Silverstine, R. (eds.), *The Oxford Handbook of New Media*, Oxford: Oxford University Press, 339~361.

Scammell, M. (2000). "The Internet and Citizen Engagement: The Age of the Citizen Consumer,' *Political Communication*, 17 (4): 351~355.

Schlozman, K., Verba, S. & Brady, H. (2010). "Weapon of the Strong? Participatory Inequality and the Internet," *Perspectives on Politics*, 8 (2), 487~509.

Sennett, R. (1974). *The Fall of Public Man*, New York: Random House.

Shah, D. V., Kwak, N. & Holbert, R. L. (2001). "Connecting and Disconnecting with Civic Life: Patterns of Internet Use and the Production of Social Capital," *Political Communication*, 18: 141~162.

Shirky, C. (2008). *Here Comes Everybody: The Power of Organizations without Organization*, London: Allen Lane.

Silverstone, R. & Osimo, D. (2005). "Interview with Prof. Roger Silverstone," *Communication & Strategies*, 59: 101.

Sloam, J. (2014). "'The Outraged Young': Young Europeans, Civic Engagement and the New Media in a Time of Crisis," *Infomation, Communication and Society*, 17 (2): 217~231.

Smith, A. (2010). "Who Tweets?," Pew Research Center Publications. Online. Available HTTP: 〈http://pewresearch.org/pubs/1821/twitter-users-profile-excusive-examination〉 (accessed 25 October 2011).

Smith, A. & Raine, L. (2008). "The Internet and the 2008 Election," Pew Internet and Life Preject. Washington, D.C. Online. Available HTTP: 〈http://www.pewinternet.org/pdfs/PIP_2008_election.pdf〉 (accessed 8 July 2008).

Smythe, D. W. (1994). "Communications: Blindspot of Western Marxism," in T. Guback (ed.), *Counterclockwise: Perspectives in Communication*, Boulder,

CO: Westview Press, 263～291.

Streck, J. M. (1998). "Pulling the Plug on Electronic Town Meetings: Participatory Democracy and the Reality of the Usenet," in C. Toulouse & T. W. Luke (eds.), *The Politics of Cyberspace: a New Political Science Reader*, New Yoik: Routledge, 8～48.

Sunstein, C. (2007). *Republic. Com 2.0*, Princeton, NJ: Princeton University Press.

Tapscott, D. & Williams, A. (2008). *Wikinomics: How Mass Collaboraion Changes Everything*, London: Atlantic Books.

Turrow, J. (2001). "Family Boundaries, Commercialism and the Internet: a Framework for Research," *Journal of Applied Developmental Psychology*, 22 (1): 73～86.

Wardle, C., Dubberley, S. & Brown, P. (2014). Amateur Footage: A global study of user-generated content in TV and online-news output. A Tow/ Knight Report. Online. Available HTTP: 〈http://towcenter.org/wp-content/uploads/2014/04/80458_Tow-Center-Report-WEB.pdf〉 (accessed 8 June 2015).

Wilhelm, A. G. (1999). "Virtual Sounding Boards: How Deliberative Is Online Political Discussion?," in B. N. Hague & B. D. Loader (eds.), *Digital Democracy*, London: Routledge, 54～78.

Williams, C. B. & Gulati, G. J. (2007). "Social Networks in Political Campaigns Facebook and the 2006 Midterm Elections," paper presented at the Annual Meeting of the American Political Science Association, Chicago. Online. Available HTTP: 〈http://www.bentley.edu/news-events/pdf/facebook_APSA_2007_final.pdf〉 (accessed 27 March 2008).

Wolfe, Alexander (2008). "Twitter in Controversial Spotlight Amid Mumbai Attacks," *Information Week*, 29 November 2008.

Xie, J. (2014). "Influence inflation in online social networks," *Advanced in Social Networks Analysis and Mining (SAONAM) conference proceedings*, pp.435～442.

Zittrain, J. (2009). *The Future of the Internet*, London: Penguin.

6장

Alexander, J. C. (2011). *Performative Revolution in Egypt*, London: Bloomsbury.

Badiou, A. (2012). *The Rebirth of History: Times of Riots and Uprisings*, London: Verso.

Barassi, V. (2015). "Social Media, Immediacy and the Time for Democracy: Critical Reflections on Social Media as 'Temporalising Practices,'" in L. Dencik & O. Leistert (eds.), *Critical Perspectives on Social Media Protest: Between Control and Emancipation*, London: Rowman & Littlefield.

Bauman, Z. & Bordini, C. (2014). *State of Crisis*, London: Polity Press.

Bennett, L. & Segerberg, A. (2013). *The Logic of Connective Action: Digital Media and the Personalisation of Contentious Politics*, New York: Cambridge University Press.

Bennett, W. L. (2005). "Social Movements Beyond Borders: Understanding Two Eras of Transnational Activism," in D. della Porta & S. Tarrow (eds.), *Transnational Protest and Global Activism*, Lanham, MD: Rowman & Littlefield, 203~227.

Bookchin, M. (2015). *The Next Revolution: Popular Assemblies and the Promise of Direct Democracy*, London: Verso.

Calingaert, D. (2012). "Challenges for International Policy," in L. Diamond & M. F. Plattner (eds.), *Liberation Technology: Social Media and the Struggle for Democracy*, Baltimore, MD: Johns Hopkins University Press, 157~174.

Carpentier, N. (2011). *Media and Participation: A Site of Ideological-Democratic Struggle*, London: Intellect.

Castells, M. (2009). *Communication Power*, Oxford: Oxford University Press,

Castells, M. (2015). *Networks of Outrage and Hope: Social Movements in the Internet Age* (2nd ed.), London: Polity.

Caygill, H. (2013). *On Resistance: A Philosophy of Defiance*, London: Bloomsbury.

Coretti, L. (2014). *The Purple Movement: Social Media Activism in Berlusconi's Italy*, University of Westminster: PhD Thesis.

Crouch, C. (2004). *Post-Democracy*, Cambridge: Polity Press.

Dean, J. (2010). *Democracy and Other Neoliberal Fanrasies: Communicative Capitalism and Left Politics*, Durham, NC: Duke University Press.

Deibert, R. & Rohoziniski, R. (2012). "Liberation vs. Control: The Future of Cyberspace," in L. Diamond & M. F. Plattner (eds.), *Liberation Technology: Social Media and the Struggle for Democracy*. Baltimore, MD: Johns Hopkins University Press, 18~32.

della Porta, D. (2005). "Multiple Belongings, Tolerant Identities and the Construction of 'Another Politics': Between the European Social Forum and the Local Social Fora," in D. della Porta & S. Tarrow (eds.), *Transnational Protest and Global Activism*, Lanham, MD: Rowman& Littlefield, 175~203.

Diamond, L. (2012). "Introduction," in L. Diamond & M. F. Plattner (eds.), *Liberation Technology: Social Media and the Struggle for Democracy*, Baltimore, MD: Jonhs Hopkins University Press, ix~xxvii.

DigiActive (2009). DigiActive.org. Online. Available HTTP: 〈http://www.digiactive.org〉 (accessed 24 April 2015).

Dolan, A. (2015). "Podemos: Politics by the People," *Red Pepper*, February 2015. Online. Available HTTP: 〈http://www.repepper.org.uk/podemos-politics-by-the people〉 (accessed 23 April 2015).

Downey, J. & Fenton, N. (2003). "Constructing a Counter-public Sphere,"*New Media and Society*, 5 (2): 185~202.

Efimeros, C. (2015). "Mainstream Media Lie in Greece," The Press Project. Online. Available HTTP: 〈http://www.thepressproject.gr/derails_en.php?aid=79064〉 (accessed 5 November 2015).

Efimeros, C. (2015). "Mainstream Media Lie in Greece," The Press Project. Online. Available HTTP: 〈http://www.thepressproject.gr/details_en.php?aid=79064〉 (accessed 5 November 2015).

Elmer, G. (2015). "Preempting Dissent: From Participatory Polcing to Collaborative Filmmaking," in L. Dencik & O. Leistert (eds.), *Critical Perspectives on Social Media Protest: Between Control and Emancipation*, London: Rowman & Littlefield.

Feenberg, A. (1995). "Subversive rationalisation: technology, power and democracy," in A. Feenberg & A. Hannay (eds.), *Technology and the Politics of Knowledge*, Bloomington, IN: Bloomington Press.

Feenberg, A. (2002). *Transforming Technology*, Oxford, Oxford University Press.

Fenton, N. (2008). "Mediating Hope: New Media, Politics and Resistance,"*International Journal of Cultural Studies*, 11 (2): 230~248.

Fenton, N. & Downey, J. (2003). "Counter Public Spheres and Global Modernity,' *Javnost — The Public*, 10 (1): 15~33.

Gerbaudo, P. (2012). *Tweets and the Streets: Social Media and Contemporary Activism*, London: Pluto Press.

Gilbert, J. (2008). *Anticapitalism and Culture: Radical Theory and Popular Politics*, Oxford: Berg.

Graeber, D. (2002). "The New Anarchists," *The New Left Review*, 13 (January/February) Online. Available HTTP: 〈http://www.newleftreview.org/A2368〉 (accessed 20 November 2010).

Habermas, J. (1998). *Inclusion of the Other: Studies in Political Theory*, Cambridge: Polity.

Haight, M., Quan-Haase, A. & Corbett, B. A. (2014). "Revisiting the Digital Divide in Canada: The Impact of Demographic Factors on Access to the Internet, Level of Online Activity, and social Networking Site Usage,"*Information, Communication and Society*, 17 (4): 503~519.

Hands, J. (2011). *@ is for Activism: Dissent, Resistance and Rebellion in a Digital Culture*, London: Pluto Press.

Hardt, M. & Negri, A. (2004). *Multitude*, London: Hamish Hamilton.

Hill, K. & Hughes, J. (1998). *Cyberpolitics: Citizen Activism in the Age of the Internet*, Lanham, MD: Rowman & Littlefield.

Hindman, M. (2008). *The Myth of Digital Democracy*, Princeton, NJ: Princeton University Press.

Hintz, A. (2015). "Social media censorship, pricatised regulation and new restrictions to protest and dissent," in L. Dencik & O. Leistert (eds.), *Critical Perspectives on Social Media Protest: Between Control and Emancipation*, London: Rowman & Littlefield.

Internet World Stats (2015). "Internet Usage Statistics: The Internet Big Picture," Online. Available Http: 〈http://www.internetworldstats.com/stats.htm〉 (accessed 26 July 2015).

Juris, J. (2008). *Networking Futures*, Durham, NC: Duke University Press.

Kahn, R. & Kellner, D. (2004). "New Media and Internet Activism: From the 'Battle of Seattle' to Blogging," *New Media &Society*, 6 (1): 87~95.

Kahn, R. & Kellner, D. (2007). "Globalisation, Technopolitics and Radical Democracy," in L. Dahlberg & E. Siapera (eds.), *Radical Democracy and the Internet: Interrogating Theory and Practice*, London: Palgrave Macmillan.

Kaun, A. (2015). "'Thin Space Belongs to Us!': Protest Spaces in Times of Accelerating Capitalism," in L. Dencik & O. Leistert (eds.), *Critical Perspectives on Social Media Protest: Between Control and Emancipation*, London: Rowman & Littlefield.

Keck, M. E. & Sikkink, K. (1998). *Activists Beyond Borders: Advocacy Networks in International Politics*, New York: Cornell University Press.

Klein, N. (2000). *No Logo*, New York: Flamingo.

Klein, N. (2002). *Fences and Windows: Dispatches from the Front Lines of the Globalization Debate*, London: Flamingo.

Koenig, P. (2015). "Greece — Risk of False-flagging Greece into Submission and Chaos?," Global Research. Online. Available HTTP: 〈http://www.globalresearch.ca/greece-rksk-of-false-flagging-greece-into-submission-and-chaos/5460323〉 (accessed 5 November 2015).

Kriakidou, D. & Flynn, M. (2008). "Riots Rock Greece Amid Elction Calls," Reuters UK 9, December. Online. Available HTTP: 〈http://uk.reuters.com/article/2008/12/09/uk-greece-shooting-idUKTRE4B603Z20081209〉 (last accessed 7 April 2015).

Livingstone, S. & Bovill, M. (2002). *Young People, New Media*, Research Report. Online. Available HTTP: 〈http://www.les.ac.uk/collecions/media@les/pdf/young_people_report.pdf〉 (accessed 28 Januaty 2008).

Livingstone, S., Bober, M. & Helsper, E. (2005). "Internet Literacy among Children and Young People: Findings from the UK Children Go Online

Project," Ofcom/ESRC, London. Online. Available HTTP: 〈http://eprints.lse.ac.uk/397/〉 (accessed 7 October 2010).

Loader, B. (ed.) (2007). *Young Citizens in the Digiral Age: Political Engagement, Young People and New Media*, London: Routledge.

Mackinnon, R. (2012). "China's 'Networked Authoritarianism,'" in L. Diamond & M. F. Plattner (eds.), *Liberation Technology: Social Media and the Struggle for Democracy*, Baltimore, MD: Johns Hopkins University Press, 78～94.

Marchart, O. (2007). *Post-foundational Political Thought: Political Difference in Nancy, Lefort, Badiou, and Laclau*, Edinburgh: Edinburgh University Press.

Mason, P. (2012). *Why It's Kcking Off Everywhere: The New Golbal Revolutions*, London: Verso.

Mattoni, A. & Vogiatzoglou, M. (2014). "Italy and Greece, Before and After the Crisis: Between Mobilization and Resistance Against Precarity,"*Quaderni*, 84. Online. Available HTTP: 〈http://www.academia.edu/8920266/Italy_and_Greece_before_and_after_the_crisis._Between_mobilization_and_resistance_against_precarity〉 (accessed 5 November 2015).

Miller, D. (2014). "Media Power and Class Power: Overplaying Ideology," in S. Coban (ed.). *Media and Left*, Leiden: Brill, 44～67.

Morozov, E. (2011). *The Net Delusion: How Not To Liberate The World*, London: Allen Lane.

Norris, P. (2001). *Digital Divide: Civic Engagement Infomation Poverty and the internet Worldwide*, Cambridge: Cambridge University Press.

Ofcom (2007). *New News, Future News*, London: Ofcom.

Ofcom (2010). *The Communications Market 2010*, London: Ofcom.

Oxfam (2014). *Working for the Few: Political Capture and Econimic Inequality*, Madrid: Oxfam Intermon.

Park, A. (2004). *British Social Attitudes: The 21st Report*, London: Sage.

Parker, L. & Mountain, D. with Manousakis, N. (2014). "Más allá de la izquierda y la derecha? (Beyond left and right?) An Interview with eduardo Maura of Podemos," *Platypus Reviewm* 72, December 2014～January 2015.

Prentoulis, M. (2015). "From Protest to Power: The Tranforamtion of Syriza,"*Red*

Pepper, January 2015. Online. Available HTTP: 〈http://www.repepper.org.uk/by/marina-prentoulis/〉 (accessed 6 April 2015).

Roberts, J. M. (2014). *New Media and Public Activism: Neoliberalism, the State and Radical Protest in the Public Sphere*, Bristol: Policy Press.

Sloam, J. (2013). "Voice and Equality: Young People's Politics in the European Union," *West European Politics*, 36 (4): 836～858.

Sloam, J. (2014). "New Voice, Less Equal: The Civic and Political Engagement of Young People int the United States and Europe,"*Comparative Political Studies*, 47 (5): 663～688.

Tarrow, S. & della Porta, D. (2005). "Globalization, Complex Internationalism and Transcational Contention," in D. Della Porta & S. Tarrow (eds.), *Transnational Protest and Global Activism*, Lanham, MD: Rowman & Littlefield, 227～247.

Tufekci, Z. (2014). "Social Movements and Governments in the Digital Age: Evaluating a Complex Landscape," *Journal of International Affairs*, 68 (1): 1～18.

Wacquant, L. (2009). *Punishing the Poor: The Neoliberal Government of Social Insecurity*, London: Duke University Press.

Wainwright, H. (2015). "Greece: Syriza Shines a light," *Red Pepper*, January 2015. Online. Available HTTP: 〈http://www.redpper.org.uk/greece-syriza-shines-a-light/〉 (accessed 6 April 2015).

Warschauer, M. (2003). *Technology and Social Inclusion: Rethingking the Digital Divide*, Cambridge, MA: MIT Press.

Watson, M. (2015). "David Harvey: On Syriza and Podemos," *Verso Bog*. Online. Available HTTP: 〈http:www.versobooks.com/blogs/1920-david-harvey-on-syriza-and-podemos〉 (accesed 5 November 2015).

Wayne, M., Petley, J., Murray, C. & Henderson, L. (2010). *Television News, Politics and Young People: Generation Disconnected?*, London: Palgrave Macmillan.

Wilkinson, H. & Mulgan, G. (1995). *Freedom's Children*, London: Demos.

Yahyanejad, M. & Gheytanchi, E. (2012). "Social Media, Dissent and Iran's Green Movement," in L. Diamond & M. F. Plattner (eds.), *Liberation Technology: Social Media and the Struggle for Democracy*, Baltimore, MD: Johns

Hopkins University Press, 139~156.

7장

Berners-Lee, T. (2010). "Long Live the Web: A Call for Continued Open Standards and Neutrality," *Scientific American*, 22 November. Online. Available HTTP: 〈http://www.scientificamerican.com/article/long-live-the-web/〉 (accessed 28 July 2015).

Fuchs, C. (2015). "Left-Wing Media Politics and the Advertising Tax. Reflections on Astra Taylor's Book 'The People's Platform: Taking Back Power and Culture in the Digital Age,'" *tripleC*, 13 (1), 1~4.

Internet Rights and Principles Coalition (2014). *The Chater of Human Rights and Principles for the Internet*. Internet Governance Forum. Online. Available HTTP: 〈http://internetrightsandprinciples.org/site/charter/〉 (accessed 28 July 2015).

Jarvis, J. (2011). "A Hippocratic Oath for the Internet," 23 May. Online. Available HTTP: 〈http://www.buzzmachine.com/2011/05/23/a-hippocratic-oath-for-the-internet/〉 (accessed 28 July 2015).

Lapavitsas, C. (2010). "Regulate Financial Institutions, or Financial Institutions?," in P. Arestis, R. Sobreira & J. L. Oreiro (eds.), *The Financial Crisis: Origins and Implications*, Houndsmill: Palgrave Macmillan, 137~159.

Morozov, E. (2015). "Socializa the Data Centre," *New Left Review*, 91, Jan~Feb, 45~65.

Turner, A. (2009). "Mansion House Speech," 22 September. Online. Available HTTP: 〈http://www.fsa.gov.uk/pages/Library/Communication/Speeches/2009/0922_at.shtml〉 (accessed 28 July 2015).

Turner, A. (2011). "Reforming Finance: Are We Being Radical Enough?,"2011 Clare Distinguished Lecture in Economics and Public Policy, Cambridge, 19 February. Online. Available HTTP: 〈http://www.fsa.gov.uk/pubs/speeches/0218_at_clare_college.pdf〉 (accessed 28 July 2015).

찾아보기